Clint Willis (Hg.)

Der schimmernde Berg

Der schimmernde Berg

Überlebensgeschichten
von den
höchsten Gipfeln

Herausgegeben von
Clint Willis

Aus dem Amerikanischen
von Wolfgang Rhiel

MALIK

Die Originalausgabe erschien 1997 unter dem Titel »Epic. Stories of Survival from the World's Highest Peaks« in der Abenteuerreihe Adrenaline™ bei Thunder's Mouth Press in New York.

Der Auszug aus Peter Matthiessen »Auf der Spur des Schneeleoparden« wurde ins Deutsche übersetzt von Maria Csollány und Stephan Schuhmacher. © Wilhelm Goldmann Verlag 1997. Die deutsche Übersetzung des Auszugs von Alfred Lansing »635 Tage im Eis. Die Shackleton-Expedition« stammt von Franca Fritz, Heinrich Koop und Kristian Lutze. © Wilhelm Goldmann Verlag 1999.

ISBN 3-89029-147-3

Satz: Uhl + Massopust
Druck und Bindung: Ebner Ulm
Printed in Germany

Für Jennifer, Harper und Abner
Mögen sie ohne Angst sein

Inhalt

Einleitung

Heldenstücke erzählen normalerweise von heroischen Taten. Wenn Bergsteiger dagegen von einem Heldenstück sprechen, meinen sie eine Tour, die gescheitert ist. Die Gruppe hat sich verirrt; eine Lawine hat ihr Lager zerstört; ein Sturm hat sie eine Woche lang im Zelt festgehalten; irgend jemand hat die Wasserflasche abstürzen lassen; ein Kletterer hat sich den Oberschenkel gebrochen oder ist mit den Skiern in einer Gletscherspalte gelandet oder beides.

Die Geschichten in diesem Buch sind Heldenstücke in beiderlei Hinsicht. Sie berichten von Heldentaten, aber auch von Katastrophen oder Beinahekatastrophen – von Lawinen, Stürmen, Höhenkrankheit, Abstürzen, Gletscherspalten, Blutgerinnseln, psychischen Krisen, gebrochenen Eispickeln und mörderischen Militärbürokraten.

Mir ist es nicht darum gegangen, mißlungene Abenteuer aneinanderzureihen. Ich habe mir vielmehr die Aufgabe gestellt, Beispiele für erstklassig geschriebene Geschichten zusammenzutragen, bei denen es zufällig um Bergsteigen geht. Wie sich herausstellte, schildern viele der Geschichten, die mir am besten gefielen, heikle Situationen in den Bergen. Es ist keineswegs so, daß die Leute nicht über solche Situationen schreiben könnten, das können sie durchaus. Aber gute Autoren schreiben ganz besonders gut über lebensbedrohliche Erfahrungen.

Die Bergbücher, die ich gelesen habe, enthalten eine Menge schlechter Geschichten. Oft wird ein mäßig geschriebener Zeitschriftenartikel oder ein Buch nur deshalb gedruckt, weil der Autor berühmt ist oder eine spektakuläre Besteigung beschrieben wird. In den Anthologien sind auch die besten Berggeschichten nicht berücksichtigt, die man oft in den ausführlichen Expeditionsberichten findet, etwa David Roberts *Der Berg meiner Angst* oder Tom Hornbeins *Everest: Der Westgrat.* Ich habe den größten Teil dieser Zusammenstellung langen Auszügen aus solchen Büchern gewidmet. Einige der Bücher sind nicht mehr im Handel oder sonstwie in Vergessenheit geraten. Die Bibliographie am Ende dieses Buches hilft Ihnen beim Suchen.

Dieses Buch enthält nichts, was nicht als vollwertige Prosa durchgehen könnte. Robert Bates, Peter Boardman, Greg Child, John Climaco, Art Davidson, Maurice Herzog, Tom Hornbein, Eric Shipton, Joe Tasker, H.W. Tilman und Stephen Venables, sie alle sind Bergsteiger, die auch sehr gut schreiben können. Jon Krakauer und David Roberts sind hervorragende Autoren, die auch bergsteigen. Peter Matthiesen ist ein weiterer guter Autor, der in den Bergen unterwegs war und eine Menge riskiert hat. Alfred Lansing ist ein Autor, der eine wunderschöne Geschichte ausgegraben hat – die von Shackleton – und ihr auch gerecht geworden ist.

Ich bewundere sie alle und bin ihnen dankbar. Sie haben mir mit ihrer Arbeit geholfen, die Welt klarer zu sehen. Und ich habe inzwischen meine Antwort auf die Frage, die Bergsteigern gestellt wird: Diese Männer klettern – und schreiben –, um sich selbst soweit wie möglich zu verwirklichen.

Diese Sammlung ist für Leser gedacht, die gut geschriebene Geschichten mögen. Es schadet nicht, wenn man die Berge mag.

Clint Willis

Der Devils Thumb

von Jon Krakauer

Jon Krakauer (geboren 1954) wurde vor allem als Autor von »In eisige Höhen« bekannt, sein Bericht über die Tragödie am Mount Everest im Jahre 1996. Der enorme Erfolg des Buches spiegelte das Interesse der Öffentlichkeit an diesen Ereignissen wider. Doch es schadete nicht, daß Krakauer nicht nur ein mutiger Bergsteiger, sondern auch ein besonders guter Schriftsteller ist – besonnen, ehrlich, klug und sorgfältig. Diese Geschichte erzählt von einer Tour zu einem abgelegenen Gipfel in Alaska, die der junge Krakauer 1977 alleine machte.

Als ich schließlich die Interstate 1 erreichte, hatte ich Mühe, die Augen offenzuhalten. Auf der kurvenreichen zweispurigen Asphaltstraße zwischen Fort Collins und Laramie war es noch gutgegangen, aber als der Pontiac dann auf den glatten, schnurgeraden Belag der I-80 kam, nagte das einschläfernde Sirren der Reifen mit der Zeit an meiner Wachsamkeit, wie Ameisen an einem abgestorbenen Baum.

Am Nachmittag, nach neun Stunden Balkenschleppen und dem Einschlagen widerspenstiger Nägel, hatte ich meinem Boß erklärt, daß ich kündige: »Nein, Steve, nicht in ein paar Wochen, ich hatte eher an sofort gedacht.« Ich brauchte drei Stunden, um mein Werkzeug und die übrigen Habseligkeiten aus dem verrosteten Bauwagen zu holen, der mir in Boulder als Zuhause gedient hatte. Ich packte alles in den Wagen, fuhr die

Pearl Street zu Tom's Tavern hoch und genehmigte mir zur Feier des Tages ein Bier. Dann war ich weg.

Um ein Uhr in der Nacht, 50 Kilometer östlich von Rawlins, holten die Strapazen des Tages mich ein. Die überschwengliche Freude, die mich nach meiner schnellen Flucht durchströmt hatte, wich einer übermächtigen Müdigkeit; ich fühlte mich plötzlich müde wie ein Hund. Der Highway erstreckte sich schnurgerade bis zum Horizont und darüber hinaus. Außerhalb des Wagens war die Nachtluft kalt, und das kahle Flachland von Wyoming leuchtete im Mondlicht wie Rousseaus Gemälde *Schlafende Zigeunerin.* Wie gern wäre ich gerade da diese Zigeunerin gewesen, hingestreckt auf dem Rücken unter den Sternen. Ich schloß die Augen – nur eine Sekunde, doch es war eine Sekunde des Glücks. Sie schien mich wiederzubeleben, wenn auch nur kurz. Der Pontiac, ein robuster Koloß aus der Eisenhower-Zeit, schwebte auf Stoßdämpfern, die längst hinüber waren, auf der Straße wie ein Floß in der Meeresbrandung. In der Ferne blinkten beruhigend die Lichter eines Ölbohrturms. Ich schloß die Augen ein zweites Mal und hielt sie etwas länger geschlossen. Das Gefühl war wohliger als Sex.

Ein paar Minuten später ließ ich die Augenlider erneut sinken. Ich weiß nicht, wie lange ich diesmal einnickte – es können fünf Sekunden gewesen sein, aber auch dreißig –, aber als ich aufwachte, spürte ich das Bocken des Pontiacs, der mit 110 Stundenkilometern heftig über das unbefestigte Bankett holperte. Eigentlich hätte der Wagen in die Büsche fliegen und sich überschlagen müssen. Das Heck schleuderte sechs- oder siebenmal wild hin und her, aber dann gelang es mir doch, das widerspenstige Fahrzeug zurück auf die Straße zu lenken, ohne daß ein Reifen geplatzt wäre, und es kontrolliert anzuhalten. Meine um das Lenkrad gekrallten Hände entspannten sich, ich atmete einige Male tief durch, um das Hämmern in meiner Brust abklingen zu lassen, legte dann den Ganghebel wieder ein und fuhr weiter.

An die Seite zu fahren und zu schlafen wäre das Vernünftigere gewesen, aber ich war unterwegs nach Alaska, um mein Leben zu ändern, und Geduld war etwas, das die Einsicht eines Dreiundzwanzigjährigen überfordert hätte.

Vor sechzehn Monaten hatte ich mit mäßigem Erfolg und noch weniger brauchbaren Fähigkeiten das College abgeschlossen. Unterdessen war auch eine vierjährige An-aus-an-aus-Beziehung – die erste große Liebe meines Lebens – zu einem chaotischen, längst überfälligen Ende gekommen; fast ein Jahr danach war mein Liebesleben immer noch bei Null. Um mich über Wasser zu halten, arbeitete ich bei einem Bautrupp, stöhnte unter unmenschlichen Sperrholzlasten, zählte die Minuten bis zur nächsten Kaffeepause und wischte mir vergebens das Sägemehl ab, das auf ewig an meinem verschwitzten Nacken zu kleben schien. Für dreifünfzig die Stunde Colorado mit Eigentumswohnanlagen und Siedlungshäusern zu verschandeln war irgendwie nicht das, wovon ich als Junge geträumt hatte.

Spät an einem Abend machte ich mir auf einem Barhocker bei Tom's über all das Gedanken, stocherte unglücklich in meinen existentiellen Wunden herum, als mir eine Idee kam, ein Plan, das zu richten, was in meinem Leben falsch war. Es war herrlich unkompliziert, und je mehr ich darüber nachdachte, desto besser hörte sich der Plan an. Nach dem ersten Glas waren seine Vorzüge unanfechtbar. Alles in allem bestand der Plan darin, einen Berg in Alaska zu besteigen, der Devils Thumb heißt, Teufelsdaumen.

Der Devils Thumb ist ein Horn aus schuppigem Diorit, das aus jeder Himmelsrichtung ein imposantes Profil bietet, vor allem aber von Norden: Die gewaltige Nordwand, die noch nie durchstiegen worden war, ragt vom Gletscher am Wandfuß steile 1800 Meter empor. Die Nordwand des Thumb, doppelt so hoch wie die des El Capitan im Yosemite, ist eine der größten Granitwände des Kontinents und sicher auch der Welt. Ich wollte nach Alaska fahren, mit Skiern über das Stikine Icecap zum Devils Thumb marschieren und als erster die berüchtigte

Nordwand durchsteigen. Nach der Hälfte des zweiten Glases schien es auch eine besonders gute Idee zu sein, das alles solo zu machen.

Heute, da ich diese Zeilen im Abstand von einem Dutzend Jahren schreibe, ist mir ganz und gar nicht mehr klar, wieso ich dachte, daß eine Solobegehung des Devils Thumb mein Leben verändern würde. Es hatte etwas damit zu tun, daß Bergsteigen das erste und einzige war, worin ich wirklich gut gewesen war. Meine Überlegungen wurden gewissermaßen angeheizt durch die zufälligen Leidenschaften der Jugend sowie eine literarische Kost, in der die Werke von Nietzsche, Kerouac und John Menlove Edwards besonders stark vertreten waren – letzterer ein zutiefst verstörter Schriftsteller und Psychiater, der, bevor er seinem Leben 1958 mit einer Zyankalikapsel ein Ende machte, einer der herausragendsten britischen Felskletterer jener Tage gewesen war.

Dr. Edwards betrachtete Klettern eher als eine »psychoneurotische Tendenz« denn als Sport; er kletterte nicht, weil es ihm Freude machte, sondern um Zuflucht vor der inneren Qual zu finden, die sein Dasein prägte. Ich weiß noch, daß mich in jenem Frühjahr 1977 eine Passage aus einer Kurzgeschichte Edwards' mit dem Titel »Letter From a Man« ganz besonders berührt hat:

Ich wuchs daher, wie Sie sich wohl denken können, in körperlicher Hinsicht bestens gerüstet auf, jedoch mit einem kühnen, sehnsuchtsvollen Geist. Er verlangte etwas mehr, etwas Greifbares. Ich suchte intensiv nach Wirklichkeit, immer als wäre sie nicht da…

Aber Sie sehen augenblicklich, was ich mache. Ich klettere.

Jemanden, dem es diese Art von Prosa angetan hat, lockte der Thumb wie ein Leuchtfeuer an. Mein Glaube an den Plan wurde unerschütterlich. Mir war vage bewußt, daß mir die Sache über den Kopf wachsen könnte, aber wenn ich irgendwie auf den Devils Thumb kommen konnte, würde alles, was danach kam, sich zum Guten wenden, dessen war ich sicher. Und so trat ich das Gas etwas weiter durch und fuhr zügig weiter in die Nacht nach Westen, getragen vom Adrenalinstoß, den die flüchtige Bekanntschaft des Pontiac mit der Zerstörung mir versetzt hatte.

Mit dem Wagen kommt man nicht sehr nah an den Devils Thumb heran. Der Gipfel steht in der Kette der Boundary Ranges an der Grenze zwischen Alaska und der Provinz British-Columbia, nicht weit vom Fischerdorf Petersburg entfernt, einem Ort, der nur mit dem Boot oder dem Flugzeug zu erreichen ist. Es gibt zwar eine regelmäßige Flugverbindung nach Petersburg, doch meine Besitztümer beliefen sich auf den Pontiac und zweihundert Dollar in bar, was nicht einmal für den Hinflug gereicht hätte. Ich fuhr daher mit dem Wagen bis Gig Harbor, Washington, und ließ mich von einem Fischerboot mitnehmen, das nach Norden fuhr und noch ein Besatzungsmitglied gebrauchen konnte. Als die *Ocean Queen* nach fünf Tagen in Petersburg anlegte, um Treibstoff und Wasser zu fassen, packte ich meinen Rucksack, schlich mich von Bord und lief im Dauerregen Alaskas den Pier hinunter.

Daheim in Boulder hatten alle, denen ich von meinen Plänen am Thumb erzählt hatte, ohne Ausnahme barsch und zutreffend erklärt, ich hätte wohl zuviel Hasch geraucht, das sei eine Schnapsidee. Ich würde meine Kletterfähigkeiten gewaltig überschätzen, niemals völlig allein einen ganzen Monat durchhalten, in eine Gletscherspalte stürzen und sterben.

Die Einwohner von Petersburg reagierten anders. Als Bewohner Alaskas waren sie Leute mit verrückten Ideen gewohnt; ein beträchtlicher Prozentsatz der Bevölkerung des Bundesstaates trug sich schließlich mit so spleenigen Plänen, wie in der Brooks Range Uran abzubauen, den Japanern Eisberge zu verkaufen oder Elchlosung per Versandhandel zu vertreiben. Die meisten Einheimischen, die ich kennenlernte, fragten, wenn sie überhaupt reagierten, nur, wieviel Geld es bringe, wenn man einen Berg wie den Devils Thumb besteige.

Auf jeden Fall war eine der schönen Seiten an der Besteigung des Thumb – und eine der schönen Seiten an der Besteigung eines Berges generell –, daß es vollkommen schnurz war, was irgend jemand dachte. Die Umsetzung des Plans hing nicht davon ab, die Zustimmung irgendeines Personalchefs, Zugangskomitees, Zulassungsrates oder eines Gremiums finster blickender Richter zu erhalten; wenn mir danach war, mich an irgendeiner noch nicht durchstiegenen Wand zu versuchen, brauchte ich nichts anderes zu tun, als mich zum Fuß dieses Berges zu begeben und meine Eisbeile zu schwingen.

Petersburg liegt auf einer Insel, der Devils Thumb steht auf dem Festland. Um zum Fuß des Berges zu kommen, mußte ich zuerst 40 Kilometer Salzwasser überqueren. Fast einen ganzen Tag trieb ich mich im Hafen herum und versuchte ohne Erfolg, ein Boot zu erwischen, das mich über den Frederick Sound gebracht hätte. Dann liefen mir Bart und Benjamin über den Weg.

Bart und Benjamin waren pferdeschwänzige Angehörige einer Gruppe von Baumpflanzern aus Woodstock Nation, die sich Hodads nannte. Wir kamen ins Gespräch. Ich erwähnte, daß auch ich schon einmal als Baumpflanzer gearbeitet hätte. Die Hodads erklärten, daß sie ein Wasserflugzeug gechartert hätten, das sie am nächsten Morgen zu ihrem Lager auf dem Festland fliegen werde. »Ist dein Gückstag heute, Junge«, sagte Bart. »Für zwanzig Dollar kannst du mitfliegen. Wir bringen dich stilvoll zu deinem komischen Berg.« Am 3. Mai, anderthalb Tage nach meiner Ankunft in Petersburg, entstieg ich der Cessna der Hodads, watete zum flachen Strand am Ende der Thomas Bay und machte mich auf den langen, mühsamen Marsch landeinwärts.

Der Devils Thumb ragt aus dem Stikine Icecap, einem riesigen Labyrinth aus Gletschern, das den Kamm des schmalen Landfortsatzes von Alaska wie ein Krake mit unzähligen Tentakeln umschlingt, die sich vom schroffen Hochland an der kanadischen Grenze hinunter zum Meer schlängeln. Als ich in der Thomas Bay an Land ging, vertraute ich darauf, daß einer dieser gefrorenen Arme, der Bairdgletscher, mich sicher zum 50 Kilometer entfernten Thumb führen würde.

Nach einer Stunde Kiesstrand kam ich zur zerklüfteten blauen Gletscherzunge. Ein Holzfäller in Petersburg hatte mir geraten, an diesem Küstenabschnitt auf Grizzlybären zu achten. »Die Viecher da oben werden um diese Jahreszeit wach«, lächelte er. »Sind ziemlich ruppig, nachdem sie den ganzen Winter nichts gefressen haben. Aber wenn du dein Gewehr dabeihast, dürfte das kein Problem sein.« Das Problem war nur, ich hatte gar kein Gewehr. Wie sich dann aber herausstellte, bestand mein einziges Zusammentreffen mit feindseligen freilebenden Tieren in einer Schar Möwen, die mit hitchcockscher Wut im Sturzflug über mich herfielen. Nachdem der Angriff der Vögel und meine Angst vor den Bären überstanden waren, kehrte ich dem Strand mit nicht geringer Erleichterung den Rücken, schnallte die Steigeisen an und kletterte auf die breite, unbelebte Gletscherzunge.

Nach fünf, sechs Kilometern kam ich an die Schneegrenze, wo ich die Steigeisen gegen die Skier austauschte. Die Bretter anzuschnallen erleichterte die Last, die ich zu schleppen hatte, um 15 Pfund und ließ mich außerdem sehr viel schneller vorankommen. Doch jetzt, wo das Eis mit Schnee bedeckt war, waren viele Gletscherspalten verborgen, was das Alleingehen äußerst gefährlich machte.

In weiser Voraussicht dieser Gefahr hatte ich mir in Seattle in einem Haushaltswarenladen zwei solide, jeweils drei Meter lange Gardinenstangen aus Aluminium gekauft. Als ich die Schneegrenze erreichte, band ich die beiden Stangen im rechten Winkel zusammen, befestigte das Gebilde dann so auf meinem Rucksack, daß die Stangen waagerecht zum Schnee standen. Wie ich so langsam den Gletscher mit dem überschweren Rucksack unter dem eigenartigen Metallkreuz hinaufwankte, kam ich mir wie ein reumütiger Sünder vor. Sollte ich über einer Gletscherspalte durch die dünne Schneeschicht brechen, würden die Stangen, wie ich sehr hoffte, den Spalt überspannen und verhindern, daß ich in die eisigen Eingeweide des Bairdgletschers stürzte.

Die ersten Bergsteiger, die sich auf das Stikine Icecap wagten, waren Bestor Robinson und Fritz Wiessner, der legendäre deutsch-amerikanische Alpinist, der 1937 einen ganzen stürmischen Monat in den Boundary Ranges verbrachte, aber keinen bedeutenden Gipfel erreichen konnte. 1946 kam Wiessner mit Donald Brown und Fred Beckey wieder, um den Devils Thumb zu besteigen, den am gefährlichsten aussehenden Gipfel in der Stikine. Bei dieser Tour verletzte sich Fritz beim Anmarsch bei einem Sturz am Knie und mußte enttäuscht heimhumpeln, aber Beckey kam im selben Sommer mit Bob Craig und Cliff Schmidtke zurück. Am 25. August, nach mehreren abgebrochenen Versuchen und einigen äußerst haarigen Klettereien am Ostgrat, saßen Beckey und Gefährten müde und benommen auf dem handtuchschmalen Gipfel des Thumb. Es war der mit weitem Abstand anspruchsvollste Aufstieg, der jemals in Alaska bewältigt wurde, ein Meilenstein in der Geschichte des amerikanischen Bergsteigens.

In den darauffolgenden Jahrzehnten schafften drei weitere Teams den Weg auf den Gipfel des Thumb, aber alle hielten sich von der mächtigen Nordwand fern. Bei der Lektüre der Berichte über diese Expeditionen hatte ich mich gewundert, warum niemand von ihnen beim Anmarsch die, zumindest auf der Karte, leichteste und logischste Route gewählt hatte, nämlich über den Bairdgletscher. Ich wunderte mich nicht mehr ganz so sehr, nachdem ich auf einen Artikel von Beckey gestoßen war, in dem der erfahrene Bergsteiger warnte: »Lange, steile, gefrorene Wasserfälle versperren den Weg vom Bairdgletscher zur Eiskappe beim Devils Thumb.« Aber nachdem ich Luftaufnahmen studiert hatte, kam ich zu dem Schluß, daß Beckey sich geirrt hatte, denn die gefrorenen Wasserfälle waren nicht so hoch oder schwierig. Der Baird bot für mich mit Sicherheit den besten Anmarschweg zum Berg.

Zwei Tage lang stapfte ich den Gletscher ohne Zwischenfall

hinauf und beglückwünschte mich, einen so schlauen Weg zum Thumb gefunden zu haben. Am dritten Tag kam ich unter dem eigentlichen Stikine Icecap an, wo der lange Arm des Baird in die Inlandseismasse übergeht. Hier fließt der Gletscher abrupt über den Rand eines Hochplateaus und stürzt in einem Chaos aus zersplittertem Eis durch die Lücke zwischen zwei Gipfeln hinunter zum Meer. Der Anblick des gefrorenen Wasserfalls in natura machte doch einen anderen Eindruck als auf den Fotos. Als ich aus etwa eineinhalb Kilometern auf dieses Chaos blickte, kam mir zum erstenmal seit meiner Abreise aus Colorado der Gedanke, daß diese Tour zum Devils Thumb vielleicht doch nicht die beste Idee war, die ich jemals hatte.

Der gefrorene Wasserfall war ein Labyrinth aus Spalten und schwankenden Seracs. Von weitem erinnerte es an eine schlimme Zugkatastrophe, als ob in großer Zahl gespenstisch weiße Güterwaggons an der Kante der Eiskappe entgleist und planlos den Hang hinuntergestürzt wären. Je näher ich kam, desto unangenehmer sah es aus. Meine drei Meter langen Gardinenstangen schienen ein untauglicher Schutz gegen Spalten, die zwölf Meter breit und achtzig Meter tief waren. Noch bevor ich mir eine Fährte durch den gefrorenen Wasserfall suchen konnte, kam Wind auf, und aus den Wolken trieb mir schräg und hart stechend der Schnee ins Gesicht, so daß die Sicht fast auf Null sank.

In meinem Übermut beschloß ich weiterzugehen. Den größten Teil des Tages tastete ich mich im Schneesturm fast blind durch das Labyrinth, lief immer wieder denselben Weg zurück, wenn ich in eine Sackgasse geraten war. Ein ums andere Mal meinte ich, einen Durchschlupf gefunden zu haben, nur um in einer tiefen blauen Sackgasse zu landen oder auf einem alleinstehenden Pfeiler aus Eis. Meinen Bemühungen wurde durch die Geräusche unter meinen Füßen eine gewisse Dringlichkeit verliehen. Ein Madrigal aus knarrenden und scharf knallenden Lauten – in der Art, in der sich ein dicker Tannenast wehrt, wenn er langsam bis zum Brechen durchgebogen wird – erinnerte mich daran, daß es in der Natur der Gletscher liegt, zu wandern, und in der Natur der Seracs, einzustürzen.

Sosehr ich fürchtete, von einer einstürzenden Eiswand platt gewalzt zu werden, noch mehr Angst hatte ich davor, in eine Spalte zu stürzen, eine Angst, die sich jedesmal steigerte, wenn ich mit einem Fuß durch eine Schneebrücke über einem Spalt trat, der so tief war, daß ich nicht einmal den Boden erkennen konnte. Etwas später brach ich bis zur Brust durch eine Brücke; die Stangen bewahrten mich vor dem 30 Meter tiefen Abgrund, aber nachdem ich mich befreit hatte, ging es mir doch gehörig an die Nieren, als ich mit trockenem Mund daran dachte, wie ein Klumpen unten in der Spalte zu liegen und auf den Tod zu warten, ohne daß irgend jemand auch nur gewußt hätte, wie und wo ich mein Ende gefunden hatte.

Es war fast schon Nacht, als ich vom oberen Ende der Seraczone auf die vom Wind blankgescheuerte freie Fläche des oberen Gletscherplateaus kam. Geschockt und durchgefroren bis auf die Knochen, ging ich mit den Skiern noch so weit, daß ich das Grummeln des gefrorenen Wasserfalls nicht mehr hörte, baute das Zelt auf, kroch in den Schlafsack und zitterte mich in einen unruhigen Schlaf.

Auch wenn mein Plan, den Devils Thumb zu besteigen, erst im Frühjahr 1977 richtig ausgereift war, spukte mir der Berg doch schon seit etwa fünfzehn Jahren im Kopf herum – seit dem 12. April 1962, um genau zu sein. Der Anlaß war mein achter Geburtstag. Als es an der Zeit war, die Geburtstagsgeschenke auszupacken, erklärten meine Eltern mir, daß sie mir die Wahl zwischen zwei Geschenken böten: Ganz nach meinen Wünschen würden sie mich entweder zur neuen Weltausstellung in Seattle begleiten, wo ich mit der Einschienenbahn fahren und die Weltraumnadel sehen könnte, oder mir einen Vorgeschmack auf das Bergsteigen geben und mich auf den dritthöchsten Berg in Oregon mitnehmen, einen seit langem untätigen Vulkan, die South Sister, die ich an klaren Tagen von meinem Schlafzimmerfenster aus sehen konnte. Es war eine schwere Entscheidung. Ich überlegte mir die Sache lange und entschied mich für das Bergsteigen.

Um mich auf den anstrengenden Aufstieg vorzubereiten, schenkte mein Vater mir ein Exemplar von *Mountaineering: The Freedom of the Hills,* dem damals führenden Lehrbuch, ein dicker Wälzer, der kaum weniger wog als eine Bowlingkugel. Von da an hockte ich fast jede wache Stunde über dem Buch, studierte die Schwierigkeiten des Hakenschlagens und das Setzen von Schrauben, die Selbstsicherung und den Seilquergang. Wie sich herausstelte, war nichts von alldem für meine erste Bergtour zu gebrauchen, denn die South Sister entpuppte sich als eine eindeutig nicht extreme Kletterei, die an technischem Geschick nichts weiter als ein kräftiges Gehen erforderte; der Berg wurde denn auch jeden Sommer von Hunderten von Farmern, Haustieren und kleinen Kindern bestiegen.

Was nicht heißen soll, daß meine Eltern und ich den Gipfel des mächtigen Vulkans erreicht hätten: Ich hatte den unzähligen gefährlichen Situationen, die in *Mountaineering: The Freedom of the Hills* dargestellt waren, entnommen, daß Bergsteigen eine Sache auf Leben und Tod sei, immer. Auf halbem Weg zum Gipfel der South Sister fiel mir das plötzlich wieder ein. Mitten auf einem 20-Grad-Schneehang, an dem man nicht einmal hätte abstürzen können, wenn man es gewollt hätte, entschied ich, daß ich mich in Todesgefahr befände, und brach in Tränen aus, was den Aufstieg beendete.

Seltsamerweise steigerte sich nach dem Debakel an der South Sister mein Interesse am Bergsteigen noch. Ich nahm das besessene Studium des *Mountaineering* wieder auf. Der auf diesen Seiten geschilderte Schrecken der Bergsteigerei hatte etwas, das mich nicht mehr losließ. Neben den vielen Strichzeichnungen – die meisten davon Karikaturen eines Männchens mit einem flotten Tirolerhut –, die Geheimnisse wie das Sichern unter Einsatz der Stiefelabsätze und die Bilgeri-Technik illustrieren sollten, enthielt das Buch auch sechzehn Schwarzweißtafeln bemerkenswerter Gipfel im Nordwesten der USA und in Alaska. Sämtliche Fotografien waren faszinierend, aber die eine auf Seite 147 war weit, weit mehr als das: Sie ließ mich erschauern. Die Luftaufnahme des Glaziologen Maynard Miller zeigte einen alleinstehenden finsteren Turm aus eisgepanzertem schwarzen Fels. Auf dem ganzen Berg gab es keinen einzigen Fleck, der sicher oder ungefährlich ausgesehen hätte. Ich konnte mir nicht vorstellen, daß jemand diesen Berg besteigen könnte. Unten auf der Seite stand der Name des Berges: Devils Thumb.

Vom ersten Augenblick, in dem ich das Bild sah – eine Aufnahme der Nordwand des Thumb –, übte es eine beinahe pornographische Faszination auf mich aus. Bei Hunderten, nein, Tausenden von Gelegenheiten in den anschließenden eineinhalb Jahrzehnten holte ich mein Exemplar von *Mountaineering* aus dem Regal, schlug die Seite 147 auf und betrachtete es schweigend. Wie mochte es sein, fragte ich mich ein ums andere Mal, auf diesem daumennagelschmalen Gipfelgrat zu stehen, besorgt die Sturmwolken zu beobachten, die am Horizont aufzogen, gegen den Wind und die beißende Kälte gestemmt, und nachdenklich die zu beiden Seiten abstürzenden schrecklichen Steilabfälle zu betrachten? Wie konnte jemand das durchstehen? Würde ich, wenn ich mich oben in der Nordwand befände, überhautp versuchen, es durchzustehen? Oder würde ich mich einfach entschließen, mich in das Unvermeidliche zu ergeben, und springen?

Ich hatte geplant, zwischen drei Wochen und einem Monat auf dem Stikine Icecap zu bleiben. Da ich mich nicht für den Gedanken begeistern konnte, für vier Wochen Proviant, schwere Wintercamping- und einen Zentner Kletterausrüstung den Bairdgletscher hinaufzuschleppen, zahlte ich, bevor ich Petersburg verließ, einem Piloten 150 Dollar – meine letzte Barschaft –, damit er mir sechs Kisten Ausrüstung und Vorräte abwarf, sobald ich den Fuß des Thumb erreicht hätte. Ich zeigte dem Piloten auf seiner Karte genau, wo ich zu sein gedachte, und bat ihn, mir drei Tage für den Anmarsch zu lassen; er versprach, zu kommen und die Kisten abzuwerfen, sobald das Wetter es zuließe.

Am 6. Mai errichtete ich auf dem Icecap direkt nordöstlich des Thumb ein Basislager und wartete auf den Fallschirmabwurf. Die nächsten vier Tage schneite es, was jede Chance für einen Flug vereitelte. Aus Angst vor Spalten entfernte ich mich nicht weit vom Lager und lief nur gelegentlich etwas Ski, um die Zeit totzuschlagen, aber meistens lag ich still im Zelt – es war zu niedrig, um darin sitzen zu können –, allein mit meinen Gedanken, und kämpfte gegen die aufkommenden Zweifel an.

Die Tage vergingen, und ich wurde immer ängstlicher. Ich hatte keinen Funk und auch sonst keine Möglichkeit, Kontakt zur Außenwelt aufzunehmen. Es war viele Jahre her, daß jemand diesen Teil des Stikine Icecap aufgesucht hatte, und wahrscheinlich würden viele weitere vergehen, bevor wieder jemand hierherkäme. Ich hatte fast keinen Brennstoff mehr und nur noch ein einziges Stück Käse, ein Päckchen Nudelsuppe und eine halbe Schachtel Kakaogebäck. Das reichte, wie ich überschlug, notfalls für drei oder vier Tage, aber was machte ich dann? Ich brauchte nur zwei Tage, um mit Skiern den Baird hinunter zur Thomas Bay zu fahren, aber dann konnte es durchaus eine Woche oder länger dauern, bis zufällig ein Fischer vorbeikam und mich mit nach Petersburg nehmen konnte (die Hodads, mit denen ich herübergekommen war, lagerten 25 Kilometer weiter unten an der unpassierbaren, mit Landzungen übersäten Küste und waren nur mit dem Boot oder Flugzeug zu erreichen).

Als ich mich am 10. Mai abends schlafen legte, schneite und stürmte es immer noch. Am Morgen überlegte ich hin und her, ob ich zur Küste aufbrechen oder auf der Eiskappe ausharren sollte, im Vertrauen darauf, daß der Pilot auftauchen würde, bevor ich verhungerte oder verdurstete, als ich, nur einen Moment, ein schwaches Summen vernahm, wie von einer Mücke.

Ich riß den Zelteingang auf. Die Wolken hatten sich größtenteils verzogen, aber ein Flugzeug war nicht zu sehen. Das Summen kam wieder, diesmal lauter. Und dann sah ich es: einen winzigen rot-weißen Punkt, hoch oben am Himmel im Westen, der sich brummend näherte.

Ein paar Minuten später war das Flugzeug direkt über mir. Der Pilot war jedoch nicht mit dem Gletscherfliegen vertraut und hatte die Dimensionen des Geländes falsch eingeschätzt. Aus Angst, zu tief und in unerwartete Turbulenzen zu geraten, flog er gut 300 Meter über mir – glaubte aber die ganze Zeit, kurz über dem Boden zu sein – und sah das Zelt im schrägen Abendlicht nicht. Mein Winken und Schreien waren vergebens; aus der Höhe war ich nicht von einem Felsbrocken zu unterscheiden.

Eine ganze Stunde kreiste er über dem Eis und suchte erfolglos das öde Gelände ab. Aber zur Ehrenrettung des Piloten muß gesagt werden, daß er den Ernst meiner schwierigen Lage offensichtlich erkannte und nicht aufgab. Hastig befestigte ich den Schlafsack an einer der Gardinenstangen und schwenkte sie aus Leibeskräften. Als das Flugzeug eine enge Kurve flog und direkt auf mich zukam, spürte ich Freudentränen in den Augen.

Dreimal brauste der Pilot kurz nacheinander über mein Zelt und warf jedesmal zwei Kisten ab, dann verschwand die Maschine hinter einem Gebirgskamm, und ich war wieder allein. Als über dem Gletscher wieder Stille einkehrte, kam ich mir verlassen, verletzlich, verloren vor. Ich merkte, daß ich schluchzte. Peinlich berührt, stoppte ich das Geheule, indem ich laut Obszönitäten hinausschrie, bis ich heiser war.

Am 11. Mai wachte ich bei klarem Himmel und relativ warmen –6° C früh auf. Aufgescheucht vom guten Wetter, geistig nicht darauf vorbereitet, die eigentliche Kletterei zu beginnen, packte ich dennoch hastig meinen Rucksack und machte mich mit Skiern zum Fuß des Thumb auf. Zwei Expeditionen in Alaska hatten mich gelehrt, daß man, bereit oder nicht, es sich einfach nicht leisten kann, einen Tag mit gutem Wetter zu vergeuden, wenn man etwas erreichen will.

Vom Rand der Eiskappe führt ein kleiner Hängegletscher wie ein Steg quer durch die Nordwand des Thumb nach oben. Ich wollte diesem Steg bis zu einem markanten Felsvorsprung in der Mitte der Wand folgen und so die scheußliche, lawinengefährdete untere Wandhälfte umgehen.

Der Steg entpuppte sich als eine Reihe 50 Grad steiler Eisfelder, die von knietiefem Pulverschnee überzogen und mit Spalten durchsetzt waren. Der tiefe Schnee machte das Gehen langsam und beschwerlich; als ich drei oder vier Stunden nach Verlassen des Lagers mit Frontalzackentechnik die überhängende Wand des obersten Bergschrundes emporstieg, war ich kaputt. Dabei hatte die »richtige« Kletterei noch gar nicht begonnen. Die fing erst unmittelbar darüber an, wo der Hängegletscher dem senkrechten Fels wich.

Der Fels, der kaum Griffe bot und mit fünfzehn Zentimeter dickem Reif überzogen war, sah nicht sehr vielversprechend aus, doch gleich links neben dem markanten Vorsprung gab es eine Verschneidung – ein offenes Buch, wie die Kletterer auch sagen –, die mit gefrorenem Schmelzwasser überzogen war. Dieses Eisband führte achtzig, neunzig Meter hinauf, und wenn das Eis sich als fest genug erwiese, meine Eisbeile zu halten, war das eine mögliche Linie. Ich hackte eine kleine Plattform in den Schneehang, das letzte ebene Stück, das ich für lange Zeit unter den Füßen haben würde, und machte eine kurze Pause. Fünfzehn Minuten später warf ich mir den Rucksack über und schob mich zentimeterweise dem unteren Ende der Verschneidung zu. Mit Schwung schlug ich das rechte Eisbeil in das fünf Zentimeter dicke Eis. Es war fest, gut zu bearbeiten – etwas dünner, als mir lieb gewesen wäre, aber ansonsten perfekt. Ich war auf dem richtigen Weg.

Die Kletterei war steil und aufregend, so ausgesetzt, daß sich mir der Kopf drehte. Unter meinen Schuhsohlen stürzte die Wand 900 Meter bis in das schmutzige, lawinenzerfurchte Kar des Witches-Cauldron-Gletschers. Über mir zog der Vorsprung unmißverständlich zum Gipfelgrat hinauf, 800 Meter weiter oben. Jedesmal, wenn ich eines meiner Eisbeile plazierte, schrumpfte diese Strecke um einen weiteren halben Meter.

Je höher ich kam, desto sicherer wurde ich. Das einzige, was mich am Berg hielt, an der Welt, waren sechs feine Zacken aus Chrommolybdänstahl, die eineinhalb Zentimeter tief in einer Masse aus gefrorenem Wasser steckten, doch ich fing an, mich für unbezwingbar zu halten, schwerelos, wie jene Echsen, die in billigen mexikanischen Hotels an den Decken sitzen. Am Anfang einer schwierigen Kletterei, vor allem wenn man solo geht, ist man sich des Abgrunds, der einem am Rücken zerrt, mit jeder Faser bewußt. Ständig spürt man seinen Ruf, seine unersättliche Gier. Dem zu widerstehen erfordert eine ungeheure, konzentrierte Anstrengung; man wagt nicht, die Wachsamkeit auch nur einen Augenblick sinken zu lassen. Der verlockende Gesang der Leere macht einen unruhig, läßt die Bewegung zögernd, unbeholfen, fahrig werden. Aber im Verlauf des Aufstiegs gewöhnt man sich an das Ausgesetztsein, man erträgt die Nähe des Schicksals, man bekommt Vertrauen in die Zuverlässigkeit von Händen, Füßen und Kopf. Man lernt, der eigenen Selbstbeherrschung zu trauen.

Nach und nach konzentriert sich die Aufmerksamkeit derart, daß man die aufgescheuerten Knöchel, die verkrampften Oberschenkel, die Anspannung, ständig konzentriert zu sein, gar nicht mehr spürt. Ein tranceartiger Zustand legt sich über die Anstrengung, das Klettern wird zu einem scharfsichtigen Traum. Stunden vergehen wie Minuten. Die aufgelaufene Schuld und das alltägliche Chaos – die kleinen Fehler des Gewissens, die unbezahlten Rechnungen, die verpatzten Gelegenheiten, der Staub unter der Couch, die schwärenden familiären Wunden, das Gefängnis der Gene, dem man nicht entkommt – sind vorübergehend vergessen, von einer übermächtigen Klarheit des Ziels und der Ernsthaftigkeit der aktuellen Aufgabe aus den Gedanken vertrieben.

In solchen Augenblicken rührt sich so etwas wie Glück in der Brust, aber es ist nicht die Art von Gefühl, auf die man sich zu sehr verlassen möchte. Beim Soloklettern wird das ganze Unternehmen vor allem durch Frechheit zusammengehalten, und das ist kein besonders zuverlässiger Klebstoff. Spät an diesem Tag in der Nordwand des Daumens merkte ich beim Plazieren eines Eisbeils, daß dieser Klebstoff nicht mehr hielt.

Seit ich den Hängegletscher verlassen hatte, hatte ich etwa 200 Höhenmeter geschafft, ausschließlich auf Frontalzacken und mit den Eisbeilen. Das Band aus gefrorenem Schmelzwasser war nach 90 Metern zu Ende gewesen, und es hatte sich ein brüchiger Panzer aus reifähnlichen Eisbildungen angeschlossen. Obwohl er kaum massiv genug war, das Körpergewicht zu tragen, bedeckte der Reif den Fels in einer Stärke von einem halben bis einem Meter, und so mühte ich mich weiter hoch. Die Wand war jedoch kaum merklich steiler geworden und die reifähnlichen Eisbildungen entsprechend dünner. Ich war in einen langsamen, hypnotischen Rhythmus verfallen – Schwung, Schwung, Tritt, Tritt; Schwung, Schwung, Tritt, Tritt –, als mein linkes Eisbeil wenige Zentimeter unter dem Reif auf eine Dioritplatte prallte.

Ich versuchte es links, dann rechts, stieß aber überall auf Fels. Die reifähnlichen Eisbildungen, die mich hielten, waren, wie jetzt deutlich wurde, vielleicht zwölf bis fünfzehn Zentimeter stark und hatten die strukturelle Beschaffenheit von altbackenem Maisbrot. Unter mir lagen 1100 Meter Luft, und ich balancierte auf einem Kartenhaus. In Wellen überkam mich die Panik. Die Sicht verschwamm. Die Atmung steigerte sich übermäßig, die Waden fingen an zu zittern. Ich schob mich etwas nach rechts in der Hoffnung, stärkeres Eis zu finden, aber schaffte es auch da nur, auf Fels zu schlagen.

Unbeholfen und starr vor Angst arbeitete ich mich wieder nach unten. Der Reif wurde allmählich wieder dicker, und nachdem ich etwa 25 Meter abgestiegen war, kam ich wieder auf einigermaßen festen Untergrund. Ich legte eine lange Pause ein, um meine Nerven zur Ruhe kommen zu lassen, lehnte mich dann nach hinten und blickte die Wand hinauf. Ich suchte nach einem Anzeichen für festes Eis, nach irgendeiner Veränderung in den Gesteinsschichten, nach irgend etwas, das mir ermöglichte, die vereisten Platten zu überwinden. Ich suchte, bis mir der Nacken weh tat, aber es war nichts zu sehen. Der Aufstieg war vorüber. Der einzige Weg führte nach unten.

Dichtes Schneetreiben und anhaltender Wind fesselten mich die nächsten drei Tage fast ohne Unterbrechung ans Zelt. Die Stunden verrannen schleppend. Um sie etwas anzutreiben, rauchte ich Kette, bis mein Zigarettenvorrat aufgebraucht war, und las. Ich hatte mehrere schlechte Entscheidungen auf der Tour getroffen, daran kam ich nicht vorbei, und eine davon betraf das Lesefutter, das ich eingepackt hatte: drei alte Ausgaben von *The Village Voice* sowie Joan Didions neuesten Roman *A Book of Common Prayer.* Die *Voice*-Ausgaben waren einigermaßen amüsant – dort auf der Eiskappe bekam der Inhalt einer Schärfe, einen gewissen Sinn für das Absurde, von dem die Zeitschrift (ohne eigenes Verschulden) sehr profitierte –, aber Didions nekrotische Einstellung zur Welt war in diesem Zelt und unter diesen Umständen etwas zu nah an der Sache.

Am Ende von *Common Prayer* sagt eine von Didions Figuren zu jemandem: »Du bekommst nichts dafür, wenn du hierbleibst, Charlotte.« Und Charlotte antwortet: »Ich kann dir offenbar nicht sagen, wofür du doch etwas bekommst, und deshalb werde ich wohl noch etwas hierbleiben.«

Als ich nichts mehr zu lesen hatte, blieb mir nur noch das Studium der Nahtmuster im Zeltdach. Damit beschäftigte ich mich stundenlang, flach auf dem Rücken liegend, und verwickelte mich gleichzeitig in eine ausgedehnte und sehr hitzige Debatte mit mir selbst: Sollte ich, sobald sich das Wetter besserte, zur Küste aufbrechen oder so lange ausharren, daß ich noch einen zweiten Versuch am Berg machen konnte? In Wahrheit hatte der kleine Ausflug in die Nordwand mich erheblich verunsichert, und ich hatte überhaupt keine Lust, noch einmal am Thumb aufzusteigen. Andererseits war der Gedanke, geschlagen nach Boulder zurückzukehren – den Pontiac hinter dem Wohnwagen abzustellen, den Werkzeuggürtel umzuschnallen und zurück zu der gleichen geisttötenden Arbeit zu gehen, die ich vor einem Monat gerade erst so triumphierend verlassen hatte –, auch nicht sehr verlockend. Vor allem konnte ich den Gedanken nicht ertragen, die selbstgefälligen Mitleidsbekundungen all der Schwachköpfe und großen Jäger über mich ergehen zu lassen, die natürlich von Anfang an gewußt hatten, daß ich scheitern würde.

Am dritten stürmischen Nachmittag hielt ich es nicht mehr aus: die gefrorenen Schneeklumpen, die sich mir in den Rükken bohrten, die klammen Nylonwände, die mir gegen das Gesicht klatschten, der unbeschreibliche Geruch, der aus den Tiefen meines Schlafsacks aufstieg. Ich kramte in dem Durcheinander bei meinen Füßen, bis ich einen kleinen grünen Stoffbeutel gefunden hatte, in dem sich eine Filmdose aus Metall befand, die die Zutaten zu einer, wie ich gehofft hatte, Art Siegerzigarre enthielt. Ich hatte sie für die Rückkehr vom Gipfel aufgehoben, aber was sollte es, es sah nicht so aus, als würde ich so bald hinaufkommen. Ich schüttete den größten Teil des Doseninhalts auf ein Zigarettenpapier, rollte es zu einem krummen, traurig aussehenden Joint und rauchte ihn bis zum letzten Krümel.

Die Selbstgedrehte ließ das Zelt natürlich noch beengter, noch stickiger, noch unerträglicher erscheinen. Außerdem machte sie mich schrecklich hungrig. Ich beschloß, dem mit etwas Haferschleim abzuhelfen. Die Zubereitung war jedoch ein langwieriges, lachhaft aufwendiges Vorhaben: Ich mußte draußen im Sturm einen Topf Schnee holen, den Kocher zusammenbauen und in Gang setzen, Hafermehl und Zucker suchen und die Reste vom gestrigen Essen aus dem Topf kratzen. Ich hatte den Kocher angeworfen und schmolz den Schnee, als es plötzlich verbrannt roch. Eine eingehende Untersuchung des Kochers und seiner Umgebung ergab nichts. In meiner Ratlosigkeit war ich schon bereit, es meiner chemisch gesteigerten Einbildungskraft zuzuschreiben, als ich direkt hinter mir etwas knistern hörte.

Ich wirbelte herum und konnte gearde noch rechtzeitig sehen, daß ein Abfallbeutel, in den ich das Streichholz geworfen hatte, mit dem ich den Kocher angezündet hatte, in hellen Flammen aufging. Ich schlug mit den Händen auf das Feuer und hatte es in wenigen Sekunden gelöscht, aber doch erst, nachdem ein großer Teil der Innenwand des Zeltes vor meinen Augen verdampft war. Die eingebaute Zeltklappe gegen Regen blieb zwar von den Flammen verschont, so daß die Unterkunft noch mehr oder weniger wasserdicht war, doch es war jetzt im Innern schätzungsweise 10 Grad kälter. Meine linke Handfläche fing an zu schmerzen. Ich untersuchte die Verbrennung. Was mir jedoch am meisten Kummer bereitete, war, daß das Zelt nicht einmal mir gehörte – ich hatte es von meinem Vater geliehen. Das teure »Early Winters Omnipo Tent« war brandneu – die Etiketten mit dem Namen des Herstellers und den Materialangaben waren noch nicht entfernt – und nur widerwillig ausgeliehen worden. Ich saß einige Minuten wie benommen inmitten des beißenden Geruchs von verbranntem Haar und geschmolzenem Nylon und starrte auf die Überreste der einst so schmucken Behausung. Du mußtest es mir geben, dachte ich: Ich hatte wirklich ein Talent, die schlimmsten Befürchtungen des alten Mannes zu bestätigen.

Das Feuer versetzte mich in eine derartige Panik, die keine dem Menschen bekannte Droge hätte besänftigen können. Als ich mir den Haferschleim gekocht hatte, stand für mich fest: In der Sekunde, wo der Sturm aufhörte, würde ich das Lager abbauen und zur Thomas Bay aufbrechen.

Vierundzwanzig Stunden später hockte ich in einem Biwaksack unter dem Wulst des Bergschrundes in der Nordwand des Thumb. Das Wetter war wieder so schlecht wie vorher.

Es schneite stark, wahrscheinlich zwei, drei Zentimeter pro Stunde. Schneestaub von kleinen Lawinen aus der oberen Wand zischte vorbei, umhüllte mich wie Gischt und begrub den Sack alle zwanzig Minuten unter sich.

Der Tag hatte ganz gut begonnen. Als ich aus dem Zelt kroch, hingen zwar noch Wolken an den Gratspitzen, aber der Wind hatte sich gelegt, und die Eiskappe war mit Sonnentupfen übersät. Ein Sonnenflecken, der mich fast blendete, glitt träge über das Lager. Ich breitete meine Isomatte aus und streckte mich in meiner langen Unterhose auf dem Gletscher aus. Ich aalte mich in der strahlenden Wärme und empfand die Dankbarkeit eines Gefangenen, dessen Strafe soeben verkürzt worden war.

Als ich so dalag, fiel mein Blick auf einen engen Kamin, der leicht gekrümmt in der Osthälfte der Nordwand des Thumb emporstrebte, links von der Route, die ich vor dem Sturm versucht hatte. Ich schraubte ein Teleobjektiv auf meine Kamera. Mit ihm konnte ich eine schimmernde graue Eisschicht erkennen – festes, zuverlässiges, hartes Eis –, die die Rückseite des Spalts bedeckte. Die Ausrichtung des Kamins machte es unmöglich zu erkennen, ob das Eis von unten bis oben eine durchgehende Unterlage bildete. Wenn ja, dann bot der Kamin vielleicht eine Aufstiegsmöglichkeit über die reifbedeckten Platten, die meinen ersten Versuch vereitelt hatten. So in der Sonne liegend, stellte ich mir vor, wie sehr ich mich in einem Monat verfluchen würde, wenn ich das Handtuch nach nur einem Versuch warf, wenn ich die ganze Expedition nur wegen etwas schlechten Wetters schmiß. Innerhalb einer Stunde hatte ich die Ausrüstung zusammengepackt und war auf Skiern unterwegs zum Wandfuß.

Das Eis im Kamin war tatsächlich durchgehend, aber es war sehr, sehr dünn – nur eine ganz zarte Glasur. Außerdem fungierte der Spalt als natürlicher Ablauf für allen Schrott, der sich aus der Wand löste; bei meinem mühsamen Aufstieg durch den Kamin wurde ich von einem steten Strom aus Pulverschnee,

Eissplittern und kleinen Steinen berieselt. Nach fünfunddreißig Metern in der Rinne blätterten die letzten Reste meiner Fassung wie alter Gips ab, und ich drehte um.

Statt die ganze Strecke zum Basislager abzusteigen, beschloß ich, die Nacht im Schrund unter dem Kamin zu verbringen; ich hatte die schwache Hoffnung, daß morgen in meinem Kopf mehr Ordnung herrschte. Der heitere Himmel, der den Tag angekündigt hatte, erwies sich jedoch nur als eine kurze Pause in einem fünftägigen Sturm. Am Nachmittag war der Sturm in all seiner Pracht wieder da, und mein Biwakplatz war bald alles andere als ein angenehmer Aufenthaltsort. Das Band, auf dem ich kauerte, wurde immer wieder von abgehendem Schneestaub eingehüllt. Fünfmal wurde mein Biwaksack – ein dünner Nylonbehälter, der genau wie die Plastiktüte für ein Sandwich aussah, nur größer – bis zum Atemschlitz zugeschüttet. Nachdem ich mich zum fünftenmal ausgebuddelt hatte, kam ich zu dem Schluß, daß es reichte. Ich schmiß die ganze Ausrüstung in den Rucksack und flüchtete zurück zum Basislager.

Der Abstieg war entsetzlich. Bei den Wolken, dem Schneesturm am Boden und dem fahlen schwindenden Licht konnte ich Schnee und Himmel nicht auseinanderhalten und auch nicht erkennen, ob ein Hang anstieg oder abfiel. Nicht ohne Grund hatte ich Angst, von der Spitze eines Seracs blind ins Leere zu treten und einen Kilometer weiter unten am Fuß des Witches-Cauldron-Gletschers zu landen. Als ich schließlich auf der gefrorenen Fläche der Eiskappe ankam, stellte ich fest, daß meine Spuren längst verweht waren. Ich hatte keinen Anhaltspunkt, um auf dem gleichförmigen Gletscherplateau mein Zelt wiederzufinden. Ungefähr eine Stunde lief ich auf Skiern im Kreis herum und hoffte, mit etwas Glück auf mein Lager zu stoßen, bis ich mit einem Fuß in eine kleine Spalte geriet und mir klar wurde, daß ich mich wie ein Idiot benahm – daß ich mich dort, wo ich stand, hinhocken und den Sturm aussitzen mußte.

Ich grub eine flache Mulde, wickelte mich in den Biwaksack

und setzte mich im Schneegestöber auf den Rucksack. Rings um mich bildeten sich Schneewehen. Meine Füße wurden taub. Eine feuchte Kälte kroch mir vom Nacken, wo Schneestaub in den Parka geraten war und mein Hemd durchfeuchtet hatte, die Brust hinunter. Wenn ich wenigstens eine Zigarette gehabt hätte, dachte ich, eine einzige Zigarette, könnte ich meine ganze Charakterstärke aufbieten und gute Miene zu diesem beschissenen Spiel machen, zu dem ganzen beschissenen Trip. »Wenn wir Speck hätten, könnten wir Eier mit Speck machen, wenn wir ein paar Eier hätten«, fiel mir mein Freund ein, der diesen Satz einmal bei einem ähnlichen Sturm von sich gegeben hatte, vor zwei Jahren oben auf einem anderen Gipfel in Alaska, dem Mooses Tooth. Ich hatte das damals wahnsinnig komisch gefunden, und ich hatte laut gelacht. Als ich jetzt an die Worte dachte, kamen sie mir nicht mehr so komisch vor. Ich zog den Biwaksack enger um meine Schultern. Der Wind zerrte an meinem Rücken. Ohne mich zu schämen, vergrub ich den Kopf in den Armen und erging mich in einer Orgie aus Selbstmitleid.

Ich wußte, daß Menschen beim Bergsteigen gelegentlich sterben. Aber mit dreiundzwanzig Jahren lag die persönliche Sterblichkeit – der Gedanke an den eigenen Tod – jenseits jeder gedanklichen Vorstellung; es war eine so abstrakte Vorstellung wie die nichteuklidische Geometrie oder die Ehe. Als ich im April 1977 in Boulder aufbrach, mit Visionen von Ruhm und Erlösung am Devils Thumb im Kopf, kam mir nicht in den Sinn, daß für mich die gleichen Zusammenhänge von Ursache und Wirkung gelten wie für andere. Von Hybris hatte ich noch nie etwas gehört. Weil ich den Berg unbedingt besteigen wollte, weil ich so intensiv und lange an den Thumb gedacht hatte, schien es mir außerhalb jeder Möglichkeit, daß irgendein lächerliches Hindernis wie das Wetter oder Gletscherspalten oder reifbedeckter Fels meinen Willen am Ende durchkreuzen könnte.

Bei Einbruch der Dämmerung legte sich der Wind, und die Untergrenze der Bewölkung stieg auf 50 Meter über dem Gletscher, so daß ich das Basislager entdecken konnte. Ich fand das Zelt intakt vor, aber ich konnte nicht länger übersehen, daß der Thumb meine Pläne zu Makulatur gemacht hatte. Ich mußte anerkennen, daß das Wollen allein, auch wenn es noch so stark war, mich nicht durch die Nordwand brachte. Ich erkannte schließlich, daß nichts mich da hochbrachte.

Es bestand jedoch immer noch eine Möglichkeit, die Expedition irgendwie zu retten. Vor einer Woche war ich mit Skiern zur Südostwand des Berges gegangen, um mir die Route anzusehen, die Fred Beckey 1946 als erster gegangen war – die Route, über die ich nach der Durchsteigung der Nordwand hatte absteigen wollen. Bei dieser Erkundung hatte ich eine offensichtlich noch nicht begangene Linie links von der Beckey-Route entdeckt – ein unregelmäßiges Netz aus Eis, das die Südostseite überzog –, die mir als relativ einfacher Weg zum Gipfel erschien. Damals hatte ich diese Route als unter meiner Würde betrachtet. Jetzt, nachdem ich bei meiner ruhmlosen Annäherung an die Nordwand abgeblitzt war, war ich bereit, die Latte etwas niedriger zu legen.

Am Nachmittag des 15. Mai, als der Schneesturm schließlich abgeflaut war, kehrte ich zur Südostwand zurück und stieg zum Kamm eines schmalen Grates, der zum oberen Gipfelbereich führte, wie ein Strebebogen einer gotischen Kathedrale. Ich beschloß, die Nacht auf diesem luftigen, messerscharfen Grat 500 Meter unter dem Gipfel zu verbringen. Der abendliche Himmel war kalt und wolkenlos. Ich konnte bis zum Flutgebiet an der Küste und noch weiter blicken. In der Dunkelheit beobachtete ich gebannt, wie in den Häusern von Petersburg im Westen die Lichter angingen. Die Lichter in der Ferne, die seit dem Fallschirmabwurf einem menschlichen Kontakt am nächsten kamen, lösten bei mir eine Flut von Empfindungen aus, die mich völlig aus der Bahn warfen. Ich stellte mir die Leute vor, die sich im Fernsehen die Red Sox ansahen, in hell erleuchteten Küchen Brathähnchen aßen, Bier tranken, sich liebten. Als ich mich hinlegte, um zu schlafen, überfiel mich eine bedrückende Einsamkeit. Noch nie hatte ich mich so allein gefühlt.

In jener Nacht hatte ich wilde Träume, von Polypen und Vampiren und einer Hinrichtung in Unterweltmanier. Ich hörte jemanden flüstern: »Er ist da drin. Sobald er rauskommt, machst du ihn kalt.« Ich saß kerzengerade da und öffnete die Augen. Die Sonne war im Begriff aufzugehen. Der ganze Himmel war scharlachrot. Es war noch klar, aber von Südwesten zogen zarte Fasern hoher Zirruswolken auf, und direkt über dem Horizont war eine dunkle Linie sichtbar. Ich zog die Schuhe an und schnallte hastig die Steigeisen an. Fünf Minuten nachdem ich aufgewacht war, stieg ich in Frontalzackentechnik vom Biwak auf.

Ich hatte kein Seil mitgenommen, kein Zelt oder Biwakzeug und kein Gerät außer den Eisbeilen. Ich wollte ultraleicht und ultraschnell gehen, den Gipfel erreichen und wieder absteigen, bevor das Wetter umschlug. Ich trieb mich an, war immer außer Atem, hetzte hoch nach links über kleine Schneefelder, die durch schmale glasierte Rinnen und kurze Felsbänder verbunden waren. Es war fast eine Genußkletterei – der Fels war mit großen, tiefen Griffen übersät, und das Eis war zwar dünn, wurde aber nie so steil, daß es extrem geworden wäre –, aber mir machten die Wolkenbänder Sorge, die hastig vom Pazifik herantrieben und den Himmel überzogen.

Es schien kaum Zeit vergangen zu sein (ich hatte gar keine Uhr mitgenommen), da stand ich auf dem markanten letzten Eisfeld. Inzwischen war der Himmel total bewölkt. Es sah leichter aus, sich etwas links zu halten, aber der direkte Weg zum Gipfel war sicher schneller. Ich hatte wahnsinnige Angst, oben am Gipfel ohne jeden Schutz vom Sturm überrascht zu werden, und entschied mich für den direkten Anstieg. Das Eis wurde steiler, dann noch etwas steiler, und dadurch wurde es auch dünner. Ich plazierte das linke Eisbeil und traf auf Fels.

Ich suchte eine andere Stelle, und wieder prallte es mit einem stumpfen, gräßlichen Geräusch vom unnachgiebigen Diorit ab. Und noch einmal, und noch einmal: Es war eine Wiederholung meines ersten Versuchs an der Nordwand. Ich schaute zwischen den Beinen nach unten und erhaschte einen kurzen Blick auf den Gletscher mehr als 600 Meter unter mir. Mein Magen rebellierte. Ich fühlte meine Sicherheit wie Rauch im Wind verfliegen.

15 Meter über mir wich die Wand zurück auf die geneigte Gipfelschulter. Nur noch lächerliche 15 Meter, und der Berg würde mir gehören. Steif klammerte ich mich an die Beile, regungslos, gelähmt vor Angst und Unentschlossenheit. Erneut blickte ich hinab in die schwindelnde Tiefe zum Gletscher, dann hinauf, dann kratzte ich den Eisfilm über meinem Kopf weg. Ich hakte die Hacke des linken Eisbeils in einen winzigen Felsvorsprung und belastete sie. Sie hielt. Ich zog das rechte Beil aus dem Eis, langte nach oben und drehte die Hacke in einen gewundenen, zwei Zentimeter tiefen Riß, bis sie festsaß. Kaum noch atmend, zog ich die Füße nach, kratzte mit den Frontalzacken über die Eisglasur. So hoch ich konnte, plazierte ich mit vorsichtigem Schwung das linke Eisbeil in der schimmernden, undurchsichtigen Fläche, ohne zu wissen, was sich darunter befand. Die Hacke blieb mit einem ermutigenden TANK! stecken. Ein paar Minuten später stand ich auf einem breiten, gewölbten Absatz. Der eigentliche Gipfel, eine Reihe schlanker Rippen, die wie eine groteske Eismeringe aufragten, erhob sich 6 Meter direkt über mir.

Die zarten, reifähnlichen Eisbildungen sorgten dafür, daß diese letzten 6 Meter hart, gruselig, mühsam wurden. Aber dann gab es plötzlich nichts mehr, was höher gewesen wäre. Es war nicht möglich. Ich konnte es kaum glauben. Ich spürte, wie sich meine rissigen Lippen zu einem breiten, schmerzlichen Grinsen weiteten. Ich stand auf dem Gipfel des Devils Thumb.

Der Gipfel war, wie sich das gehörte, ein unwirtlicher, feindseliger Flecken, ein unwahrscheinlich schlanker Fächer aus

Fels und Reif, der nicht größer als ein Aktenschrank war. Er ermunterte nicht zum Verweilen. Als ich breitbeinig über der höchsten Stelle stand, fiel die Nordwand an meinem linken Schuh 1800 Meter in die Tiefe, an meinem rechten Schuh stürzte die Südwand 2500 Meter ab. Ich machte ein paar Aufnahmen zum Beweis dafür, daß ich oben gewesen war, und verbrachte ein paar Minuten damit, eine verbogene Hacke geradezuklopfen. Dann stand ich auf, drehte mich vorsichtig um und machte mich auf den Heimweg.

Fünf Tage später campierte ich im Regen am Meer, staunte über den Anblick von Moos, Weiden, Moskitos. Zwei Tage danach tuckerte ein kleines Skiff in die Thomas Bay und legte nicht weit von meinem Zelt am Strand an. Der Mann, der das Boot steuerte, stellte sich als Jim Freeman vor, Holzfäller aus Petersburg. Er hatte seinen freien Tag, wie er sagte, und machte diese Ausfahrt, um seiner Familie den Gletscher zu zeigen und nach Bären Ausschau zu halten. Er fragte mich, ob ich »jagen oder so« gewesen wäre.

»Nein«, antwortete ich etwas verlegen. »Ich bin auf den Devils Thumb gestiegen. Ich war zwanzig Tage hier oben.«

Freeman bastelte irgend etwas an einer Klampe am Boot herum und sagte eine Weile gar nichts. Dann sah er mich streng an und spuckte aus: »Willst du mich auf den Arm nehmen, Freundchen?« Erschrocken stammelnd verneinte ich. Es war offensichtlich, Freeman glaubte mir kein Wort. Er schien auch nicht gerade entzückt von meinen zerzausten, schulterlangen Haaren oder der Art, wie ich roch. Als ich ihn fragte, ob er mich mit in den Ort nehmen könne, brummte er jedoch widerwillig: »Ich wüßte nicht, warum nicht.«

Die See war kabbelig, und die Fahrt über den Fredericksund dauerte zwei Stunden. Je länger wir uns unterhielten, desto mehr taute Freeman auf. Er glaubte mir immer noch nicht, daß ich den Thumb bestiegen hatte, aber als er das Boot steuerte, gab er es zumindest vor. Als wir ausstiegen, bestand er darauf, mir einen Cheeseburger zu spendieren. Und für die Nacht ließ er mich sogar in einem ausrangierten Kleinlaster schlafen, der hinten im Hof stand.

Ich lag eine Zeitlang auf der Ladefläche des alten Lasters, konnte aber nicht einschlafen, und so stand ich auf und ging zu einer Kneipe, die Kito's Kave hieß. Die Euphorie, das überwältigende Gefühl der Erleichterung, die meine Rückkehr nach Petersburg anfangs begleitet hatten, schwanden, und eine unerwartete Schwermut nahm ihren Platz ein. Die Leute, mit denen ich im Kito plauderte, schienen nicht daran zu zweifeln, daß ich auf dem Thumb gewesen war, aber es war ihnen ziemlich egal. Der Abend ging dahin, und die Kneipe leerte sich, bis nur noch ein Indianer an einem Tisch in der Ecke und ich dasaßen. Ich trank allein vor mich hin, steckte Münzen in die Jukebox, spielte wieder und wieder dieselben fünf Stücke, bis die Bedienung mich anschrie: »Hej, jetzt reicht's aber, Mann! Wenn ich noch ein einziges Mal ›Fifty Ways to Lose Your Lover‹ höre, dann verliere ich was, nämlich die Nerven.« Ich murmelte eine Entschuldigung, machte, daß ich rauskam, und schlich zurück zu Freemans Laster. Dort, im Duft alten Motoröls, legte ich mich neben dem ausgebauten Getriebe auf die Ladepritsche und schlief ein.

Wenn man jung ist, glaubt man gern, daß das, was man sich wünscht, nichts anderes ist als das, was man verdient, und man nimmt an, daß, wenn man etwas unbedingt haben möchte, es das selbstverständliche Recht ist, es auch zu bekommen. Nicht einmal einen Monat nachdem ich auf dem Gipfel des Thumb gesessen hatte, war ich wieder in Boulder und nagelte die Seitenwandung auf die Häuser der Spruce Street, die gleichen Eigentumswohnungen, die ich gezimmert hatte, bevor ich nach Alaska aufgebrochen war. Ich bekam eine Lohnerhöhung auf vier Dollar pro Stunde und zog am Ende des Sommers aus dem Wohnwagen in ein Einzimmerapartment am West Pearl, aber ansonsten schien sich in meinem Leben wenig zu ändern. Irgendwie paßte das alles nicht so recht zu den grandiosen Veränderungen, von denen ich im April geträumt hatte.

Die Besteigung des Devils Thumb hatte mich jedoch etwas von der verstockten Unschuld der Kindheit abrücken lassen. Sie lehrte mich etwas darüber, was Berge können und was nicht, über die Grenzen der Träume. Damals habe ich das natürlich nicht erkannt, aber heute bin ich dankbar dafür.

Aus: **Dünne Luft: Begegnungen im Himalaja**

von Greg Child

Greg Child, 1957 in Sydney geboren und heute in Seattle lebend, hat viele äußerst schwierige Besteigungen gemeistert, unter anderem den Nordgrat des K2 (1990), eine neue Route durch die Südwand des Trango Tower (1992), den Nordgrat des Everest (1995) und die Erstbesteigung des Shipton Spire (1996). 1983 versuchten Child und sein Gefährte Peter Thexton die Besteigung des Broad Peak im pakistanischen Karakorum, des mit 8047 m zwölfthöchsten Bergs der Erde. Es war Childs erste Begegnung mit den Widrigkeiten extremer Höhe, eine grausame Erfahrung.

Den ganzen ruhigen, klaren Morgen des 25. Juni verfolgten wir die Gestalten von Alan, Andy, Roger und Jean, als sie ihr Hochlager verließen und in Richtung Gipfel des Broad Peak stiegen. 300 m unter ihnen folgten die beiden Polinnen ihren Spuren. Selbst durch das 800-mm-Objektiv wirkten sie wie winzige Punkte unter der schwarzen Felspyramide des Hauptgipfels. Das schräge Licht der Sonne hob ihre Spuren hervor, die sich im Zickzack über die weite Schneeterrasse zogen. Sie überwanden einen kurzen Eisbruch, dann eine steile Rinne und erreichten schließlich den 7800 m hohen Paß zwischen Haupt- und Zentralgipfel.

»In zwei Stunden sind sie am Gipfel«, prophezeite Doug.

Die Gestalten steigen am langen Gipfelgrat nach Süden und verschwinden hinter einem Felsvorbau. Unter ihnen sehen wir die Polinnen auf ca. 7465 m umdrehen und absteigen; offensichtlich sind sie zu dem Schluß gekommen, daß es besser ist, nicht mehr weiterzugehen. Die Frauen schwanken und torkeln beim Abstieg vor Erschöpfung. An einem entfernten Teil des Berges zerreißt ein häßliches Krachen die Luft, als sich eine mächtige Lawine löst und eine Wolke aus Trümmern aufwirbelt.

Auch für uns wird es bald Zeit, zum Broad Peak aufzubrechen. Pete und ich beschließen, am späten Nachmittag loszugehen, um die ersten Couloirs bei Mondlicht zu durchsteigen und Lager I zu erreichen, wenn der Schnee hart gefroren ist. Doug und Steve wollen sich zusammen mit Don und Gohar nach einer ausgiebigen Nachtruhe früh am Morgen des 26. aufmachen. Eine Stunde vor Sonnenuntergang, als der Nachmittag sich neigt und das Licht auf den Spitzen rund um das Basislager in ein sanftes Glühen übergeht, gibt Pete Beth zum Abschied einen Kuß, wir sagen allen im Lager Lebewohl und ziehen los über den Gletscher. Mitten in der Eiswüste bleibe ich stehen, um den K2 zu fotografieren, wie er erhaben und klar in der Dämmerung steht.

»Dafür ist später noch Zeit genug«, sagt Pete und drängt weiter zum Fuß des dreigipfeligen Riesen vor uns.

Zwischen dem Basislager und dem Fuß des Broad Peak liegen drei Kilometer Gletscher, wild zerklüftet und bestückt mit einem Gewirr aus Eistürmen. Pete und ich suchen uns einen Weg über zweifelhafte Schneeflächen, bewegen uns von einer Geröllinsel zur nächsten, prüfen den Schnee mit den Eispickeln auf Gletscherspalten. Wir reden über die vor uns liegende Route und gehen nochmals die Ausrüstung durch, um sicherzugehen, daß nichts vergessen wurde. Während wir uns einen Weg bahnen, sprechen wir über Lobsang. Ja – es war perfekt mit ihm gewesen, und das gewiß nicht zum letzten Mal. Wir sprachen über weitere Klettertouren – er würde ins Yosemite kommen, und wir würden den El Capitan besteigen, ich würde im Winter in die Alpen gehen, und vielleicht, nur vielleicht, falls es am Broad Peak klappen sollte, würden wir uns am K2 wiedersehen. Eine große Wärme strahlt von Pete auf mich über, wie das Alpenglühen, das auf den Bergen liegt. Seine kleinen Freundlichkeiten und behutsam gewählten Worte zeigen mir, daß ich endlich die sorgsam errichtete Mauer durchbreche, mit der er sich umgibt.

Auf einem Schneefeld prüfe ich den nächsten Schritt, sondiere mit dem Pickel im Schnee vor mir. Der Schnee fühlt sich fest an. Nichts klingt dumpf oder rieselt, was auf einen Hohlraum unter der Oberfläche hindeuten würde. Ich habe ein sicheres Gefühl, aber im gleichen Augenblick, als ich es Pete sage und weitergehe, gibt die Schneedecke nach, und ich stürze in einen Spalt.

»Gletscherspalte«, stelle ich in der plötzlichen Stille nüchtern fest, die dem Klirren von Spiegeln und Glas folgt. Ich empfinde die törichte Überraschung, die jemand erleben dürfte, der auf einem Glastisch steht, der plötzlich zerspringt. Noch überraschender ist, daß die Gletscherspalte einen doppelten Boden hat, und ich nur eine Körperlänge weit eingebrochen bin. Unter mir sehe ich Risse im Boden, die in eine schwarze Leere führen.

»Dachte schon, ich wäre dich los«, sagt Pete und setzt sich auf seinen Rucksack, während ich mich herausarbeite. Skalpellscharfe Eissplitter haben mir haarfeine Schnitte in Arme und Gesicht geritzt. Ich sehe aus, als hätte ich mit einer Raubkatze gekämpft.

Pete zeigt über seine Schulter. »Es freut dich sicher zu erfahren, daß du Zuschauer hast. Ein paar Trekker haben deine Vorstellung von ihrem Lager gar nicht weit von hier mitverfolgt.«

»Wie peinlich.«

»Mach dir nichts draus«, scherzt Pete, »aus unserm Lager hat es niemand gesehen.«

Während wir in den Wald aus Büßereis eindringen, geht die Sonne unter, es herrscht Windstille, und die Gipfelfelsen des K2 leuchten orangefarben. Das Gurgeln und Rauschen der

Schmelzwasser verstummt plötzlich, erstickt von der Kälte der Nacht. Als wir aus dem Eislabyrinth wieder auftauchen, steht mit einem Mal der Broad Peak vor uns, mit klarer Silhouette, während sich auf dem Baltoro rasch die Dunkelheit der Nacht ausbreitet. Auf einem Geröllstreifen unter dem Berg machen wir Pause, trinken und essen etwas. Im Geröll liegt ein Haufen aus verwitterten Holzkeilen und Hanfschlingen. Wir spielen mit diesen Überresten, die irgendwelche Vorgänger zurückgelassen haben, vielleicht die Österreicher Hermann Buhl, Kurt Diemberger, Fritz Wintersteller und Marcus Schmuck, die den Broad Peak 1957 als erste bestiegen haben, aber vielleicht gehörten sie auch der unglücklichen polnischen Expedition, die als erste den 8000 m hohen Zentralgipfel erreichte.

Ende Juli 1975 stiegen sechs Polen durch die Flanke über uns und gingen dabei eine direktere Variante als die österreichische Route zum 7800 m hohen Paß zwischen Haupt- und Zentralgipfel. Diese Variante ist inzwischen der »Normalweg«, aber vom Paß aus wollten sie über den Südgrat des Zentralgipfels aufsteigen. Die Schneeverhältnisse waren schlecht, das Vorwärtskommen mühsam. Unterhalb des Passes, während sich die Nacht und ein Sturm näherten, stieg Roman Bebak, einer der Bergsteiger, ab, die anderen fünf gingen weiter. Als der Sturm stärker wurde und die fünf sich beeilten, um die Begehung zu vollenden, suchten drei der Männer – Bohdan Nowaczyk, Marek Kesicki und Andrej Sikorski – bei der letzten Felsstufe unter dem Gipfel Schutz vor dem Wind, während Kazimierz Glazek und Janusz Kulis weiter zum höchsten Punkt stiegen. Um halb acht erreichten Glazek und Kulis den Gipfel, dann stiegen sie zu den anderen ab. Der Sturm tobte inzwischen mit aller Macht. Als der letzte Mann, Nowaczyk, zum Paß abseilte, brach die Sicherung aus, Nowaszyk stürzte in den Tod und mit ihm die lebenswichtigen Seile. Gefangen im Wüten des Sturms und ohne Möglichkeit, durch die steile, lawinengefährdete Rinne unterhalb des Passes abzusteigen, biwakierten die Bergsteiger im Freien, mit dem, was sie auf dem Leib trugen.

Bei Tagesanbruch nahmen sie die Suche nach Nowaszyk und den Seilen wieder auf. Sie fanden nichts. In ihrer Verzweiflung banden sie sämtliche Schlingen und Gurte zu einem behelfsmäßigen Seil zusammen. Am Nachmittag stieg Glazek durch die Rinne hinab zu den Schneefeldern und fand 100 m tiefer einen Biwakplatz. Aber der nach ihm absteigende geschwächte Sikorski rutschte aus und riß Kesicki und Kulis aus dem Hang. Sikorski stürzte knapp 200 m tief; Kesicki rutschte über die Schneefelder und stürzte dann Hunderte von Metern über die gewaltigen Abbrüche; Kulis, der den Absturz als einziger von den dreien überlebte, fing sich 50 m unterhalb von Glazek. Glazek und Kulis überstanden eine zweite schreckliche Nacht in einem Schneeloch und setzten den Abstieg am nächsten Morgen mit teilweise erfrorenen Fingern und Füßen fort. Kulis verlor später fast alle Finger und Zehen. Beim Abstieg fanden sie Sikorski, teilweise von Schnee bedeckt. Wiederbelebungsversuche blieben erfolglos, er war tot. Die einzige Spur von Kesicki waren ein paar Haarbüschel und Blutflecken im Schnee.

Als wir zu den unteren Couloirs am Broad Peak kommen, steigt der Vollmond hinter dem Berg auf und taucht die Westwand in ein silbriges Licht, das so hell wie Tageslicht vom Schnee zurückstrahlt. Rasch queren wir mit Steigeisen die feste, glitzernde Fläche bis zu einem felsigen Vorbau in 5652 m Höhe. Hier steht ein kleines Zelt – Lager I, von den Polinnen eingerichtet. Anna und Krystyna sind den Berg im Belagerungsstil angegangen, haben unterwegs feste Lager eingerichtet, jedes mit Zeltausrüstung, Proviant und Brennstoff bestückt. Hier ruhen wir eine Stunde aus, kochen Tee und setzen unseren Weg dann im Mondschein fort.

Schritt für Schritt, Atemzug für Atemzug, mit jeder Stunde wird die Luft ein wenig dünner. Hinter uns überzieht der erste Anflug der Morgendämmerung den Karakorum mit allen nur erdenklichen Blau- und Goldtönen, und der Mond steht unbeirrt am Himmel, groß und bleich, weigert sich zu verschwinden. Die Berge erglühen, ändern von einer Minute zur anderen die Farbe, wie ein Horizont aus Chamäleons. Mit dieser Kulisse im Rücken steigen wir im Zickzack durch die Rinnen und zwischen Türmen aus gelbem Kalkstein hindurch. Als wir den Kamm eines Felssporns in etwa 6000 m Höhe erreichen, fluten blendendes Tageslicht und Hitze über den Berg. Der Tag bringt weitere Hinterlassenschaften früherer Expeditionen ans Licht: zerfetzte Zelte, Reste von Fixseilen und eine alte Sauerstoffflasche, die aus dem Schnee ragt. Ich hebe den Stahlzylinder auf, um festzustellen, wie es wäre, eine solche Last den Berg hinaufzuschleppen. Mit mindestens 20 Pfund fühlt sie sich wie eine nicht hochgegangene Bombe an, aber meine Lunge lechzt danach, ein paar Züge von dem aufmunternden Inhalt zu kosten.

Die halbgeschmolzenen Spuren unserer vier Kameraden über uns sind in den Hang gegraben. Ich gleite mit den Stiefeln in die Fußstapfen und stelle mir für einen Moment vor, den Spuren Buhls zu folgen, damals, 1957, das Jahr, in dem ich geboren wurde, und auch das Jahr, in dem er starb, an der Chogolisa. Die Hitze dörrt die Kehle aus, so daß wir immer wieder haufenweise Schnee essen. Kleine schwarze Mücken, die aus der Ebene heraufgeweht worden sind, sprenkeln den Schnee. Sie scheinen tot zu sein, doch sobald die Sonne sie wärmt, erwachen sie zum Leben und krabbeln herum.

Am Morgen des 26. Juni treffen wir auf etwa 6200 m Alan, Andy, Roger und Jean, die von ihrem erfolgreichen Gipfelaufstieg des Vortages zurückkehren. Sie wirken müde, beinahe gealtert.

»Gut gemacht«, begrüßt Pete Andy und Alan, die uns als erste erreichen und von ihrem windstillen Gipfeltag berichten.

»Nichts für Zaghafte da oben«, sagt Alan. »Der Gipfelgrat ist auf 7850 m und verdammt lang. Auch anspruchsvoll. Andy ging es am Grat gar nicht gut. Und Roger hätte es beim Abstieg fast erwischt – er wollte vom Paß abfahren, kam aus dem Gleichgewicht, verlor seinen Pickel und sauste nach unten. Wie durch ein Wunder ist er im weichen Schnee steckengeblieben.«

Andy sieht uns erschöpft an. »Jetzt weiß ich, was die Leute meinen, wenn sie ›8000 Meter‹ sagen.« Und dann steigen sie ab, saugen begierig die Luft ein, die mit jedem Schritt dichter wird.

Von unserem Standort auf dem Sporn können wir weit über uns den tiefschwarzen Zentral- und den Hauptgipfel sehen. Im Norden steht der K2. Links scheint der 100 m hohe Eisabbruch am Fuß der großen Firnterrasse, über die unsere Route führt, den Weg zu versperren. Das ist jedoch eine optische Täuschung, denn die Abbrüche befinden sich viel weiter seitlich. Trotzdem blicken wir jedesmal, wenn Eis krachend und grollend talwärts stürzt, verschreckt hinauf.

Auf etwa 6450 m bleibt Pete stehen und zeigt nach oben. »Du, ich sehe Ziffern!«

»Was? Phantasierst du?«

»Nein. Da – seitlich vom Zentralgipfel – drei Ziffern – 666.«

Ich suche die Wand ab und bin mir schon sicher, daß Pete an Sauerstoffmangel leidet, da sehe ich auch ein Zufallsspiel von Sonne, weißem Schnee und schwarzem Fels, das tatsächlich drei Sechsen ähnelt.

»Vielleicht hat Crowley auch hier seine Zeichen hinterlassen«, meint Pete und spielt damit auf Aleister Crowley an, den irischen Bergsteiger und Satanisten, der sich 1902 an den Flanken des K2 herumgetrieben hat.

Crowley glaubte, die Zahl 666 besitze magische Kräfte. Seine Gruppe hatte mit einem Trupp von Balti-Trägern am Nordostgrat des K2 6000 m erreicht, wurde aber durch steile Eisabbrüche gestoppt. In seiner Enttäuschung über die Entscheidung umzukehren geriet Crowley, der sich »Die große Bestie« nannte, in einen heftigen Streit mit seinem Partner Guy Knowles und bedrohte ihn mit einem Revolver, den er aus dem Rucksack holte. Es kam zu einem Kampf, bei dem die beiden Männer fast in den Abgrund gestürzt wären, bis Knowles Crowley die Waffe schließlich entwinden konnte. Sechsundsiebzig Jahre danach beging eine starke amerikanische Expedition den

Nordostgrat, kurz nachdem ein polnisches Team die Route erstmals bis auf über 8000 m geschafft hatte.

Wir erreichen das Lager II in 6705 m Höhe am späten Vormittag, als die Hitze gerade mörderisch wird und der Schnee sumpfig. Hier steht ein weiteres Zelt, das die Polinnen zurückgelassen haben. Wir schlüpfen hinein und schmelzen Schnee, um einer Dehydratation vorzubeugen. Doug und Steve stoßen am frühen Nachmittag zu uns und bauen neben uns ihr Zelt auf, während wir uns nach unserer langen Nachtschicht ausschlafen.

Der nächste Morgen, der 27. Juni, ist wieder klar. Wir steigen bis zum Mittag einen langen, flachen Schnee- und Eisgrat hinauf, bis wir auf 6950 m zu einem zerfetzten und flatternden dritten Zelt der Polinnen kommen. Hier ruhen wir alle eine Stunde aus und brauen einen Tee. Der Wind jagt wütend über den Hang und haut in die Nylonwände des Zeltes. Als wir wieder aufbrechen, treffen Don und Gohar ein. Don ist für seine fünfzig Jahre erstaunlich munter. Die beiden beschließen, hier zu biwakieren, während Doug, Steve, Pete und ich losgehen, um höher zu campieren. Wir machen aus, daß Don und Gohar am nächsten Tag, wenn wir zum Gipfel gehen, zu unserem Hochlager nachkommen, um den Gipfel am Tag darauf dann selbst in Angriff zu nehmen.

»Besser, wir gehen weiter, wenn wir den Hügel hier noch schaffen wollen«, mahnt Doug, und wir stapfen los.

Wir gewinnen an Höhe, und der K2 verschwindet hinter dem massigen Zentralgipfel des Broad Peak. Hin und wieder ziehen nun Wolken über unsere Route, hüllen uns ein und schaffen gespenstische Kontraste durch diffuses Licht über der totalen Monotonie des weißen Schnees und den schwarzen Felsen. Einer hinter dem andern steigen wir den Hang hoch, legen diagonal eine Spur hinauf, Doug mit kraftvollen Schritten voraus, dann Steve, ich und schließlich Pete. Gegen drei Uhr nachmittags machen wir am früheren Biwakplatz von Alan und Andy eine weitere Teepause. Ihre Schneehöhle ähnelt eher einem Kaninchenbau als einer Höhle. Steve wirft einen Blick auf den Höhenmesser.

»7407 Meter«, verkündet er. So hoch waren Steve und ich noch nie, außer beim Fliegen.

Wir stapfen weiter, mühsam und keuchend wegen der Höhe, bis die Dämmerung die Berge in Dunkel zu hüllen beginnt. Auf 7468 m, neben einem Gewirr aus 30 m hohen Seracs, hacke ich eine Fläche für unser Zelt frei, zünde den Kocher an, um einen Topf Schnee zu schmelzen, und warte auf Pete. Doug und Steve steigen durch den Gletscherbruch und biwakieren 100 m weiter oben. Zwanzig Minuten vergehen. Pete kommt langsam näher, keuchend und hustend.

»Komm schon, Pete, du bist am Zelt!« rufe ich und spüre, wie mir die nächtliche Kälte in Finger und Zehen beißt. Er stolpert zu mir hoch, keucht in der dünnen Luft, wirft seinen Rucksack ab und setzt sich auf ihn. Ich gebe ihm einen Becher heißen Tee. Er trinkt begierig und erholt sich schnell.

»Wie fühlst du dich?« frage ich.

»Nur etwas müde. Kleine Pause, dann geht's wieder.«

Der Abend ist weit fortgeschritten, als wir mit dem Schneeschmelzen für die Getränke aufhören. Aber selbst da haben wir noch das Gefühl, ein paar Liter mehr vertragen zu können. Uns ist wegen der Höhe flau im Magen. Von den Süßigkeiten, Schokolade, Müsliriegeln und Fischkonserven, die wir mitschleppen, schmeckt uns eine Dose mit salzigen Sardinen am besten; wegen des gewaltigen Flüssigkeitsverlusts durch das Atmen und die Strapazen in dieser Höhe verliert der Körper viel Salz. Petes Husten läßt nach, nachdem er ausreichend getrunken hat, dann überkommt uns der Schlaf. Mir wird bewußt, wie groß unser Schlafdefizit ist, weil wir so viele Stunden aufgestiegen sind und uns bis spät in den Tag hinein den Berg hinaufgetrieben haben.

In dieser Nacht kriecht uns die Höhe in den Kopf. Am Morgen hämmert sie von innen gegen den Schädel. Das Aufwachen dauert lange und ist beschwerlich, umwölkt und verkatert. Das

Knattern des Windes an den Zeltwänden und das Rascheln der mit Rauhreif bedeckten Goretex-Schlafsäcke wird bald begleitet vom Zischen des Kochers. Während ich Schnee schmelze, höre ich Pete im Schlaf zwischen vereinzelten unregelmäßigen Atemzügen etwas murmeln.

»Was ist mit diesem Seil?« fragt er.

»Seil? Unser Seil ist im Rucksack.«

»Neeiin, nicht das Seil«, stöhnt er.

»Was denn dann für ein Seil?«

»Das Seil, in das wir alle eingebunden sind.«

»Wir sind nicht angeseilt, Pete, wir sind im Zelt, Lager IV, Broad Peak.«

»Neeiin, du kapierst nicht.« Und ich komme mir allmählich wie ein begriffsstutziger Schuljunge vor, der nur falsche Antworten gibt. Ich hake nach, um mehr über seinen Wachtraum herauszufinden:

»Es ist das Seil, an dem wir alle hängen.«

»Das Fixseil?«

»Neeiin«, jammert er.

»Nabelschnur?« Ich rate einfach drauflos.

»Neeiin!«

»Dann mußt du von einem übersinnlichen Seil sprechen, eins, an dem alle und keiner hängt.« Aber bevor ich eine Antwort erhalte, weckt der Geruch von gesüßtem Tee ihn auf. »Was macht dein Kopf?« erkundige ich mich und versuche, etwas heißen Haferschleim herunterzuwürgen.

»Grauenvoll.« Beide blinzeln wir wegen der dröhnenden Schmerzen hinter den Schläfen.

»Meiner auch. Vielleicht sollten wir absteigen.«

»Nein. Morgens ist es immer am schlimmsten. Wir sind fast oben. Gib mir ein paar Aspirin. Das wird schon wieder.«

Wir schlucken jeder drei Aspirin und machen uns mit nichts als einem Kocher im Rucksack auf den Weg. Das steile Eis des Gletscherbruchs bringt unser Blut in Wallung und macht den Kopf frei. Als ich den Hang über dem Eisbruch angehe, sehe ich

Doug und Steve über die letzten Meter des obersten Hangs zum Sattel stapfen. Ich folge ihren Spuren und erreiche zwei Stunden später die steile Passage, wühle mich durch Pulverschnee und stehe schließlich im 7800 m hohen Sattel. Hier hätte Buhl während der Erstbesteigung des Broad Peak 1957 fast aufgegeben, war in den Schnee gesunken, bis seine Zähigkeit und Diembergers Auftrieb ihn wieder auf die Beine und zum Gipfel gebracht hatten. Von Norden weht starker, böiger Wind, der Schneefahnen über den Gipfelgrat treibt. Vor uns ragt der bugartige Gipfel ins chinesische Sinkiang hinein. Unter mir, in Sinkiang, liegt der nördliche Gasherbrum-Gletscher und tief in einer Talfurche der Fluß Shaksgam. Die rostfarbene chinesische Landschaft bildet einen starken Kontrast zum blendenden Weiß des Godwin-Austen-Gletschers und den Gipfeln des Karakorum.

Pete arbeitet sich durch den Steilhang zu mir herauf, der beim Aufstieg der Österreicher 1957 verharscht war, bei den Polinnen 1975 eine Eisfurche und bei uns 1983 ein Band aus steilem Schnee. Während ich auf Pete warte, bin ich so lange eingeschlafen, daß der Eisklumpen, den ich in den Topf geworfen habe, geschmolzen ist und kocht. Als ich den Tee zubereite, winken Doug und Steve vom einige hundert Meter entfernten Grat. Wir winken zurück. Alles ist in Ordnung, der Gipfel ein paar Stunden entfernt und in Sichtweite. Der Himmel über ganz Baltistan ist absolut klar. Am Horizont im Südwesten, 240 km entfernt, steht der Nanga Parbat. Mitten auf der Grenze zwischen Pakistan und China steht, wie der Broad Peak, die Pyramide des Gasherbrum IV, genau südlich von uns und links vom Hauptgipfel des Broad Peak zu sehen. Der Gasherbrum IV bietet einen beeindruckenden Anblick mit seinem noch nie durchstiegenen Nordwestgrat direkt vor uns und dem Nordostgrat links, über den die Erstbesteigung erfolgte. Mir fällt ein, daß gerade ein amerikanisches Team am Nordwestgrat ist, und ich frage mich, ob sie vielleicht gerade irgendwo in der obersten Felswand hochkeuchen, die den Berg krönt.

»Ein schöner Berg da drüben«, meint Pete Richtung Gasherbrum IV. »Wir sollten uns im nächsten Jahr mal den Nordwestgrat ansehen, wenn er in diesem Jahr nicht geschafft wird.«

Ich bin einverstanden, und wir brechen um zehn Uhr auf zum endlos langen Gipfelgrat des Broad Peak.

Entlang des Gipfelgrates finden sich die meisten reinen Kletterpassagen; kurze Stufen aus kompaktem Schnee, die sich mit Felszacken abwechseln. Wir seilen uns an und steigen gemeinsam weiter, sichern uns gegenseitig an heiklen Stellen. Die erste Schwierigkeit am Grat ist die Umgehung eines mächtigen Blocks aus Kalk, über den ein altes, ausgebleichtes Seil geschlungen und an einem rostigen Haken befestigt ist. Beim Vorsteigen mit Steigeisen, Fäustlingen und Daunenanzug kneife ich bei einem Blick auf den Felsen die Augen zusammen, um sicherzugehen, daß ich nicht halluziniere, denn der Fels, über den ich steige, ist voller Einschlüsse von versteinerten Muscheln. Vor einer Ewigkeit lag dieses Stück Erde auf dem Meeresboden; jetzt befindet es sich auf 8000 m Höhe.

Während wir uns dem Gipfel nähern, wächst die Belastung durch die Höhe. Die Schritte werden immer schwerfälliger. Als wir die 8000-m-Marke überschreiten und in den Bereich kommen, den die Bergsteiger die Todeszone nennen, nehmen die Desorientierung und Erschöpfung sprunghaft zu. Etwa gegen ein Uhr begegnen wir Doug und Steve, die vom Gipfel zurückkommen.

»Wir waren um halb zwölf oben. Da oben ist es noch windiger und kälter«, schreit Doug gegen den Wind an. Über dem Grat vor uns wirbeln Schneefahnen.

»Wie weit ist es noch?« frage ich.

»Eine Stunde.«

»Gehen wir, Doug. Ich spüre meine Füße nicht mehr«, ruft Steve.

Doug brüllt mir ins Ohr: »Wir steigen heute so weit ab, wie es geht. Viel Glück, Jungs.« Mit unbeholfenen, erschöpften

Schritten gehen sie weiter. Pete und ich sind jetzt so allein wie nie zuvor.

Das Gehen in über 8000 m Höhe ist wie ein Waten durch Sirup. Nach und nach werde ich mir des seltsamen Gefühls einer Loslösung von mir selbst bewußt, als ob ein Teil von mir sich außerhalb meines Körpers befände und mir zusähe. Am deutlichsten empfinde ich das beim Sichern mit dem Pickel oder bei schwierigen Bewegungsabläufen, eine starke Empfindung, als ob mir jemand über die Schulter sehen und auf mich aufpassen würde oder gar als würde mir ein zweiter unsichtbarer Kopf auf den Schultern sitzen.

Wir traversieren eine weitere halbe Stunde hinüber zum Vorgipfel, einer 8041 m hohen, eisigen und überwächteten Kuppe. Dort sitzen wir und blicken zum täuschend nahen Hauptgipfel. Inzwischen werden die Empfindungen der Loslösung unterbrochen vom Gefühl völliger Abwesenheit, kurzzeitigen Blackouts, während denen anscheinend weder ich noch der Typ hinter mir anwesend ist. Ich tauche aus diesen kurzen Bewußtseinstrübungen ein paar Schritte von der Stelle entfernt wieder auf, an der sie mich erfaßt haben, was in mir die Befürchtung nährt, den schmalen Grat hinunterzustürzen. »Wie im Traum«, murmele ich in Richtung Pete, doch der Wind verweht meine Worte, bevor er sie hören kann.

Ich blicke nach vorn: Der überwächtete Grat fällt ab und wendet sich in einem letzten langen leichten Aufschwung nach links zum Gipfel, der nur 6 m höher als unser Standort ist. Wir sind fast da, nur 30 Minuten noch. Aber die Angst über das, was mit mir passiert, verdoppelt sich. Ein heimtückischer Kopfschmerz dröhnt mir in den Ohren und hämmert hinter meinen Schläfen, und ein Kribbeln in den Armen wird so stark, daß meine Finger sich fest zur Faust ballen, so daß es mir schwerfällt, den Eispickel zu halten. Mein letztes bißchen vernünftiges Bewußtsein meldet sich mit einem besorgten Schrei über die Möglichkeit eines Schlaganfalls oder Hirnödems. Aber es ist schwer, Pete das verständlich zu machen, denn zwischen Sprechen und Denken scheint es in meinem Kopf keine Verbindung zu geben. Erschöpfung kann ich begreifen, und wenn es nur das gewesen wäre, wäre ich vielleicht auf allen vieren zum Gipfel gekrochen, aber etwas Fremdartiges geht in mir vor, und ich bin nicht bereit, unkalkulierbare Risiken einzugehen. Ich bringe heraus, daß ich runter will. Pete kniet neben mir und blickt zum Gipfel, so nah und doch so weit.

»Absteigen? Wir sind doch so dicht dran! Nur noch eine halbe Stunde!«

Der Gedanke, sich vom Erfolg abzuwenden, wenn er mit Händen greifbar ist, treibt auch mich an den Rand des Wahnsinns, und Petes eiserne Entschlossenheit bringt mich fast dazu weiterzugehen. Ich versuche, mir darüber klarzuwerden, ob meine Empfindungen eingebildet oder tatsächlich der Beginn irgendeines Kurzschlusses in meinem Körper sind. Bergsteiger können in einen Geisteszustand geraten, dessen Auswirkungen in elementarer Weise über ihre Zukunft entscheiden. Für ein paar Minuten oder Stunden verwirft man alles, was einem zuvor als lebenswichtig erschien, und konzentriert sich auf einen einzigen gefährlichen Schritt oder Wegabschnitt, der zum einzigen wird, was jemals gezählt hat. Dieser Zustand ist das Phantastische und gleichzeitig Verwegene an diesem Spiel. Da in diesen Augenblicken alles riskiert wird, sollte man besser dafür sorgen, daß man sich dessen bewußt ist und sich keine Illusionen darüber macht, was auf der anderen Seite des Glücks liegt. Es ist einer jener Momente, wo ich abwägen muß, was wichtig ist und was am wichtigsten.

»Es wär doch toll, den Gipfel zu erreichen, du und ich«, sagt Pete. Das wäre es, natürlich, da oben mit diesem Mann zu stehen, der mir in einer so kurzen Zeit ein so guter Freund geworden ist.

»Hast du nicht mal gesagt, daß Gipfel etwas Wichtiges sind?« spricht er weiter. Es sind meine Worte, die er mir vorhält, gegen den Wind und die eigene Atemlosigkeit anschreiend, und er meint damit meine Entschlossenheit von vor wenigen Wochen, daß wir uns den Lobsang Spire vornehmen sollten.

»Nur wichtig, wenn du die Sache im Griff hast… Hab sie nicht im Griff… Zu hoch, zu schnell. Geh du weiter. Ich warte unten.«

»Nein – wir bleiben zusammen«, entgegnet er.

Auch Pete ist die Anspannung ins Gesicht geschrieben. In sechzig Stunden sind wir von 4700 m auf über 7800 m gestiegen. Wir sind an unsere Grenzen gestoßen. Der Entschluß abzusteigen erfolgt wortlos. Wir stehen einfach auf und beginnen den langen Weg nach unten, sehen, daß jene roten Berge in China inzwischen von bauschigen Wolken bedeckt sind, die den K2 einkreisen und an die Ostwand des Broad Peak drängen.

Ein-, zweihundert Meter von unserem Umkehrpunkt entfernt habe ich ein Gefühl leichter Leere im Kopf. Ich finde gerade noch Zeit, in die Knie zu gehen, bevor ich rückwärts in den Schnee kippe, dann in eine Scheinwelt aus teilweiser Bewußtlosigkeit und Untätigkeit hinüberdämmere…

»Das war's also«, denke ich mit einer seltsam distanzierten Neugier, als mir schwarz vor den Augen wird; »hier beginnt der Sturz in die Bewußtlosigkeit und Apathie, steigen die Schatten des Todes nieder.« Aber gleichzeitig spüre ich meinen schwankenden Kopf und höre mein zusammenhangloses Gestammel. Ich denke an Salley, der einen solchen Blödsinn anzutun ich kein Recht habe. »Steh auf, du Idiot, steh auf«, sage ich mir ein ums andere Mal, bis es langsam wieder hell wird. Wie lange war ich hinüber? Ich kann es nicht sagen.

Neben mir sitzt Pete, verfolgt meinen Zustand, wie es sich für einen guten Arzt gehört. Er trägt einen weißen Kittel und um den Hals ein Stethoskop; ich schaue noch mal hin; Unsinn. Er trägt seinen roten Expeditionsoverall. Ich beginne, mir Dinge einzubilden. Eine Minute später fange ich mich wieder, so plötzlich, wie ich weggetreten bin. Pete drückt mir einen Becher heißen Traubensaft in die Hand. Ich habe ihn kaum getrunken, da erbreche ich ihn wieder.

»Siehst du… hab dir ja gesagt, daß ich nicht okay bin.« Die purpurnen Flecken im Schnee bilden ein verschlungenes Rankenmuster, das sich auf den Schneekristallen ausbreitet und im Licht des Nachmittags glitzert. Ich hätte mich diesen Halluzinationen den ganzen Tag hingeben können, doch Pete drängt mich zum Aufstehen. Es geht mir rasch besser. Die Körper- und Geisteskräfte kehren wieder. Ich habe es zurück unter die 8000-m-Grenze geschafft, bevor die Tür zuschlug und mich eingeschlossen hätte. Aber es war ganz knapp.

Im warmen Leuchten des Abends mache ich ein Foto von Pete, als wir den Sattel erreichen: Der Gipfel steht hinter ihm. Haben wir uns richtig entschieden? Hätten wir weitergehen sollen? Würden wir später die Kraft haben zurückzukommen? Ich habe Gewissensbisse, Pete im Stich gelassen zu haben, doch da wendet sich das Blatt mit einem Mal: Pete taucht hinter einem Rücken am Sattel auf, trödelt am Ende des Seiles. Er macht kleine Schritte und sieht mitgenommen aus.

»Ich kann nicht richtig atmen«, sagt er flüsternd. »Es ist, als wäre mein Zwerchfell zusammengefallen.«

Ein Angstschauer läuft mir über den Rücken.

»Sind meine Lippen blau?«

»Ja«, sage ich und registriere das Anzeichen für akuten Sauerstoffmangel.

Wortlos sehen wir uns an.

»Nichts wie runter«, platzt es aus mir heraus, und wir drehen uns um und treten Spuren zur Kante des windverblasenen Sattels. Es sieht nicht gut aus, gar nicht gut. Wir müssen Höhe verlieren, und zwar schnell, aber Pete bringt es in diesem dünnen Luftgebräu bestenfalls auf Schneckentempo. Wir kommen an den steilen Abbruch, über den wir zum Sattel aufgestiegen sind. Es ist schon spät, etwa 19 Uhr, aber für uns scheint es keine Zeit zu geben: Wir sind einfach da. Ich hänge eine Schlinge in eine Eisschraube, nehme unser kurzes Seil doppelt und seile 18 m bis zum Beginn des Schneefeldes ab. Pete folgt nach.

Auf dem Schneefeld haben Wind und angewehter Schnee unsere Spuren beseitigt. »Ich gehe vor und spure. Komm so schnell nach, wie du kannst«, sage ich, und Pete antwortet mit einem Nicken. Das Seil hinter mir herziehend, beginne ich mit großen Schritten den Hang hinabzugehen. Nach einhundert Metern drehe ich mich um und sehe, daß Pete sich kaum von der Stelle gerührt hat.

»Pete!«

Keine Antwort.

Während ich mich durch den weichen Schnee zurückwühle, erlischt am Himmel der letzte Schimmer des Tages, und die Nacht umfängt uns. Wo sind all die Stunden geblieben? Pete hat die Stirnlampe eingeschaltet. Sie leuchtet in die stürmische Nacht. Er sagt nichts. Als ich mich zum Gletscher umdrehe, sehe ich vom Basislager 3300 m unter uns ein winziges Licht heraufleuchten. Es ist Beth, seine Freundin, die wie vereinbart das 8-Uhr-Signal gibt, und Pete erwidert es.

Sprechen ist überflüssig. Wir wissen, daß wir die ganze Nacht auf den Beinen sein werden, sehr hoch und bei zunehmendem Sturm. Die ersten Wolken verdecken bereits die Sterne. Ich binde das Seil an Petes Gurt und sichere ihn beim Abstieg, Seillänge um Seillänge, bis seine Kräfte nachzulassen beginnen. Dann bettele ich ihn runter, gebe Anweisungen und hole durch Zureden jeden Schritt aus ihm heraus. Gegen 22 Uhr bricht er im Schnee zusammen und flüstert, er könne nichts mehr sehen. Ich lotse ihn weiter, erkläre ihm, 45 Grad nach rechts zu queren oder geradeaus nach unten. Selbst in einfachem Gelände muß er mit dem Gesicht zum Hang gehen. Ohne Spuren ist ohnehin alles eine Sache des Instinkts. Und ununterbrochen treiben Wind und aufgewirbelter Schnee über die Flanke, und der verdammte Mond scheint überall, nur nicht auf die oberen Hänge des Broad Peak. Wir haben keine Zeit, darüber nachzudenken, was passieren könnte, sondern nur, daß wir runter müssen, runter, runter.

Die Stunden vergehen in einem Einerlei aus endlosen, traumartigen Bewegungen. Pete wird so schwach, daß er nicht mehr gehen kann, deshalb stütze ich ihn irgendwie, ziehe ihn, lasse ihn hinab, was immer nötig ist, um vorwärts zu kommen. Das Gefühl, neben mir zu stehen, ist beherrschender denn je. Mein Beobachter verfolgt jede meiner Bewegungen und Entscheidungen. Immer wieder drehe ich mich um, erwarte, jemanden zu sehen. Während ich mich mechanisch abmühe, uns nach unten zu bringen, machen sich meine Gedanken zum Teil selbständig. Ich ertappe mich dabei, wie ich an die Erstbesteigung des Hauptgipfels durch die Polen denke. Der Bericht, den ich gelesen habe, nannte ihren Abstieg im Sturm einen »Kampf ums Überleben«. Der Geschichte beigefügt war ein Foto vom Broad Peak, das mit Kreuzen übersät war, dort, wo die Bergsteiger ums Leben gekommen sind. Diese Kreuze haben wir nun unter den Füßen, und die Geister der Geschichte verbergen sich in den Schatten. Ich stelle fest, daß auch Agnostiker beten.

Der Hang wird steiler, was uns anzeigt, daß irgendwo in der Nähe die Eisabbrüche sind, die wir heute morgen passiert haben. Wir müssen den Durchschlupf finden, durch den wir aufgestiegen sind, aber weiß der Teufel, wo der ist. Wir haken uns unter und schleppen uns in Richtung der Stelle, an der wir hoffen, schon einmal gewesen zu sein. Der Sturm heult, und Pete bewegt sich unsicher und zentimeterweise fort.

»Wenn ich doch nur sehen könnte...«

»Ich bin deine Augen, Pete – geh zehn Schritte nach rechts!«

Und er tut es.

Es wird bald zu steil, als daß wir in unserem Zustand weiter zusammen herumstolpern könnten, und so gehe ich jetzt einige Meter vor, ramme den Pickel in den weichen Schnee und sichere Pete zu mir herunter. Bei der letzten Sicherung läßt er alles fahren und pendelt bis zur Kante des Eisabbruchs hinunter. Der Schaft des Eispickels neigt sich bedenklich. Ich verliere die Beherrschung und brülle Pete ein paar Verwünschungen zu, während ich ihn wieder hochziehe.

»Tut mir leid«, flüstert er kaum hörbar. Während der ganzen Tortur ist er ruhig geblieben, hat seine Kräfte für die Situationen aufgespart, wo es darauf ankommt, und sich nicht von Angst überwältigen lassen. Ich drücke ihm seinen Pickel an die Brust und lege seine Arme fest darüber.

»Verlier ihn jetzt ja nicht, Junge. Bitte.«

Der Wind attackiert uns mit beispielloser Tücke. Aufgewirbelter Schnee prasselt in Wellen auf uns nieder, brennt in unseren Gesichtern. Wenn ich den richtigen Weg zurückgefunden habe, dann steht irgendwo in der Dunkelheit am Fuß des Eishangs unser Zelt, und wenn alles nach Plan gelaufen ist, sind Don und Gohar darin. Ich schreie, bis ich heiser bin, ramme den Eispickel bis zur Haue in den Schnee, um Pete daran abzuseilen. In den Sekunden, in denen ich ihn hinunterlasse, herrscht Verwirrung, denn er ist so orientierungslos, daß er nicht sagen kann, ob er den Fuß des Abbruchs erreicht hat oder nicht, und ich sehe nichts durch den aufgewirbelten Schnee und merke, daß der Pickel sich zu lösen droht. Ich wickele mir das Seil um den Arm, um das Gewicht etwas zu verteilen, und drücke den Pickel gleichzeitig mit dem Knie nieder. Pete keucht gequält auf, da das Seil ihm den Bauch einschnürt.

»Bist du unten?»

»Ich... weiß nicht.«

»Himmel Herrgott, du mußt unten sein!«

Er findet Halt und faßt mit den Händen in den Schnee. Ich seile mich am zweiten kurzen Eisgerät ab, beeile mich, bevor es aus der Verankerung rutscht. Am Fuß des Abbruchs haken wir uns wieder unter, um eine zerklüftete Passage zu überwinden. Ich blicke mich kurz um, suche mit der Stirnlampe nach einem vertrauten Eisklumpen, der mir verrät, daß wir an der richtigen Stelle durch die Eisabbrüche gestiegen sind. Da taucht plötzlich ein Licht auf und läßt die Umrisse eines Zeltes erkennen.

»Wir haben einen Kranken hier, Don«, rufe ich dem Licht zu. Pete kriecht zwei, drei Meter über eine Schneewehe und bleibt dann liegen. Eine tanzende Stirnlampe kommt näher. Es ist Gohar, selbst mitgenommen, der aus tiefem Schlaf erwacht ist. Ich lege mich auf den Rücken, packe mir Pete auf die Schultern, und beide rutschen wir die letzten 20 Meter hinunter zum Zelt, wobei Gohar uns sichert. Als Don Pete ins Zelt zieht, ist es fast zwei Uhr nachts. Wir waren 22 Stunden unterwegs.

Zusammengepfercht liegen wir in der Stille des Zeltes, massieren uns gegenseitig die Gliedmaßen und schmelzen Schnee, um uns wieder die lebenswichtige Flüssigkeit zuzuführen. Es dauert lange, bis das Gefühl in die Hände und Füße zurückkehrt, die bei Pete eiskalt sind, aber erstaunlicherweise nicht erfroren. Das warme Getränk macht ihn wieder munter.

»Wie geht's dir, Gregor?« fragt Pete mit einem Funken Hoffnung in der Stimme.

»Bin geschafft. Noch ein paar Stunden ausruhen bis zum Morgen, dann steigen wir weiter ab.«

»Ich paß auf ihn auf, Alter«, sagt Don.

Ich stolpere nach draußen, um unser Zelt zu richten, das Pete und ich am Morgen mit Schneeblöcken beschwert haben, damit es nicht weggeweht würde. Es ist voller Schnee, und die Isomatten sind fort. Ich lege das Seil zum Isolieren auf den Boden und krieche in meinen Schlafsack. Es ist so, als ob eine Million Jahre vergangen wären, seit wir aufgebrochen sind. Wir haben psychische und physische Grenzen überschritten, von deren Existenz wir nicht einmal etwas ahnten. Wir waren eins geworden im Kampf ums Überleben. Jetzt kann uns nichts mehr vom Abstieg abhalten. In ein paar Tagen würde dies nur mehr eine Erfahrung sein, die wir miteinander geteilt haben, um uns näherzukommen. All der Blödsinn über Ethik, Selbstgefühl, Wettbewerb und den Glanz großer Gipfel ist beiseite geräumt, um klarzustellen, daß am Ende alles nur auf eins hinausläuft – Leben! Die Augen fallen mir unter dem Gewicht der Erschöpfung zu, und ich träume von weiten Wiesen.

Doch Petes Worte waren die letzten, die wir jemals miteinander sprachen. Zwei Stunden später, in der Morgendämmerung des

29. Juni, wurde er wach und bat Gohar um Wasser. Gohar führte Pete einen Becher mit etwas Warmem an den Mund, aber Pete trank nicht. Don und Gohar sahen sich ein paar Sekunden an, dann riefen sie mich. Ich wachte mit pochenden Kopfschmerzen auf. »Tot«, sagten sie. Aber das war nicht möglich! Wir hatten diesen mörderischen Abstieg überstanden! Wir würden es nach unten schaffen. Dann brach sich die Vernunft wie ein Vorschlaghammer Bahn. Ich rannte hinüber ins Zelt und versuchte verzweifelt, ihm Leben einzuhauchen, durch den Mund ihm meinen eigenen dünnen, erschöpften Atem einzuhauchen. Es gurgelte laut in seiner Lunge, in der sich die Flüssigkeit des Lungenödems angesammelt hatte. Ich riß seine Jacke auf und bearbeitete mit den Handballen rhythmisch seine Brust, um seinem Herzen einen Schlag zu entlocken, aber sein Herz schlug nicht mehr. Er lag da mit einem Ausdruck erhabener Ruhe auf dem Gesicht, als träumte er den gleichen Wiesentraum, den ich geträumt hatte.

Wir saßen schweigend da, den Kopf voll trauriger Gedanken, und unsere Augen registrierten, daß das Undenkbare geschehen war. Don stützte sich auf einem Ellbogen ab und sah Pete an.

»Es sind immer die Guten, die gehen«, sagte Don.

Mit einem Mal haßte ich diesen Berg und seine herzlose Natur. Was war mit denen zu Hause und unten, die Pete liebten, was war mit ihnen? Tränen traten mir in die Augen. Draußen erstrahlte der Karakorum in einem klaren, ruhigen Licht.

»Habt ihr gemerkt, daß der Wind plötzlich aufgehört hat?« fragte Don. »Kein Hauch mehr. Es ist immer dasselbe, wenn der Tod umgeht, immer viel Getöse und Wind, aber sobald er hat, was er haben will, läßt der Wind nach. Ich habe es schon mehrmals erlebt, es ist immer dasselbe.«

Daran denke ich noch immer, wundere mich noch immer.

Der Wind kam einige Minuten später zurück, stärker als vorher, und drohte, das Zelt mit seinen Krallen zu zerfetzen, wie ein räuberischer Unhold, der nun nach uns suchte. Ich saß da und starrte auf Pete. Er konnte nicht tot sein. Ich würde das nicht zulassen. Aber er war tot, und ich wußte es. Ich schloß ihm mit der Hand die noch leicht geöffneten Augen und wickelte den Schlafsack um ihn. Gohar faßte meinen Arm. »Greg Sahib, wir müssen aufbrechen«, sagte er mit einem Ausdruck natürlicher Angst. Ich blickte mich um, meinte, es gäbe etwas, das wir tun müßten – einen Ort, um ihn zu begraben – ein paar Worte – oder ihn ins Tal bringen, um... um was?

»Wir müssen jetzt an uns denken«, sagte Don ernst. »Du bist in einem sehr schlechten Zustand, Junge.«

Ein letzter kurzer Blick auf Pete. Gohars Lippen bewegten sich, als er leise ein Gebet in Urdu sprach, dann nahmen wir Abschied von unserem Freund. Ich kroch aus dem Zelt, zog den Reißverschluß zu, überließ mich dem Treiben des wirbelnden Schnees und ging bergab. Wir ließen alles, wie es war. Ausrüstungsgegenstände lagen herum, die aber keinerlei Wert mehr besaßen. Es war ein langer Abstieg, während dem wir bei jedem Schritt das übermächtige Gefühl eines Verlustes und vielleicht auch ein eigenartiges Gefühl der Schuld hatten, daß wir unseren Freund so zurücklassen mußten. Aber der Schnee würde ihn bald bedecken, so fest wie Erde. Das Schneefeld würde sich unausweichlich Zentimeter um Zentimeter auf die Eisabbrüche zubewegen und in Lawinen zum Gletscher stürzen, der ihn mit sich zum rasch fließenden Braldu nehmen würde. Seine Reise würde uns alle überdauern, und keine Asche konnte gründlicher verstreut werden, kein Denkmal dauerhafter sein als der Broad Peak.

Unsere müden Beine brachten uns am späten Vormittag hinunter zum Zelt der Polinnen auf 6900 m Höhe. Doug und Steve, zwei Punkte 1000 m unter uns, bewegten sich vor uns talwärts. Wir torkelten ins Zelt, lagen da.

»Ich dachte, er würde es schaffen«, sagte ich zum zehntenmal.

»Nein. Ich habe in dem Augenblick, als ich ihn gesehen habe, gewußt, daß es ihm schlechtging«, sagte Don. Ich dachte darüber nach, was der Tod bedeutete, darüber, daß keiner von uns Pete je wiedersehen würde. Plötzlich waren vor dem Zelt Stimmen zu hören. Eine Gruppe Schweizer, die aufstiegen, tauchte auf und begrüßte uns voller Freude. Ich suchte nach Worten, um die Tragödie zu erklären, aber irgendwie fehlte den Worten das Gefühl, die Realität. Einer der Schweizer sah uns voll Mitleid an. »Ich war im letzten Jahr auf dem Everest und habe ein Expeditionsmitglied verloren. Wir mußten ihn auch auf dem Berg lassen …« Gütiger Gott, das war kein Mitglied, das da gestorben war, das war ein Mensch, ein Freund. Ich verwünschte ihn und seine Nüchternheit, aber was hätte er sagen können?

Die Schweizer hatten ein Funkgerät. Sie riefen ihr Basislager, von dem die Nachricht in unseres gelangte. In wenigen Stunden würde Doug, der selbst gerade erst vom Berg gekommen war, Beth die Nachricht überbringen, und sie würde in Tränen ausbrechen. Dann erschienen die Polinnen. Ich erzählte es auch ihnen, aber es schien sie nicht zu berühren. Ihnen fiel nichts anderes ein, als sich darüber zu beschweren, daß Don aus Versehen einen ihrer Kocher aus dem Lager I mitgenommen und ihn, als er es bemerkte, im Lager II zurückgelassen hatte. Sie ritten auf dieser Sache herum, während ich nach Worten rang, um ihnen verständlich zu machen, was da oben passiert war.

»Aber meint ihr nicht, daß es wichtig ist, daß in jedem Lager ein Kocher ist?« fragte eine ganz wichtig. Ich schmiß ihnen unseren Kocher hin und ging weiter den Berg hinunter. Worte. Sie bedeuteten nichts mehr. Niemand begreift wirklich, was wir ihm sagen. Niemand denkt richtig. Nichts hier oben ist mehr so, wie es war. Es liegt an der dünnen Luft.

Am 30. Juni steigen wir ab durch das letzte schmale Couloir des Berges. Wir rutschen unbeholfen ab mit Schneestollen unter den Füßen und sehen auf dem Gletscher unter uns vier Gestalten. Andy, Alan, Roger und Nebi blicken nach oben und zählen vier Personen, die herunterkommen – einer der Schweizer hat sich uns angeschlossen –, und hoffen trotz aller Hoffnungslosigkeit, daß ein Mißverständnis aufgetreten ist und wir alle gesund zurückkommen. Ich springe das letzte Stück durch den weichen Schnee, sinke bei jedem Schritt bis über die Knie ein.

Alan kommt mir auf halbem Weg entgegen. Wir sehen uns unverwandt an. Unsere Blicke durchdringen sich.

»Du weißt es also…«, sage ich.

»Ja. Pete ist tot.«

Ich schmeiße meinen Pickel ins Geröll. Ich kann mich nicht länger beherrschen. Roger stützt mich und hält mich fest. »Das ist es nicht wert, das ist es nicht wert«, stammele ich.

»Nein. Das ist es nicht«, bestätigt Roger…

Als der Nachmittag an diesem letzten Junitag zu Ende ging, sahen wir uns in die Augen, und zum erstenmal verstand jeder den anderen. Ich hatte die wichtigste Regel dieses schönen, verwegenen, schrecklichen Spiels gelernt, die einzige Regel: Die Berge sind schön, aber sie sind nicht wert, daß man für sie stirbt.

Aus: **Everest:**
Alleine am Gipfel
von Stephen Venables

Stephen Venables (geb. 1954), einer der besten Bergsteiger Englands, hat fünf Bücher geschrieben. 1988 brach er mit drei Amerikanern auf, um die gewaltige Kangshung-Flanke des Everest zu durchsteigen. 16 Stunden nach dem Aufbruch vom Hochlager erreichte Venables allein den Gipfel. Jeder Bergsteiger weiß, daß der Abstieg zum schwierigsten Teil einer Tour werden kann, was sich für Venables auch bei dieser Gelegenheit bewahrheiten sollte.

Ich genehmigte mir zehn Minuten auf dem Gipfel. Heute, drei Monate danach, kommt es mir beinahe unmöglich vor, mich an die Empfindungen dieser kostbaren Augenblicke zu erinnern. Selbst damals fiel es mir schwer, genau zu erfassen, was ich empfand. Es war ein traumartiges Gefühl des Nicht-glauben-Könnens, an diesem besonderen Ort zu sein, so mutterseelenallein neben den drei gelben französischen Sauerstoffflaschen zu sitzen, welche die asiatische Expedition im Schnee zurückgelassen hatte. Die leeren Flaschen trugen die Aufschrift CNJ für China-Nepal-Japan und waren mit Gebetsfahnen geschmückt, die ich fälschlicherweise für Hütchen gehalten hatte. Die Flaschen und ein paar weggeworfene Teile einer Funkausrüstung waren die einzigen Anzeichen dafür, daß jemals Menschen hier gewesen waren. Als ich die Kraft fand, wieder aufzustehen, blickte ich den Westgrat hinunter, der in Wolkenwirbeln verschwand. Von der Expedition der britischen Streitkräfte war nichts zu sehen. Dann wandte ich mich nach rechts, wo auch der Nordostgrat – die Mallory-Route – in Wolken versank. Ich konnte weder den Rongbuk-Gletscher noch das Kama-Tal sehen, und nach Süden hin waren die Wolken noch dichter, entzogen den Lhotse allen Blicken. Es war, als säße man allein auf dem First eines mächtigen grauen Daches. An dieser Stelle fällt der Grat weniger steil zu den riesigen Wächten über der Kangshung-Wand ab, so daß man ein Stück weg von der Gefahr ist und trotzdem direkt auf dem Gratkamm stehen kann, auf einem echten, eindeutigen Gipfel.

Ich hatte einiges zu erledigen. Zuerst mußte ich mich selbst fotografieren. Ich schnallte den Kameragürtel ab, holte die große Kamera heraus, spannte den Selbstauslöser und kniete mich, vor Anstrengung keuchend, hin, um den Apparat etwa drei Meter vom Gipfel entfernt aufzubauen. Ich war zu erschöpft, um mich richtig hinzulegen und den Bildausschnitt im Sucher zu bestimmen, stellte das Zoom also einfach auf Weitwinkel und drehte die Kamera in Richtung Gipfel. Dann, als der Selbstauslöser summte, stapfte ich wieder hinauf und setzte mich neben die dekorativen Sauerstoffflaschen. Ich meinte, das Klicken des Auslösers gehört zu haben. Ich wußte, daß ich eigentlich mehrere Aufnahmen hätte machen müssen, zur Sicherheit auch eine Belichtungsreihe, aber ich hatte nicht mehr die geistige oder körperliche Energie, die Kamera neu einzustellen.

Robert hatte die Gipfelfahnen und Kinkerlitzchen von Norbu bei sich behalten, so hatte ich nur noch ein kleines Ritual vorzunehmen. Aus einer meiner Innentaschen holte ich eine kleine Plastiktüte. Darin waren die beiden winzigen Umschläge, die Nawang und Sonam mir in Bombay gegeben hatten. Vorsichtig nahm ich die Blütenblätter heraus und streute sie in den Schnee, dann stellte ich die beiden Umschläge neben die Sauerstoffflaschen. Danach machte ich, keuchend vor Anstrengung, die diese Konzentration mir abverlangte, noch zwei Aufnahmen mit der Kompaktkamera.

Der Film in der Spiegelreflexkamera war entweder nicht richtig eingelegt oder ist auf dem Heimweg verlorengegangen, denn das Foto von mir auf dem Gipfel habe ich nie gesehen. Ich habe jedoch eine Aufnahme von den kleinen Umschlägen. Die beiden Umschläge ziert jeweils das Gesicht eines der Lehrer aus dem Geeta-Ashram in Pondicherry, die nun zwischen Funkboxen, gelben Sauerstoffflaschen und zerfetzten Gebetsfahnen auf dem Gipfel des Everest hervorblicken.

Erneut ruhte ich mich aus, sank in den Schnee. Die Temperaturen waren in dieser zweiten Maiwoche ständig gestiegen, und selbst auf 8848 m ging kaum ein Wind. Ich fühlte mich wohl und war fast versucht, noch zu bleiben, denn mir war bewußt, daß dies ein ungemein wichtiges Ereignis in meinem Leben war, und ich wollte diesen kostbaren Augenblick genießen, so viele Eindrücke in meinem schwachen, nach Sauerstoff lechzenden Gehirn speichern, wie möglich. Es wäre schön gewesen, sagen zu können, daß es der glücklichste Augenblick meines Lebens und ich von Euphorie überwältigt war, doch das wäre eine grobe Übertreibung gewesen, denn in dem Moment war da nur ein ziemlich benommenes Gefühl von – »Ist das nicht seltsam? Du hast es tatsächlich geschafft, nach all den Wochen des Beobachtens und Wartens und Zweifelns. Es wäre schöner gewesen, wenn alle es geschafft hätten, aber so hat wenigstens einer den Gipfel erreicht – und zwar einen ganz besonderen… So ist das also«.

Es war ein Wendepunkt. Selbst in meinem wirren Zustand wußte ich, daß dies mein Leben unauslöschlich ändern würde. Aber ich wußte auch, daß es ein weit kritischerer Wendepunkt meiner Bergbesteigung war, der Punkt, ab dem ich mich nicht länger bergauf quälen, sondern auf der Stelle wieder absteigen mußte, diesen verzaubernden, traumhaften Ort verlassen und zurück zur Erde steigen mußte, bevor es zu spät war. Es war jetzt 15.50 Uhr nepalesischer Zeit. Ich war dem Zeitplan etwas voraus, aber die Wolken kamen rasch näher, und in drei Stunden würde es dunkel sein. Ich stand auf, nahm den Eispickel in die fäustlinggeschützte Hand, warf einen letzten Blick über den Mallory-Grat und eilte dann zurück nach Süden.

Nachdem ich ein kleines Stück abgestiegen war, machte ich halt, um meinen letzten Gipfelauftrag auszuführen. Direkt unterhalb der Spitze tritt brüchiger Fels zutage, dort kniete ich mich hin, um ein paar Kalksteinstückchen einzustecken.

Der Wind wurde stärker und blies mir aufgewirbelten Schnee ins Gesicht. Ich ging zügig weiter und nutzte dabei die Schwerkraft, um schneller zurück zum Hillary Step zu kommen. Als ich über den letzten Buckel kam, hüllten die Wolken mich vollkommen ein. Plötzlich merkte ich, daß ich zu weit nach rechts abkam, hinunter zur Südwestwand. Ich stieg wieder hoch nach links, angespannt durch die vereiste Gletscherbrille in das wirbelnde Grau spähend. Ich war ganz allein in den Wolken, und vom Südgipfel war nichts zu sehen. Ich bekam Orientierungsschwierigkeiten und Angst und dachte an die Tragödie von 1975, als Mick Burke, dem als letztem die Durchsteigung der Südwestwand gelungen war, allein zum Gipfel stieg und nicht mehr zurückkam. Irgendwo hier oben, unter Bedingungen wie jetzt, fast blind hinter der vereisten Gletscherbrille, mit noch weniger Sicht als ich, war ihm ein unglücklicher Fehler unterlaufen, war er wahrscheinlich durch eine der brüchigen Wächten über der Kangshung-Flanke gebrochen. Ich bemerkte plötzlich die verschwommenen Umrisse einer jener buckeligen Wächten direkt vor mir und hielt mich wieder mehr nach rechts. Spiel um Gottes Willen nicht Mick Burke. Konzentriere dich. Du bist zu weit nach links gekommen. Halte auf diesen Felsen zu – da muß es festen Untergrund geben. Jetzt konnte ich Spuren erkennen – meine Spuren, schon beinahe zugeweht, aber dennoch Spuren. Das ist richtig. Aber es ist so anstrengend. Muß mich ausruhen. Ich knickte ein und setzte mich in den Schnee. Dann ging ich unbeholfen weiter, zu langsam, mit weichen Knien, den Kopf gesenkt. Nach nur wenigen Schritten blieb ich stehen, zwang mich aber, mich nicht hinzusetzen, stützte mich statt dessen auf den Pickel.

Dann machte ich wieder ein paar Schritte, zwang meine Beine, nicht nachzugeben und zu straucheln.

Inzwischen schneite es, brannte mir ins Gesicht und setzte mir die Brille zu. Ich mußte sie notdürftig mit dem Fäustling abwischen, ein Loch frei machen, durch das ich sehen, Anhaltspunkte ausmachen konnte. Ich bemerkte Felsbrocken und folgte ihnen bis zum Absatz oberhalb des Hillary Step. Dann kam der schwierige Teil: Fäustlinge ausziehen, ein loses Stück des Fixseils packen und es mit einer Halbmastwurfsicherung in den Karabiner am Hüftgurt klinken. Ich zog die Fäustlinge wieder an und seilte mich über den Abbruch hinab. Obwohl es abwärts ging, war es anstrengend. Vielleicht war der Hüftgurt hochgerutscht und schnürte mir das Zwerchfell ab, denn ich mußte während der 20-m-Passage mehrmals pausieren und nach Luft ringen. In einem wahnwitzigen Blindflug ging es weiter bis zum Fuß der Stufe, wo ich nach vorn fiel und heftig atmend am Grat zusammensackte.

Das war mir noch nie passiert, und ich bekam es mit der Angst zu tun. Das war völlig neu – dieses übermäßig schnelle Atmen, wie bei einem Fisch auf dem Trockenen, dessen Kiemen keinen Sauerstoff aufnehmen können. Ich japste immer stärker, schnappte nach Luft, verzweifelt bemüht, die Lunge zu füllen. Aber nichts schien durch die Kehle zu kommen, und einen schrecklichen Augenblick lang meinte ich zu ersticken. Dann kam die Luft wieder durch, und erleichtert keuchend sog ich sie ein, während sich meine Atmung wieder normalisierte.

Ich mußte in Bewegung bleiben. Weg von dem Seil und weiter. Die Fäustlinge runter und aus dem Seil klinken. Jetzt die Fäustlinge schnell wieder anziehen. Beim ersten ist es immer leicht, aber der zweite will nicht. Ich kann ihn nicht fassen – kann diese nutzlosen, tauben Finger nicht benutzen. Es ist zu schwierig, ich werde ihn nie anbekommen, und die Finger werden mir erfrieren. Kein Klavierspielen mehr. Aber ich muß diesen Fäustling anbekommen, sonst komme ich nicht nach unten. Konzentrier dich. So, und jetzt langsam über das Handgelenk.

Wieder sackte ich zusammen, vor Erschöpfung keuchend. Der Wind schleuderte mir Schnee entgegen, und ich fing an zu zittern. Ich war vollkommen blind, zog die Gletscherbrille runter und ließ sie an der Sicherheitsschnur am Hals baumeln. Jetzt konnte ich wenigstens ein bißchen erkennen, zwar nur verschwommene Formen, aber besser als gar nichts. Da ist eine Art freie Fläche. Das ist der Südgipfel, drüben auf der anderen Seite der Brücke. Kein Lebenszeichen von Robert oder Ed. Sie sind wahrscheinlich schon abgestiegen. Irrsinn, unter solchen Bedingungen weiter aufzusteigen, und kein Grund, auf mich zu warten. Es ist niemand da, der mir hilft. Entweder komme ich allein runter oder sterbe. Es wäre so leicht zu sterben – sich einfach hier hinlegen und ausruhen, und schon bald würde der Wind mich töten. Es wäre die einfachste Sache der Welt, aber ich würde so unheimlich dämlich aussehen. Es ist witzlos, den Everest zu besteigen und sich dann hinzulegen, um zu sterben. Nein, reiß dich zusammen und geh weiter. Es ist nicht möglich, die andere Brille abzunehmen, ohne die Fäustlinge noch einmal auszuziehen, wir müssen also sehr vorsichtig und mit nur halber Sicht gehen.

Mein unsichtbarer Begleiter, der alte Mann, war wieder aufgetaucht, und gemeinsam gingen wir weiter, fest entschlossen, nicht zu sterben. Wir torkelten halb blind den Grat entlang, über den Eispickel geduckt, spähten angestrengt in das Schneetreiben, fast auf allen vieren, schleppten uns mühsam über die Felsen, klammerten uns fest, um nicht über die Südwestwand in den Tod zu rutschen. Angst und Instinkt ließen mich die Felsen überwinden. Dann erkannte ich die geschützte Aushöhlung unter dem überhängenden Fels, wo Boardman und Pertemba vergeblich auf die Rückkehr von Mick Burke gewartet hatten. Ich überlegte kurz, ob ich dort biwakieren sollte, entschied mich dann jedoch weiterzugehen, entschlossen, über die Brücke hinüber zum Südgipfel zu gelangen. Das war die entscheidende Stelle, nach der ich überzeugt war, überleben zu können.

Die Sicht war noch immer miserabel, und ich geriet zu nahe an den linken Gratabbruch. Plötzlich sauste mein linkes Bein in ein Loch, und ich bekam erneut einen Anfall von Hyperventilation. Vielleicht hatte ich die Bruchlinie einer Wächte betreten, aber ich glaube, es war lediglich eine tiefe Verwehung. Egal, was es war, der Anfall ließ mich fast ersticken, doch ich kam wieder zu Atem und zwang mich weiter den 15 m hohen Anstieg zum Südgipfel hinauf. Ich brach wieder zusammen und war diesmal, nachdem ich in tiefen, ängstlichen Zügen wieder zu Atem kam, voller Mitleid mit dem armen alten Mann, dem das alles ein bißchen zuviel wurde.

Wir quälten uns schließlich hoch zum Kamm des Südgipfels, wo ich geistig fast völlig weggetreten sein muß, denn ich kann mich nur noch an unscharfe Bilder von Schnee und Wolken und an das Hereinbrechen der Dämmerung erinnern. Ich weiß nichts mehr vom Abstieg über den messerscharfen Grat und habe nur noch ganz vage Erinnerungen daran, über den Bergschrund geschlittert zu sein, und dann war ich wieder auf dem großen Schneehang und setzte mich hin, um nach unten zu rutschen, denn Sitzen ist einfacher als Stehen.

Wir veranstalteten einen Wettlauf mit der Dunkelheit, wobei wir die Schwerkraft nutzten, um möglichst schnell in die Sicherheit des Südsattels zu kommen. Aber selbst das Rutschen ist Schwerstarbeit, denn man muß die Beine steif machen und mit dem Pickel bremsen. Irgendwo hier unten wäre Peter Habeler bei seinem legendären einstündigen Abstieg vom Gipfel zum Südsattel, getrieben von der Angst vor einem dauerhaften Hirnschaden, fast ungebremst über die Kangshung-Flanke abgestürzt. Der lange Hang unter mir war mir nicht geheuer, und ich hielt mich weiter rechts in Richtung Grat. Bei einer Rutschpartie bekam der alte Mann dann richtig Angst. In einer die Sicht raubenden Wolke aus Pulverschnee wurden wir schneller und schneller. Die Fläche unter uns fühlte sich hohl und instabil an, als könne sie jederzeit als Lawine abgehen. Wir glitten immer schneller nach Osten hinunter, und der alte Mann mochte das gar nicht. Er war plötzlich zum Musiker geworden. Musiker mögen das nicht. Der Komponist gleitet über sein Cello, reitet auf der Lawine in den Tod. Halt bitte an! Sofort!

Ich schlug die Fersen in den Schnee und legte mich mit dem ganzen Körpergewicht auf den Eispickel, grub die Schaufel tief in den Schnee und kam zum Halten. Wir waren kurz vor einem Zusammenbruch und mußten schnellstmöglich ausruhen, aber wir konnten uns hier nicht hinsetzen. Zu steil und unsicher. Los, hau eine Stufe. Eispickel und grabende Hand – das ist es. Rasch. Nur eine Vertiefung, damit man sich setzen kann. Muß ausruhen. Muß pinkeln. Der alte Mann sagt, pinkel dir in die Hose, das hält warm.

Ich konnte nicht länger warten und schlug mit einer letzten verzweifelten Kraftanstrengung den Pickel tief in den Schnee und zog mich daran hoch auf die Stufe. Dann verließen mich die Kräfte, und ich brach zusammen, machte mir in die Hose und erstickte in einem erneuten Anfall von Hyperventilation.

Armer alter Mann… jetzt ist es besser, er atmet wieder. Er muß einfach ausruhen. Was war das da alles mit der Musik – Cellomusik? Was hat das mit Lawinen zu tun? Wer ist dieser Komponist? Dvořák hat ein Konzert für Cello geschrieben. Kate spielt Cello – aber sie ist eine Frau. Es ist alles viel zu verwirrend. Ich konzentriere mich besser auf die Wirklichkeit – auf mich, der ich hier auf dieser gefährlichen Stufe im Schnee hocke. Und warum habe ich diesen Unsinn über das In-die-Hose-Pinkeln geglaubt? Alles naß jetzt. Es muß am Schock gelegen haben.

Meine Erschöpfung wurde zum Dauerzustand, und es war inzwischen buchstäblich dunkel, und so beschloß ich zu bleiben, wo ich war. Ich saß ungefähr eine Stunde da, zitterte vor Kälte, die aus dem Schnee nach oben kroch. Dann entschied ich, daß mein unsicherer Sitzplatz doch zu gefährlich sei und ich versuchen sollte, weiter zum Südsattel abzusteigen, wo Ed und Robert in den Zelten warten würden. Ich ging in die Hocke, das Gesicht zum Hang, und stieg, behutsam Stufen in den Schnee tretend, zurück zum Gratkamm. Dort versuchte ich mich zu orientieren, kletterte auf den Felsen hin und her, bemühte mich, einzelne Passagen vom Morgen wiederzuerkennen. Aber es war dunkel, es schien kein Mond, und obwohl der Sturm vom Nachmittag sich verzogen hatte, trieben immer noch Wolken vorbei, die mir die Sicht nahmen. Selbst nachdem ich mir die Brille aufgesetzt und die Stirnlampe eingeschaltet hatte, fiel es mir ausnehmend schwer, Formen und Entfernungen abzuschätzen. Ich machte mir Sorgen, daß meine Rutschpartie mich vielleicht weiter hinunterbefördert hatte, als ich dachte, und ich mich jetzt unterhalb der Stelle befand, wo ich nach rechts in das Couloir absteigen mußte.

Nachdem ich etwa eine halbe Stunde herumgeirrt war, schlug der alte Mann vor, hier die Nacht über zu bleiben und den Tag abzuwarten, damit wir uns neu orientieren konnten. Ich kam zu dem Schluß, daß er auf einem Fels am wärmsten säße, und fand bald eine Stufe am Grat, auf dem wir uns setzen konnten. Aber es war heikel und abschüssig, und wir hätten uns beide gern richtig angelehnt. Deshalb querten wir zurück hinaus auf den Schnee und schaufelten einen waagerechten Absatz, wo wir uns richtig hinlegen konnten. Gegen 21 Uhr begaben wir uns zur Nachtruhe.

Das Notbiwak hatte viele Vorgänger. Bei der amerikanischen Überschreitung des Everest 1963 gelang Willi Unsoeld und Tom Hornbein der erste Aufstieg über den Westgrat, und sie erreichten den Gipfel kurz vor Einbruch der Dunkelheit um 18.15 Uhr. Zwei Gefährten waren am selben Nachmittag über die Normalroute ebenfalls zum Gipfel gelangt und warteten am Südgipfel, als Unsoeld und Hornbein mit dem Abstieg über den Südostgrat begannen. Als sie sich trafen, versuchte Hornbein, die anderen drei zu überreden, weiter zum Hochlager abzusteigen, doch sie verirrten sich bald in der Dunkelheit und mußten notgedrungen eine Nacht im Freien auf etwa 8500 m Höhe verbringen. Sie überstanden die grimmige Kälte und stiegen am nächsten Tag sicher ab, doch Unsoeld mußten danach neun erfrorene Zehen amputiert werden, und einer der beiden Begeher des Südostgrates, Barry Bishop, verlor sämtliche Zehen.

1976 mußten auch die beiden britischen Soldaten Bronco Lane und Brummie Stokes, die bei schlechtem Wetter abstiegen, auf demselben Hang direkt unter dem Südgipfel biwakieren. Zwölf Jahre danach sollte Stokes mir in Kathmandu seine verstümmelten, zehenlosen Füße zeigen. Lane mußten Finger und Zehen amputiert werden. Aber die Briten lebten wenigstens noch im Gegensatz zur deutschen Bergsteigerin Hannelore Schmatz, die 1979 vor Einbruch der Dunkelheit darauf bestand zu biwakieren, obwohl ihre Sherpas sie drängten, weiter bis ins sichere Hochlager abzusteigen. Sie starb im Schnee sitzend, und ihr gefrorener Körper war mehrere Jahre ein makaberer Orientierungspunkt auf dem Südostgrat, bis sie schließlich begraben oder von einer Lawine fortgerissen wurde. Ich wußte auch von dem bulgarischen Bergsteiger, der 1984 beim Abstieg über den schwierigen Westgrat umgekommen war. Meena Agrawal, im selben Jahr Ärztin einer anderen Everest-Expedition, erzählte mir später, wie sie über Funk mit dem Bulgaren gesprochen und versucht hatte, ihm Mut zuzusprechen, um die Nacht durchzuhalten; aber er war am Ende nicht mehr imstande gewesen, das Funkgerät zu halten, und vermutlich kurz darauf gestorben.

Ich hatte nicht die Absicht, in dieser Nacht zu sterben. Ich war allein auf etwas über 8500 m Höhe, aber der Wind, der mich am Hillary Step noch in Panik versetzt hatte, war inzwischen abgeflaut, und die Lufttemperatur lag wahrscheinlich nicht sehr viel unter –20 °C. Ich war mit den Bedingungen zufrieden und wußte, daß ich in der hervorragenden Bekleidung, die ich trug, überleben konnte, aber ich mußte mich damit abfinden, wahrscheinlich einige Zehen zu verlieren. Sechs Monate früher, als wir oben an der Sisha Pangma festsaßen, hatten Luke und ich eine Schneehöhle gegraben, waren hineingekrochen und hatten die Schuhe ausgezogen, um uns gegenseitig die Zehen zu wärmen. Aber jetzt war ich fast tausend Meter höher, ich war allein und hatte kaum noch die Kraft, eine Stufe in den Schnee zu schlagen, geschweige denn eine richtige Höhle zu graben, in der ich die Schuhe gefahrlos hätte ausziehen können. Ich war mit der erklärten Absicht aufgestiegen, nicht zu biwakieren, hatte also keinen Kocher mit, um Schnee zu schmelzen. In meiner Wasserflasche waren nur noch ein paar Tropfen halbgefrorener Saft, und ich hatte in den letzten 24 Stunden weniger als einen Liter getrunken. Die Dehydratation verdickte allmählich mein Blut, das bereits zähflüssig war durch die Konzentration der roten Blutkörperchen, die zum Überleben in großer Höhe notwendig sind, und die Durchblutung der äußeren Bereiche des Gefäßsystems, insbesondere der Zehen, war ungenügend.

Wäre das Wetter schlechter gewesen, hätte ich wahrscheinlich weitere Kraftreserven mobilisiert, um entweder ein Schneeloch zu graben oder intensiver nach dem richtigen Abstieg zu suchen. Aber da kein Wind ging, lag ich passiv zusammengekauert im Schnee, die Ersatzfäustlinge als kümmerliche Isolation unter den Hüften und den Eispickel wie einen schützenden Zaunpfahl vor mir in den Hang gerammt.

Ich war nicht wirklich allein. Der alte Mann war noch bei mir, und jetzt waren auch andere Personen da, die meinen schmalen Absatz bevölkerten. Dann und wann erboten sie sich, auf Teile meines Körpers zu achten. Einmal während der langen Nacht wurde der alte Mann ziemlich gönnerhaft gegenüber einem Mädchen, das mir eine Hand warm hielt. Vielleicht war das der Zeitpunkt, wo Eric Shipton, der berühmte Forscher, der so eng mit der Geschichte des Everest verbunden ist, das Wärmen meiner Hände übernahm. Am Ende der Liegefläche, wo ich versäumt hatte, eine anständige Aushöhlung in den Schnee zu graben, fielen mir fast die Füße ab. Ich bemerkte mehrere Personen, die die Füße wegschoben, aber auch versuchten, sich um sie zu kümmern. Sie wurden von Mike Scott organisiert.

Ich habe Mike Scott nie kennengelernt, aber ich kannte

seinen Vater Doug, der 1975 noch höher direkt auf dem Südgipfel biwakiert hatte. Er und Dougal Haston waren halb auf ein Notbiwak vorbereitet und hatten einen Biwaksack sowie einen Kocher bei sich. Als sie spät am Tag aus der Südwestwand kamen, hatten sie sich eine Höhle gegraben und etwas Heißes zu trinken gemacht, bevor sie über das letzte Gratstück zum Gipfel stiegen. Nachdem sie vom Gipfel aus den märchenhaften Sonnenuntergang fotografiert hatten, kehrten sie zu ihrer Schneehöhle zurück, wo ihnen der Flaschensauerstoff ausging, und sie bereiteten sich auf das höchste je errichtete Biwak vor. Scott hatte keine Daunenbekleidung – nur den Biwaksack und einen Rucksack, auf den er sich setzen konnte, doch in jener grimmig kalten Herbstnacht brachte er nicht nur die Kraft auf zu überleben, sondern sich auch auf »die Qualität des Überlebens« zu konzentrieren, indem er die ganze Nacht seine Füße wärmte und mit ihnen sprach. Als er und Haston am nächsten Tag in das sichere Lager 6 abstiegen, hatte keiner von beiden Erfrierungen erlitten.

Ich driftete zwischen Wirklichkeit und Schein hin und her, erinnerte mich gelegentlich daran, daß ich tatsächlich allein war, bis ich wieder in wirre Halluzinationen verfiel. Gegen Morgen sehnte ich mich allmählich nach Wärme, und meine Begleiter lockten mich mit der Mitteilung, daß gleich ums Eck einige Yak-Hirten mit Zelten und Proviant und warmem Feuer campierten. Sie ließen mich mit dem alten Mann allein, um nachzusehen. Es tat gut, eine Weile in Ruhe gelassen zu werden, und ich rief mir ins Gedächtnis, daß Yak-Hirten hier oben auf 8500 m Höhe wohl kaum existieren konnten; doch später kamen sie zurück und berichteten mir, daß sie, während mir die tückische Kälte in den Körper gekrochen war, warm gebadet und gespeist hätten. Nun sehnte ich mich noch mehr nach Wärme.

Irgendwann in der Nacht stand ich auf, um meine Liegefläche zu vergrößern. Danach war es ein wenig bequemer und nicht mehr so gefährlich. Schließlich muß ich wohl eingeschlafen sein, denn ich erinnere mich, richtig aufgewacht zu sein und plötzlich bemerkt zu haben, daß die lange Nacht endlich vorüber war.

Zitternd richtete ich mich auf. Das Licht am Himmel war pastellfarben, und im Tal weit unter mir lag nur ein leichter grauer Wolkenvorhang. Alle, auch der alte Mann, waren verschwunden, aber ich hatte die Nacht im Freien überlebt. Mein Körper war steif, und die Füße waren tot, aber die Finger in den Daunenfäustlingen lebten noch. Die Augenbrauen und der Bart waren mit groben Eisklumpen verklebt, und eine Reifschicht bedeckte meine hölzerne Nase. Die vereiste Sonnenbrille hing noch nutzlos um den Hals, aber die andere Brille war klar, so daß ich den Weg nach unten erkennen konnte.

Ich konnte gar nicht glauben, daß in der Dunkelheit alles so fremd ausgesehen hatte, jetzt, wo ich direkt unter mir die Schulter mit der kleinen Senke sehen konnte, wo es nach rechts ins Couloir ging. Wenn ich in der Dunkelheit nur besser gesehen hätte, hätte ich vielleicht zum Lager 3 absteigen können und mir die ganze Friererei erspart.

Über dem Kangchenjunga ging die Sonne auf, als ich mich staksig erhob, meinen Eispickel nahm und mich schwankend und schlitternd den Hang hinabbewegte. Bald war ich im Couloir, wo ich mich, wenn möglich, hinsetzte und nach unten rutschte. Einmal wurde ich zu schnell und verhalf mir so zu einem weiteren Anfall von Hyperventilation, aber danach hatte ich die Sache im Griff. Die Welt funkelte im Licht der Morgensonne, und das Leben war wunderbar. Ich lebte, und mir war wieder warm, ich hatte den Everest bestiegen und würde bald wieder im Tal sein.

Plötzlich sah ich zwei Gestalten im Couloir, unten beim Dunlop-Zelt. Mein umnebeltes Hirn brauchte eine Weile, bis es begriff, daß es Ed und Robert sein mußten, die den Südsattel in der Dunkelheit ebenfalls nicht hatten erreichen können und im verlassenen Zelt der Asiaten Schutz gefunden hatten. Sie drehten sich um und sahen mich auf sie zurutschen, und ein paar

Minuten später waren wir wieder beisammen. Ich weiß nicht mehr, was wir gesagt haben. Es fielen nur einige wenige Worte, und die waren wahrscheinlich nichtssagend; aber ich erinnere mich deutlich an Eds und Roberts Erleichterung, mich am Leben zu sehen, und an ein Gefühl warmer Freundschaft, als wir drei uns mit dem Seil verbanden, um das letzte Stück zum Südsattel abzusteigen.

Gefährliche Liaison

von John Climaco

Ausländische Bergsteiger, die sich in den Himalaja wagen, sind auf Träger und die Hilfe anderer Einheimischer angewiesen, die ihnen helfen, ihr Ziel zu erreichen. Bergsteiger müssen oft die Aufsicht durch »Begleitoffiziere« hinnehmen, die das Gastland vorschreibt. Ein Begleitoffizier kann eine Tour fördern oder verderben, wie John Climaco (geb. 1968) und ein Partner 1995 bei einer Expedition zur 7654 m hohen Chogolisa erfahren mußten.

Die Gewehre, die auf mich zielten, waren keine Spielzeuge, und die Soldaten, die sie hielten, waren trotz ihrer lächerlichen Uniformen keine Clowns. Ich hatte nicht damit gerechnet, daß 47er AKs die größte Gefahr am Baltoro sein würden, aber schließlich lief bei dieser Expedition nichts so, wie erwartet. Als unser Begleitoffizier aufhörte, mich anzuschreien, und die Soldaten schließlich verschwanden, setzte ich mich hin und stützte den Kopf in die Hände. Die Expedition war den Bach heruntergegangen, ich würde hinter Gitter marschieren, und wir hatten noch nicht einmal das Basislager erreicht.

Suneeb, einer unserer Träger, setzte sich neben mich. »Dieser Begleitoffizier«, sagte er, »ist ein verrückter Mann, sehr schlechter Mann.« Ich nickte. »Du«, fuhr er in einem anderen Ton fort, »bist ein guter Führer für uns, kümmerst dich um die Balti. Er hat dich beleidigt, und, *inschallah,* wir sollten ihn töten. Wir werden diesem Schwein den Hals durchschneiden.«

Ich weiß noch ganz genau, wann der Schlamassel, in dem diese Expedition endete, begann: am 24. Oktober 1993. Ich saß unterhalb der Westwand des Cholatse, nachdem ich den Südwestgrat dieses Berges gerade zum zweitenmal durchstiegen hatte. Ich war recht zufrieden mit mir, wohl ein bißchen zu zufrieden. In meinem Tagebuch wünschte ich mir eine größere Herausforderung als das, was wir soeben geschafft hatten, etwas wie die Chogolisa.

Achtzehn Monate später saßen Andrew Brash und ich in Rawalpindi dem Mann gegenüber, der während der nächsten zwei Monate meinen Traum zu einem Alptraum machen sollte: Captain Mohammed Ayub, unser Begleitoffizier. Ayub machte mir sofort klar, daß ihm sein militärischer Rang in Pakistan großes Ansehen verleihen würde, etwas, das ich als Zivilist wohl nie erreichen könne. »Du«, sagte er mit einer großtuerischen Handbewegung, »bist hier gar nichts.« Captain Ayub war gerade von einem sechsmonatigen Dienst am Siachen-Gletscher zurückgekommen, der vordersten Linie des Grenzkrieges mit Indien, dem höchsten Schlachtfeld der Geschichte. Nicht gerade das, was Militärs als Traumposten bezeichnen, und ich fragte mich, welchen Rang Ayub wohl in Wirklichkeit hatte. Er machte kein Hehl aus seinem Mißvergnügen, wieder in die »gottverdammte Hölle im Norden« zu müssen, wie er den Karakorum nannte.

»Viele Menschen sind in diesem Schnee gestorben«, erklärte er, während Andrew und ich die 2000 Dollar teure Ausrüstung auspackten, die wir nach den Vorschriften für ihn hatten kaufen müssen. »Anderen wurden wegen der Kälte Teile vom Körper abgehackt. Das darf mir nicht passieren.« Durchaus verständlich. »Die hier«, fuhr er fort und schob ein Paar nagelneuer Plastikschuhe beiseite, »sind nicht gut genug. Mit denen gehe ich nicht in die Berge. Und das«, er hielt eine neue Daunenjacke hoch, »habt ihr die nicht in einer anderen Farbe? Ich bin Captain der pakistanischen Armee. Die sieht nicht schick aus.« Andrew verdrehte die Augen. Obwohl wir den Captain erst zehn Minuten kannten, sah die Sache schon ziemlich düster aus. Dann warf er unseren genauestens ausgetüftelten Zeitplan über den Haufen und erklärte: »Wir können unmöglich schon morgen in die Berge aufbrechen. Ich brauche vielleicht eine Woche, um die richtige Ausrüstung zu kaufen, die ihr mir bezahlt. Dann, vielleicht, können wir von hier losgehen.«

Als Ayub so dastand, die dürren Arme in die Seite gestemmt, spürte ich mein italienisches Temperament in mir hochkommen, das mir schon soviel Kummer bereitet hat. Mit einer bewußten Willensanstrengung unterdrückte ich ein Gefühl, das ich in den nächsten Wochen noch zur Genüge kennenlernen sollte: den Wunsch, Captain Ayub zu erwürgen. Statt dessen plädierte ich dafür, das gegenwärtig gute Wetter zu nutzen, um nach Skardu zu fliegen, und so die Fahrt über den mörderischen Karakorum Highway zu vermeiden. Ich erklärte, daß wir uns die zusätzlichen Kosten für das Hotel, das Essen und natürlich den Zusatzlohn für den Captain während der Verzögerung einfach nicht leisten könnten. »Die Bestimmungen sehen ganz klar vor, daß Expeditionen damit rechnen müssen, zwei Wochen in Rawalpindi zu bleiben«, bellte er. »Zwei Wochen! Und wenn ihr nicht genug Geld habt, muß die Expedition auf der Stelle abgesagt werden.« Ich hielt den Mund.

Ich für meine Person würde nicht einmal eine Woche in dem Brutofen Rawalpindi bleiben, und ich brauchte nur kurz Andrews entsetzte Augen zu sehen, um zu wissen, wie er über die Sache dachte. Wir erklärten dem Captain, als Touristen nach Peschawar gehen zu wollen. Er erwiderte, wir dürften das Hotel nicht ohne seine Erlaubnis verlassen und ein Besuch in Peschawar, nur etwa vier Stunden westlich in Richtung der Grenze zu Afghanistan, sei völlig ausgeschlossen. Wieder kam das Verlangen hoch, ihn zu erwürgen. Ich sagte nichts mehr bis zum nächsten Morgen, als ich um die Erlaubnis bat, einkaufen zu gehen. Nachdem er auf seine Großzügigkeit hingewiesen hatte, gab Captain Ayub uns seinen Segen; augenblicklich verließen wir das Hotel und gingen einkaufen… in Peschawar.

Andrew hatte in bezug auf Peschawar von Anfang an ein ungutes Gefühl. Erst kürzlich war eine Mitarbeiterin des amerikanischen Konsulats am hellichten Tage über eine Stunde mit Waffengewalt festgehalten und erst befreit worden, als ihr Entführer, der ihr die Waffe die ganze Zeit an die Schläfe gehalten hatte, von einem Scharfschützen der amerikanischen Drogenpolizei erschossen wurde. In Peschawar, dem Umschlagplatz für Waffen für die afghanischen Freiheitskämpfer, ist jede Art von Schießeisen, die man sich denken kann, samt Munition auf der Straße erhältlich. Ich hielt das für aufregend, wenngleich ich nachdenklich wurde, als wir die Hinweisschilder am Stadteingang passierten, die verkündeten: »Sie verlassen jetzt das Gebiet, in dem die Regierung Pakistans Ihre Sicherheit garantieren kann.«

Unter einer Dunstglocke, übervölkert und sogar noch heißer als Rawalpindi, erwies sich die Stadt selbst als langweilig. Die Rückfahrt mit dem Taxi war es nicht. Der Fahrer sprach fließend Englisch, und wir nutzten die Gelegenheit, uns über den Armleuchter auszuweinen, der uns die Tour vermasselt hatte. »Ich hasse die Armee, die Polizei, den ISI (Pakistans KGB) – all diese Rowdys«, erklärte der Fahrer. »Sie haben meinen Bruder umgebracht, weil er sich geweigert hat, ihre Bestechungsgelder zu zahlen. Wollen Sie ein Foto von ihm sehen?«

Als wir an den Kontrollpunkt kamen und der MG-bewaffnete Beamte an den Wagen trat, um sein Bakschisch einzufordern, reichte der Fahrer uns ein Foto, sein Bruder, der auf einem Stahltisch lag und dem die hintere Hälfte des Kopfes, die Augen und ein großer Teil der Brust fehlten. Wir verließen Rawalpindi nicht mehr.

Etwa eine Woche danach hatte Captain Ayub seinen letzten Vorwand verbraucht, uns aufzuhalten. Natürlich hatte sich auch das stabile Hochdruckgebiet, das seit unserer Ankunft über Pakistan gelegen hatte, verbraucht. Als es wie aus Kübeln schüttete, wurden die Flüge nach Skardu gestrichen, und das hieß: Karakorum Highway.

Als wir 150 m über dem Indus durch regendurchweichte Serpentinen schwankten, dachte ich über all das nach, was ich schon über den Highway gelesen hatte. Einige haben geschrieben, es sei die schönste Straße der Welt, die sich am Nanga Parbat vorbeiwindet. Andere haben behauptet, es sei der aufregendste, unterhaltendste Teil einer Expedition nach Pakistan. Das sind alles Schwachköpfe. An vielen Stellen ist der »Highway« nichts anderes als eine in die Steilwand der Schlucht gesprengte Trasse. Mehr als einmal bewahrte uns eine kurze Verspätung davor, von einem niederstürzenden Felsen erschlagen zu werden. Ich kann das nur einer göttlichen Intervention zuschreiben, denn in seiner haschbedingten Trance schien unser Fahrer unfähig, das Bremspedal zu finden. Zuweilen schien es so, als wollte er sich mit dem Tod ein regelrechtes Wettrennen liefern. Ich nehme an, bei einem solchen Rennen ist die Geschwindigkeit lediglich dadurch begrenzt, wie stark der Wagen, in dem zu sitzen man das Pech hat, überladen ist. Offenbar hatte der Tod während unserer 24stündigen Jagd einen Ruhetag eingelegt. Der Zahl der ausgebrannten Busse nach, die zertrümmert unterhalb des Highway lagen, hatte er sich das verdient.

Mit der Ankunft in Skardu waren unsere Probleme keineswegs zu Ende. Auf einem Bett des K2-Motels breiteten wir aus, was von unseren Expeditionsfinanzen noch übrig war. Vor allem dank Captain Ayub und seines zu unseren Lasten gehenden Aufwandskontos war unser einstiger Berg an Rupien zu einem Maulwurfshügel geschrumpft. Wir hatten erfahren, daß die Straße nach Askole – die unter besten Bedingungen nicht sicher ist – aufgrund der andauernden Regenfälle durch vierzehn Erdrutsche unterbrochen war. Da Jeeps zwischen einigen der Erdrutsche festsaßen, war es denkbar, daß wir Gepäck im Pendelverkehr über das Geröll befördern konnten. Wir rechneten uns aus, daß wir uns zwei zusätzliche Träger leisten und trotzdem vom Basislager zurückkommen könnten. Für die Träger, die jetzt draußen vor dem Motel lagerten, waren wir vom Moment des Abmarsches an verantwortlich, und wir mußten sie täglich bezahlen, ob wir vorwärts kamen oder nicht.

Es war also von entscheidender Bedeutung, von Skardu wegzukommen. Captain Ayub, dem ausschließlich daran lag, möglichst lange im Motel herumzulungern, war keine Hilfe. Nach einer Beratschlagung mit Phil Powers, dem Leiter einer Expedition zum Hidden Peak, und unserem Koch Issaq beschlossen wir, die beiden Expeditionen zusammenzulegen und nach Askole aufzubrechen, sobald der Regen aufhörte.

Nachdem es so schien, als ob wir mit einer Arche unterwegs zur Chogolisa wären, ging der Regen in ein feines Nieseln über. Zwei Stunden später machten sich acht Bergsteiger, neunzig Träger, drei Köche, zwei Begleitoffiziere und zweieinviertel Tonnen Ausrüstung auf den Weg nach Askole.

»Habt ihr etwas Dynamit dabei?« erkundigte sich Captain Butt bei einer Tankpause.

»Warum?« wollte ich wissen.

»Na, um die Straße freizusprengen«, lachte er und ging los, um welches zu kaufen. Captain Monte Butt, der Begleitoffizier der Hidden-Peak-Expedition, war das genaue Gegenteil von Captain Ayub. Monte, der fließend Englisch sprach, wurde uns in allen Fragen eine Hilfe, vom Umgang mit den Trägern bis zum Reparieren der Straße. Als die fünf Jeeps losrollten, sprang Monte hinten auf das Dach eines der Wagen und vergnügte sich mit Techno aus London aus seinem Walkman, während Ayub im Wagen saß und dem Fahrer Befehle zuschrie.

Wir kamen gut voran. Die zusätzlichen Arbeitskräfte ermöglichten uns, Straßenabschnitte rasch wiederherzurichten. Die einzige größere Verzögerung gab es am letzten Kontrollpunkt in Dasso, einer sturmumtosten Ansammlung von Polizeibaracken bei der letzten Straßenbrücke über den Braldu. »Das ist gefälscht!« schrie der Beamte und schmiß mir mein Gipfelpermit für die Chogolisa hin. »Das hast du selbst auf deiner Schreibmaschine in Amerika gemacht. Du mußt zurück nach Islamabad und ein neues beantragen.« Ich glaubte, einen Anfall zu bekommen, und Andrew machte ein Gesicht, als würde er sich eher die Pulsadern aufschneiden, als dieser Anordnung nachzukommen. Es war natürlich nur eine raffinierte Art, um einen Ausgleich für seine bedauernswerte Lage zu bitten, hier festzusitzen und die Brücke von Dasso bewachen zu müssen. Captain Ayub durchschaute diesen Amateur sofort und schritt ein, um die Angelegenheit zu regeln. Wenn der Chogolisa-Expedition irgendwelches Geld abgeluchst werden sollte, dann hatte es in seine Taschen zu wandern, nicht in die irgendeines Brückenwächters.

Kurz hinter Dasso kamen wir an einen Erdrutsch, der selbst mit größtem Aufwand nicht zu beseitigen war. Monte begutachtete die Lage und zog unverrichteter Dinge wieder ab, das Dynamit im Arm wie ein Kind sein zerbrochenes Spielzeug. Wir waren in den Jeeps sehr gut vorangekommen, aber bis nach Askole brauchten wir drei bis vier Träger zusätzlich, ein bis zwei mehr, als wir uns leisten konnten. Das war ein Problem, aber glücklicherweise eins, mit dem wir uns erst später würden befassen müssen. Wir starteten am nächsten Tag bei strömendem Regen und stapften nach Askole. Unterwegs trafen wir einen patschnassen Alan Hinkes, der gerade vom Gipfel des K2 zurückkam. »Leute, am besten, ihr macht auf der Stelle kehrt«, sagte er grimmig. »Da oben gibt's nichts, was die verdammte Latscherei wert wäre.« Es war der beste Rat, den uns jemand hätte geben können. Natürlich schlugen wir ihn aus.

Die ersten Tage des eigentlichen Anmarsches erwiesen sich als schön. Wir hatten uns in Korophon von der Hidden-Peak-Expedition getrennt, ihnen alles Gute gewünscht und versprochen, sie in ihrem Basislager zu besuchen. Der Regen hatte endlich nachgelassen, und als wir dem Braldu hinauf zu seiner Quelle am Baltoro-Gletscher folgten, hatten wir tatsächlich das Gefühl, das Glück sei zurückgekehrt. Gewiß, wir waren noch immer in Pakistan. Nachdem ein Träger, der Kerosin schleppte, sich den Rücken verbrannte, war ich die ganze Nacht damit beschäftigt, das zu reinigen, was von seiner Haut noch übrig war, verband die Wunden und versuchte, ihm klarzumachen, daß er sterben werde, wenn er seine Last am nächsten Tag weitertrage. Letztlich bewirkte nur die Drohung mit Gefängnis durch den unbeirrbaren Captain Ayub, daß dieser Mann und sein Sohn umkehrten Richtung Krankenhaus, vier Tagesmärsche weit unten im Tal. Trotzdem konnten weder diese noch andere Katastrophen – wie das Fixseil, um das uns einige Soldaten beim Überqueren des Drumordu-Flusses erleichterten – unsere neu entflammte Begeisterung dämpfen.

»Das ist eine Schande für die pakistanische Armee«, erklärte Ayub, als wir ihm von dem Zwischenfall mit dem Seil berichteten. »Warum haben sie keine eigenen Seile mitgebracht? Und dieser Mann an der Brücke, er hat kein Recht, irgendeinen Wegzoll zu erheben. Ich werde all diese Leute in meinem Bericht erwähnen, und, *inschallah*, man wird sie dafür hängen.« Die Todesstrafe erschien mir zwar ein bißchen hart, aber wer war ich, daß ich die pakistanische Justiz in Frage stellen durfte. Immerhin schien Captain Ayub ausnahmsweise einmal auf *unserer* Seite zu stehen.

Zwei Tage später erreichten wir das Lager von rDukus, wo der Blick über den Baltoro-Gletscher zur Trango-Gruppe zweifellos mit zum Eindrucksvollsten gehört, was die Welt der Berge zu bieten hat. Leider konnten wir nicht vor dem Zelt sitzen und ihn genießen, da die dort umherliegenden stinkenden Haufen von Exkrementen und Müll unzählige Fliegen anlockten. Da sich unser Lagerplatz als eine Art Freilichttoilette erwies, bekam die Bezeichnung »Thronsaal der Berggötter« eine ganz neue Bedeutung.

rDukus ist noch aus einem anderen Grund wichtig. Wenn man von der grasbedeckten Moräne auf das Eis und den Fels des Baltoro wechselt, ist das höchstwahrscheinlich bis zur Rückkehr der letzte Schritt auf festem Grund. Das ist vor allem für die Träger von Bedeutung, die normalerweise auf Bezahlung in bar statt in Gummilatschen, Schuhen oder sonstigen Ausrüstungsgegenständen bestehen. Sie marschieren auf den Gletscher, ohne dafür ausgerüstet zu sein, obwohl viele von ihnen an Unterkühlung oder aufgerissenen Füßen leiden. Es überrascht daher nicht, daß die Träger am liebsten so kurz wie möglich auf dem Baltoro unterwegs sind, was uns nur recht war. Wir beschlossen, ihr Tempo bis zum Basislager mitzuhalten, hatten aber beim Abmarsch in rDukus keine Vorstellung davon, welche Auswirkung diese Entscheidung haben würde.

Auf dem sechsstündigen Marsch von rDukus nach Gore II, einem Armeelager auf dem Gletscher und unser Ziel für den achten Tag unseres Anmarsches, verschlug es uns den Atem. Masherbrum, Gasherbrum IV, Broad Peak und der Mustagh Tower kamen ins Blickfeld. Das Wetter war herrlich, und ich blieb mit Andrew hinter den Trägern und Captain Ayub zurück, vertieft in eine fotografische Orgie. Nach etwa vier Stunden Gehzeit kam uns ein Träger aus dem Lager Gore II über den Gletscher entgegen. Voller Stolz verkündete er, daß die gesamte Fracht sich bereits in Gore II befinde, und da es noch früh am Tag war und der Proviant knapp wurde, erbaten die Träger die Erlaubnis, weiter nach Concordia zu gehen. Wir schickten ihn zurück, um unsere Zustimmung zu übermitteln; das bedeutete, daß wir das Basislager einen Tag früher erreichen würden, den Trägern eine zusätzliche Nacht auf dem Eis erspart bliebe und sie, wie wir hofften, nicht hungern müßten. Es schien eine großartige Idee zu sein, und wir staunten daher nicht schlecht, als wir Gore II erreichten und sämtliche Träger neben ihren Lasten sitzen sahen.

Das Rätsel löste sich, als ich Captain Ayubs Beine aus dem Zelt ragen sah, dem einzigen, das aufgestellt worden war. Gore II befindet sich auf etwa 4200 m Höhe, und er hatte sich beim Anstieg total verausgabt. Welchen Mist auch immer er uns erzählen würde, dies war der wahre Grund dafür, nicht weiterzugehen. Captain Ayub kroch aus dem Zelt und erklärte: »Wir werden nur das tun, was im Vertrag steht. Du hast gesagt, wir zelten an diesem Gore II, und da werden wir auch bleiben.«

»Ja, aber die Träger sagen, daß ihr Proviant knapp wird und sie schnell zurück nach Hause müssen«, erwiderte ich.

»Das ist nicht mein Scheiß!« knurrte Ayub. »Das ist dein Scheiß.« Natürlich war der einzige englische Ausdruck, um den wir sein Vokabular erweitert hatten, »Scheiße«. Wie passend, dachte ich. »Wer bist du? Ich habe dir gesagt, und sage dir, daß du bist nichts.« Ich spürte die Wut in mir aufsteigen. »Diese Burschen« – er machte eine Handbewegung in Richtung der Träger – »sie wissen nicht, was gut ist für sie.« Er schlug sich an die Brust: »Ich weiß, was ist gut für sie ... und wenn ich sie schlagen muß, damit sie tun, was am besten ist, werde ich alle von ihnen schlagen.«

Nach einem endlosen Redeschwall gelang es mir schließlich, dem Captain meine Kopie der gefürchteten Vorschriften unter die Nase zu halten, wo er schwarz auf weiß lesen konnte, daß ich als Führer, wenn ich meine Gründe für eine andere Meinung als seine schriftlich niederlegte, das letzte Wort hätte. Wir würden weitergehen nach Concordia.

Jedenfalls dachte ich das. Ich ging zu den Trägern hinüber und verkündete ihnen meinen Sieg. »Jetzt ist es zu spät, John«, erklärte Issaq mir. »Es wird bald dunkel, und es gibt Spalten. Wir gehen morgen.« Ich warf die Arme in die Höhe und ging zurück, um es dem Captain mitzuteilen. Er war damit beschäftigt, den Abbau seines Zeltes zu überwachen, als ich ihm erklärte, daß wir in Gore II bleiben würden.

Einen Moment herrschte Stille. Er richtete sich auf, drehte sich um und blickte mich durchdringend an. In diesem Augenblick fiel meine ganze Welt auf den kleinen Raum zwischen uns zusammen. Dann fing er an zu zittern; es waren zunächst nur schwache Zuckungen, doch bald bebte der ganze Körper. Seine Augen traten vor, er begann mit den Zähnen zu knirschen und schien sich in reinen Haß zu verwandeln. Ich war entsetzt.

»Du machst dich lustig über mich!« schrie er. Er klopfte auf seine Brust. »Ich bin Captain in pakistanischer Armee. Pakistanische Regierung hat mir drei Sterne gegeben. Du behandelst mich nicht wie Sklave!«

Speichel- und Schaumbläschen entwichen seinem Mund, während er weiterschrie und sich gegen die Brust schlug. Captain Ayub war übergeschnappt. Ich bemühte mich, ihm zu erklären, daß ich nur das täte, was die Träger wollten. »Es ist egal, was sie wollen. Warum hast du nicht gefragt mich?« schleuderte er mir entgegen. »Immer nur gefragt diesen Koch oder Butt, nie mich. Ich bin Begleitoffizier. Ich habe das Kommando.»

Er schrie so laut, daß sich zu unserem Publikum aus Trägern bald ein paar Soldaten aus dem nahen Armeelager gesellten. Sie hatten ihre Gewehre mitgebracht. Ayub bemerkte sie eher als ich, und nach einem kurzen Befehl umstellten sie uns, und die Gewehre richteten sich auf mich.

Plötzlich hatte ich kein Verlangen mehr zu streiten. Mir war unwohl. Vor mir sah ich Bilder von einem Taxifahrer, dem der halbe Kopf weggeblasen war. War Ayub so außer sich, uns zu töten? Im Umkreis von hundert Kilometern gab es niemanden, der ihn daran hätte hindern können. Ich entschuldigte mich, aber es war zu spät. Die Soldaten blieben stehen, während er in seiner Tirade fortfuhr. »Du wirst Pakistan nicht verlassen, bevor der ISI dich verhört hat wegen deinen Verbrechen.«

»Verbrechen?« fragte ich ungläubig.

»Du hast pakistanische Armee eine Schande genannt am Drumordu-Fluß. Du hast Armeecamps fotografiert, und das ist Landesverrat, gegen das Gesetz von Dienstgeheimnissen. Dafür gibt es die Todesstrafe.«

Ayub selbst hatte den Diebstahl eines Seiles am Drumordu eine Schande genannt, und die Fotos, die ich gemacht hatte, zeigten Berge in der Nähe einiger Armeelager. Das war die Wahrheit, doch wir befanden uns in einer Welt, wo die Wahrheit nichts galt. »Ich schreibe jetzt dein Geständnis, und du gibst alle deine Filme an pakistanische Armee«, erklärte Ayub.

Während ich darauf wartete, daß mein »Geständnis« verfaßt

würde, ging ich zu meinem Zelt und spulte ein paar unbelichtete Filme zurück. Ich mochte eingeschüchtert sein, aber dumm war ich nicht: Irgendwo auf einem der fünfzig belichteten Filme gab es sicher irgend etwas zu beanstanden, und ich durfte nichts riskieren. Als ich zurückkehrte, bebte der Captain immer noch vor Wut und überreichte mir das absonderlichste Papier, das ich je in Händen gehalten habe. In der ersten Person und in meinem Namen geschrieben, war es ein Geständnis mehrerer Vergehen gegen Pakistan. Ich gab angeblich zu, militärische Einrichtungen, Brücken und Flugzeuge fotografiert zu haben. Ich hatte wiederholt die pakistanische Armee beleidigt, die Regierung von Pakistan, den Islam. Ich hatte mich direkten Befehlen eines pakistanischen Armeeoffiziers widersetzt. Unten auf dem Blatt war Platz für meine Unterschrift. Es war gleichbedeutend mit einem Todesurteil.

»Das kann ich nicht unterschreiben«, sagte ich unsicher. »Es ist nicht wahr.«

»Es ist wahr«, entgegnete Ayub. »Ich habe gesagt, es ist wahr, also ist es wahr. Du wirst unterschreiben!«

»Nein, ich unterschreibe nicht.«

In den angespannten Minuten, die folgten, ging es hin und her. Als die Gewehre der Soldaten sich allmählich senkten und Captain Ayub merkte, daß er das Gesicht verlor, nahm er das Blatt und erklärte, es für mich unterschreiben zu wollen. Mit ungläubigem Schweigen sah ich zu, wie er meinen Namen unter das Papier setzte, es zusammenfaltete und sich hinüber zum Armeelager begab, um Tee zu trinken.

Ich setzte mich und versuchte, einen klaren Gedanken zu fassen. Was war da soeben geschehen? Wie hatte sich eine simple Unstimmigkeit zu einem Geständnis von Landesverrat aufschaukeln können? Was würde als nächstes geschehen? Es dauerte nicht lange, da setzte sich Suneeb zu mir, um meine letzte Frage zu beantworten. Ein Mord würde als nächstes geschehen, denn die Expedition war völlig außer Kontrolle geraten.

Von dem Moment an, als die Gewehre aufgetaucht waren,

hatte ich mir gedacht, daß es soweit kommen könnte. Ayub war es Ernst, und er war ernstlich gestört. Wenn er wollte, konnte er Andrew und mich töten, und das einzige, was unsere Familien jemals hören würden, wäre, daß wir bei der Besteigung der Chogolisa verschollen seien. Das war gar nicht so weit hergeholt. Im Himalaja verschwinden jedes Jahr Menschen. Es wäre ein leichtes für ihn gewesen, uns zu töten.

Oder auch, wie mir durch den Kopf ging, für uns, ihn zu töten. Der Gedanke machte mir angst. Ich dachte ernsthaft darüber nach, Captain Ayub umzubringen. Es war verrückt: der Ort, die Situation, alles, und ich hatte einiges davon aufgeschnappt. Ayub mußte es gespürt haben. Er kam noch einmal zurück und versuchte, von mir eine Unterschrift unter ein Papier zu bekommen, in dem ich die volle Verantwortung für alles übernahm, das ihm widerfahren könnte, auch ein Unfall oder eine Vergiftung. Ihm war klar, daß wir nicht ewig in der Nähe seiner Soldaten lagern konnten. Ich meinte, etwas von meiner Angst in seinen Augen zu erkennen. Erneut lehnte ich es ab zu unterschreiben.

Die Expedition war, soweit es mich anging, zu Ende. Die einzige Möglichkeit, unsere Probleme zu lösen, bestand darin, nach Islamabad zurückzukehren und schnellstmöglich in die amerikanische Botschaft zu gelangen. Andrew war enttäuscht, aber er verstand mich: Schließlich stand nicht sein Name in dem Geständnis.

»Wir kehren morgen nach Islamabad zurück«, verkündete ich.

Ayub machte ein erstauntes Gesicht. »Nein. Wir müssen weiter. Scheiße ist zu Ende. ISI wird sich beschäftigen mit dir, wenn du zurückkommst.«

Warum plädierte er für die Fortsetzung der Expedition, die er mit aller Kraft zerstört hatte? Andrew kam darauf: Ayub wurde nach Tagen bezahlt. Ungewollt hatte ich ihn gezwungen, Farbe zu bekennen, und hatte jetzt einen Trumpf in der Hand.

»Zerreiß das Geständnis«, sagte ich, »dann gehen wir weiter.«

»Noch nicht«, erwiderte Ayub. »Aber wenn du dich während des Aufstiegs anständig verhältst, gebe ich dir die Filme zurück und zerreiße dein Geständnis.« Es war ein abstruser, erpresserischer Handel, aber er entschärfte eine Situation, die noch immer von Gewalt geprägt war. Es ist beunruhigend, das heute gestehen zu müssen, aber ich hielt es weder für richtig noch für falsch, Ayub zu töten. Es war eine rein pragmatische Entscheidung. Es bot sich eine Chance, friedlich aus einer verfahrenen Situation herauszukommen, und ein toter Begleitoffizier, das würde viele Fragen bedeuten. Ich kam zu dem Schluß, daß es zumindest im Moment nichts bringen würde. »Bitte, töte ihn nicht heute abend«, bat ich Suneeb später. »Warte noch.«

Am nächsten Tag erreichten wir Concordia, wo wir auf ein paar absteigende Trekker stießen. Ich beschloß, ihnen einen Brief mitzugeben. Ich wollte keineswegs meine Familie beunruhigen, sie aber doch veranlassen, einige Vorkehrungen für mich zu treffen. Falls ich bei unserer Rückkehr aus den Bergen ins Gefängnis geworfen würde, wollte ich keine Minute zuviel dort verbringen. Captain Ayub war mißtrauisch, deshalb wartete ich, bis es dunkel war, und steckte den Brief dann einer hübschen Schweizerin namens Maria zu und bat sie, ihn von Genf aus abzuschicken. Es war lächerlich; ich kam mir wie ein drittklassiger James Bond vor.

Am nächsten Morgen fingen die besonders faulen Träger schon eine halbe Stunde nach Concordia an, nach einem Platz für das Basislager zu suchen. Andrew und ich wandten all unseren Charme auf und brachten sie dazu, sechs Stunden zu marschieren. Als sie sich schließlich weigerten, ohne Bezahlung für eine komplette Zusatzetappe weiterzugehen, richteten wir das Basislager ein. Das bedeutete, sich erneut einem alten Problem zu stellen: dem Geld, oder besser gesagt, dem fehlenden Geld. Schon in Concordia hatten sich unsere frühen Befürchtungen bestätigt, daß wir nach der Auszahlung dieser Träger nicht mehr genug Bares für den Rückweg nach Skardu haben würden. So etwas wie Kredit gibt es am Baltoro nicht, und wenn auch nur einer unserer Träger herausbekam, wie pleite wir waren, würde kein Mensch aus Baltistan kommen, um uns und unsere Ausrüstung herauszuholen.

Die Auszahlung verlief reibungslos, bis zu dem Moment, als ich Ayub ein Bündel von unseren Rupien einstecken sah. Und er rückte sie nicht wieder heraus. Zur Rede gestellt, blieb er dabei, daß es sein Geld sei, konnte aber nicht erklären, wie es auf *unseren* Stapel mit dem Geld für die Träger gekommen war. Sobald die Träger ausgezahlt waren, zogen sie über den Gletscher hinunter davon, wohl ohne zu ahnen, daß sie unsere letzten Rupien mitnahmen.

Ich wachte früh am nächsten Morgen auf und inspizierte den Ort, der für den nächsten Monat unser Zuhause sein würde. Ich konnte zwar die Nordostwand – unsere geplante Route – nicht sehen, aber der Gipfel der Chogolisa war 2700 m über uns klar zu erkennen. Ich malte mir aus, wie es sein würde, über diesen makellosen, flachen Gipfelgrat auf 7500 m Höhe zu gehen.

Bald stand Issaq neben mir und holte mich aus meinen Träumen in die Wirklichkeit zurück, indem er erklärte, aussteigen zu wollen. Noch nie hatte ich von einem Koch gehört, der eine Expedition verließ und damit seine vielleicht einzige Möglichkeit im ganzen Jahr aufgab, gutes Geld zu verdienen. Issaq gab vor, krank zu sein, aber es war klar, daß er es keine Minute länger mit Captain Ayub aushielt. Als Ayub von Issaqs Ausstieg erfuhr, wurde ihm klar, daß er bald allein mit Andrew und mir im Lager sein würde, und erklärte umgehend, daß er die Pflicht habe, nach einem neuen Koch zu suchen. Eine Stunde später waren Andrew und ich allein.

Am Nachmittag beschloß auch Andrew zu gehen, allerdings nur, um für ein paar Tage das Hidden-Peak-Team aufzusuchen. Ich blieb zurück, begann mit einer Erkundung und schleppte gleichzeitig Ausrüstung hoch ins Ausgangslager. Als ich am nächsten Morgen den Fuß der Wand erreichte, sah sie riesig aus und ganz anders als auf unseren zehn Jahre alten Fotos. Es schien Selbstmord zu sein. Andrew kam im Hidden-Peak-Basislager zu dem gleichen Schluß, und so sahen wir uns den Nordostgrat näher an, eine elegante Route, die erst einmal bewältigt worden war, im Belagerungsstil, der 3000 m Fixseil erfordert hatte. Ein Aufstieg im Alpinstil schien unmöglich.

Andew war nach zwei Tagen zurückgekommen, genau wie Ayub mit unserem neuen Koch Gulham. Ich mißtraute Gulham ein wenig, der sich in Concordia herumgetrieben hatte und von Ayub aufgelesen worden war. Als ich zu Gulham ging, um ihn zu begrüßen, zog er eine Seite aus Jim Currans Buch *K2: Triumph and Tragedy* mit einem Bild von sich aus der Tasche. Die Überschrift lautete: »Gulham: Unmöglicher Filmträger, Abstauber.« Curran war vor vielen Jahren einmal bei mir zum Essen gewesen, und ich erinnerte mich an die Geschichte von einem Träger, der 1986 versucht hatte, sich mit Kurt Diembergers Zelt und persönlichen Sachen aus dem K2-Basislager davonzumachen, nachdem fälschlicherweise angenommen worden war, daß Kurt tot sei. *Das kann doch nicht derselbe Kerl sein,* dachte ich.

Eine Woche später, als sich in Gulhams Küche unter anderem einer meiner Schlafsäcke, ein Packsack, meine Ersatzschuhe, Andrews Skistöcke, Ersatzmütze, Socken, Handschuhe und Daunenjacke stapelten, mußte ich meine Meinung korrigieren. Von allen Männern Baltistans, unter denen Captain Ayub einen Ersatz für Issaq hätte finden können, hatte er sich ausgerechnet den einzigen ausgesucht, der bereits als Kleptomane in die Bergsteigerliteratur eingegangen war.

Trotz aller Bemühungen Gulhams konnten Andrew und ich ausreichend Ausrüstung für unseren ersten Versuch am 13. August zusammenkratzen. Das Unglücksdatum machte seinem Namen alle Ehre. In unserem Biwak am Einstieg streikte der Kocher. Nach vier Stunden Herumbasteln beförderte Andrew ihn mit einem Fußtritt über das Eis, und wir gingen zurück, um den Ersatzkocher zu holen. Den 14. August verbrachten wir unter kristallblauem Himmel im Basislager. Es war der schönste Tag unseres Trips, und beim Blick zum Gipfel des K2 waren wir sicher, daß einige Bergsteiger dorthin unterwegs waren. Was wir nicht wußten, war, daß an diesem Tag sieben Menschen für diesen Gipfel sterben würden, unter ihnen auch Jeff Lakes, ein guter Freund von Andrew.

Auch der Ersatzkocher verweigerte den Dienst, und so waren wir am 16. wieder am Anfang der Route, mit einem feuerspeienden Zusammenbau aus sämtlichen funktionierenden Kocherteilen, derer wir habhaft werden konnten. Das Gerät war verdammt gefährlich, aber es brannte wenigstens. Wir hatten vor, nachts aufzusteigen, und so brachen wir kurz nach Sonnenuntergang auf zum Eisfall. Der präsentierte sich als chaotisches Spaltengewirr, so daß es sich als unmöglich herausstellte, den freien nördlichen Ausläufer des Grates zu erreichen, den die Spanier 1986 gegangen waren. Wir entschieden uns statt dessen für den südlichen Ausläufer mit seinen unberührten 1800 Metern.

Zunächst kamen wir einfach und zügig voran. Wir fanden einen hervorragenden Biwakplatz am Grat und verbrachten den Tag damit, zu dem hinaufzuschauen, was wir für die Schlüsselstelle der Route hielten. 900 m über uns, in etwa 6000 m Höhe, ging der Grat unvermittelt in einen senkrechten Eisaufschwung über. Es schien eine Möglichkeit zu geben, ihn zu umgehen, wenn wir uns durch einen schmalen Spalt zwischen einer Eiswand und einem riesigen Eisturm zwängten, der am Grat klebte. Abgesehen davon wollten wir die direkte Linie durchziehen.

Als wir am nächsten Abend weitergingen, war der Mond etwas kleiner, die Luft etwas kälter, und wir stießen zum Teil auf derart heikles Gelände, wie wir beide es noch nie erlebt hatten. Aus unerklärlichen Gründen war der Grat alle 100 m von Spalten durchzogen. So etwas hatten wir noch nie gesehen. Beim Anstieg über einen 60 Grad steilen Aufschwung aus faulem Schnee brachen unsere Geräte und Füße plötzlich ins Leere durch. Der Blick durch die Löcher hinab auf den Gletscher machte schwindelig. An einer Stelle mußte ich mich über eine Körperlänge tief in den Hang wühlen, bis ich Eis zum Eindrehen einer Schraube fand. Alles, was Andrew 50 m unter mir sehen konnte, war der schwache Schein meiner Stirnlampe, der aus meinem kleinen Bergwerksstollen drang. Bei der anschließenden Seillänge versuchte er eine ähnliche Sicherungsgrabung und kam auf der anderen Seite des Grates wieder heraus.

Es war zwei Uhr nachts, als wir den Fuß der Eiswand erreichten. Nach unserer Einschätzung stieg sie ohne nennenswerte Unterbrechung fast 120 m senkrecht empor. Andrew steigt an einem gefrorenen Wasserfall den 6. Schwierigkeitsgrad, und als er sagte, vergiß es, vergaß ich es. Die Alternative sah nicht viel besser aus. Wir hielten auf einen Spalt zu, den wir von unten gesehen hatten, eine mächtige, teilweise gefüllte Gletscherspalte, gebildet durch einen Absatz, der sich von der Eiswand gelöst hatte. Andrew führte eine souveräne Seillänge über eine weit aufgerissene Gletscherspalte, die den Grat mit einem 30 m tiefen Einschnitt unterbrach. Er bahnte sich seinen Weg über aufeinandergestapelte Eisblöcke und einen überhängenden Schneepilz, um zu dem Durchschlupf zu gelangen. Ich führte durch den Spalt daneben, rechnete bei jedem Schritt im tiefen Schnee damit, durchzubrechen. Gegen Ende der Seillänge erkannte ich eine kleine Lücke in der Eiswand und hielt auf sie zu. Der Schnee war furchtbar, und wir kamen nur im Schneckentempo vorwärts. Uns wurde bald klar, daß wir, um zu der Lücke zu kommen, uns eine Stunde oder mehr unter einigen gewaltigen, überhängenden Eistürmen würden hindurchpflügen müssen, die über der Wand hingen. Es war zu gefährlich, aber es war auch zu spät. Es war Viertel vor vier morgens, wir stiegen seit elf Stunden, und wir mußten einen Biwakplatz finden. Da wir nicht aus dem Spalt heraus auf den Grat darüber kommen konnten, blieb uns nur die Wahl, *auf* dem Serac zu biwakieren. Wir kletterten hinauf, schlugen mit den Pickeln eine Plattform ins Eis und schliefen bis zehn Uhr vormittags. Als wir erwachten, hatten wir einen ganzen Tag auf unserem kleinen Thron vor uns. Wir sahen uns um und stellten fest, daß wir die einzige sichere Insel im gesamten Hang unterhalb des Grates eingenommen hatten.

Nach einem nervenaufreibenden Tag, an dem wir darauf warteten, daß *irgend etwas* Schlimmes passieren würde, kletterten wir schließlich gegen sechs Uhr abends weiter. Unser Plan sah vor, diagonal um die Eiswand und die Seracs herum auszuweichen, um wieder auf den Grat zu gelangen. Nach acht steilen Seillängen waren wir wieder auf dem Grat – und bei den Spalten. Andrew trat durch den Gratkamm in ein gähnendes Loch. Auf das mühsame Rutschen durch den Spalt folgte das noch anstrengendere Hinaufklettern über die mit Pulverschnee bedeckte Stufe auf der anderen Seite. Wir kletterten auf dem Grat noch drei oder vier Seillängen auf schrecklichem Schnee und kamen zu einer kleinen, zugewehten Spalte, wo wir ohne viele Worte ein Biwak einrichteten.

Als wir später am Morgen aufwachten, schneite es, und das offenbar, seit wir uns hingelegt hatten. Wenn wir auf dem Nordostgrat der Chogolisa irgend etwas nicht brauchten, war das noch mehr Schnee. Am nächsten Morgen, dem 18. August, schneite es immer noch, und vom Kondus-Sattel wälzte sich dichter Nebel heran. War das der gleiche Nebel, der 1909 den Herzog der Abruzzen einhüllte, der gleiche Nebel, in dem 1957 Hermann Buhl verschwand? Es war auf jeden Fall derselbe Berg und verdammt nah an derselben Stelle. Uns wurde mulmig.

Um zwei Uhr nachmittags stellten wir unser Funkgerät an und bekamen gerade noch das Ende eines Funkspruchs von Phil Powers zum Broad Peak mit. Ich hörte Phils knisternde Stimme: »Könnt ihr uns etwas über den Unfall sagen?« Wir schalteten uns in das Gespräch ein. Sieben Mann waren tot. Jeff Lakes war tot. Es war der entscheidende Schlag.

Jeff hatte in diesem Jahr unbedingt in den Karakorum gehen wollen und Andrew gefragt, ob er uns begleiten könne. Wir hatten ihm höflich einen Korb gegeben: Wir wollten es zu zweit versuchen. So kam Jeff bei einer K2-Expedition unter.

Unser Entschluß bedurfte nicht vieler Worte: unsere Tour war zu Ende. Mit unseren drei Schrauben und drei Haken konnten wir unmöglich die gleiche Strecke wieder absteigen und mußten deshalb auf die konkave Wand zwischen unserer und der spanischen Route ausweichen. Der Abstieg dauerte zwei Tage, und am Tag nachdem wir das Basislager erreicht hatten, rutschte die ganze Wand ab und löschte all unsere Spuren komplett aus.

In den sechs Tagen unserer Abwesenheit hatten Ayub und Gulham sich gegenseitig überboten in dem Versuch, möglichst viel zusammenzustehlen. Der Kurzwellensender, eine Kamera, Medikamente, Schuhe – alles hatten sie an sich gerissen. Wir mußten höflich einzelne Gegenstände zurückerbitten, wenn wir merkten, daß sie verschwunden waren. Letztlich wollten wir nur noch eins: raus aus den Bergen; und so schickten wir Gulham los, ein paar Träger zu suchen. Da Ayub nicht mit uns allein sein wollte, machte auch er sich davon und versprach, mit Trägern zurückzukommen.

Nach zehn Tagen trafen die Träger ein, und zwei Tage darauf kamen wir wieder an Gore II vorbei, wo mich all die schlechten Erinnerungen an diesen Ort einholten. Ich konnte kaum erwarten, mich zu duschen und in einem Bett zu schlafen, doch ich fragte mich, ob ich diese Annehmlichkeiten in einer Gefängniszelle würde genießen können. Als wir die letzten bunt zusammengewürfelten Armeezelte passierten, hielt mich ein einzelner Träger an, der aus dem Tal kam.

»Mr. John von Chogolisa-Expedition?«

»Ja.«

»Ich habe Expreßbrief für Sie.« Er holte ein großes rot-weiß-blaues Päckchen aus seinem Gepäck. Es war wahrscheinlich die höchste und abgelegenste Zustellung in der Geschichte des Unternehmens und ganz sicher das wichtigste Päckchen, das ich je bekommen habe. Außer einem *Playboy* und einem *Pent-*

house enthielt es einen Brief von meinem Vater. Mein Brief aus Genf hatte ihn in der vorigen Woche erreicht, und er hatte sich gemäß meinen Anweisungen mit meinem Freund Eshun Khan in Verbindung gesetzt, dem Sohn des pensionierten Admirals Sahid Khan, ehemals Stabschef der pakistanischen Marine und gegenwärtig Botschafter Pakistans in den Niederlanden.

Dem Brief zufolge war Admiral Khan außer sich über unsere ungebührliche Behandlung. Er erwartete so bald wie möglich einen Anruf. Noch bevor ich zu Ende gelesen hatte, fing ich an wie ein Irrer zu lachen.

Am Abend informierten wir Captain Ayub über den Stand der Dinge, indem wir ihn fragten, ob er uns helfen könne, eine Fahrt nach Karatschi zu organisieren, wo der Admiral sich aufhielt. »Da ist es viel zu gefährlich«, meinte er. »Das geht nicht.«

»Ich denke, mein Freund kann für unsere Sicherheit bürgen«, erwiderte ich und gab ihm den Brief. Ich sah, wie alle Farbe aus Ayubs Gesicht wich, als er den Brief überflog.

»Admiral… Sahid Khan?« Seine Stimme zitterte.

»Ja«, erklärte ich, »sein Sohn und ich sind seit dem Studium gut befreundet.«

Ayub sah leidend aus. Er zog sich in sein Zelt zurück, und wir hörten nichts mehr von ihm bis zum nächsten Morgen, als er uns das Frühstück ans Bett brachte. Es war jämmerlich. Der gesamte Weg zurück nach Skardu bestand aus einem Versuch Ayubs nach dem anderen, sich bei uns einzuschmeicheln.

Als wir die Straße erreichten, eröffneten wir den Trägern, daß wir pleite seien. Sie nahmen es überraschend gelassen auf; Ayub bestimmte einen Vertreter der Träger, der wegen des Geldes für die Träger mit uns zur Bank in Skardu gehen sollte. Am Tag nach unserer Ankunft wurde ein Platz in einer Maschine frei, die Skardu verließ. Ich einigte mich mit Andrew darauf, daß ich flog und den Botschafter benachrichtigte. Als ich auf die Rollbahn hinaustrat, hörte ich Ayub hinter mir zetern, daß man die Maschine stoppen solle.

»Was soll ich mit diesem Mann machen?« Das waren die ersten Worte, die ich durch das Telefon hörte, nachdem ich meinen Bericht beendet hatte. Die beiläufige Schärfe in der Stimme des Botschafters ließ mich erschauern. Nachdem er meinen Brief erwidert hatte, hatte ich mich sicher gefühlt. Die Anspannung und Wut der Tage auf dem Baltoro verflogen allmählich. Jetzt, kurz vor dem Sieg im Spiel mit der pakistanischen Justiz, das ich zwei Monate lang zu verlieren erwartet hatte, zögerte ich. Captain Ayub hatte mich bestohlen, mich bedroht und unsere Expedition in vieler Hinsicht ruiniert. Aber war das Grund genug, ihm das anzutun, wozu der Botschafter anscheinend in der Lage war? Das Schweigen am Telefon wurde langsam unangenehm.

»Ich meine nur, er sollte nicht mehr die Möglichkeit bekommen, so etwas noch einmal zu tun.« Mehr konnte ich nicht sagen, und mir tat Captain Ayub leid, als die Worte aus meinem Mund kamen.

Auf den Tag sieben Monate nachdem ich Pakistan verlassen hatte, stapfte ich den Point Five Gully am Ben Nevis in Schottland hinunter und begegnete dabei einem englischen Bergsteiger, den ich am Ende unserer Expedition in Concordia kennengelernt hatte. Er erzählte mir, was aus Captain Ayub geworden war.

»Es stand nach eurem Abflug in allen Zeitungen. Unehrenhafte Entlassung aus der Armee, Verlust der Pension, Kriegsgerichtsverfahren. Sitzt inzwischen wahrscheinlich im Gefängnis.«

Ich schüttelte den Kopf und lief weiter. Das war also das Ende der Geschichte. Der Sieg war nicht ganz so, wie ich ihn mir gewünscht hätte.

Aus: Wilde Arena

von Joe Tasker

1978 scheiterten Joe Tasker (geboren 1948, gestorben 1982) und drei Gefährten am noch nicht begangenen Westgrat des K2. Einer der Bergsteiger kehrte nach Hause zurück, die anderen gingen den weniger schweren, aber trotzdem beachtlichen Abruzzen-Sporn des K2 an. Taskers packende Darstellung dieses Versuchs, der ihn und seine Kameraden beinahe das Leben gekostet hätte, vermittelt ein Bild des Mannes, der, zusammen mit seinem langjährigen Freund und Partner Peter Boardman, 1982 am noch undurchstiegenen Nordostgrat des Everest verschwand.

Einen so hohen und schwierigen Berg wie den K2 nur zu dritt zu versuchen war eigentlich ein beängstigender Gedanke, doch wir waren ganz allmählich an diesen Punkt gelangt, und so erschien uns diese Entwicklung nur logisch. Im Basislager, von dem die Träger wieder abgestiegen waren, feilten wir an unserem Plan. Gohar und Ali waren noch bei uns, zwei Postläufer tauchten regelmäßig nach ihrer zehntägigen Runde mit Neuigkeiten von daheim auf, und Major Sarwat erwies sich als ein aufmunternder und wertvoller Förderer unserer Bemühungen, den Berg zu besteigen.

Seit den Tagen, als mich sein ernstes Verhalten und die Beachtung selbst der unwichtigsten Regeln irritiert hatten, begann ich allmählich einzusehen, daß er vorbehaltlos hinter unserer Expedition stand. Beim Debattieren mit den Trägern hatte er sich für uns aufgerieben, um sie anzuspornen. Seine jetzige

Aufgabe war wenig beneidenswert. Er mußte im Basislager warten, bis wir die Besteigung beendet hatten, egal wie lange das dauern würde. Er hatte wenig zu tun, aber er verbrachte viel Zeit mit Lesen und erledigte dies und das im Lager. Der riesige Abfallhaufen in der Nähe, den eine französische Expedition im letzten Jahr zurückgelassen hatte, erwies sich als reichhaltige Fundgrube für ihn. Er förderte einige große Gasflaschen zutage und bastelte aus weggeworfenen Teilen einen Kocher zusammen, auf dem Ali sauberer und leichter kochen konnte als auf den Paraffinkochern, die wir mitgebracht hatten. Sarwat schaffte es, stets makellos sauber auszusehen, während wir ungepflegt und schmutzig waren. Beim Anmarsch trug er einen grünen Trainingsanzug, der so sauber und adrett wie bei einem Sportler auf der Laufbahn war. Diese Fähigkeit, sauber und gepflegt auszusehen, bewahrte er sich in den gesamten drei Monaten der Expedition.

Ali hatte die Stelle als Koch aufgrund seiner Erklärung erhalten, in einer Kantine bei der Armee gearbeitet zu haben. Als wir herausfanden, daß er dort Kellner gewesen war, brachten wir es nicht über uns, unsere Entscheidung zu ändern. Das, was er kochte, war hervorragend, und er war immer fröhlich. Nur als ihn ein schmerzender Zahn quälte, war er den ganzen Tag nicht zu gebrauchen. Gohar kam zu uns, um sich eine Zange zu leihen und den Zahn zu ziehen, aber wir gaben ihm ein paar Schmerztabletten und versprachen, Ali ins drei Tagesmärsche entfernte Basislager einer japanischen Expedition zu schicken, falls die Schmerzen nicht aufhören würden.

Dick hatte sich inzwischen damit abgefunden, daß für ihn gekocht wurde. Ali als Koch und Gohar als Mädchen für alles hielten uns die Alltagsarbeiten vom Leibe, so daß wir uns ganz auf den Berg konzentrieren konnten. Außerdem leisteten sie Sarwat Gesellschaft, der es, anders als viele Begleitoffiziere, ablehnte, sich in ein wärmeres Quartier in Askole zurückzuziehen und dort zu warten. Er bestand darauf, daß sein Platz im Basislager sei, um vor Ort zu sein, wenn seine Hilfe benötigt wurde. Eines Tages beobachtete ich, wie Dick, statt aufzuspringen und es selbst zu tun, Gohar eine Tube Araldit (ein Epoxidharz) reichte, weil dieser gerade damit beschäftigt war, die gesprungene Spülschüssel zu flicken. Gohar verstand Dicks Anweisungen und Gesten, die Substanzen zu mischen, falsch und wollte die Tube schon in die Suppe leeren, die Ali gerade umrührte. Die Suppe wurde jedoch gerettet, bevor ihr etwas passierte.

Wir warteten auf besseres Wetter, bevor wir wieder zum Berg gingen. Das Radio, das Sarwat jeden Abend einschaltete, lieferte kaum Informationen. Mit einem einzigen Satz wurde die Wetterlage für das gesamte Land abgetan, und so mußten wir uns selbst ein Urteil bilden.

Nach dem Abstieg vom Westgrat hatten wir Major Sarwat in einem Zustand großer Besorgnis vorgefunden. Er war froh, wieder in unserer Gesellschaft zu sein, aber es dauerte einen ganzen Tag, bis er dazu gebracht werden konnte, uns mitzuteilen, was ihn so durcheinandergebracht hatte. Zwischen uns hatte sich eine scherzhafte Umgangsform entwickelt, und ich übertrieb mit meinen Kommentaren oft maßlos, damit er merkte, daß ich es nicht ernst meinte. Es war gut für ihn zu sehen, daß es zwischen uns dreien unterschiedliche Ansichten gab, so daß Sarwat, wenn Pete sich auf Sarwats Seite schlug und einigen abwegigen Bemerkungen meinerseits widersprach, erkennen konnte, daß er für die Gruppe kein Fremder war, daß wir seiner Meinung den gleichen Wert beimaßen wie unserer eigenen. Wenn die Post kam und er Briefe erhielt, neckte ich ihn damit, daß seine Frau öfter schreiben solle und nicht mit einem anderen Mann durchbrennen, etwas, das in einem so streng moslemischen Land fast unvorstellbar war. Ich hakte nochmals nach, was ihn so aufgeregt hatte; er hatte unsere Rückkehr nicht sofort mit seinen eigenen Nöten belasten wollen.

Er schilderte die unglaubliche Auseinandersetzung, die er mit Ghirardini gehabt hatte, der während unserer Abwesenheit in unserem Basislager gewesen war. Es schien uns kaum faßbar, daß derartigen Streitigkeiten das Klima in einem so abgelegenen Gebiet verderben konnten, wo doch eigentlich jede Begegnung mit Menschen, die die Berge lieben, ein freudiger Anlaß sein sollte.

Am gleichen Tag, an dem er uns diese Geschichte erzählte, bekamen wir Besuch von zwei amerikanischen Freunden, die den benachbarten Skyang Kangri besteigen wollten. Sie hatten ihr Lager ganz in der Nähe aufgeschlagen, und ihr fröhlicher Begleitoffizier Tim war, wie sich herausstellte, ein alter Freund von Major Sarwat. Wir saßen in unserem großen Eßzelt, schwelgten in Erinnerungen und alberten herum, als sich plötzlich Gohars Gesicht verdüsterte und eine ungewöhnliche Bestürzung über ihn kam. Zwei Gestalten näherten sich unserem Zelt. Es waren der Franzose und seine Frau.

Die anschließende Szene war wie aus dem Tollhaus. Lautstark erklärte der Franzose, daß er bereit sei, den alten Streit zu vergessen, wenn der Begleitoffizier ihn den K2 auf eigene Faust besteigen lasse, auch seine Frau gab ihren Senf dazu und unterstützte die Forderungen ihres Mannes in einem durchdringenden Französisch, das schwer zu verstehen war.

Der Auftritt schien hier in den Bergen absolut fehl am Platz, dieses Streiten und Lamentieren, auch daß man uns in eine unangenehme Lage brachte, die wir nicht verursacht hatten, in die wir aber unweigerlich hineingezogen würden.

Ghirardini wollte von uns hören, daß wir nichts dagegen hätten, wenn er den K2 besteige, und er glaubte offenbar, den Begleitoffizier dazu bringen zu können, beide Augen zuzudrücken. Er beabsichtigte, die Seile zu benutzen, welche die französische Gruppe im letzten Jahr zurückgelassen hatte. Wir machten ihm jedoch klar, daß wir kein Recht dazu hatten, ihm zu sagen, daß er den Berg besteigen könne. Wir waren in einem fremden Land und hatten uns verpflichtet, dessen Gesetze zu achten, egal was wir von ihnen hielten.

Der Franzose hatte für solche Einschränkungen keine Zeit:

»Wenn ich einen schönen Berg sehe, will ich ihn besteigen. Das ist meine natürliche Reaktion.«

Seine Worte hatten zwar etwas für sich, aber sein Standpunkt war doch sehr vereinfachend, und sein anmaßendes Auftreten weckte nicht gerade Sympathie für ihn oder seine Ansichten. Sogar Dick fühlte sich veranlaßt, sein Mißfallen zu äußern. Mit ruhiger und ernster Stimme sagte er: »Wir alle kennen die Regeln, bevor wir herkommen.«

»Ich habe keine Zeit für Regeln. Sie machen mich krank. Ich mag nicht an Orte mit solchen Regeln kommen.«

»Aber du bist nun einmal hier. Komm halt nicht her, wenn es dir hier nicht gefällt.«

»O. K.«

Der Mann und seine Frau gingen und campierten in einiger Entfernung, aber ohne zu sagen, ob er auf den Berg gehen wolle oder nicht. Was vor unserer Rückkehr an den Berg eine Ruhephase hätte werden sollen, nahm uns mehr mit, als wenn wir im schlimmsten Sturm oben geblieben wären. Ich wollte unbedingt zurück zum Berg, aber ich war verärgert über die Vergeudung von Zeit und Energie, die das Zusammentreffen mit diesem Mann gekostet hatte. Er war sicher ein sonderbarer Kauz und schien die Fähigkeit zu haben, Spannungen und Zwietracht zu säen, wo nichts dergleichen hätte sein sollen.

Am 2. Juli kehrten Dick, Pete und ich zurück zum Abruzzen-Sporn. Ali und Gohar begleiteten uns bis zum Fuß des Grates und nahmen uns einiges von unserer Last ab, bis die eigentliche Kletterei begann. Der Marsch zum Grat dauerte zwei Stunden, hinauf durch das Gewirr der Eistürme auf dem Godwin-Austen-Gletscher. Am Fuß des Grates lag Abfall aus den Lagern früherer Expeditionen herum, darunter auch einige Sauerstoffflaschen und eine verwitterte Atemmaske. Pete drehte eine der Flaschen auf, um zu prüfen, ob sie noch funktionierte, und schnupperte am Sauerstoff. »Riecht gut, möchtest du 'ne Nase voll?« Dick und ich lehnten jedoch ab, und Pete fühlte sich durch unsere Abfuhr veranlaßt, das belebende Gas ebenfalls zu verschmähen.

Ali und Gohar kamen von der kleinen Plattform ein-, zweihundert Meter oberhalb eines felsigen Hanges über dem Gletscher zurück. Auf dieser Plattform hatten wir bei unserem ersten Versuch am Grat, festgehalten durch Stürme, drei Nächte in unseren Zelten verbracht. Jetzt, beim zweiten Mal, profitierten wir von den dabei gewonnenen Erfahrungen und wählten einen Lagerplatz auf einem Schneeabsatz am oberen Ende des Couloirs auf 6000 m.

Unsere Bewegungen waren langsam und schwerfällig. Wir hatten geglaubt, bei diesem neuen Versuch bei besserer Kondition zu sein, doch es war schon sechs Wochen her, seit wir im Basislager angekommen waren, und auch wenn wir gut akklimatisiert waren, hatten sich der Aufenthalt in dieser Höhe und die Anstrengungen am Berg wohl doch schwächend ausgewirkt. Auch die Rucksäcke hatten es in sich. Wir schleppten jeder einen halben Zentner, Proviant für einen längeren Aufstieg und Reserveseile, die wir an schwierigen Stufen anbringen wollten, um uns den Abstieg zu erleichtern.

Da die Route 1939 und 1953 schon einmal fast ganz durchstiegen und 1954 dann endgültig gemeistert worden war, rechneten wir nicht mit übermäßigen Schwierigkeiten. Unser technisches Können war dank des allgemein gestiegenen Standards im Klettern wahrscheinlich größer als zu jener Zeit; die veränderte Einstellung begünstigte heute ein mobileres Vorgehen am Berg, und unsere Ausrüstung war entsprechend leichter und besser geeignet für einen Anstieg in diesem Stil. Wir konnten alles, was wir zum Überleben brauchten, auf dem Rücken tragen, und da wir gut in Form und akklimatisiert waren und vorausgesetzt, daß keine Hindernisse eine längere Verzögerung erzwangen, rechneten wir nun damit, in einem Zug vom Fuß des K2 in ein paar Tagen bis zu seinem Gipfel steigen zu können.

Wir taten den ersten Bergsteigern jedoch unrecht. Die Route

war außergewöhnlich schwierig. Im unteren Bereich des Grates wurden brüchige Felshänge und Schneerinnen immer wieder von unangenehmen Felsstufen unterbrochen. Das ist zwar nichts Ungewöhnliches für den unteren Teil einer Route, aber die Schwierigkeiten an diesem Grat nahmen zu, je höher wir kamen. Zerfetzte, zum Teil über fünfundzwanzig Jahre alte Seilreste markierten den Weg an einigen Stellen. Auch wenn nur drei Expeditionen den Grat bisher erfolgreich durchsteigen konnten, hatten die bisherigen Versuche, tragischen Zwischenfälle und verzweifelten Rückzüge an vielen Passagen ihre Spuren hinterlassen. Wir konnten immer ganze Abschnitte klettern, waren aber voller Hochachtung vor der Ausdauer, die offenbar in jenen Tagen notwendig gewesen war, als die Seile noch aus Hanf und die Sohlen der Bergschuhe mit Nägeln beschlagen waren. Unsere Last war entsetzlich schwer, wurde jedoch immer leichter, da wir Proviant verbrauchten und an schwierigen Passagen Seile zurückließen. Früher hatte allein ein Seil wohl zehn Pfund gewogen, und wenn es naß war, noch einiges mehr.

Jetzt, wo wir bestmöglich akklimatisiert waren, hätten wir den Berg theoretisch in fünf oder sechs Tagen besteigen müssen, auch wenn es der zweithöchste Berg der Erde war. Wir hatten die geplanten Lagerplätze und die Etappen, in die wir den Aufstieg einzuteilen gedachten, anhand von Fotos festgelegt.

In der Praxis waren aber die Schwierigkeiten zu groß und die zu schleppenden Lasten zu schwer, um planmäßig vorwärts zu kommen. Auch das Wetter spielte eine entscheidende Rolle, und wir mußten uns damit abfinden, zuweilen tagelang in unseren Zelten auszuharren, bis die Höhenstürme abflauten und der Schneefall nachließ. Wir hatten zu akzeptieren, daß wir bei schlechterem Wetter als erwartet würden aufsteigen müssen, wenn wir überhaupt vorankommen wollten. Wenn es also irgendwie möglich war, stiegen wir, die Kapuzen tief ins Gesicht gezogen gegen den Sturm, in die Wolken auf, um den nächsten Abschnitt zu erkunden, wo es nötig war, kurze Fixseile anzubringen und Proviant sowie Ausrüstung weiter oben abzuladen für den nächsten Tag, wenn wir mit den Zelten nachkommen würden.

Auf 6900 m Höhe verbrachten wir vier Nächte in den Zelten, die der Sturm flachdrückte, doch das Aluminiumgestänge der Zelte richtete sich jedesmal wieder auf, wenn der Sturm es zuließ. Schneewehen häuften sich neben den Zelten, was jedoch ein willkommener Vorrat zum Zubereiten von Wasser war.

Wir hatten zwei Zelte dabei, die jeweils sechs Pfund wogen. Wir konnten uns zu dritt in eins zwängen, hatten jedoch ein zweites mitgenommen, falls das erste beschädigt würde. Während der erzwungenen Pausen hatte ich ein Zelt für mich, Pete und Dick teilten sich das andere. Tagsüber lag ich mit gepacktem Rucksack da, jederzeit bereit, das Zelt zu verlassen, wenn das Dach von der Wucht des Sturms eingedrückt würde. Ich hatte das Zelt mit einem Seil gesichert, das ich um die Zeltstangen gewickelt und an in den Schnee getriebenen Pflöcken verankert hatte. Pete und Dick waren der Ansicht, ich sei besser dran als sie, und riefen herüber, ich sollte Tee für sie kochen. Ich meinerseits glaubte, mein Zelt stände exponierter und würde ihnen als Windschutz dienen, so daß sie meiner Meinung nach im Vorteil waren und den Tee hätten kochen müssen.

Über ein kleines Walkie-Talkie standen wir in Funkkontakt mit dem Basislager. Wir konnten uns hundertprozentig darauf verlassen, daß Major Sarwat sämtliche Informationen weitergeben würde, die er den spärlichen Wettervorhersagen im Radio entnehmen konnte. Der K2 schien sein Wetter jedoch selbst zu machen, und so bot das Walkie-Talkie eher den psychologischen Vorteil, mit dem Basislager verbunden zu sein. Wir hatten regelmäßigen Funkkontakt für 7 Uhr früh und 17 Uhr ausgemacht, außerdem einen Funkruf jeweils 30 Minuten nach diesen beiden Terminen für den Fall, daß irgendein Umstand eine Seite zu dieser Zeit daran hinderte, sich zu melden. Wir hatten diese leichten Walkie-Talkies mitgenommen, nachdem wir am Kangchenjunga getrennt worden waren und die Erfahrung gemacht hatten, wie nützlich sie sein können.

Es gab Zeiten, da ermunterte Sarwat uns, denn im Basislager herrschte schönstes Wetter, und er konnte sich nicht vorstellen, daß die Wolke, die den Berg einhüllte und die auch er sehen konnte, mehr als leichter Dunst war. Wir, die wir uns in der Wolke befanden, konnten dagegen nicht glauben, daß das Wüten des Sturmes, das wir erlebten, keinerlei Auswirkungen im nur wenige Kilometer entfernten Basislager hatte.

Am 8.Juli erlaubte uns das Wetter, unser drittes Lager einzurichten. Der Untergrund war steil, locker und instabil. Der Neuschnee behinderte uns zusätzlich. Wir machten früher halt als geplant, weil Absätze, die breit genug für ein Zelt waren, selten waren. Der dritte Lagerplatz reichte nur für eines der Zelte. Wir hatten von dort jedoch einen herrlichen Blick über die Grenze nach China zur Provinz Sinkiang und zum Broad Peak am Horizont, der von Wolkenbergen gekrönt war und von der untergehenden Sonne in ein rötliches Licht getaucht wurde.

Das schwierigste Stück überhaupt sollte aber erst noch kommen. Wir kannten die Schwarze Pyramide aus Schilderungen von früheren Besteigungen, waren jedoch in keiner Weise auf so abweisende und knifflige Passagen vorbereitet. Die Schwarze Pyramide ist eine Zone aus dunklem, recht steilem Fels, weit über einhundert Meter hoch, und bildet in etwa ein Dreieck unterhalb einer Eiswand. Der Fels war kompakt, bot kaum Standplätze oder Risse für Haken. Dies war einer der Abschnitte, wo wir zur Sicherung des Abstiegs ein Seil fixierten. Wir hatten nicht genügend eigenes Seil, um die gesamte Strecke zu sichern, und benutzten deshalb dort, wo der Fels in einen leichten Schneehang überging, der zur Eiswand hinaufführte, einige alte Seilreste als Wegweiser.

Dick stieg in der Eiswand voraus. Ich war froh, daß er an der Reihe war, denn das Eis war hart und splitterte bei jedem Schlag mit dem Pickel. Weitere Seilreste zeugten von anderen Bergsteigern, die hier aufgestiegen waren, aber wie die Pioniere beim ersten Versuch ein solches Eis bewältigt hatten, konnte ich mir nicht vorstellen. Dick arbeitete sich gleichmäßig vorwärts. Er besaß die Fähigkeit, sich unbeirrt von jeglichem Zweifel in eine derart schaurige Eispassage zu begeben, war aber dennoch erschöpft, als er oben ankam.

Oberhalb befand sich ein leichter Schneehang, und ich ging hinauf, um nach unserem nächsten Lagerplatz zu suchen. Pete wandte sich nach links, und wir gerieten uns in die Haare, welchen Weg wir einschlagen sollten. Der Weg nach links erwies sich als der bessere.

Dieser Lagerplatz, der vierte auf dem Grat, war der bisher beste. Wir hatten eine Bergschulter erreicht, die nach oben in einen gewellten Schneehang überging. Wir stiegen vom linken Rand der Eiswand weitere 100 m bis zu einem ebenen Absatz auf, der geradezu riesig war im Vergleich zu den bisherigen Lagerplätzen.

Wir hatten 7500 m erreicht. Die ständige Anstrengung in solcher Höhe machte sich bemerkbar, aber wir waren alle drei in guter Verfassung. Dick war noch nie so hoch gewesen. Von unserem Platz aus konnten wir über den nur 6 m entfernten Rand des Grates blicken, wo die Südwand 2700 m senkrecht zum Godwin-Austen-Gletscher tief unten abbricht, und auf unser Basislager, das auf diese Entfernung nicht zu erkennen war. Irgendwo hier oben hatten sich zwei der großen Tragödien in der Geschichte des K2 ereignet. 1939 waren drei Sherpas verschwunden, die aufgestiegen waren, um den erkrankten Amerikaner Dudley Wolfe zu retten. Es war schlechtes Wetter aufgekommen, so daß keiner jemals erfahren hat, was den drei Sherpas und dem erkrankten Amerikaner zugestoßen ist. Zur zweiten Tragödie kam es 1953, als Art Gilkey, ebenfalls ein Amerikaner, sich eine Thrombose zuzog, verursacht durch die Untätigkeit infolge lang anhaltender Stürme. Die anderen Mitglieder der Gruppe versuchten, ihn den Berg hinunterzubringen, doch der Kranke verschwand von der Bergflanke, während seine Kameraden sich von einem Sturz erholten, der sie beinahe alle getötet hätte. Man hatte den Kranken in eine

Art Hängematte aus Zeltplanen und einem Schlafsack gewickelt und mit Seilen am Eishang gesichert, über den er hinuntergelassen wurde. Als seine erschöpften Freunde zurückkehrten, um die Rettungsaktion fortzusetzen, war der Hang leer. Wahrscheinlich hatte eine Lawine den Bergsteiger in die Tiefe gerissen, aber es wurde auch der Verdacht geäußert, daß er sich losgeschnitten haben könnte, um die anderen von einer Verantwortung zu befreien, die auch so höchstwahrscheinlich in eine Katastrophe geführt hätte.

Der Gipfel schien für uns in Reichweite, nur noch ein oder höchstens zwei Lager, noch zwei oder drei Tage, und wir konnten oben sein. Keine Erkrankung oder Kopfschmerzen hatten unser Vorwärtskommen gebremst, und es bestand aller Grund zu der Hoffnung, daß wir es schaffen würden, vorausgesetzt, das Wetter hielt.

Am nächsten Tag, dem 10. Juli, herrschte herrlichstes Wetter. Die Sonne strahlte von einem wolkenlosen blauen Himmel, der Schnee war überwiegend fest, und obwohl die Höhe jeden Schritt zur Qual werden ließ, war es für uns doch zu einer längst eingespielten Übung geworden, uns zu motivieren.

Bevor wir den Platz auf der Schulter verließen, suchten wir die absolut unentbehrlichen Sachen aus, die mit nach oben kommen sollten. Das Reservezelt, ein Teil des Proviants, einen Topf, Ersatzgasflaschen und alles an Kleidung, was wir für überflüssig hielten, ließen wir in einer Schneehöhle zurück. Jetzt, wo der Gipfel zum Greifen nahe war, wollten wir so leicht wie möglich gehen.

Der sanft geneigte Hang ging über in eine Steilwand aus hartem Schnee, die von einer Wächte gekrönt wurde. Wir hielten auf etwas zu, das wie ein aus dem Schnee ragendes Seil aussah. Wir waren dankbar für den Richtungshinweis durch ein, wie wir meinten, Überbleibsel aus der Vergangenheit, aber es war kein altes Seil, sondern nur ein Schatten, den eine Rille in der Oberfläche warf. Wir stiegen trotzdem weiter, wobei ich mich an der überhängenden Wächte vorbeiarbeitete und Pete die Führung an einem unerwartet aufgetauchten Eiswall übernahm.

Ich arbeitete mich an dem Seil hoch, das er ausgegangen war, sah ihn weitersteigen, bis die Wand sich neigte und in einen Schneehang überging, in die Sonne hinein, wo er anhielt, um mir zuzurufen, daß er die Schulter erreicht habe.

Wir gelangten ans obere Ende eines mächtigen Sporns, der aus dem unteren Bereich der abschließenden, 600 m hohen Gipfelpyramide herausragte. Hier befand sich ein breites, abgerundetes Plateau mit unendlich viel Platz zum Lagern. Der Vorsprung stieg nun gemächlich zu einem felsigen Steilhang an, welcher sich bis unterhalb des Gipfels zog und ein enges Schneecouloir bildete, wo er auf den markanten und gewaltigen Eispfeiler stieß, die letzte Hürde vor den Gipfelhängen.

Unser fünftes Lager befand sich in 7700 m auf dem flachen Plateau am Ende des Sporns. Der Gipfel des Broad Peak war jetzt nur noch unwesentlich höher als wir selbst, die meisten anderen Gipfel waren bereits deutlich niedriger. Ich empfand Befriedigung, als ich sah, wie rundum die Bergspitzen unter uns zurückblieben, während wir uns diesem mächtigen Gipfel näherten. Wir studierten und prägten uns die Einzelheiten der Gipfelpyramide für den nächsten Tag ein, versuchten, die Schwierigkeiten und die Zeit abzuschätzen, die wir brauchen würden, um sie zu überwinden.

Doch am nächsten Tag hielten uns erneut heftiger Schneefall und peitschender Sturm im Zelt gefangen. Wir lagen niedergeschlagen da und konnten die Zeit nur mit Tagträumen und Kochen totschlagen. Der Proviant wurde knapp, und nach zehn Tagen am Berg gingen auch unsere körperlichen Reserven langsam zur Neige. Die Erkrankung, die Art Gilkey infolge ähnlicher Untätigkeit befallen hatte, ließ uns keine Ruhe, und wir besprachen das Für und Wider von Weitergehen oder Absteigen.

Über Funk munterte Major Sarwat uns auf. Er hatte inzwischen vollstes Vertrauen in unser Können, nachdem er anfänglich einige Zweifel an der Wahrscheinlichkeit eines Erfolges durch ein derart unkonventionelles Team gehabt hatte. Er redete uns zu, als wäre er unser Trainer und wir sein Team. Der Empfang mit dem kleinen Gerät war schlecht, doch wir bekamen mit, wie begeistert er war, Neuigkeiten vom Wetter mit Durchhalteparolen mischte.

Am späten Nachmittag lag draußen hoher Schnee, und das Wetter ließ keine Besserung erkennen. Ich schlug vor, falls der nächste Tag keine Besserung brächte, abzusteigen, neue Kräfte zu sammeln und mit mehr Vorräten zurückzukommen. Pete war dagegen, Dick unentschlossen. Beide Gesichtspunkte hatten etwas für sich. Der Gipfel war fast zum Greifen nah, und jetzt umzukehren würde bedeuten, ihn wieder ein großes Stück von uns wegzurücken. Falls es wirklich aufklarte, bestand selbst bei den geringen Vorräten, die wir noch hatten, eine Chance, die Expedition mit einem langen Tag schwieriger Kletterei abzuschließen und damit der Ungewißheit zu entgehen, die ein Rückzug zum Basislager mit sich brachte. Dem stand das Mehr an Kraft gegenüber, die wir bei einem zweiten Versuch nach einer Ruhepause und gutem Essen im Basislager auf einer Route hätten, die wir jetzt gut kannten. Da all die schwierigen Passagen gesichert waren, und wir außer Proviant sonst kaum etwas zu tragen hätten, konnten wir damit rechnen, unseren höchsten Punkt in vielleicht vier Tagen wieder zu erreichen. Es ist immer schwer, in einer solchen Situation eine Entscheidung zu treffen, wenn man nicht weiß, was für das erwünschte Ergebnis am besten ist, und keine Position aufgeben will, die man sich trotz vieler Widrigkeiten erkämpft hat. Obwohl bei dem Versuch, gemeinsam alle Alternativen gründlich abzuwägen, jeder eine positivere Sicht der Lage vertrat, als er in Wirklichkeit hegte, gab es keinen Streit zwischen uns. Ein derart enges Zusammenleben mit anderen bewirkt unter sehr ungünstigen Bedingungen zwangsläufig einen Anstieg der Reizbarkeit und ein schrofferes Verhalten, doch wir drei waren erfahren genug, das Spannungspotential zu erkennen, das die schwierige Situation hervorrief.

Am Ende schien uns die Entscheidung abgenommen zu werden. Mit dem Funkspruch um 17 Uhr teilte uns der Major hörbar zufrieden mit, daß er eine detaillierte Wettervorhersage aufgefangen habe. Sie war für eine japanische Expedition am Masherbrum übermittelt worden, einem Berg, den wir bei gutem Wetter deutlich sehen konnten. Die im Gegensatz zu sonst ungewöhnlich ausführliche Vorhersage sprach für den nächsten Tag, den 12. Juli, von wolkigem Wetter ohne Wind und Schnee. Am 13. sollte es den ganzen Tag schön sein.

Damit stand die Entscheidung fest. Wir würden aufsteigen, den wolkigen Tag nutzen, um einen möglichst hohen Punkt zu erreichen, wo wir in günstiger Position für den Gipfelanstieg am 13. lagern wollten. Ich schlief mit einer Mischung aus Nervosität und Widerstreben wegen der bevorstehenden Aufgabe ein. Es war die Aufregung zu wissen, daß wir kurz davorstanden, etwas zu erreichen, wovon wir seit langem träumten und wofür wir gekämpft hatten, aber auch die Sorge wegen des Aufwands an Kraft, Ausdauer und Geschick, dessen es bedurfte, dieses Ziel zu erreichen.

Am nächsten Morgen war es wolkig, dicht und brodelnd stieg es aus einer trüben Leere auf, die die Täler unter uns verhüllte. Wir funkten nach unten, daß wir an diesem Tag aufbrechen und ein sechstes Lager einrichten wollten in der Hoffnung, am nächsten Tag bis zum Gipfel weitergehen zu können. Der Wind war stark, blies uns Flugschnee ins Gesicht, als wir den breiten Kamm des Grates hinaufstiegen. Die Wettervorhersage hatte keinen Wind angekündigt, aber es erschien uns nicht ungewöhnlich, daß Windströmungen oben am Berg vereinzelte Turbulenzen auslösen konnten. Es schien etwas Schnee zu fallen, aber auch vom Grat aufgewirbelt zu werden, doch auch das war kein Grund zur Sorge, denn eine so dichte Bewölkung konnte durchaus etwas von ihrer Feuchtigkeit abladen.

Der Grat stieg allmählich an, als wir uns einem breiten Couloir näherten, das uns von der eigentlichen Gipfelpyramide trennte. Der breite Gratkamm wurde nun schmaler und fiel steil ab, und wir bahnten uns vorsichtig einen Weg auf einer Seite, wobei wir auf jeden Felsen zuhielten, der herausragte und in der weißen Weite ein Gefühl der Sicherheit vermittelte. Die Gratschneide lag rechts von uns, und zu unserer Linken stürzte die Bergflanke steil in einen scheinbar bodenlosen Abgrund aus Wolken.

Wir waren angeseilt und gingen gleichzeitig, bis wir das Couloir erreichten. Die mächtige Rinne war 120 bis 150 m breit und durch abgegangene Lawinen zerfurcht. In der Wolke über uns konnten wir gelegentlich für einen Augenblick die gewaltige Eiswand erkennen, die den Zugang zu den Gipfelhängen bewachte und gelegentlich Lawinen durch das Couloir donnern ließ. Der Schnee im Couloir war tief und drohte, bei jedem Schritt nachzugeben, weshalb die Gefahr bestand, daß wir das Couloir hinuntergestürzt und hinaus in den Abgrund geschleudert würden.

Wir strebten einem mächtigen Felsbrocken in der Mitte des Couloirs zu, der den zahllosen Lawinen bisher offensichtlich widerstanden hatte. Das war der halbe Weg, ein Platz zum Verschnaufen, von dem aus wir den zweiten Teil der furchteinflößenden Rinne angehen konnten. Technisch bereitete das Queren keine Schwierigkeiten, der Winkel war so flach, daß wir aufrecht gehen konnten, nur mit dem Eisbeil das Gleichgewicht am Hang hielten oder uns dagegen lehnten, um auszuruhen, wenn die Erschöpfung eine Pause erzwang. Hinter jedem Schritt lauerte jedoch das Vorgefühl einer Katastrophe, als ob uns eine weiße Welle des Todes aus den Dunstschwaden über uns verschlingen wollte. Die Höhe erzwang ihr eigenes Bewegungstempo, aber wir trieben uns an, um den Fels auf der anderen Seite mit möglichst wenigen Stopps zu erreichen. Erst wenn wir diesen Felsen erreicht hatten und aus der schrecklichen Rinne heraus waren, konnten wir uns die häufigen Pausen und das langsame Tempo erlauben, die unser nach Sauerstoff lechzender Körper forderte.

Ich weiß nicht mehr, wann genau uns klar wurde, daß es beständig schneite und sich nicht nur gelegentlicher Flugschnee mit einigen Flocken aus der Wolke mischte. Es war früher Nachmittag, als wir die Sicherheit der Felsen jenseits des Couloirs erreichten und endlich erkannten, daß wir erneut in einem Sturm steckten, aber wir vertrauten immer noch auf die generelle Tendenz des Wetterberichts und rechneten für den nächsten Tag mit schönem Wetter. Wir stiegen weiter über einen scharfen Felsgrat und fingen an, nach einem Platz zu suchen, an dem wir das Zelt für die Nacht aufstellen konnten. Der Höhenmesser zeigte über 7900 m an, und wie am Kangchenjunga hofften wir, die letzten 600 m bis zum Gipfel an einem Tag bewältigen zu können.

Wir stiegen noch 150 m, bevor wir endlich halt für die Nacht machten. Der Felsgrat bot nur wenige Stellen, an denen man ein Zelt hätte aufstellen können, und so quälten wir uns immer noch ein Stück weiter, angespornt von der Hoffnung, etwas höher einen noch besseren Platz zu finden. Die Angst vor einer Lawine mitten in der Nacht trieb uns zu den Felsen und fort von der Schneerinne, in der wir eine Plattform hätten graben können, und ebenso fort von der Fallinie irgendwelcher Eisbrocken aus der Wand darüber.

Pete schien unermüdlich. Er stieg im immer tiefer werdenden Schnee voraus, und Dick und ich stapften hinterher, folgten seinen Spuren, waren jedoch nicht in der Lage, sein Tempo zu gehen. Dick spürte die Erschöpfung durch die Höhe, in der er noch nie gewesen war, und diese Erschöpfung beunruhigte ihn. Der Nachmittag zog sich hin, und Pete pflügte noch immer durch den fast hüfthohen Schnee. Dann und wann hielt ein Band nicht, was es versprach, bis Pete sich schließlich durch eine flache Rinne neben einem Felsen emporarbeitete und verkündete, daß er einen brauchbaren Platz gefunden habe.

Nach vielen weiteren Pausen, die wir brauchten, um zu Pete aufzuschließen, standen wir drei schließlich auf einem Felskopf, der aus dem Hang ragte. Ringsum schauten weitere Felsen aus dem Schnee, und 30 m über uns war eine große Felswand. Der Schnee um uns wurde durch so viele Felsen stabilisiert, und der Hang zwischen dem kleinen Felskopf, auf dem wir standen, und der Wand über uns war so kurz, daß wir sicher sein konnten, daß sich dort keine gefährlichen Schneeansammlungen bilden würden. Wir hielten den Felskopf für sicher, arbeiteten jedoch zwei Stunden, bis wir genug Eis weggeschlagen hatten, um das Zelt aufzustellen. Wir fixierten die Ecken des Zeltes an Alupflöcken, die wir in den Schnee trieben, und schlugen ein paar Haken als Haltepunkte in den Fels, um unseren luftigen Ansitz zu sichern. Die Anstrengung, das Eis wegzuklopfen, konnten wir uns nicht mehr leisten, und es war dunkel, als wir ins Zelt krochen.

Der Absatz war kaum breit genug für das Zelt, und als wir uns alle drei hineinlegten, mußte Dick, der dem Rand am nächsten lag, den Boden unter sich mit den Rucksäcken auspolstern. Er schwebte zur Hälfte über dem Nichts, doch die Metallrahmen der Rucksäcke bildeten eine Plattform über dem Abgrund.

Der Funkempfang war sehr schlecht. Vielleicht hörte der Major uns, wir hörten jedenfalls nichts. Wir waren wahrscheinlich nicht weiter vom Basislager entfernt als bisher und gewiß im Blickfeld, wenn der Major ein paar hundert Meter aus dem Lager herausgegangen wäre, aber unsere Nähe zum Fels beeinträchtigte wahrscheinlich den Empfang.

Wir saßen nur noch ganze 450 m unter dem Gipfel, und an einem schönen Tag hätte man uns mit dem großen Teleobjektiv vom Basislager aus sehen können. Der Felskopf, auf dem wir lagerten, befand sich 150 m über dem Couloir, das wir mit so viel Bangen gequert hatten. Dieses Couloir zog sich 600 m nach unten und endete abrupt am jähen Abbruch der Südwand.

Jenseits des Hanges, in dem wir biwakierten, befand sich die Eiswand, die wir am nächsten Tag würden passieren müssen. Die Felswand oberhalb von uns überragte den Rest des Hanges und stieß bei einer schmalen Rinne auf die Eiswand; hier war unsere Route. Das war das letzte uns verbleibende Problem, hinter dem wir den Hang erblickten, der sanft zum Gipfel führte.

Wir hatten kaum noch die Energie, so viel zum Trinken zu machen, wie wir brauchten; in Wellen überfiel mich der Schlaf, und ich bemerkte, daß auch Pete und Dick einnickten. Dick lag dem Rand am nächsten, Pete lag in der Mitte und ich auf der dem Eis und Fels zugewandten Seite, die wir aus dem Berg geschlagen hatten. Das Zelt war so eng, daß wir nicht Schulter an Schulter liegen konnten. Pete und Dick lagen mit dem Kopf am Tunneleingang des Zeltes, ich mit dem Kopf am anderen Ende. Für mich, der ich mit dem Kopf am weitesten vom Eingang entfernt lag, war es stickig, und ich nestelte an der Lüftungsöffnung herum, um Luft hereinzulassen, aber nach Möglichkeit keinen Schnee.

Draußen fiel noch immer dichter Schnee, unter dessen Gewicht das Zelt etwas durchhing und dessen zunehmenden Druck ich zwischen Zelt und Bergwand spürte. Ich drückte mich gegen die Zeltwand, damit kein Zwischenraum entstand und der Schnee am Zelt herunterglitt, und wir sprachen angesichts des anhaltenden Sturms mit einigem Unbehagen über die Sicherheit unserer Lage.

Der Schnee fiel jetzt dichter als am Tage, und wenn es so weiterging, würden wir eventuell am nächsten Tag überhaupt nicht vorankommen, selbst wenn es aufklarte, und ein Rückzug konnte lebensgefährlich werden. Im Augenblick saßen wir dort, wo wir waren, fest, wir brauchten Ruhe und konnten in der Dunkelheit ohnehin nicht viel tun. Wir brachten nicht einmal die Energie auf, Schnee für mehr als ein Getränk zu schmelzen, obwohl wir alle um den rapiden Leistungsabfall in großer Höhe ohne ausreichend Nahrung und Flüssigkeit wußten. Wir schliefen einfach weiter, ohne die übliche Schlaftablette zu nehmen, aus Furcht, einen klaren Kopf für den Notfall behalten zu müssen, der sich aus diesem Sturm ergeben konnte.

Ich wachte mit dem spontanen Bewußtsein eines unmittelbar bevorstehenden jämmerlichen Todes auf. Alles war schwarz, das Zelt war über uns zusammengebrochen. Eine große Lawine ergoß sich über das Zelt. Ich lag mit dem Gesicht nach unten, von der Zeltplane bedeckt, Körper und Gliedmaßen vom Schnee eingehüllt und an den Boden gefesselt, wie einbetoniert. Ich versuchte mich aufzurichten, konnte aber nur Kopf und Schultern bewegen, aber der Schnee rutschte nach ins Genick, und mein Gesicht wurde unerbittlich noch näher an den Boden gepreßt. Es war eine brutale und unerbittliche Naturgewalt ohne Ziel oder Vorsatz, die unpersönlich und gefühllos den Untergang brachte. Ich empfand Ehrfurcht vor der Urgewalt, die hier wirkte. Es gab keinen Denkvorgang, nur Bewußtsein ohne Erkenntnis, ich war mir einfach all der Konsequenzen dessen bewußt, was passierte. Ich rief nach Pete und Dick; es kam keine Antwort. Meine Arme waren niedergepreßt, und ich spürte mit dem Ellbogen Petes Beine neben mir, genauso niedergepreßt. Sie waren schlaff. Von Dick wußte ich nichts, konnte keinen Laut hören. Ich vermutete, daß sie die volle Wucht der Lawine abbekommen hatten, von Eis- oder Felsbrocken getroffen worden waren, bewußtlos wenn nicht schon tot waren, und ich wußte, daß es nicht lange dauern würde, bis auch ich tot wäre. Die Schläge der Lawine auf meinen Kopf ließen nicht nach, ich erwartete jeden Augenblick, daß das Zelt losgerissen und sich überschlagend 3000 m hinabgeschleudert würde, wir in ihm, wild durcheinandergeworfen, gebeutelt von den Schlägen der unkontrolliert umherwirbelnden Arme und Beine der anderen, nicht der zeitlupenartige Eindruck des Todes wie im Film, ein jämmerliches Ende, aber nur ein kurzes Leiden, bis die Stöße und Aufschläge des Sturzes Vergessen bringen würden.

Ich empfand keine Angst, nur Bedauern, daß unser Tod so armselig sein sollte und wir spurlos ausgelöscht würden, denn kein Mensch würde jemals erfahren, was geschehen war, und man würde ewig über unser Verschwinden am Berg nachdenken und rätseln, obwohl unsere Körper nur einige Stunden von unserem Basislager entfernt liegen würden.

Die Schwärze schien sowohl innerhalb wie auch außerhalb meines Kopfes zu sein. Flammende Punkte zeichneten Zickzacklinien, und dann umfing mich schwarze Nacht.

Als ich wieder zu mir kam, schneite es nicht mehr. Ich stellte fest, daß das Zelt immer noch an seinem Platz stand – die Verankerung im Schnee mußte es gehalten haben – und mein Körper von der Last des Schnees festgehalten wurde. Nur den Kopf konnte ich in einer kleinen Luftkammer ein wenig bewegen. Die Luft war stickig, der Atem flach unter der drückenden Last auf der Brust, und in mir stieg eine leichte Panik auf, daß ich nun ersticken würde. Ich konnte in der Dunkelheit nichts sehen, wußte aber, daß ich in der Brusttasche meines Anoraks ein Taschenmesser hatte, mit dem ich ein Luftloch in die Zeltplane schneiden konnte. Meine Arme waren unter der Brust eingekeilt, aber eine Hand befand sich in der Nähe der Tasche. Meine tastenden Finger konnten das Messer zunächst nicht finden, und mein Atem ging schneller, die panische Angst wuchs. Dann hatte ich das Messer und versuchte, es mit einer Hand zu öffnen, stellte mich jedoch ungeschickt an und drehte fast durch vor Panik. Beim nächsten Versuch schaffte ich es und drehte den Arm mühsam so, daß ich das Messer ein paar Zentimeter neben meinem Gesicht in die Zeltplane stechen konnte. Mein Arm war in seiner Bewegungsfreiheit eingeschränkt, und der Schnitt war nur acht Zentimeter lang, doch es kam kalte Luft herein, und ich war erleichtert, wenigstens atmen zu können. Da Pete und Dick bewußtlos waren, mußte ich zunächst einmal mich am Leben halten, bevor ich über den nächsten Schritt entscheiden konnte. Ob ich mich mit nur einem teilweise freien Arm von der tödlichen Schneelast befreien konnte, wußte ich nicht. Ich hatte wenig Hoffnung, daß noch Leben in Pete und Dick war, falls ich jemals an ihre Körper herankäme.

Das Atmen fiel mir leichter, dann hörte ich Stimmen und merkte, daß Petes Beine nicht mehr neben mir lagen. Die Schneelast verschwand von meinem Rücken. Ich konnte mich bewegen und hielt den Mund an den Schlitz im Zelt, sog tief die Luft ein und rief nach ihnen, ungeheuer erleichtert, daß das Unmögliche eingetreten war und sie noch lebten. Ich lechzte nach mehr Luft, beherrschte mich jedoch, das Zelt weiter aufzuschneiden, denn wenn wir alle drei noch lebten, würden wir es als unseren einzigen Schutz noch brauchen.

Die Lawine hatte uns mitten in der Nacht überrascht. Beim ersten Aufprall war das Zelt teilweise vom Vorsprung geschoben worden, bis die Schneepflöcke und das Gewicht des niedergehenden Schnees es an Ort und Stelle festgehalten hatten. Dick hing, in das Zelt gewickelt, über dem Rand des Felskopfes, und nur die Plane verhinderte, daß er 3000 Meter in die Tiefe stürzte. Pete war bis zur Kante gedrückt worden, wo weniger Schnee auf ihm lastete. Da sein Kopf nah beim Zelteingang lag, konnte er sich selbst hinauswühlen. Der Felskopf ragte immer noch aus dem Schneehang, und der Zelteingang war frei. Er zog Dick aus dem Zelt und auf den Absatz, wo beide lange nach mir riefen, ohne eine Antwort zu erhalten. Das muß zu der Zeit gewesen sein, als ich ohne Bewußtsein war. Sie hatten angefangen, nach meinem vermeintlichen Leichnam unter dem hohen, festen Schnee zu graben, und vielleicht hatte die allmähliche Entlastung meines Brustkorbs wieder Luft in die Lunge strömen lassen, so daß ich das Bewußtsein wiedererlangte.

Ich merkte, daß ich nicht mehr an der soliden Bergseite lag. Das Zelt hing noch immer über den Rand, und in der Ausbuchtung, in der Dick gehangen hatte, lagen Stiefel, der Kocher, Proviant, und was sonst noch herumgeflogen war, als die Lawine niederging.

Wir sprachen durch den Zeltschlitz miteinander, während Pete und Dick Schnee wegschaufelten. Meine Sätze waren abgehackt, da ich zwischen den einzelnen Worten gierig die Luft einsog, bis ich mich aufsetzen und die Zeltklappe öffnen konnte.

Ich reichte ihnen ihre Handschuhe und Taschenlampen nach draußen. Als ich wieder richtig atmen konnte, wollte ich hinaus zu ihnen, doch Pete riet mir, im Zelt zu bleiben und die herumliegenden Sachen einzusammeln, damit nichts Unentbehrliches verlorenging. Wir alle handelten mechanisch, als hätten wir einen solchen Vorfall geprobt. Es waren nur wenige Worte notwendig.

Der Schneesturm vom Vorabend tobte immer noch. Jetzt, wo ich wieder unter den Lebenden weilte, fing ich an zu frieren und spürte die unangenehme Nässe. Draußen scharrten Pete und Dick den Schnee beiseite und legten den Felsen weiter frei. Ich griff in die Vertiefung, in der Dick gelegen hatte, und zog Innenschuhe heraus, dann Schuhe und merkte erst jetzt, daß die beiden noch immer nur in Strümpfen draußen waren. Ich zerrte das ganze Zelt auf den Absatz zurück und konnte jetzt, als der Schnee entfernt worden war, wieder an die Bergseite rücken. Ich lehnte mich inmitten des Chaos zurück und überlegte, was als nächstes zu tun wäre.

Wieder kam von oben ein dumpfer Schlag, und erneut hämmerte niederstürzender Schnee auf meinen Kopf. Ich konnte gar nicht glauben, daß noch Schnee übriggeblieben war zum Abrutschen, doch es schneite so gnadenlos, daß sich schon wieder eine Lawine gebildet hatte. Ich preßte mich gegen die Wand, damit kein Schnee zwischen mich und den Berg gelangen und mich über die Kante hebeln konnte. Ich raffte das Zelt mit allem, was darin war, an mich, damit nicht die Schuhe und andere lebenswichtige Kleidungsstücke verlorengingen. Ich fragte mich, ob Pete und Dick wohl noch draußen sein würden, wenn es vorüber war.

Diese zweite Lawine führte mir vor Augen, wie hilflos wir waren, wie klein und unbedeutend unser Leben an diesem Berg war. Es herrschte kein Einklang mit diesen Naturgewalten; wir waren Staubkörner in diesem gigantischen und gleichgültigen Universum. Ich hatte Angst in meinem eisigen Grab, fürchtete erneut zu ersticken, wagte aber nicht, mich vom Fleck zu rühren, eingebettet in einen Schneewall, über den die Lawine hinwegging. Selbst wenn es mir gelungen wäre, mich aus der eisigen Umklammerung zu befreien, hätte mich die Lawine fortgerissen, sobald ich die glatte Oberfläche durchbrochen hätte, über die sie jetzt niederging. Ich wartete ohne Angst auf einen Ausgang, auf den ich keinen Einfluß hatte; ohne Angst davor, was der Tod bedeuten würde, jedoch entsetzt von dem Ersticken, das ihm vorausgehen würde.

Endlich hörte das Rumpeln auf. Ich rief, um herauszufinden, ob die beiden noch da waren.

»Pete, Dick! Alles in Ordnung?«

»Ja.«

Sie gruben mich erneut frei. Pete war so klug gewesen, sich mit dem Seil an die Haken zu binden, die wir in den Fels geschlagen hatten. Als die Lawine kam, hatte er Dick umklammert und ihn festgehalten, solange der Schnee niederprasselte. Wir kamen zu dem Schluß, daß die Lawinen von den Gipfelhängen oberhalb der großen Felswand 30 m über uns kommen mußten. Ich reichte ihnen ihre Schuhe, und wir zogen uns nacheinander richtig an und suchten unsere Ausrüstung zusammen. Wir hatten in voller Montur geschlafen und nur Schuhe und Handschuhe ausgezogen, aber es dauerte einige Zeit, bis jeder von uns fertig war. Wir packten die Rucksäcke und warteten auf die Dämmerung, verzweifelt darauf hoffend, daß uns eine weitere Lawine erspart bliebe, denn wir konnten uns in der Dunkelheit nicht vom Sporn wegbewegen, ohne uns auf dem freien Hang noch mehr zu gefährden.

Beim ersten Tagesschimmer am noch immer von Wolken und Schnee grauen Himmel stieg ich als erster ab, versuchte, mich an die Felsen zu halten, um keine Lawine loszutreten, die uns alle drei hätte mitreißen können. Aber es war unmöglich, den Felsen zu folgen. Tiefer Schnee bedeckte alles, und meine Steigeisen rutschten auf nicht erkennbaren Vorsprüngen aus und verfingen sich. Ich entschloß mich, mir einen direkten Weg durch den fast hüfthohen Schnee nach unten zu bahnen, vertraute einfach darauf, daß wir es schaffen würden. In meinem Innern empfand ich ausweglose Verzweiflung, und als würde ein übermächtiges Schicksal mit uns spielen, wollte ich erflehen, daß wir eine Pause brauchten, daß wir genug gelitten hätten, daß keine Lawinen mehr auf uns niedergehen sollten.

Wir drei waren mit einem 50-m-Seil verbunden, aber ich konnte die anderen beiden kaum sehen. Ich hörte Pete rufen und wußte, er würde nicht damit einverstanden sein, daß ich den freien, verschneiten Hang auf direktem Weg hinunterging; er würde mich für verrückt halten, weil ich das Risiko einging, eine Lawine loszutreten. Ich wußte ebenso zweifelsfrei, daß es unmöglich war, den aus dem Schnee ragenden Felsen zu folgen, wenn viele weitere Felsen unter dem Schnee dazwischen verborgen lagen. Ich war mehrere Male ausgerutscht und gestürzt, als ich versucht hatte, mich in der Nähe der Felsen zu halten, und meinte, das würde mit Sicherheit zu einem Unfall führen. Ich stieg den verschneiten Hang im Bewußtsein des Risikos ab, das ich einging, auch wissend, daß wir uns glücklich schätzen konnten, wenn wir überhaupt überlebten, und in der Hoffnung, daß Pete und Dick mich, falls der Schnee tatsächlich nachgeben sollte, würden halten können, wenn sie in den Stapfen, die ich getreten hatte, auf festerem Grund standen.

Vom Aufstieg her erkannte ich nichts wieder. Die wirbelnden Wolken und das Schneetreiben verschluckten alles, was weiter als 5 m vor und hinter mir lag. Ich pflügte weiter in der Gewißheit, daß wir weggespült würden, sollte erneut eine Lawine von oberhalb der Felsen niedergehen, egal ob wir uns auf Fels oder Schnee befanden.

Ich erreichte den Kopf des Felskammes, dem wir am Rand des Couloirs gefolgt waren, und erkannte, wo wir waren. Ich versuchte, auf dem Kamm des Grates zu gehen, aber der Schnee war zu tief, und ich verlor immer wieder den Halt. Pete war ebenfalls der Meinung, daß wir im Tiefschnee offenbar doch besser dran wären, so beunruhigend es auch war. Ich arbeitete mich weiter das Couloir hinab, hinab durch diese Zone der Angst, und versuchte, mich am Rand zu bewegen und die Gefahr so gering wie möglich zu halten, im Freien erfaßt zu werden. In der Mitte erblickten wir ganz kurz einen großen Felsklotz, an den wir uns vom Aufstieg vor nur wenigen Stunden erinnerten, und wir querten hinüber, fühlten uns nackt und wehrlos in der Bahn, die jede Lawine von der riesigen Fläche über uns nehmen würde. Wir erreichten den Felsen und traversierten zur anderen Seite der Rinne. Der Schnee brach bei jedem Schritt weg, und ich wußte, daß wir Risiken eingingen, denen wir niemals entgehen konnten, falls irgend etwas schiefginge.

Am Tag zuvor hatte ich die Spur hinauf zum Rand des Couloirs gelegt, konnte aber immer noch nichts wiedererkennen. Pete wirkte wie benommen, seine normalerweise große Selbstsicherheit war verflogen, wie ich es selten bei ihm erlebt hatte, und er akzeptierte, geführt zu werden. Dick schleppte sich vorwärts, genauso schwach, und redete Pete gut zu.

Der Tag war längst angebrochen, aber es gab keine Sonne, nur Schneesturm; ich ging ohne Gletscherbrille, um besser sehen zu können, und der treibende Schnee und die Graupeln brannten mir in den Augen. Ich überlegte, ob ich wohl schneeblind würde und, wenn ja, welches Medikament mir der Arzt für den Fall empfohlen hatte, Augentropfen oder Amethocain.

Ich ging langsam, aber Pete und Dick schien das nicht zu stören. Ich fragte immer wieder nach der Richtung und bekam die Anweisung, der Linie der Felsen zu folgen. Allmählich wurde der Hang flacher, und ich blieb erschöpft stehen, verwirrt von der Helligkeit ringsum und völlig ausgepumpt jetzt, wo wir die schlimmste Gefahr hinter uns hatten.

Pete kämpfte sich durch den knietiefen Schnee weiter, neu belebt nach seinem Durchhänger. Dick folgte, und ich bildete den Schluß. Urplötzlich fühlte ich mich sehr schwach und konnte kaum noch mit den anderen mithalten. Ich schleppte mich weiter, sagte mir immer wieder, daß es nicht mehr weit sei über dieses fast ebene Plateau, um mich zum Weitergehen zu animieren. Immer wieder blickte ich kurz nach rechts und links, um Merkmale wiederzuerkennen, die mir verraten könnten, wo wir waren. Der Schneerücken links kam mir bekannt vor, ebenso die seltsam geformten Felsen rechts. Wir waren im großen ganzen richtig, doch selbst die kleinste Entfernung schien zu weit zu sein. Ich stolperte über Schnee und bemühte mich, mein Tempo zu erhöhen, um nicht zu langsam zu sein und kein Hemmschuh am Seil für die beiden anderen.

Pete watete durch ein besonders tiefes Schneefeld, Dick folgte, und ich merkte, daß ich unabsichtlich im Schnee zusammengesackt war. Ich hörte Petes Stimme:

»Ich glaube, hier haben wir gelagert.«

Ich blieb eine Weile sitzen. Der Schnee ging mir bis über die Knie, als ich weitergehen wollte, und so robbte ich zu den beiden hinüber.

Wir hatten sechs Stunden gebraucht, um 275 m abzusteigen. Es war erst 9 Uhr früh, aber wir waren bereits fix und fertig. Wir hatten das Zelt mit hinuntergenommen, das ich zerschnitten hatte und das durch die Lawinen noch weiter beschädigt worden war, und um vor dem weiteren Abstieg etwas zu Kräften zu kommen, beschlossen wir, das Zelt so gut es ging aufzustellen und nach einer richtigen Schlafpause weiterzugehen.

Wir hatten nicht einmal genug Kraft, den Schnee einzuebnen. Wir stellten das Zelt an einem kleinen Abhang auf und hofften, den Schnee mit unserem Körpergewicht einigermaßen flachzudrücken. Die Stangen waren verbogen und an einer Stelle durchgebrochen. Ich band eine Eisschraube an das zerbrochene Teil, wir zogen das ramponierte Zelt über das deformierte Gestänge und hatten eine Zuflucht. Die Plane wies mehrere Löcher und Risse auf, aber sie war zweilagig, und die meisten Löcher waren gegeneinander versetzt. Kleine Flockenwirbel kamen herein, aber die Hauptwucht des Sturms wurde abgehalten. Der Wind rüttelte unablässig am Zelt, aber es blieb stehen, ungeachtet aller Schäden, die es erlitten hatte.

Wir lagen auf dem geneigten Boden, verwundete Krieger, die sich vom Kampf ausruhten. Unser Körpergewicht reichte nicht, den Schnee unter dem Zeltboden einzuebnen, aber wir waren zu matt, uns noch einmal aufzurappeln. Wir legten die Isomatten aus und holten die Schlafsäcke heraus. Alles fühlte sich klamm an, und wir fröstelten.

Wir mußten etwas essen und trinken, doch der Proviant war größtenteils von der Lawine fortgerissen worden, genauso wie der Topf und die Ersatzgasflaschen. Wir hatten nur noch eine Gasflasche für den Kocher und den Topfdeckel zum Schneeschmelzen. Umständlich schmolz ich in kleinen Portionen Schnee und goß die Flüssigkeit in meine Wasserflasche. Als sie voll war, erhitzte ich die Aluflasche auf dem Kocher und machte ein Getränk für alle.

Ich versuchte einen Funkruf für den Fall, daß der Major zufällig auf Empfang wäre, doch es kam keine Antwort. Es war eine Geste der Hoffnungslosigkeit, der Wunsch, sich an jemanden zu wenden, daß jemand anders die Sache in die Hand nähme, jemand, dem wir von unserer Katatrophe berichten konnten. Wir brauchten dringend Flüssigkeit, aber selbst das Schneeschmelzen im Topfdeckel war zu anstrengend. Mit meinem Schweizer Armeemesser schnitt ich den oberen Teil meiner Wasserflasche ab, um leichter Schnee hineinstopfen zu können. Das beschleunigte das Schneeschmelzen etwas, aber alle drei versanken wir in einen komaähnlichen Zustand, und wenn jemand aus dem Dämmerzustand aufschreckte, weil die Erinnerungen an Lawinen und der nahende Untergang ihn quälten, dann nur um ausdruckslos umherzustarren und sich untätig zurückfallen zu lassen.

Irgendwann sprachen wir über die Chancen, zurück zum Berg zu kommen, bis uns aufging, wie albern und vermessen ein solcher Gedanke war. Während wir dalagen mit nagendem Hunger und quälender Erschöpfung, die im Traumzustand der Ruhe nach den extremen Strapazen untergingen, vergaßen wir zuweilen, wie gefährlich unsere Lage war. Wir waren nicht bei klarem Verstand, denn als einer bemerkte, daß wir uns noch nicht in Sicherheit befänden, wurde uns bewußt, wieviel wir noch würden durchstehen müssen, bis wir diesen Berg hinter uns hätten. Es schneite seit dem vorangegangenen Nachmittag ununterbrochen, wir mußten noch Tausende von Metern absteigen über viele freie Schneeflächen, die jetzt viel tiefer verschneit und lawinengefährdeter als beim Aufstieg waren. Da waren all die schwierigen Felspassagen, die jetzt mit Schnee bedeckt waren, und in den dichten Wolken würde es schwer werden, den Weg zu finden. Der Abstieg würde die Hölle werden. Mit nur einer Gasflasche, die vielleicht noch für drei Stunden reichte, und dem wenigen Proviant konnten wir es uns nicht leisten hierzubleiben. Wenn wir ein Abflauen des Sturms abwarteten, liefen wir Gefahr, so schwach zu werden, daß wir überhaupt nicht mehr würden absteigen können.

Ich war geistig vollkommen ausgebrannt. Ich wollte aufgeben. Hätte es irgendeine Fluchtmöglichkeit gegeben, hätte ich sie genutzt; wenn es so gewesen wäre wie in den Alpen, wo die Rettung per Hubschrauber möglich ist, hätte ich einen angefordert, aber wir befanden uns ohnehin oberhalb der Grenze, wo Hubschrauber noch fliegen können. Ich erzählte Dick von meinen Gedanken, er war entsetzt. Er würde, wie er sagte, nicht im Traum daran denken, anders als aus eigener Kraft vom Berg zu gehen.

Um 17 Uhr nahm ich, wie ausgemacht, Funkkontakt auf. Major Sarwat brauchte lange, um meine Nachricht zu begreifen:

»Unser Zelt wurde von einer Lawine zerstört, und wir sind wieder in Lager fünf.«

Durch die atmosphärischen Störungen hörte ich ihn sagen:

»Sie haben Lager sechs erreicht und versuchen es noch einmal. Ist das richtig? Over.«

Ich mußte die Hysterie unterdrücken, die sich meiner Stimme bemächtigen wollte. Ich spürte, wie mir Tränen in die Augen traten, weil wir in einer so ausweglosen Lage steckten und keine Anteilnahme von unten kam. Der Major war offenbar zufrieden darüber, daß wir vermeintlich einen neuen Versuch unternahmen, den Gipfel zu erreichen.

Wenn die Verbindung gut gewesen wäre, hätte ich mich nicht geniert zu sagen: »Haben Sie Mitleid mit uns. Wir sind gerade noch am Leben. Wir versuchen abzusteigen.« Aber ich mußte schonungslos offen sein, es war keine Zeit für ein feinsinniges Gespräch.

»Das Zelt ist zerstört.« Ich übertrieb ein wenig, um auch richtig verstanden zu werden. »Wir steigen ab.« Gleichzeitig wollte ich aber auch keine Unruhe schüren.

Jeff und Mike, die beiden Amerikaner, die in der Nähe unseres Basislagers zelteten, waren bei Major Sarwat. Als er schließlich begriffen hatte, daß wir in eine Lawine gekommen und auf dem Weg nach unten waren, erklärte er uns, daß Jeff und Mike dabei wären wegzugehen und sich von uns verabschieden wollten. Sie konnten nichts zu unserer Hilfe tun, so gut sie als Alpinisten waren. Sie kannten unsere Route nicht und hätten sich ebenso der Gefahr neuer Lawinen ausgesetzt, wenn sie versucht hätten, uns zu erreichen. Ich war trotzdem enttäuscht, daß sie gingen. Allein der Gedanke, daß sie uns im Geist verfolgten und bei uns warteten, wäre tröstlich gewesen. Offensichtlich wußten sie nicht, in welcher Notlage wir uns befanden.

Irgendwie hörte ich aus dem, was Major Sarwat sagte, heraus, daß sie sich unsere Postläufer als Träger ausleihen wollten. Ich besprach mich mit Pete und Dick, die genauso entgeistert waren. Ich funkte unsere Ablehnung nach unten, kam mir zwar gemein vor, wollte jedoch die Postläufer greifbar haben, wenn wir nach unten kamen, falls überhaupt.

In dieser Nacht schliefen wir alle schlecht. Ich hatte Schmerzen im Genick und realisierte erst jetzt, daß ich durch das herabstürzende Eis und den Schnee wahrscheinlich eine Gehirnerschütterung erlitten hatte und deshalb bewußtlos geworden war, nicht wegen des Erstickungsanfalls.

Der Aufbruch am nächsten Morgen nahm viel Zeit in Anspruch. Es stürmte noch immer. Wir packten die Schlafsäcke ein, ließen das Zelt jedoch zurück. Ich funkte nach unten, daß

Gohar und Ali uns mit Proviant und einem Zelt zum Fuß des Grates entgegenkommen sollten, sobald wir vom Berg kamen. Wenn wir zu spät vom Berg kamen, konnten wir eine Nacht am Rand des Gletschers verbringen, und sie konnten uns auf dem Weg zurück ins Basislager beim Tragen helfen. Ich kündigte an, alle paar Stunden über Funk unser Fortkommen zu melden, und bat den Major, Gohar und Ali erst dann aufbrechen zu lassen, wenn wir sicher waren, daß wir den Fuß des Abruzzen-Sporns erreichen würden.

Pete ging voran über den Kamm des Grates zu einer tiefen Schneefläche. Er strebte der Eiswand zu, durch die er beim Aufstieg vorgestiegen war. Dick und ich warteten, sahen zu, wie Pete sich im hüfttiefen Schnee schwerfällig vorarbeitete. Er äußerte erste Zweifel, ob ein Abstieg auf diesem Weg bei dem vielen Neuschnee überhaupt machbar wäre. Als der Hang steiler wurde, blieb er stehen und rief uns schließlich zu, daß er zurückkomme; ein Abstieg hier sei selbstmörderisch. Er schlug vor, eine Route an einigen Felsen vorbei zu versuchen. Ich sah mich um, begriff aber nicht, welche Richtung er meinte. Die Wolken und der Schnee begrenzten die Sicht auf wenige Meter.

Er brauchte lange für den Rückweg, obwohl er nur 30 m einen sanften Hang hinuntergegangen war. Der tiefe Schnee und die völlige Erschöpfung wirkten sich auf die Bewegungen von uns allen dreien aus. Als er bei uns war, schnauzte er uns an, weil wir nicht schon losgegangen waren.

»Was ist los? Seid ihr nicht einverstanden mit dem Felsen?«

»Doch. Ich weiß nur nicht, wo du hinwillst.«

Pete hatte eine Reihe Felsen ein Stück weiter links von der Eiswand bemerkt, an der er geführt hatte, und hielt das für einen sicheren Abstieg. »Wir können wahrscheinlich ein paar Haken schlagen«, sagte er, »und noch ein-, zweihundert Meter, dann müßten wir das Schlimmste überstanden haben.«

Er ging los in den Schneesturm und stieg nach 100 m an einigen Felsen hinab, die im Nebel und Schnee unter uns verschwanden. Dick und ich folgten, alle drei an einem Seil. Ich staunte über Petes Weitsicht und daß er sich an diese Passage erinnerte und hoffte, daß sein Orientierungssinn ihn nicht im Stich ließ, denn ich konnte nicht ausmachen, in welche Richtung wir gingen.

Manchmal waren die Felsen sehr steil, und Pete rief uns zu, das Seil straff zu halten, da er wegrutschte und mit Händen und Füßen nach Halt im Schnee suchte. Wenn das gelungen war, richtete er einen Standplatz ein, befestigte das Seil an einem Haken, den er in den Fels geschlagen hatte, bis Dick und ich nachkamen, rutschend und schlitternd, da wir uns auf den nicht zu sehenden Platten und Vorsprüngen kaum halten konnten.

Meine Hände waren taub vor Kälte und die Handschuhe durchweicht vom ständigen Kontakt mit dem Schnee. Normalerweise trugen wir dünne Fingerhandschuhe und darüber wasserdichte Fäustlinge. In den Fingerhandschuhen froren meine Hände wegen der Feuchtigkeit noch mehr, und so warf ich sie weg und trug nur die Fäustlinge, in denen die Finger sich berühren, was mehr Wärme bewirkt. Als die Schritte abwärts kein Ende nahmen, das irrsinnige Gestolpere, die Nässe, Kälte und scheinbare Aussichtslosigkeit sich Stunde um Stunde hinzogen, wußte ich, daß es verrückt gewesen wäre, auch nur daran zu denken, es noch einmal zu versuchen. Ich hatte genug. Natürlich, so sagte ich mir, war dies ein ehrenvolles Scheitern. Natürlich waren wir so weit gegangen, wie man hätte erwarten können. Wir hatten unsere Grenzen getestet. Ich versuchte, zu den vereinbarten Zeiten Funkkontakt zu bekommen, aber es war vergeblich, und auf dem Funkgerät sammelte sich der Schnee.

Wir konnten nur 6 oder 8 m weit sehen, und der Abstieg schien endlos. Die ganze Zeit ging mir die Frage durch den Kopf, ob wir gerade dort waren, wo Art Gilkey verschwunden war.

Schließlich gelangten wir zum Fuß eines Couloirs neben den Felsen. Pete querte einen Schneehang, den ich im Nebel kaum erkennen konnte. Wir banden zwei Seile zusammen, damit er mehr Spielraum hatte, während Dick und ich sicher auf dem Boden des Felskammes blieben. Der Nebel wurde abwechselnd dichter und dann wieder lichter, und nach einiger Zeit konnten wir sehen, daß Pete aufrecht ging, sich vom Hang abwandte und das Schlimmste hinter sich hatte.

Gemeinsam gingen wir den welligen Hang hinunter und suchten nach dem kleinen Depot, das wir angelegt hatten, als wir das vierte Lager verlassen hatten – mit einem Reservezelt, Proviant und überflüssiger Ausrüstung. Jetzt war sie nicht mehr überflüssig. Der 250-m-Abstieg hatte uns sechs Stunden gekostet. Der Nachmittag war fast vorüber, es bestand keine Möglichkeit, heute noch vom Berg zu kommen, und wir mußten das Zelt und den Proviant unbedingt finden, wenn wir die Nacht überleben wollten.

Der weiße Nebel mischte sich mit dem Weiß des Schnees, und es war schwer, das eine vom anderen zu unterscheiden, schwer zu sagen, was oben oder unten oder eben war. Kein einziger Schatten gab dem Hang irgendwelche Konturen. Nur vom Gefühl her wußten wir, daß wir uns auf einem Absatz befanden, der flacher als der übrige Schneehang war, und wir suchten nach irgendwelchen Anzeichen, daß dies der Ort war, wo wir gelagert und das Reservezelt zurückgelassen hatten. Der frische, tiefe Schnee deckte alles mit einem einheitlichen Weiß zu.

Hilflos hockten wir im Schnee. Selbst wenn es der richtige Ort war, waren zig Quadratmeter abzusuchen. Kraftlos stocherten wir mit den Eispickeln im Schnee, hofften, etwas Weiches zu erfühlen, was das begrabene Zelt vom Fels oder Eis unterschied. Dick sondierte an einer Stelle, die er für die richtige hielt, und stieß auf einen gefrorenen Scheißhaufen, endlich ein Zeichen dafür, daß wir nah dran waren, denn wir waren nicht weit vom Zelt weggegangen, um uns Erleichterung zu verschaffen. Wir konzentrierten die Suche auf dieses Gebiet und stießen erleichtert aufatmend auf das zusammengefaltete Zelt sowie den Proviantsack und die Gasflaschen.

Es war 15 Uhr. Im Innern des Zeltes konnten wir ein wenig entspannen, für ein paar weitere Stunden von der drohenden Gewißheit befreit, daß jeder Schritt, den wir gingen, den Tod herausforderte.

Über Funk berichtete ich dem Major, daß wir an diesem Abend nicht mehr vom Berg kommen würden, aber hofften, es am nächsten Tag zu schaffen. Jeff und Mike waren schließlich doch nicht weggegangen, und der Major hatte eine Überraschung für uns. Er sagte, er wolle das Funkgerät einem Freund von uns geben, und dann hörten wir eine in ihrem Slang vertraute Stimme:

»Hallo, ihr Typen, hier ist George. Wie geht's denn so?«

Es war George Bettembourg, der mit uns am Kangchenjunga gewesen war und nun hier war, um mit einigen Franzosen den benachbarten Broad Peak zu besteigen und auf Skiern abzufahren.

»Wie geht es euch? Ihr habt Schwierigkeiten. Wann kommt ihr runter?«

Es war George, wie er leibte und lebte, übersprudelnd vor Vitalität, mit Fragen über Fragen, ohne eine Antwort abzuwarten. Ich konnte ihn mir richtig vorstellen, wie er auf und ab hüpfte, mit dem Funkgerät hin und her lief, unzufrieden mit dem Empfang war und versuchte, einen besseren Standort zu finden, statt sich auf das Gespräch zu konzentrieren.

Pete freute sich genauso, und irgendwie verlieh uns das Auftauchen von George in unserem Basislager neuen Mut. Er war ein Freund, der unsere miese Lage begriff, aber wir versicherten ihm, daß er nichts für uns tun konnte. Pete sprach ebenfalls mit ihm, und trotz des Gefühls, in einer Todeszelle zu sitzen und mit einem Menschen in Freiheit zu telefonieren, konnten wir ein paar Scherze und Sprüche austauschen, über die wir im vorigen Jahr gelacht hatten. Die Herzlichkeit seiner Gesellschaft war eine Dreingabe, auf die wir uns bei unserer Rückkehr ins Leben freuen konnten.

Es gab nun Proviant und Brennstoff genug, aber wir brachten nur die Kraft auf, ein wenig Schnee zu schmelzen. Wir planten, früh am nächsten Tag aufzubrechen, um das ganze restliche Stück bis zur Dunkelheit abzusteigen, und legten uns deshalb zeitig schlafen. Alle nahmen wir eine Schlaftablette, ich jedoch zwei, um sicherzugehen, daß die Tabletten alle Beschwerden betäubten und mir die Ruhe gaben, die ich dringend brauchte.

Ich verbrachte eine Nacht mit beunruhigenden Träumen. Ich war im Vietnamkrieg auf einem Schlachtfeld, stand neben einem Oberst Kurtz. Ich hatte ihn im Film *Apocalypse Now* gesehen. Das Schlachtfeld war ein morastiges Durcheinander aus zerstörten Gebäuden und Zelten. Unter den Zeltplanen konnten wir die Silhouetten sich bewegender Gestalten sehen, und der Oberst zog den Revolver und schoß aus kürzester Entfernung auf die runden Konturen – die Köpfe der Menschen. Der Film hatte mich verblüfft durch die lässige Art, in der die Darsteller mit dem Leben spielten. Man sah sie vor einem Strand surfen, während aus dem Dschungel die Kugeln pfiffen, zur Musik aus in den Hubschraubern eingebauten Lautsprechern Napalm auf Dörfer werfen und den Mekong hinauf in einen Hinterhalt fahren, wobei sie zum Song »Satisfaction« der Rolling Stones tanzten. Ich erwachte mit dem gleichen Gefühl eines launischen Flirts mit dem Tod, als ob der Tod nichts Endgültiges wäre, als ob man den Tod nicht fürchten müßte, denn warum sollten die Leute sonst so ausgelassen mit ihm spielen?

Eine letzte Querung durch 100 m Tiefschnee brachte uns zum oberen Rand der Eiswand, in der Dick geführt hatte. Pete stieg als erster ab, Dick sicherte ihn. Ich saß da und filmte Pete, wie er im Nebel verschwand. Ich hatte mich so weit gefangen, daß ich wieder die kleine Filmkamera halten konnte, die wir mitgenommen hatten.

Der Schnee gab bei jedem Schritt nach, den Pete machte. Er rief ungeduldig, verunsichert wegen der gefährlichen Querung, und ich war froh über den Vorwand zu filmen, so daß ich den Hang nicht als erster queren mußte.

Pete seilte an der Eiswand ab. Als Dick ihm folgte, trat er etwas lockeren Schnee los, der Pete unvermutet traf. Der Schnee brachte ihn aus dem Gleichgewicht, und er fiel 5 m tief, wo er von den ausgefransten Resten des alten Seils gebremst wurde, das wir an dieser Stelle angebracht hatten, obwohl sie uns weniger wichtig schien.

Wir hatten noch 2100 Meter Abstieg vor uns, schwieriger als die freien Schneehänge, aber sicherer. Die Felspfeiler waren so steil, daß sich kaum Schnee auf ihnen halten konnte, und wir konnten zügig die freien Rinnen zu den Felsen auf der sichereren anderen Seite queren. Wir seilten einige Strecken ab, an anderen beschleunigten die von uns angebrachten Fixseile den Rückzug. In keinem von uns steckte mehr viel Kraft, doch unsere Hoffnungen durchzukommen waren größer als zu irgendeinem Zeitpunkt in den letzten drei Tagen.

Ich war nicht der Meinung, daß wir nie an den Berg hätten gehen sollen, doch jetzt, als wir berechtigte Hoffnung hatten zu überleben, mißfielen mir die langen, beschwerlichen Tage, die noch vor uns lagen, bis wir endlich ausruhen konnten. Selbst als unsere Zukunft düster gewesen war, war mir nie etwas anderes in den Sinn gekommen, als wie wir uns aus unserer mißlichen Lage befreien könnten. Da war mir klargeworden, daß ich mir nicht einreden konnte, doch besser eine andere Art zu leben gewählt zu haben, denn ich hatte vorher immer Zweifel gehabt und war wieder und wieder in die Berge gegangen. So schlimm unsere Situation auch war, wir hatten uns dafür entschieden.

Ich gab über Funk stündlich unsere Position durch, konnte aber nicht mit Sicherheit sagen, ob wir vor Einbruch der Dunkelheit unten sein würden. Gohar und Ali wollten uns entgegensteigen, aber ich erlaubte es ihnen nicht. Ich verlor bei diesen Funksprüchen immer Zeit, mußte dabei manchmal hinter einem Vorsprung warten, der mir beim Sprechen Schutz gegen den Wind bot, während Pete und Dick weitergingen.

Wir befanden uns inzwischen in leichterem Gelände, das durch den Neuschnee einen ganz anderen Charakter bekommen hatte. Selbst auf ebenen Abschnitten konnte ich kaum aufrecht gehen. Wo noch alte Steilreste von früheren Expeditionen hingen, schwang ich mich daran nach unten, ohne auf ihr Alter zu achten, zu schwach, sie links liegenzulassen, wie wir es noch beim Aufstieg getan hatten, in der Hoffnung, diesem Berg entkommen zu dürfen.

In den tieferen Regionen wurden die Wolken lichter und der Schnee nasser. Manchmal wurde der dunkle Talboden sichtbar, und mein Mut sank, wenn ich sah, wie weit es noch war und wie weit Pete und Dick voraus waren.

Gohar und Ali waren auf dem Weg zu uns, und am späten Nachmittag sah ich die winzigen Gestalten auf jener Felsbank, bis zu der sie uns begleitet hatten, als wir vor all diesen Tagen aufgebrochen waren.

Es war schon dunkel, als ich sie erreichte. Ich verließ mich ganz auf mein Gefühl und tastete mich an den nassen Felsen nach unten, geleitet von ihren Taschenlampen. Pete und Dick waren bereits da. Der Alptraum war beinahe vorüber. Ich richtete mich für die letzten Meter auf, als ich die Plattform erreichte, strauchelte jedoch und wurde von Gohar aufgefangen, der mir entgegensprang. Er und Ali drängten sich an mich, legten die Arme um mich und drückten mich zur Begrüßung. Sie hielten mich lange, und ich weinte vor Erleichterung, überließ mich, ohne mich zu schämen, der Fürsorge dieser beiden kräftigen, tüchtigen Männer, die wir zum Arbeiten engagiert hatten, deren Zuneigung und Sorge um uns jedoch weit über das hinausgingen, was man für Geld kaufen kann.

Sie ließen nicht zu, daß wir irgend etwas trugen. Wir mußten ein-, zweihundert Meter zum Gletscher absteigen, wo sie die Zelte und den Proviant hatten. Der felsige Grund war naß und stellenweise vereist, aber wir lebten. Gohar und Ali sorgten sich um jede unserer Bewegungen und geleiteten uns wie ihre eigenen Kinder zu dem Platz, an dem wir die Nacht verbringen würden. Stundenlang hatten sie in der Kälte in leichter Kleidung auf dieser Felsbank auf uns gewartet, da wir ihnen verboten hatten, höher zu kommen, hatten aber auch nicht zu den Zelten zurückgehen wollen, wo sie ihre wärmeren Sachen zurückgelassen hatten.

Am Rande des Gletschers schlüpften wir in eins der Zelte, während Gohar und Ali uns aus einem zweiten Zelt heraus bekochten und bedienten. Wir waren völlig durchnäßt, schliefen jedoch in der tröstlichen Gewißheit ein, daß wir uns um nichts mehr zu kümmern brauchten. Wir mußten nicht einmal mehr irgend etwas ins Basislager zurücktragen.

Gohar brachte uns am Morgen Tee, und Ali kam mit einer kleinen Blume, die er auf der kargen Moräne gepflückt hatte. Die Tortur hatte ein Ende.

Unsere Schritte waren schwach und unsicher, selbst auf dem ebenen Teil des Gletschers. Gohar und Ali schleppten irrsinnige Lasten und weigerten sich, sich irgend etwas abnehmen zu lassen. Für Ali war dies die erste Expedition, und er war mit bergsteigerischen Techniken noch nicht so vertraut, aber er war stolz, gebraucht zu werden, und beharrte darauf, mehr zu tun, als wir je von ihm verlangt hätten.

Auf dem Weg zum Basislager herrschte zum erstenmal seit einer Ewigkeit wieder klares Wetter. Vor unseren Zelten standen mehrere Personen zusammen, die uns entgegensahen, als wir vom Eis kamen. Mir war es gar nicht recht, mit Leuten zusammenzukommen, die sich erkundigen und die Schrecken unseres Alptraums noch einmal aufrühren würden, und dann kam George uns entgegengerannt, über das ganze Gesicht strahlend, und meine Augen schwammen in Tränen. Ich torkelte ins Lager, blind, weil die Gletscherbrille beschlagen war, und froh, daß die verspiegelten Gläser mir ersparen würden, die Tränen zu erklären, und Major Sarwat schüttelte uns die Hände, froh, daß seine Jungs wieder da waren.

Aus:

Der schimmernde Berg

von Peter Boardman

Peter Boardman (geboren 1950, gestorben 1982) unternahm gemeinsam mit Joe Tasker Ende der 70er Jahre legendäre Besteigungen. Ihre Begehung der Westwand des Changabang 1975 trug mit dazu bei zu beweisen, daß eine Zweierseilschaft atemberaubend schwierige Routen in großer Höhe bewältigen kann, und das Zeitalter der aufwendigen Expeditionen im Belagerungsstil zu besiegeln. Hier waren die beiden beim Aufstieg zum Gipfel mit extremen bergsteigerischen Schwierigkeiten konfrontiert.

Draußen tobte die Nacht. Der Sturm jagte um den großen, weißen Felsturm des Changabang, zog sich zurück, holte wütend Atem, sammelte seine frustrierten Kräfte jenseits des Berges, um durch die Dunkelheit erneut zurückzukehren. Und der Berg erbebte. Nur der Traum vom Gipfel half uns, weiter an ihm zu klammern.

Es war drei Uhr nachts und stockfinster. »Hört sich kriminell an da draußen«, sagte Joe.

Das war immer so, wenn man im Zelt lag – die klatschenden Planen schienen unter der ständigen Drohung eines bevorstehenden Unheils zu erschauern und verwandelten das Zelt in einen Resonanzkasten. Joe lag immer noch an der Außenseite, und nur die sich bauschende Nylonwand hielt ihn am Platz. Wenn der Wind in heftigen Böen kam, versuchte das Zelt, ihn seitlich wegzurollen. Glücklicherweise hatte ich schon am

Abend zuvor das Eis zum Schmelzen für das Frühstück aufgehackt und hatte bald einen Topf auf dem Kocher. Die Kocherflamme bestätigte einmal mehr unser ertrotztes Recht, hier zu sein. Die Zeltwände bewegten die Luft im Innern, und die Flamme schwankte leicht von einer Seite auf die andere, als glitte sie ständig aus und richte sich wieder auf – erschüttert, aber immer wieder ihr Gleichgewicht findend.

Um halb sieben waren wir fertig zum Aufbruch. Wir nahmen nur wenig Ausrüstung mit, nur jeder ein Seil, einen Schlaf- und einen Biwaksack sowie einen Kocher, einen Topf und etwas Proviant.

»Das wird ein langer, kalter Schlauch da hoch«, sagte ich. »Willst du vorsteigen und das Seil direkt unter dem höchsten Punkt anbringen? Dann kannst du dich sichern, und ich führe die obere Seillänge. Das Jümarn in der Big Groove wird wahrscheinlich ganz schön heftig.«

Joe war einverstanden und ich dankbar. Ich wollte nicht als erster die Big Groove ausprobieren. Ich wollte, daß er herausfand, wie das war.

Der Wind erreichte in den Böen 80 km/h, und es war unerträglich kalt. Ich mußte alle 15 Minuten in meinen Jümarbügeln haltmachen, den Reißverschluß vorn an meinem Überanzug aufziehen, die Hände weit unter die Achselhöhlen schieben und die Finger fest zusammenpressen. »Wenn das noch lange so weitergeht, werde ich sie wohl bald nicht mehr aufwärmen können«, ging es mir durch den Kopf. Es bedurfte einer disziplinierten Anstrengung, um zu erkennen, wann die Finger die Gefahrenzone erreichten, denn mehrere Kuppen waren bereits taub.

Joe hatte vergessen, das Seil oben zu fixieren – es war ein Mißverständnis gewesen. Aber es machte nichts. Wir hatten einen alten Strick, der wohl bis zur Rampe reichte und den wir wahrscheinlich nicht mehr brauchen würden. Ich nahm den Rucksack ab, ließ ihn bei Joe und begann mit der Seillänge. Ein ganzer Tag Klettern lag vor uns, und wir hatten keine Ahnung, wo wir bei Einbruch der Nacht sein würden. Ein Tag, an dem wir uns würden durchbeißen müssen. Aber das unmittelbare Problem war die Rinne.

Es war eine Menge Eis auf dem Fels, aber ich wollte möglichst ohne Steigeisen gehen. Als erstes mußte ich den Fuß der Rinne erreichen und dazu die rechte Wand von Joes Stand aus queren. Es gab einige gute Haltepunkte für meine Finger, und schon bald war ich 5 m über ihm. Aber es war schon wieder jedes Gefühl aus den Fingern gewichen; ich hängte eine Bandleiter ein, stellte mich mit beiden Füßen in die Schlaufen und versuchte, die Finger zu wärmen. Ich wußte zwar, daß ich mit tauben Fingern weiterklettern konnte, doch das würde zu dauerhaften Schäden führen, und wir hatten noch ein paar Tage vor uns. Falls es Joe nervte, während meiner Aufwärmmanöver in der Kälte zu warten, so beschwerte er sich doch nie. Es war jedoch das erste Mal, daß wir im Schatten klettern mußten – es war eine gute Ausrede.

Eine splittrige Felsschicht schob sich in die Rinne, die ich, an den Händen hängend, querte, wobei die Füße kleine, schuppige Haltepunkte auf dem Granit fanden. Bald balancierte ich wieder neben der Rinne, zweifelnd, ob ich mit dem Fuß einen kleinen Halt auf der anderen Seite erreichte, wenn ich mich hinüberschwang. Ich atmete tief durch und mit einem Gefühl, als stiege ich von einem festen Steg in ein nicht angebundenes Ruderboot, machte ich einen Ausfallschritt hinüber. Der Fuß verfehlte den Halt, doch mit den Händen konnte ich mich an der linken Seite der Rinne festhalten und in einer stabilen Spreizposition ausruhen. Nach 7 m wurde die senkrechte Rinne überhängend. Die rechte Wand war jetzt glatt, und ich konnte nicht mehr hinüberspreizen. Ich klemmte ein Nuteisen in den Riß und hängte mich schwer atmend ein. Ich drehte den Kopf nach hinten und sah mich um.

Es war die unglaublichste und gleichzeitig amüsanteste Situation, in der ich mich je befunden habe. Ich blickte nach unten und hinüber zu Joe Tasker, der am Rand des Raums hing.

Direkt unter mir fiel fast unsere gesamte Route jäh ab. Mehr als 300 m unter mir befand sich das Lager II, und doch war der Upper Tower unter mir perspektivisch so verzeichnet und die Luft so klar, daß es mir so nah erschien, als wäre es gleich um die Ecke. Jenseits des Eisfeldes wirkten die Kuppen und Gipfel auf dem Grat zwischen dem Rhamani- und Bagini-Gletscher durch meinen hohen Blickwinkel flach. Der Grat unter meinen Füßen zog eine senkrechte Linie über die Erde, zwischen Licht und Schatten, Weiß und Braun, Bekannt und Unbekannt, Erkundet und Verboten. Der schwarze Punkt vom Lager I auf dem Grat war einziges Zeichen unserer Anwesenheit in dieser Wildnis. Der Fels der Rinne schien am Bergrand zu schweben. Ich befand mich direkt über jenem Zelt fast 1200 m unter mir. Einen Augenblick lang raste ich am Himmel über der runzeligen Erde.

Über mir stand ein prächtiger, farbiger Bogen wie ein Regenbogen am Himmel um den weißen Lichtkreis der verborgenen Sonne. Die Eiskristalle in der oberen Atmosphäre bildeten einen Hof um die Sonne, der klassische Vorbote einer sich nähernden Front. Ich fragte mich, ob Joe die Zeichen ebenfalls erkannt hatte und wann der Sturm wohl losbrechen würde; hoffentlich würde es nicht zu schlimm.

Der große Block, der die Rinne krönte, hing über meinem Kopf. Ich lehnte mich an dem Nut, an dem ich hing, hinaus und drückte dagegen. Er wackelte nicht, und so stieg ich mit Hilfe eines weiteren Nuts in der Rinne hoch, hob ein Bein an und versetzte ihm einen Tritt. Ich wollte ihn keineswegs lostreten, denn er hätte die Seile kappen oder Joe treffen können. Er wog vielleicht eine halbe Tonne. Da es keinerlei Anzeichen dafür gab, daß er sich bewegte, hielt ich es für sicherer, mich hinter ihm durchzuschlängeln, statt Gefahr zu laufen, ihn wegzuhebeln, wenn ich mich außen herumschwindelte.

Sobald ich die Schultern durch das Loch gezwängt hatte, baumelten die Füße im Freien. Nach einigem stillosen Winden und Stemmen landete ich plötzlich auf etwas Schnee. Von oben betrachtet, schien der Block auf einem Sockel zu ruhen, der jeder Schwerkraft spottete, und ich entfernte mich schleunigst. Ich blickte nach oben und sah Schnee, den sanftesten Schneehang seit 1200 Höhenmetern. Ich war durch das Keyhole gekrochen, das endlich die Tür zu unserer Aufstiegsroute geöffnet zu haben schien – jetzt konnte uns bestimmt nichts mehr aufhalten.

»Ich bin auf der Rampe«, schrie ich in den Wind.

Binnen Sekunden umfing mich die Sonne, um beim Ausgleich von äußerer und innerer Wärme zu helfen. Ich fixierte eines der Seile, damit Joe hochjümarn konnte, und begann, meinen Rucksack hochzuziehen. Als Joe näher kam, mußte er seinen Rucksack abnehmen und an meinen binden, damit er die Rucksäcke und dann sich selbst durch das Keyhole zwängen konnte. Er war froh, als er neben mir in der Sonne stand …

Die Sonne war schwach und milchig, aber jetzt hatten wir Bewegungsfreiheit, um uns aufzuwärmen. Wir legten das meiste unserer Ausrüstung ab und nahmen nur zwei Seile und ein paar Haken, Schlingen und Karabiner mit. Wir wechselten uns immer noch alle zwei Seillängen ab, und ich brach rasch wieder auf, trat Stufen in den Schnee und schlug die Hauen von Eisbeil und -hammer in gleichmäßigem Rhythmus ein. Es war ein Vergnügen, sich so frei bewegen zu können, so leicht Höhe zu gewinnen. Daß wir den Großteil der Ausrüstung zurücklassen konnten, war eine enorme Erleichterung.

Über uns thronte wieder ein Felspfeiler, reckte sein Haupt zwischen uns und die Gipfelhänge. Der Schnee, in dem ich ging, war pulverig und instabil, und ich beschloß, auf diese Felsen zuzuhalten, um vernünftig sichern zu können. Um zum nächsten Felsen zu gelangen, mußte ich den Hang queren. Ich erreichte den Felsen, als das Seil, das mich mit Joe verband, sich spannte. Es war gerade lang genug gewesen.

Joe war bald bei mir. Wir hatten die Jümarbügel zurückgelassen und gingen jetzt im uns vertrauten Alpinstil, bewegten uns flüssig wie eine geschlossene Einheit, die Rucksäcke ausgerüstet für das Überleben. Wir hatten uns aus den Fixseilen ausgeklinkt, das Seil zwischen uns war vom Herrn zum Diener degradiert worden; zumindest für einige Zeit würde der Berg unser einziger Halt sein, und wir waren vom hängenden, instabilen Seil befreit. Der Seilerste und der Seilzweite konnten sich im Gleichklang bewegen, es ging nicht mehr darum, senkrecht am anderen vorbeizujümarn. Die Bewegung stand im Mittelpunkt. Der Nachmittag ging vorüber – wir hatten uns dem Gipfel verschrieben, und unser Tempo würde unser einziger Schutz sein.

»Das muß die Rampe sein«, sagte ich, »jetzt müßten wir eigentlich nach rechts queren. Sie müßte über diesen Pfeiler zum Gipfelschneefeld ansteigen.«

Joe meinte jedoch, wir sollten gerade hochsteigen, einer direkteren Linie durch eine Rinne am Pfeiler folgen. »Das sieht ganz gut aus. Das ist viel kürzer, und es ist besser zum Abseilen«, sagte er. Ihm gefielen außerdem die Schneeverhältnisse nicht, und er hielt das Queren ohne gute Sicherung im Fels für gefährlicher. Ich hatte Angst, daß die Rinne zu schwierig sein könnte und wir zuviel Zeit in ihr verlieren würden. Aber es war Joes Seillänge, und so lag die Entscheidung bei ihm. Er nahm mir ein paar Schlingen vom Hals und ging los und stieg, nachdem er den Fels erreicht hatte, eine schwierige Traverse über das kombinierte Gelände hinauf in die Rinne.

Der obere Abschnitt der Rinne war durch einen 15 m breiten Eishang, der sich nach 25 m vorwölbte, verdeckt und für uns nicht einsehbar. Joe zog sich über eine kleine Felsstufe, kletterte im Eis zügig weiter bis zu dem Wulst und über ihn hinaus. Es kamen jetzt viele Eisbrocken von oben, und das Seil wurde nicht mehr so gleichmäßig nachgezogen. Aus dem weißen, mit Luftblasen durchsetzten, festen Eis war schwarzes, hartes Wassereis geworden. Joe kletterte 10 m die 60 Grad steile, stahlharte Fläche zur linken Wand der Rinne zu einer Stelle hin, wo die Wände der Rinne sich einander näherten. Unterwegs versuchte er sich mit Eishaken zu sichern. Das Eis war so hart, daß es splitterte, wenn die Haken mehr als ein paar Zentimeter eindrangen, und er mußte sie abbinden. Sie waren wenig mehr als ein psychologischer Halt. Die Haue von Eisbeil und -hammer sowie die Zacken der Steigeisen waren nach all der bisherigen Kletterei stumpf und mußten mit aller Kraft eingehauen werden, damit sie Sicherheit boten. Es war eine geistig und körperlich anstrengende Seillänge, und als Joe schließlich einen Felshaken einschlug, hatte er Krämpfe in Unterarmen und Waden. Es gelang ihm, einen kleinen Standplatz in das Eis zu schlagen, und er holte das Seil ein.

»Das war ziemlich heftig«, sagte Joe, als ich schließlich bei ihm war.

Es war wenig Platz, und ich stand breitbeinig dicht bei ihm, den einen Fuß auf dem Eis, den anderen an der Wand der Rinne. Mir hatte die Seillänge sehr gefallen. Zum erstenmal während dieser Tour hatte ich schwierige Kletterei mit der Sicherheit eines Topropes genießen können.

»Entschuldige«, sagte ich, da ich halb an seinem Gurt hing, als ich mich an ihm vorbeischieben wollte.

»Zeit, daß du dich wieder mal wäschst«, bemerkte Joe.

Ich kam auf den ersten Punkt zurück. »Ja, das letzte Stück war ziemlich stramm. Wie gehen wir jetzt weiter – hier rechts?«

Joe stimmte zu. Er hatte den nächsten Abschnitt taxiert, während ich nachgestiegen war. Rechts hinten in der Rinne war offenbar eine problematische Passage mit instabilem Untergrund, dort, wo der Fels und das Eis aufeinandertrafen. Von unserem Standort aus war es unmöglich, Steilheit und Schwierigkeit abzuschätzen.

Ich zeigte soviel Zuversicht und Stärke wie möglich, holte ein paarmal tief Luft und querte die Rinne 5 m auf den Frontalzacken, bis ich einen Fuß auf einem kleinen Vorsprung aufsetzen, das andere Steigeisen über das Eis nachziehen und wieder ins Gleichgewicht kommen konnte.

Für mich war das eine ideale Seillänge. Jeder Tritt war schwierig, technisch knifflig, und trotzdem konnte ich nach jeder Trittfolge das Gleichgewicht zurückgewinnen. Alles, was ich an Klettertechnik jemals gelernt hatte, wurde erprobt und angewandt, halb unbewußt – Spreizen, Verklemmen, Kamine und Überhänge klettern, Untergriffe, Klimmzüge, Reibungsklettern, alles in immer neuen Kombinationen. Die mühsame Seilakrobatik am Upper Tower war vergessen, denn dies war kombiniertes Fels- und Eisklettern vom Feinsten. Ich hatte alles im Griff und genoß das prickelnde Gefühl, die Seile von meiner Taille hinunter ins Leere baumeln zu sehen. Ich war so leicht wie die Luft ringsum, als tanzte ich auf Zehenspitzen, gelöst, jede Bewegung intensiv erlebend und nach dem effektivsten Einsatz der Mittel strebend. Sprich mit den Augen, sprich mit den Händen, laß dein Herz sprechen. Echter Austausch, echte Gemeinschaft ist still. Tschechow hat einmal gesagt, Anmut sei, wenn ein Mensch bei einer bestimmten Handlung die geringstmögliche Bewegung aufwende. Das war mein einziges Trachten, bis der Ruck am Seil mich daran erinnerte, daß ich haltmachen und mich sichern mußte – und daß ich einen Begleiter hatte. Als ich zurück zu Joe blickte, merkte ich, wie spät es geworden war. Die Rinne hatte sich in ein goldenes Amphitheater verwandelt, das am Rande der Dunkelheit schwebte.

Joe hatte beim Nachstieg große Probleme:

»Das Seil zog mich immer nach rechts; ich mußte nach hinten in die Rinne klettern, wurde aber jedesmal vom Seil aus dem Gleichgewicht gezogen. Ich rief Pete, aber er hörte mich offenbar nicht, und ich konnte das Seil nicht lockern. Ich schickte ein inständiges Gebet zum Himmel, daß er eine gute Standplatzsicherung hatte, schwang mich am Seil durch die Rinne und packte den Fels auf der anderen Seite.«

Das Bewußtsein um unsere Stärke und die Präsenz des anderen strömte in Wellen zwischen uns. Als Joe bei mir ankam, merkte ich mit beinahe körperlich spürbarem Entsetzen, daß er erschöpft war. Für einige Augenblicke fiel die Maske des Schweigens zwischen uns. Knapp 90 m über uns schien die Rinne in einem Grat vor den Gipfelhängen zu enden. Es gab keine Bänder im Bereich des schmalen, mit Felsstufen durchsetzten Schneehanges über uns, wo wir die Nacht hätten verbringen können.

»Ich bring uns hoch zum Grat, wenn du willst«, sagte ich.

»Ja, ich bin etwas müde«, erwiderte er.

Ich spürte den Druck und war entschlossen, in der Sonne zu bleiben, bis ich den Grat erreichen würde. Es war ein erfundenes Spiel, uns dem Griff der Dunkelheit zu entziehen. Eine Woge der Stärke durchflutete mich, denn ich war vom Rhythmus des Steigens wie aufgezogen. Die Rinne war geschützt, und während ich aufwärts spurte, rieselte der Pulverschnee nach unten. Die Luft wurde langsam kühler, aber das Licht war warm und rot. Die Sonne trieb mich hinauf, als schwebte ich auf Teilchen aus Sonnenlicht.

3 m unterhalb des Grates sank ich wie ein Toter in den Schnee und holte das Seil ein, aber Joe war schon unterwegs. Ich sah seinen roten Helm über einem Felsen sich auf und ab bewegen, der vom Abendlicht eingefangen wurde. Zum erstenmal, seit ich Joe durch die Rinne hinaufgefolgt war, konnte ich mich umsehen. Doch die Nacht schloß rasch ihre Türen, und nur die Sonne fesselte noch meinen Blick. Es war ein prachtvoller Sonnenuntergang, der seine Ruhe über mich breitete und mich von Zeit und Raum unter uns abhob. Taube Zehen und ein rasendes Herz waren vergessen. Doch dies waren Augenblicke, die ich nicht auskosten konnte. Das Auftauchen von Joe, Dunkelheit und Kälte stoppten unseren Aufstieg. Wir mußten biwakieren.

Der Schneegrat, bei dem die Rinne auf das Gipfeleisfeld traf, befand sich am Rand des Berges. Wir waren schätzungsweise

6600 m hoch – und hatten noch etwa 150 Höhenmeter bis zum Gipfel. Als wir auf den Grat traten, änderte sich die Stimmung des Abends augenblicklich, denn wir kamen aus der geschützten Rinne in den Wind. Der Wind fuhr voller Heftigkeit über den Grat und nahm um den Berggipfel noch mehr Fahrt auf. Die Temperatur fiel drastisch, als die Sonne verschwand.

»Wir müssen hier haltmachen«, sagte ich, »vielleicht können wir uns eingraben.« Ich fühlte mich ungewöhnlich energisch, als ob es diesmal meine Aufgabe wäre, das Biwak zu organisieren. Ich befestigte ein Sicherungsseil an einigen Nuten und einem Haken, den ich in einen aus dem Schnee ragenden Felsen geschlagen hatte, und wir hingen uns beide daran ein. Ich markierte mit dem Eisbeil die Schneefläche, die wir ausgraben mußten, und Joe fing am einen Ende an zu graben, ich am anderen. Es wurde von Minute zu Minute kälter, und bald gruben wir mit der fiebrigen Hast besessener Goldgräber, arbeiteten mit Händen, Füßen und dem Beil und schleuderten Schneewolken in den Wind.

Der Fels lag enttäuschend dicht unter der Oberfläche, und unsere Hoffnung auf ein Schneeloch sank. Schließlich hatten wir eine kleine Plattform ausgehoben. Wir waren inzwischen gefährlich ausgekühlt und mußten uns unbedingt aufwärmen. Wir hatten zwei kleine Biwaksäcke mitgenommen für den Fall, daß wir kein Felsband fanden und getrennt biwakieren mußten. Das bedeutete, daß wir nicht im Schutz einer Plane ohne Wind kochen konnten. Es würde zu Abend nichts zu trinken oder zu essen geben.

»Du bist dran mit draußen schlafen«, sagte Joe.

»Läßt du die Schuhe im Bett an?« fragte ich ihn. Er hatte es vor. Wir hatten nur die leichten Schlafsäcke bei uns und würden soviel Wärme wie möglich brauchen.

Mit dem ihm eigenen Biwaktempo und der katzenartigen Suche nach Behaglichkeit hatte Joe es sich bald in seiner grünen Schutzhülle bequem gemacht.

»Unsere Ansprüche waren immer weiter gesunken. Heute abend bestand die Seligkeit im Ende der Arbeit in einem windgeschützten Ort und warmem Schlaf.«

Ich kämpfte mit meinem Schlafsack, wütend über meine beträchtliche Ungeschicklichkeit. Ich fühlte mich sehr unsicher, als würde ich nur dadurch verhindern, vom Sockel zu rollen, daß ich die Muskeln angespannt hielt. Ich lag auf der Seite, mit dem Gesicht zum Hang. Meine Beine ragten über den Grat hinaus, und der Wind zerrte so wild an ihnen, daß es sich anfühlte, als wären sie ohne jeden Schutz.

Joe schien stündlich ein paar Zentimeter mehr Platz zu ergattern. In einem irrationalen, mißgünstigen kleinen Winkel meines Herzens regte sich Groll gegen ihn. »Ich wette, der hat's schön warm. Ich wette, der ist sofort eingeschlafen. Warum geht es ihm offenbar immer besser als mir? Warum braucht er soviel Platz?« Sobald ich einnickte und mich entspannte, machten die Rücken- und Beinmuskeln mich ruckartig wieder wach, wenn die Schwerkraft mich vom Sims zu kippen drohte. Es gibt eine Biwakgeschichte von einem Bergsteiger, der die ganze Nacht wach blieb, um den schlafenden Bergführer nicht zu wecken, der halb auf ihm drauflag. Ich war das jedenfalls nicht – und ich hatte die Nase voll.

»Hej, Joe, du schiebst mich runter!«

»Oh, sorry.« Er klang hellwach und machte mir sofort Platz.

Ich mußte eingeschlafen sein. Ich schob das kleine Loch, wo das Durchziehband am oberen Ende des Biwaksacks zugezogen war, vor meine Augen. Es war noch dunkel. Es war noch kälter geworden, und es kam mir so vor, als bliese der Wind durch mich wie durch ein Sieb. Dann merkte ich es. Meine Füße. Ich spürte meine Füße nicht mehr. Ich rang den überwältigenden Wunsch nieder, zurückzusinken und weiterzuschlafen, krümmte mich mühsam zusammen und fing an, mir die Stiefel auszuziehen: ein Fuß, dann der andere; ich versuchte, sie abwechselnd zu wärmen, indem ich sie mit beiden

Händen rieb und die Fußsohle hielt und dann die Zehen. Es dauerte zwei Stunden, bis ich wieder etwas spürte.

Die Dämmerung kümmerte uns nicht, und wir waren nicht bereit, sie zur Kenntnis zu nehmen. Ich zuckte unkontrolliert vor Kälte.

»Sollen wir die Sonne abwarten?« Ich brüllte in meinen Biwaksack und hoffte, daß die Laute irgendwie durch das Loch über mir entweichen würden.

»Jaa«, kam die verzerrte Antwort. »Von hier müßten wir eigentlich in einer Stunde oder so oben sein.«

Mir war zu kalt zum Denken. Zwei Stunden später wurde es dem Biwakkönig jedoch langweilig.

»Ich mach was zu trinken«, erklärte er, alle gewerkschaftlichen Vorstellungen von Arbeitsteilung ignorierend. Eine Stunde später wurde mir ein lauwarmer Becher mit irgend etwas Undefinierbarem durch den Spalt gereicht, das ich mit wenigen großen Schlucken hinunterstürzte.

»Die Sonne ist draußen, schon gemerkt?« war die zweite Ankündigung. Es stimmte tatsächlich, doch ihre Kraft wurde durch einen hohen Wolkenschleier gefiltert, und sie wärmte nicht so, wie wir gehofft hatten. Ich zählte bis zehn, sammelte mich und fing an aufzustehen.

»Kannst du mir die Schuhe schnüren, Joe?« Ich wußte, wenn ich es versuchte, würden sich meine Finger nicht mehr erholen.

Joe bückte sich wortlos und band sie für mich zu. Ich kam mir wie ein wehleidiges kleines Kind vor – aber Joe nutzte die Gelegenheit nicht zu einer abfälligen Bemerkung. »Wahrscheinlich hat er das immer bei seinen kleinen Geschwistern machen müssen«, ging es mir durch den Kopf.

»Wir lassen die ganze Ausrüstung hier, oder?« sagte Joe.

Wir würden also nicht auf der anderen Seite absteigen. »Ein Seil und ein paar Firnanker sollten wir schon mitnehmen«, meinte ich. Und schon waren wir fertig.

Es war, als hätte ich das alles schon einmal gemacht, in einem Traum, aber jetzt wurde der Traum Wirklichkeit. Schnell überkletterten wir eine Felsstufe oberhalb des Biwakplatzes und stiegen gemeinsam das 50 Grad steile Schneefeld hinauf. Joe ging voran.

> »Ich wollte es hinter mich bringen. Die Romantik war verflogen... die Erschöpfung durch Höhe und Strapazen war mir vertraut und beunruhigte mich nicht. Ich blickte nicht ein einziges Mal zurück, um zu sehen, was Pete machte, ob er schneller oder langsamer ging. Ich spürte den Zug des Seils in der Taille und wartete, wußte aber nicht, ob das Pete am anderen Ende war oder ob sich das Seil nur im Schnee verfangen hatte... Die ›Hörner‹ des Changabang lagen inzwischen unter uns, und ganz schwach kam aus den Tiefen meines Bewußtseins der furchteinflößende Gedanke, daß wir uns einen Hang hinaufkrallten, der schwindelerregend über dem Abgrund der Westwand schwebte, 1500 m über dem Gletscher. Ein paar Metallspitzen an unseren Stiefeln, zwei Eisgeräte in unseren Händen und ein Seil, das uns verband, mehr hielt uns nicht hier oben.«

Das Licht hatte, wie auf einem überbelichteten Foto, keine Wärme, keine Farbe, keine Tiefe, und der Schnee hätte jede Steigung haben können – nur mein keuchendes Atmen und die schweren Beine sagten mir, wie hoch wir waren. Der Wind drückte meinen Kopf hinunter. Die Augen waren auf den sich bewegenden Untergrund gerichtet. Vom Wind aufgepeitschter Pulverschnee jagte in einem endlosen Strom vorbei. Das Gefühl, nicht von der Stelle zu kommen, das ich beim Steigen im Schnee schon so oft erlebt hatte, hatte sich wieder eingestellt. Ich befand mich im Innern einer Hülle, die sich im Zeitlupentempo bewegte, mit stetigem, mechanisch eingesetztem Schritt.

Die Gedanken und Augen trugen Scheuklappen. Wolken schlossen uns ein. Dies war der Changabang, bald würde ich seine andere Seite sehen können. Würde ich auch die Nanda

Devi und das Allerheiligste meiner Kindheitsträume zu Gesicht bekommen? Es schien am einfachsten, intensiv nur an eine einzige Sache zu denken, zu fühlen, wie die Aussicht auf einen weiteren Horizont mich wie ein Magnet zum Gipfelgrat zog. Die Erinnerungen an einen Monat Kampf an der Westwand lagen unter meinen Füßen, und der Gipfel war der Mittelpunkt all meiner Hoffnungen.

Joe saß auf meinem Horizont. Er hatte den Grat erreicht und holte das Seil zwischen uns ein. Auf den letzten 15 m war der Pulverschnee mit einer vom Wind gepreßten Kruste aus hartem Schnee überzogen, die unter meinem Gewicht einbrach. Ich zügelte meine Ungeduld und ging vorsichtig. Joe war so erleichtert, wie ich begeistert war von der Aussicht. »Keine Angst, du kannst ihn sehen«, sagte er, als ich bei ihm war. Es war, als ob er sich verantwortlich gefühlt hätte, wenn es nicht so gewesen wäre, es aber so hatte einrichten können, daß die Wolken im richtigen Augenblick aufrissen. Nanda Devi, die glückverheißende Göttin.

Von ihrem Gipfel bauschten sich horizontal Wolken über den beschatteten Nordostwänden. Diese 2500 m hohen Wände bildeten ein gewaltiges, abschreckendes Amphitheater aus wirbelnden Nebelfetzen. Im Westen hatte die Sonne jedoch eine silberne Spur über den Nordgrat gelegt, der sich bis zum Hauptgipfel zog. Und der Gipfel war frei. Unten die Weite zwischen unserer Spitze und dem massigen Doppelgipfel der Nanda Devi, ausgestreckt die Arme des gelobten Landes. Lange, gleichmäßig braune Moränen säumten die Gletscher, wie von einer Riesenhand drapiert. Es war der 15. Oktober, und bald würde der Winter diese Wüste aus Eis und Schnee zudecken. Kein Mensch schlief dort.

Der Gipfel, der höchste Punkt auf dem gesamten Grat, war 10 m entfernt.

»Du kannst ruhig rübergehen«, sagte Joe. Die Spitze war nur 2 oder 3 m höher als die Stelle, an der wir auf den Grat ausgestiegen waren.

Ich hatte gedacht, wir würden uns wenigstens die Hand geben, doch Joe machte keinerlei Anstalten. Ich fragte mich, ob das für ihn nur ein weiterer Berg war und das Leben weiterginge, bis er den nächsten bestieg. Er hatte, vielleicht klüger als ich, schon damit begonnen, sich ganz auf die Probleme zu konzentrieren, die wir beim Abstieg zu erwarten hatten – sich zu berühren hätte vielleicht den Zauber unserer Isolation gebrochen. Ich machte ein paar Aufnahmen von ihm, wie er auf dem Grat saß, die Nanda Devi im Hintergrund. Sein Bart und Mund waren eisverkrustet, und die verspiegelte Gletscherbrille verbarg jede Regung in seinen Augen. Ich konnte mein eigenes Abbild in den Gläsern erkennen. Wie konnte ich jemals erfahren, in welche Tiefen er sich zurückzog? Seine wenigen Worte schienen so unangemessen. Ich konnte nicht wissen, ob ihn wirklich nur das Logische beherrschte oder ob er seine Empfindungen verbarg. Lag es daran, daß wir eine unterschiedliche Einstellung dazu hatten, uns auszudrücken? Oder lebten wir wirklich auf verschiedenen Ebenen?

Es war schwer, die Größe der Wächte abzuschätzen, und so sicherten wir uns gegenseitig und spähten abwechselnd über den Rand hinab auf die oberen Eishänge der Südwand. Wir konnten etwa 60 m weit sehen, dann stürzte die Wand ins Ungewisse.

»Es scheinen nirgendwo Spuren zu sein«, sagte ich. »Vielleicht haben die Jungs die Südwand gar nicht gemacht.«

Ich war froh, daß keine Spuren da waren, denn sie hätten unserem Alleinsein die Schärfe genommen. Im Nordosten konnten wir den Kalanka-Sattel sehen, von dem die Kalanka anstieg. Dahinter weitere weiße Berge, und ich fotografierte sie mit dem Vorsatz, später ihre Namen ausfindig zu machen. Aber in unseren Augen waren sie zahm nach der senkrechten Welt, die wir unter uns gelassen hatten. Ich wünschte, wir hätten uns entschlossen, auf der anderen Seite abzusteigen, um unsere Erfahrung vom Berg um eine weitere Dimension zu bereichern.

Ich saß im Schnee und wechselte den Film. Aber nun waren

Nanda Devi und Kalanka hinter Wolken verschwunden. »Hast du da rübergesehen?« fragte Joe.

Die Sturmwolken, die den nördlichen Himmel über Tibet schon den ganzen Tag verdunkelt hatten, waren plötzlich angeschwollen und bewegten sich auf uns zu. Daß ein Sturm aufkam, war am Himmel zu erkennen gewesen, schon vor 24 Stunden. Jetzt war er da.

Ich wollte gar nicht weg und verabscheute die Aussicht, über die Westwand abzusteigen. Der Blick auf die andere Seite hatte meinen Geist beflügelt. Die Isolation unserer Lage und die Ausmaße der unwirtlichen Landschaft unter uns steigerten unsere Kräfte. Einen Augenblick fühlte ich mich allwissend gegenüber der Welt. Aber dieses Gefühl der Unbesiegbarkeit war ein Trugbild des Stolzes, denn wir mußten noch nach unten. Es war zwei Uhr nachmittags, und wir waren eine halbe Stunde auf dem Gipfel gewesen, als die ersten Flocken fielen.

Aus: Auf der Spur des Schneeleoparden

von Peter Matthiessen

Peter Matthiessen (geboren 1927) ist Autor und Naturforscher. Er ist kein Bergsteiger, aber sein Buch »Auf der Spur des Schneeleoparden« beschreibt trotzdem eine Art Heldenstück. Im Jahre 1973 reiste Matthiessen nach Nepal, um die Blauschafe des Himalaja zu erforschen und nach dem seltenen Schneeleoparden zu suchen; für den Zen-Buddhisten war die Reise auch eine Suche nach Erleuchtung. Nach der Begegnung mit dem verehrten Lama von Shey Gompa auf dem Kristallberg, mußte er ins Tal zurückkehren.

21. November

Unser Lager liegt nur etwa 300 m unterhalb des Namdo-Passes, und der Morgen ist bitterkalt. Auch die ersten Sonnenstrahlen bringen keine Wärme. Der Canyon unter uns fällt zu einem Gewirr dunkler, enger Schluchten ab, die wohl zu dem östlichen Arm des Phoksumdo-Sees führen, den wir am 25. Oktober gesehen haben, denn zwischen zwei Bergketten tut sich in dieser Richtung eine Lücke auf, in deren Tiefe der türkisfarbene See der großen Dämonin verborgen liegen muß.

Trotz der Kälte sitzen Tende und Chiring Lamo fast nackt auf einem Schaffell vor dem Feuer, das Kinderköpfchen liegt zwischen den Perlenketten und Amuletten an der braunen Brust der Mutter. Dawa ist wohl ernsthaft krank, er läßt mir durch Tukten sagen, daß er schon vor dem Abmarsch aus Shey an Durchfall und Darmblutungen gelitten hat und sich sein Zustand verschlimmert. Besonders die Blutungen erschrecken mich, denn das kann gefährlich werden. Dawa brauchte jetzt eigentlich Ruhe, aber wir können nicht hier in der Wildnis zwischen den Pässen bleiben. Wahrscheinlich ist es sogar sein Glück, daß er mit uns gekommen ist; ohne Gyaltsens Furcht vor Tukten wäre Dawa bei GS geblieben und möglicherweise dort in Shey gestorben, ohne jemals etwas von seiner Krankheit zu sagen, weniger aus Tapferkeit als aus jener bäuerlichen Apathie und dem für diese Menschen typischen Fatalismus, der so oft mit Dummheit verwechselt wird.

Ich gebe ihm ein Medikament gegen Durchfall, das ihn ebensogut umbringen kann. In seinem geschwächten Zustand sehnt sich Dawa nach Fürsorge; es tut ihm gut, daß ich ihn daran erinnere, die Schneemaske zu tragen, damit sein Zustand sich nicht noch durch Schneeblindheit verschlimmert. In seinen Kniehosen, mit hängendem Kopf, steht er vor mir wie ein großes Kind, das Schelte bekommen hat.

Die Yakroute steigt in den Schatten des Flußtals hinab, überquert den vereisten Fluß im Talgrund und steigt auf der anderen Seite wieder in die Sonne hinauf. Ein Schwarm Himalaja-Schneehühner streicht über den steilen Berg. Gegenüber durchziehen Felsklippen die mit Dornengestrüpp bewachsenen Hänge im Norden und Westen, und bald sind auch die ersten Blauschafe zu sehen, eine Gruppe aus neun, eine andere aus sechsundzwanzig Tieren. Vergeblich suche ich die Hänge mit dem Fernglas nach Anzeichen für einen Schneeleoparden ab.

Im Windschatten einer Einbuchtung machen zwei Männer eine Yakkarawane zum Aufbruch fertig, sie beladen die unförmigen Tiere mit ihren schweren Lasten. Wenig später kommt uns eine andere Karawane entgegen, diese auf dem Weg nach Norden, nachdem die Leute Wolle und Salz gegen Getreide, Bauholz und allerlei kleine Handelsgüter aus dem Süden eingetauscht haben. Die Yaks sind für ihre Mühen mit großen roten Quasten auf ihren Lasten und kleineren orangefarbenen über ihren Ohren belohnt worden, die dunkelhäutigen Treiber haben Ketten und Amulette um den Hals, sie tragen glitzernde Ohrringe und silberne Dolchscheiden. Dies sind die Chang-Tataren längst vergangener Jahrhunderte. Mit rauhen Schreien und schrillen Pfiffen, nackt unter schmutzigen Tierfellen, treiben die wilden Burschen ihre Yaks durch die Schlucht. Hier in dieser Landschaft, in den dunklen Schluchten ist ihr Platz, man kann sie sich kaum woanders vorstellen. Die »rotgesichtigen Teufel« betrachten mich neugierig und stellen mir die unter Wandernden üblichen Fragen:

»Woher kommst du?«

»Shey Gompa.«

»Ah. Und wohin gehst du?«

»Zum Bheri.«

»Ah.«

Während ihre mißtrauischen Hunde sich an mir vorbeidrücken, nicken wir uns zu, gestikulieren und ziehen dann weiter unseres Weges zu anderen Zielen und in verschiedene Welten.

Der Pfad windet sich zwischen Felsentürmen hindurch, die steil in immer neue Schluchten abfallen, hin und her, wie ziellos in alle Richtungen. Im kalten Glanz des Eises ist diese Einöde zwischen den hohen Pässen eine leblose und alles Leben bedrohende Region. Das Labyrinth hat seine eigene Schönheit, aber die eisige Bedrohung läßt mich erschauern und treibt mich zur Eile an. Kurz vor Mittag erreichen wir den Anstieg zum zweiten Paß. Auf einer Bergkuppe steht eine Gebetswand und ein Pferch für Karawanen, die zu spät hier eintreffen, um den Paß noch am selben Tag zu bewältigen. Sicherlich werden wir Murwa erst spät am Abend erreichen, obwohl Karma das Gegenteil behauptet. Wahrscheinlich werden wir uns schon sehr sputen müssen, um überhaupt noch über den Paß zu kommen und auf der anderen Seite bis hinab zur Schneegrenze zu gelangen, wo wir Reisig für ein wärmendes

Feuer sammeln können. Da ich nicht die Lunge der Bergvölker habe und auf den steilen Strecken nur langsam vorankomme, halte ich vor dem Aufstieg nicht an, sondern gehe weiter, ohne auf die anderen zu warten.

Immer wieder bleibe ich zum Atemholen stehen und schaue zurück. Wie ich sehe, hat Karma vor der Gebetswand ein Schaffell ausgebreitet und sich darauf gelegt, während Tende, Dawa und Tukten sich auf Felsblöcke niedergelassen haben. Zweifellos wird Karma ein Feuer anzünden und kostbare Tagesstunden mit einer langwierigen Mahlzeit vertun, so daß wir wieder spät am Abend in Dunkelheit und Kälte das Lager aufschlagen müssen. Er ist so leichtsinnig, wie er fröhlich ist, und verschwendet tagsüber keinen Gedanken an den Abend. Bis jetzt hat er nur falsche Informationen geliefert: dieser Paß ist, wie deutlich zu sehen ist, keinesfalls leichter als der vorige, der Anstieg ist eher steiler und länger.

Sogar in der Mittagsstunde bleibt der Weg hart gefroren und glatt, ich kann auch nicht zur Seite ausweichen, da ich dort sofort durch die Firnkruste einbreche. Der stetige, langsame Schritt, mit dem man Steilhänge am besten überwindet, ist hier unmöglich, ständig rutsche ich aus und muß mich mit den Händen festhalten. Über mir kurvt eine dunkle Yakkarawane über die Eisflächen, eine andere überholt mich unterwegs; die Treiber, deren Stiefel Sohlen aus festem Zwirn haben, schlendern mit den Händen auf dem Rücken den eisglatten Hang herauf und grunzen und pfeifen ihren dahinschwankenden Tieren zu. Hinter ihnen folgt eine Herde schwarzer Ziegen, die mit klapperndem Hufschlag in gerader Linie über das Eis hinaufspringen, ihr Gehörn glänzt silbern vor dem tiefblauen Mittagshimmel. Der Ziegenhirte, von Kopf bis Fuß in blutrote Wolle gekleidet, hält seine Tiere mit gutgezielten Schneeballwürfen in Reih und Glied; als er über mir durch die Sonne zieht, zerstieben die Schneebälle wie blasses Feuer. Die Gipfel beginnen um mich zu kreisen.

Als ich endlich die Schneefelder unterhalb des Gipfelgrates

erreiche, bin ich völlig erschöpft. Über dem Weiß segelt ein Lämmergeier, sein Schatten huscht an mir vorüber, ich reiße mich zusammen und klettere weiter. Zwei weitere Stunden stapfe, keuche, klettere, rutsche, klettere und keuche ich weiter, stumpfsinnig wie ein Tier, während hoch über mir Gebetsfahnen in der nach Westen sinkenden Sonne fliegen, die die kalten Gipfel aufleuchten und den harten HImmel in weißem Licht strahlen läßt. Fahnenschatten tanzen auf weißen Wänden und Schneewehen, als ich im Schatten des Gipfels durch einen Eistunnel die letzten Meter zum Paß hinauftaumele. Dann trete ich wieder in die Sonne hinaus, auf dem letzten der hohen Pässe; ich reiße mir die Wollmütze vom Kopf, damit der Wind mir den Kopf freibläst, sinke erleichtert auf die Knie, ausgepumpt, auf einem schmalen Grat zwischen zwei Welten.

Im Süden und Westen ragen die Eisgipfel des mächtigen Kanjiroba-Massivs empor. Von einem sonnendurchfluteten Dunstschleier umgeben, scheinen sie unwirklich, als könnten sie sich jeden Moment auflösen wie eine Halluzination. Hinter mir, tief unten in der Einöde, aus der ich komme, sind meine Gefährten schwarze Flecken auf dem Schnee. Immer noch schwer atmend, lausche ich dem Wind in meinem Atem, der sirrenden Stille im Feuer des Schnees und den aufsteigenden Felsen. Unermüdlich knattern die Gebetsfahnen und schütteln ihre Windbilder in das nördliche Blau.

Ich habe das Weltall für mich allein. Das Weltall hat mich für sich allein.

Dann setzt die Zeit wieder ein, und meine Stimmung schlägt um. Mein Rücken unter dem schweren Gepäck ist verschwitzt, der Wind wird kalt. Noch ehe ich ausgeruht bin, treibt mich die Kälte den Berg hinunter in einem qualvollen Abstieg über scharfkantige Felsen, schlüpfrige Schneezungen und glitschiges Eis, über das ich mit weichen Knien rutsche und stolpere, als würde mich das Gewicht auf meinem Rücken in die Tiefe drücken. Etwa 300 Meter tiefer wird aus dem fast senkrechten Felssturz ein immer noch sehr steiler schneebedeckter Pfad über einem vereisten Flußbett. Es dämmert schon, als Tukten mich in seinen fadenscheinigen Kleidern und Segeltuchschuhen überholt. Tuktens Gleichmut gegen Kälte und Anstrengung ist weder Gleichgültigkeit noch Askese; er nimmt einfach hin, was ihm widerfährt. Darin liegt die Quelle seiner inneren Ruhe, die seine schwer zu beschreibende Erscheinung so eindrucksvoll macht. Er stimmt mir zu, daß Murwa für heute nicht in Frage kommt, und geht weiter, mit raschen, immer noch leichten Schritten, um einen geeigneten Lagerplatz zu suchen und Brennmaterial zu sammeln.

Die steile Schlucht, die sich vom Paß herabzieht, mündet schließlich in einen sandigen Berghang, der zum Canyon des oberen Murwa-Flusses abfällt. Die Dunkelheit bricht herein, und ich halte respektvollen Abstand zu den Feuern zweier Karawanen, aus Angst vor ihren Hunden. Als es immer finsterer wird, rufe ich mehrmals: »Tukten, *Tuk-ten*«, bekomme aber keine Antwort. Endlich entdecke ich ihn unter mir beim Feuermachen – Tukten mit seiner Spürnase hat eine Steinhütte an einem Wasserfall gefunden.

Dawa, der eine Stunde nach mir eintrifft, legt sich wortlos und ohne etwas zu essen in die Hütte. Immer wieder rufen wir nach Karma und seiner Familie, aber eine weitere Stunde vergeht, und immer noch ist nichts von ihnen zu sehen und zu hören. Heute morgen hat ein gähnender Karma seine Unwilligkeit aufzustehen damit entschuldigt, daß wir sowieso am frühen Nachmittag in Murwa eintreffen würden. Kein anderer als dieser nichtsnutzige Lautenspieler kann es gewesen sein, der Jang-bu – und damit auch mir – weisgemacht hat, man könne »in einem schweren und einem leichten Tag« von Saldang nach Murwa gelangen. Jetzt liegen zwei harte und ein leichter Tag hinter uns, und noch immer sind wir nicht in Murwa. Gutgläubig meinte Jang-bu, wir könnten sicher beide Pässe an einem Tag schaffen, da keiner von beiden so hoch und schwierig sei wie der Shey-Paß, vom Kang-La ganz zu schweigen. Aber auch ich war leichtsinnig, als ich mir keine Gedanken darüber machte, warum dann die Wollhändler aus Saldang die Route über den Shey-Paß und den Kang-La diesem Weg vorgezogen haben. Jetzt weiß ich es besser. Der eisige Nordhang am Kang-La ist zu steil für Yaks, so daß der Wanderer seine eigene Spur treten muß, aber davon abgesehen ist diese Route leichter als der Weg von Shey über Saldang nach Murwa, auf dem drei Pässe überstiegen werden müssen. Und der Abstieg von dem dritten Paß über uns ist zu dieser Jahreszeit so anstrengend wie der Aufstieg. Mit Sorge denke ich an Chiring Lamo dort über mir in Eis und Sternenlicht, wie sie auf den müden Schultern ihrer Mutter an tückischen Abgründen entlangreitet. Auf solch engen Simsen sollte man nicht in mondlosen Nächten unterwegs sein.

Aber ich bin zu müde, um etwas zu unternehmen. Und ich liege schon im Schlafsack, als die kindlich unbefangene Familie aus dem Dunkel hervortritt.

22. November

Gestern bin ich um acht eingeschlafen. Nach tiefem Schlaf wache ich um vier Uhr morgens auf, eingehüllt in ein sanft glühendes Wohlbefinden: Ich habe die hohen Pässe vor dem Wintereinbruch hinter mir gelassen, ich bin auf dem Weg nach Hause. Seltsamerweise äußert sich meine Freude in einem Anflug tiefer Dankbarkeit gegenüber meiner Familie und meinen Freunden, die mir in Deborahs letzten Lebenstagen so verständnisvoll zur Seite standen. So viele traurige und glückliche Erinnerungen stürmen plötzlich auf mich ein, daß mir ganz warm davon wird.

Kurz vor Deborahs Tod kam Eido Roshi, er hatte den Kopf frisch geschoren. Ich hielt Deborahs rechte Hand, Eido Roshi nahm ihre linke, und so rezitierten wir wieder und wieder unsere buddhistischen Gelübde. Kurz nach Mitternacht starb Deborah ohne Kampf.

Ich verließ das Krankenhaus kurz vor der Morgendämmerung. Es schneite. Als ich durch die stillen Straßen ging, fiel mir der Zen-Spruch ein, den Deborah besonders liebte: »Keine Schneeflocke fällt je an die falsche Stelle.« Und auch an diesem grauen Wintermorgen war alles, wie es sein sollte, die Schneeflocken fielen still und leicht, alles war ruhig und klar. In ihrem Buch schreibt Deborah:

> Die Blume offenbart die ihr innewohnende Intelligenz, indem sie sich entfaltet.
> Darin liegt Disziplin.
> Die Blume wächst fehlerlos.
> Der Mensch muß sich erst entwickeln, ehe er die Intelligenz der Blume versteht.
> Vorgehen, als wisse man nichts, nicht einmal sein Alter, sein Geschlecht oder wie man aussieht. Vorgehen, als wäre man aus Spinnweben gemacht... ein Nebel, der hindurchgeht und durch den man hindurchgeht und der doch die Gestalt behält. Ein Nebel, der die Gestalt verliert und immer noch ist. Ein Nebel, der sich schließlich auflöst, indem seine Partikeln sich in der Sonne zerstreuen.

Tukten bringt mir Tee und Porridge ins Zelt und treibt die anderen zur Eile an, während ich mich auf den Weg mache. Dawa taumelt bedenklich, und da er kein Simulant ist, muß er sich elend fühlen. Wenn er zusammenbricht, wird es ernst, denn hier in den Bergen finden wir nirgends einen Arzt für ihn, und natürlich können wir ihn nicht einfach in Murwa zurücklassen. In der Hoffnung, ihn bis Jumla durchzubringen, haben wir seine Last unter uns aufgeteilt, und Karma hat versprochen, daß er uns bis nach Tibrikot am Bheri-Fluß als Träger begleitet. Zum Glück hat sich unsere Ausrüstung schon weitgehend reduziert, und jeden Tag lasse ich etwas mehr zurück; es gefällt mir, mit leeren Händen in Jumla anzukommen.

Der Oberlauf des Murwa-Flusses fließt durch einen breiten

Canyon mit Wacholdersträuchern und schwarzen, mit Flechten überwachsenen Granitblöcken, die wie verstreute Denkmäler die natürliche, in riesigen Stufen abfallende Aulandschaft säumen; am Ostrand des Canyon hat sich der Fluß eine tiefe Schlucht gegraben. Noch ist es dunkel, nur im Süden, wo die Wände der Schlucht zusammenlaufen, hellt es sich auf, und die Spitzen des Kanjiroba leuchten rosa. Hoch über uns im Canyon läuten Yakglocken, und zwischen den Granitblöcken vor uns steigt geisterhaft eine Rauchsäule auf. Zwei Hirten hocken wie versteinert vor ihrem Feuer, und hinter ihnen steht das Mantra OM MANI PADME HUM mit riesigen Schriftzeichen in die Felswand gemeißelt.

ཨོཾ་མ་ཎི་པ་དྨེ་ཧཱུྃ

Lächelnd denke ich an einen Satz, den mir ein Freund vor meiner Abreise in einem Brief schrieb: »Ich kann mir die seltsamen und wunderbaren Dinge kaum vorstellen, die du sehen wirst.« Gestern abend warf die untergehende Sonne den Schatten eines Felsenturmes hoch über mir an die Wand, es sah aus wie meine eigene, ins Riesenhafte gesteigerte Silhouette. Heute morgen nun finde ich einen ebenmäßig runden Felsen, der aufgebrochen ist wie ein sauber geteilter Apfel, und mitten in dem Spalt liegt eine steinerne Kugel, von den Elementen und Naturkräften so genau in die Mitte gesetzt wie ein Heiligenbild auf den Altar. Mit Ehrfurcht gedenke ich der wilden, mörderischen und doch herrlichen Gewalten des Kosmos.

Wo der Bergbach sich in einer engen Kehre von Osten nach Westen wirft und sich immer tiefer in seine Schlucht hineinfrißt, überquere ich das schäumende Wasser auf einer Brücke und laufe in langen Sätzen weiter bergabwärts, getragen von einer Welle des Frohsinns und der Dankbarkeit. Mein Leben und meine Arbeit, meine Kinder, Liebesbeziehungen und

Freundschaften in Vergangenheit und Gegenwart, alles erscheint mir herrlich und voller Wunder.

Auf einem Bergvorsprung über den Flußklippen steht die Yakherde, die mich gestern vor dem Paß überholt hat. Ein Stück weiter unten ist Wald, richtiger Wald, und ich sehe jede einzelne Birke und Föhre mit Staunen. Und immer noch geht es steil abwärts, als sich der Canyon schon zu einem weiten Teil geöffnet hat und zu den Zedern und Föhren der oberen Baumgrenze sich Fichten und Rottannen gesellen. Schließlich kommt der Ort Murwa in Sicht, tief unten im Morgenschatten der Berge.

Hier in Murwa gibt es wieder Krähen anstatt Raben, denn Murwa liegt 1200 Meter tiefer als Shey. Die Ansiedlung ist genauso malerisch, wie ich sie in Erinnerung habe, eine Gruppe gut gehaltener Bauernhäuser mit festen Steinmauern vor der großen Felswand im Nordwesten, die den Phoksumdo-See aufstaut.

Um den kranken Dawa zu schonen und da wir uns nach drei hohen Pässen in vier Tagen auch recht angeschlagen fühlen, beschließen wir, für den Rest des Tages in Murwa zu bleiben, wo wir unser Lager neben einem verlassenen Bauernhof bei einem Tannenwäldchen aufschlagen. Drüben in einem Pferch erkennen wir die seltsam bunten Zelte einer japanischen Bergsteigergruppe, die von einer Besteigung des Kanjiroba zurückgekehrt ist. Die roten Zelte erwecken widersprüchliche Gefühle – die Rückkehr in das zwanzigste Jahrhundert geschieht zu rasch. Trotzdem ist es ein Glück, daß wir die Japaner hier finden, denn der Leiter der Expedition ist ein Arzt. Ohne diesen unglaublichen Zufall hätte Dawa vor Jumla keine Hilfe erhalten. Er ist zu apathisch, um sein Glück zu begreifen, aber Tukten weiß es zu schätzen. »Nepalesische Doktoren«, sagt er geringschätzig und zuckt die Achseln: Alle guten nepalesischen Ärzte gehen ins Ausland. Unser freundlicher Wohltäter nimmt sich Dawa gründlich vor und gibt ihm ein Fläschchen mit blauen Pillen, die wir Dawa viermal täglich einflößen sollen.

Nach Ansicht des Arztes hat er eine sehr ansteckende Dysenterie, und so bekommen auch wir anderen Pillen als vorbeugende Maßnahme; von einer Bezahlung will er nichts wissen. Daß Dawa uns alle bisher nicht mit seiner Krankheit angesteckt hat, grenzt bei den primitiven hygienischen Verhältnissen des Lagerlebens an ein Wunder. Ich habe mir längst abgewöhnt zuzusehen, wie unsere Nahrung zubereitet wird und wie die Hände, die sie berühren, aussehen, denn meine eigenen wären auch nicht sauberer. Es ist eine Ironie des Schicksals, daß die Krankheit ausgerechnet Dawa, den saubersten der Sherpas, erwischt hat, den einzigen, den ich je baden sah.

Aus den Karten der Expeditionsteilnehmer und von Anu, ihrem Sherpa-Führer (der übrigens ein Bekannter von Tukten ist), erfahre ich, daß der Kanjiroba-Gipfel mit dem steilen Gletscher – der wie ein gefrorener Wasserfall aussieht und den ich vom Höhlenlager und später vom Gipfel des Somdo-Berges aus bewundert habe – Kang Jeralba genannt wird, »Schnee von Jeralba«. Der eigentliche Kanjiroba liegt weiter westlich über dem Phoksumdo-Fluß. Obwohl es die zweite Besteigung des über 7000 Meter hohen Kanjiroba war, haben die Japaner eine neue Aufstiegsroute gewählt und können daher mit Recht von einer Erstbezwingung sprechen.

Über die Namen und die Lage der Pässe, die wir überquert haben, gibt die Karte nur ungenaue Auskünfte. Wo der von mir so genannte »Namdo-Paß« sein sollte, ist ein Paß namens Langmu Shey oder »Langer Paß in der Shey-Gegend« eingetragen, eine Beschreibung, die eher auf den Paß zwischen Shey und Saldang zutrifft. Der gestern bewältigte Paß ist richtig eingetragen, er heißt Bugu-La und ist mit 5050 Meter ausgezeichnet. Wie Sherpa Anu erzählt, erinnert der Name »Bugu« an den Kampf zwischen einem Berggott – vielleicht Nurpu? – und einem Dämon; dem Gott gelang es schließlich, seinen Widersacher bei Murwa zu überwältigen und in der Flußschnelle unterhalb der Fälle zu ertränken.

Ich bin den Bergsteigern sehr dankbar, dennoch empfinde

ich die bunten Zelte und fremden Gesichter ebensosehr wie die in Shey erhaltene Post als eine Störung, meine Hochstimmung vom oberen Murwa-Tal schwindet dahin. Die Sonne kommt erst am späten Morgen hinter den Bergen hervor und verschwindet rasch wieder, die Welt ist dunkel und kalt. Noch vor zwei Stunden hätte ich es als wundersam erfahren, daß die Sonne dieses Zelt nicht erreicht, in dem ein Sonnenanbeter so sehnlich auf ihre Wärme wartet, um sich waschen zu können. Jetzt ärgere ich mich nur noch darüber, und diese Dummheit ärgert mich noch mehr: Habe ich denn gar nichts gelernt? Tukten sieht mich mit seinem unerschütterlichen Blick an, den ich kühl erwidere. Die irrsinnige Freude, die Entrückung, die mich gestern beim Abstieg meinen ließ, ich könnte jeden Moment aus meiner Haut springen, die Schwerkraft überwinden, wie in letzter Zeit so oft in meinen Träumen – war das nicht mehr als schiere Erleichterung darüber, daß der letzte hohe Paß hinter meinem Rücken lag? Wenn es das war, dann wäre es eher traurig gewesen, auf diese Weise das Ende der kostbaren Tage in Shey zu feiern. Vielleicht bin ich zu früh aufgebrochen und habe eine große Chance vertan, vielleicht hätte der Schneeleopard sich doch noch gezeigt, wenn ich bis zum Dezember geblieben wäre. Solche Zweifel deprimieren mich zutiefst. Aus Sorge um die Zukunft beraube ich mich immer wieder der Gegenwart, durch Flucht entziehe ich mich der wahren Freiheit.

Mit meinem Tagebuch und einigen Tschapatis verziehe ich mich in ein immergrünes Gehölz über den Klippen des Suli Gad und kehre der Menschheit den Rücken. Nicht, als ob ich in letzter Zeit zuviel geredet hätte, denn Tukten spricht als einziger ein wenig Englisch und unsere gemeinsamen Themen sind längst erschöpft, außerdem verstehen wir uns ohne Worte viel besser. Auch ein Japaner spricht etwas Englisch, aber keiner von uns beiden ist zum Reden aufgelegt. Diese Bergsteiger müssen ebensowenig davon erbaut sein wie ich, in dieser einsamen Gegend Fremde anzutreffen.

Das schwer herabrauschende Wasser, die hellen Gipfel, der

Einklang der braunen Häuser aus verwitterten Steinen tun mir wohl. Ich sitze auf einem sonnigen Moospolster im Windschatten und fühle mich weitaus besser. Der Phoksumdo-Damm über den Fällen schiebt sich wie ein Riegel vor den Himmel. Dort oben hat mir ein kleines Mädchen vor einem Monat ein Stück Käse gegeben, und Männer auf silberbeschlagenen Sätteln haben mir zugerufen, der Schnee wäre zu tief, um den Kang-La zu bewältigen.

Schon früh am Nachmittag verschwindet die Sonne hinter den Felsen. Steif vor Kälte, stehe ich auf und gehe zum Lager zurück. Die Felder sind abgeerntet, hie und da stehen dick vermummte Gestalten auf dem Weg, als warteten sie auf den Winter. Der Wind fährt so eisig und mit solcher Gewalt über die staubigen Flächen, daß ich mit meinem Zelt in einen leeren Schuppen neben dem verlassenen Bauernhof umziehe. Dann kommt eine Gruppe wilder Gestalten aus dem Norden vom Bugu-La herab. Die Leute nehmen das leere Haus in Beschlag und treiben ihr *Dzo* in den Stall hinter meinem Zelt; dabei bringen sie es fertig, die meisten meiner Zeltpflöcke aus dem Boden zu reißen. Den größten Teil der Nacht liege ich wach und zerbreche mir den Kopf darüber, was für hartes Zeug das Tier wohl wiederkäut.

Die Leute von Murwa klagen über einen »Tiger«, der vorige Nacht ein junges Yak gerissen habe. Morgen werde ich das Land der Schneegipfel verlassen und dem Suli Gad flußabwärts folgen. Damit schwindet auch meine letzte Hoffnung, noch einen Schneeleoparden zu erblicken.

23. November

Erfrischt wache ich auf und lausche eine Weile dem Tosen der Wasserfälle. Dawa geht es bereits besser, ich höre ihn singen. Als ich bei Tagesanbruch das Lager verlassen will, überreicht Karma mir ein Geschenk, einen Fichtenstock, den er gestern als

Überraschung für mich geschnitten hat. Seine Freude über die eigene Großzügigkeit ist so ansteckend, daß ich laut lachen muß. Tende wärmt den Hintern von Chiring Lamo über dem Feuer, auf dem Tukten das Nackenstück des gestern vom Schneeleoparden getöteten Yaks kocht. Wie immer hat er auch hier Freunde gefunden und konnte ihnen das Fleisch abkaufen. Tukten ist als Mädchen für alles auf diesem Teil der Reise auch unser Koch. Ich habe ihm versprochen, ihn wie einen Sherpaführer zu bezahlen, vorausgesetzt, daß er Dawa gegenüber den Mund hält.

Vor der Stupa von Murwa lege ich die bisher gesammelten Gebetssteine auf die Wand, aus dem plötzlichen Gefühl heraus, daß sie in Dolpo bleiben sollten. Offiziell gehört das ganze Tal des Suli Gad zu Dolpo, wie Dolpo geopolitisch zu Nepal gehört. Und doch werde ich hier am Fluß, unter den Schneegipfeln und den vom Zaubersee herunterdonnernden Wasserfällen von einer Welt in eine andere eintreten.

Und obwohl ich noch hier bin, habe ich den Ort innerlich längst verlassen. In Rohagaon, dem nächsten Dorf nach Süden, gibt es keine Gebetswände mehr, und Gott Masta tritt an die Stelle von Nurpu; hinter Rohagaon folgen die Hindudörfer im Bheri-Tal, wo die ersten Wohlgerüche des Hinduräucherwerks aus der Ebene der großen Ganga aufsteigen, die alles Geraune von Sh'ang Sh'ung mit sich fortträgt bis ins Meer.

Der Winter hat das Aussehen des Suli-Canyon völlig verändert. Wo noch vor kurzem Beeren leuchteten, hängen jetzt nur noch wenige dürre Blätter wie vom Wind vergessen an den trockenen Zweigen, und die grünen Flechten auf den Steinen haben eine goldene Farbe bekommen. Das Lager des Mondbären ist herabgerissen worden, vermutlich als Feuerholz. Mit dem Laubfall zeigen sich die von der versuchten Brandrodung geschwärzten Canyonwände.

Die herbstlich melancholische Stimmung erinnert mich an die Jahre in Frankreich, als ich dort noch mit meiner ersten Frau lebte. Eines Tages lernte ich in Paris Deborah Love kennen, die zehn Jahre später meine Frau wurde. Beide Frauen, lebensvolle, frohe Geschöpfe, haben mich, wenn auch auf verschiedene Weise, verlassen. Ich verscheuche die alten Bilder und eile mit dem Fluß weiter.

Mein ganzes Leben lang bin ich zwischen diesen dunklen Wänden entlanggeeilt, über denen hoch droben die Sonne hinwegzieht, die Stimme vom dumpfen Getöse des Wassers übertönt. Fluß und Leben rinnen unter der gnadenlosen Sonne davon, weshalb habe ich es so eilig?

In einem eisigen Rinnsal wasche ich den Staub von Murwa ab, putze mir die Zähne und stecke eine Feder der Felsentaube an meine Mütze. Weiter vorne ist die Suli-Schlucht wieder tief und dunkel, zu dieser Jahreszeit muß es Stellen darin geben, die nie von der Sonne erreicht werden.

Gegen Mittag steigt der Pfad aus der Schlucht auf den Bergrücken hinauf. Als ich mich an dieser Stelle im Oktober umwandte und auf die Eisgipfel hinter mir blickte, dünkte mich die Aussicht eine der schönsten meines Lebens und ich glaubte, sie auf dem Rückweg, langsam den Berg hinabschreitend, noch mehr genießen zu können. Statt dessen treibt es mich vorwärts, und ich beschleunige meine Schritte. Auch die schmalen Pfade bremsen mein Tempo nicht mehr, ich bin inzwischen Schlimmeres gewohnt. Immer weiter wandere ich aus dem frühen Winter in den späten Herbst zurück, tief unten am Fluß sehe ich den ersten grünen Bambus.

Auf einer kleinen Wiese hoch über dem Fluß esse ich eines von Tuktens schwärzlichen »Broten« und gehe bald wieder weiter. Vielleicht wäre es besser, wenn ich auf die anderen wartete, aber ich kann nicht warten. Ich gehe und gehe, berauscht von dem Sauerstoffreichtum geringer Höhen, auf und ab über die steinigen Pfade, die zum Fluß hinab, die steile Wand des Canyon hinan- und wieder hinabführen. Ich komme an der windigen Höhle vorbei, der umgekehrte Wasserfall ist noch da, aber der steinerne Dämon, den ich im Dunst sah – es war bestimmt der Dämon, den der Gott vom Bugu La bezwungen und in die Schlucht des Suli Gad geworfen hat –, ist im veränderten Licht nicht mehr zu sehen. Ich glaubte, mich genau der Stelle zu erinnern, aber der Stein ist einfach nicht mehr da.

Unten im Wald lagern Hirten um ihre Feuer; neben einer Hütte ist ein großer Pferch angelegt, in dem sich Yaks, Hunde, Ziegen und menschliche Wesen in rauhen Tierhäuten tummeln. Einige der dunkelhäutigen Männer sitzen bis zum Gürtel nackt im kalten Wind, ringsum sind Wollballen im Halbkreis aufgehäuft. Einer der Männer winkt mir heftig zu, er zeigt auf mich und ruft: »Shey Gompa!« Man bedeutet mir zu bleiben, ich folge der Einladung und sehe mir neugierig das Lager an, immer respektvollen Abstand von den Hunden haltend. Es ist schon Nachmittag, die Sonne ist längst hinter die Berge getaucht, und da Tukten und die anderen ausbleiben, wäre es sicher am besten, ich würde hier bei den Hirten und Wollhändlern bleiben. Aber ich habe keine Ruhe, ich kann nicht still hier unten in der Schlucht sitzen, solange die Sonne noch auf den Weg oben am Hang scheint. Unvermittelt stehe ich auf und gehe ohne Abschied weiter nach Süden, wobei mir die dunklen Tatarengesichter unbewegt nachschauen.

An dem einzigen Bach, der diesen trockenen Abhang durchzieht, liegt eine kleine Wiese, auf der man lagern könnte. Eigentlich hatte ich damit gerechnet, daß Tukten mich im Laufe des Nachmittags einholen würde. Aber er ist nicht da, und außerdem wimmelt es auf der Wiese bereits von Tieren und Menschen. So trinke ich nur von dem kalten Wasser und eile weiter. Was mag geschehen sein? Hat Dawas Zustand sich wieder verschlechtert, so daß er nicht marschieren kann? Ist die kleine Chiring Lamo ins Feuer gefallen? Hat Tukten doch alle Warnungen über seinen zweifelhaften Charakter gerechtfertigt und hat sich mit meinem Gepäck über die Berge nach Indien davongemacht? Ich trage meine Notizen, das Fernglas, den Schlafsack und einmal Wäsche zum Wechseln bei mir, soll er mit dem übrigen glücklich werden!

Doch langsam wird es spät, ich habe nichts zu essen und auch kein Brennmaterial, außerdem gibt es keinen geeigneten Platz, um ein Feuer zu machen und zu lagern; hier ist nur der enge Steig in der Bergwand, über die der kalte Wind hinwegstreicht. Ich muß bis Rohagaon weiter, das ich erst in tiefer Nacht erreichen kann. Gestern habe ich das Marihuanapäckchen aus Yamarkhar weggeworfen in dem Glauben, daß ich es ohnehin nicht mehr brauche; heute, erschöpft von zehn Stunden Marschierens an den steilen Flanken der Suli-Gad-Schlucht, steht mir zum erstenmal der Sinn danach, vor allem, da mir vor den finsteren Bewohnern und den Hunden von Rohagaon graut. Kurz nachdem die Sehnsucht nach *Cannabis* mich überfallen hat, sehe ich eine kleine verdorrte Pflanze am Wegrand, die ich pflücke und allmählich zerkaue. Gestärkt ziehe ich weiter, und als nach einer Stunde die dem Masta gewidmete Steinpyramide auf einem Bergvorsprung auftaucht, bin ich in der richtigen Stimmung für das düstere Loch von Rohagaon; meinen neuen Stab fest in der Hand, bin ich bereit, es mit Räubern und Hunden aufzunehmen.

Wie sich erweist, liegen die Hunde noch an der Kette, aber die Schulhütte, in der ich unterzukommen hoffte, ist bereits von einem Wollhändler besetzt, der wenig begeistert ist von dem Gedanken, sie mit mir zu teilen. Auf den Dächern versammeln sich die Dorfbewohner, die Kinder verstummen, und alle schauen auf mich herab, als würden sie gleich ein fürchterliches Urteil über mich fällen. Was ist das für ein großer Ausländer, der in der Dunkelheit ohne Träger aus den Bergen herunterkommt? Denn in der Dunkelheit erkennen sie mich nicht wieder. »*Aloo, Aloo!*« rufe ich und mache eine Gebärde des Essens, damit sie in mir einen Vertreter des menschlichen Geschlechtes und keinen Dämon sehen. Nach einer Weile verstehen sie, daß ich versuche, »Kartoffeln« zu sagen. Nein, *Aloo* gebe es nicht, wohl aber kleine *Anda* von den Hühnern dort drüben. Ein dreckverkrusteter Mann mit triefenden Augen brät sie mir in einer Pfanne, die seine Frau schnell zuvor mit ihrer schmutzigen Schürze ausgewischt hat. Der freundliche japanische Arzt mit seiner Warnung fällt mir ein, ohne Ausnahme nur gut abgekochte Speisen und Getränke zu genießen, und ich hoffe, daß ich inzwischen so viele Bakterien aufgenommen habe, daß ich dagegen immun geworden bin. Ein anderer Dörfler schleppt mich in seine dunkle Kate und bringt mich dazu, ihm einen Messingbecher von seinem Schnaps abzukaufen, der wie rosa Benzin aussieht und riecht; dieses Zeug, denke ich mir, desinfiziert vielleicht die Eier. Mein Gastgeber ist der Schulmeister des Dorfes; er nennt mich »mein lieber Bruder«, eine Hindusitte, die er im Tiefland aufgeschnappt hat. Er probiert auch seine anderen Englischbrocken aus; mit dem Hintergedanken an ein Nachtlager preise ich sein Sprachtalent überschwenglich, und tatsächlich, ich bekomme, was ich mir wünsche. In Sicherheit vor den Hunden und der kalten Nacht, lege ich mich auf mein Lager zurück, den Bauch voller *Anda, Cannabis* und rosa Feuerwasser, einem Gefühl von Glückseligkeit so nahe, daß ich mich frage: Warum, zum Teufel, plagst du dich so mit dem Meditieren ab? Irgend jemand hat einmal gesagt, Gott lasse dem Menschen die Wahl zwischen Bequemlichkeit und Wahrheit, beides zusammen könne er nicht haben. Kaum habe ich mich für ein Leben der Bequemlichkeit entschieden, als die Hunde einen fürchterlichen Lärm anstimmen und alle Leute hinauseilen.

Der treue Tukten ist im Stockdunkel angekommen, über Wege, die ich nicht einmal bei Tageslicht gern gegangen bin. Dawa und die anderen kämen gleich nach, versichert er, und so ist es auch. Bald tauchen die ewig lächelnden Gesichter auf, nur Chiring Lamo weint vor Müdigkeit. Tukten, der nach einer Unterkunft, Wasser und Brennstoff Ausschau hält, ist mit der Familie von Triefauge handelseinig geworden, und bald sitzen wir um deren Feuerstelle. Fast atemlos vor Faszination beobachte ich die Frau von Triefauge beim Kochen, einem Ritual von unglaublicher Einfachheit und Sicherheit der Bewegungen. Der Mann muß eine schmerzhafte Augenentzündung haben, denn er liegt abseits vom Feuer an einer Wand und stiert finster vor sich hin. Die in schwarze Lumpen gehüllte Frau hantiert langsam und bestimmt mit dem brennenden Reisig, um *Tsampa* und Kürbisbrei zu bereiten – das Brotmachen, das Gemurmel, die Liebe wie das Essen, die sie ohne überflüssige Worte und Bewegungen an die Kinder austeilt, die zärtliche Fürsorge für den kranken Mann, all das hat die Ruhe und Würde eines Sakraments. Vorhin hat Triefauge seine Frau wüst beschimpft und ihr meine Rupiennoten ins Gesicht geworfen, um sich vor den Dorfgenossen aufzuspielen, jetzt läßt er sich, vor Schmerzen kleinlaut und geduldig, von seiner Frau in eine Decke wickeln. Erst bei näherem Hinsehen erkennt man unter all dem Schmutz und den Lumpen, wie jung sie noch ist, zuerst hatte ich sie für eine alte Frau gehalten. Sie ißt nur das, was die Kinder übriggelassen haben, und legt sich dann auf eine Matte neben ihren Mann zum Schlafen hin. Die Familie benimmt sich, als wäre ich mit meiner großen, ungewohnten Gestalt nicht vorhanden, obwohl ich stumm und reglos wie ein Buddha neben dem Feuer sitze. Die Kinder sehen mich an, als schauten sie durch mich hindurch; vielleicht bin ich doch noch unsichtbar geworden.

24. November

Diese Nacht habe ich im Flur des Hauses auf einem weichen Bett aus fingerdickem Staub geschlafen. Der verrückte Hund von Rohagaon draußen an der Kette bellte wiederum die ganze Nacht, diesmal jedoch vergebens, denn ich war zu müde, um mich darüber aufzuregen. Nur als er mich das erstemal aufweckte, ging ich hinaus und drohte ihm mit dem Stock. Das stachelte ihn zu einer schäumenden Wut an, in der er fast die Kette aus der Wand riß. In meiner Trunkenheit pinkelte ich ihn an und rächte mich damit für diesen fürchterlichen Lärm in jener Oktobernacht und auch in dieser. Im Hochgefühl dieser feigen

Tat, begangen im Licht des abnehmenden Mondes, legte ich mich voller Seelenfrieden und Befriedigung wieder zur Ruhe.

Bei Tagesanbruch höre ich die Familie durch die dünne Lehmwand gähnen und seufzen, und bald stolpert der Familienvater hinaus in den Hof, wo er sich räuspert, spuckt und seine Blase entleert. Bald darauf geht seine Frau zum Wasserholen ein Stück den Berg hinauf. Vielleicht hockt sie sich auch irgendwo an den Rand des Pfades und schaut dabei hinüber zu den Schneegipfeln südlich des Bheri, die im Morgenlicht aufglimmen. Wer weiß, was für weltverlorene Gedanken ihr dabei durch den Kopf ziehen?

Schon vor Sonnenaufgang wird es wärmer, kaum kann ich noch meinen Atem in der Bergluft sehen. Ein Schwarm Felsentauben verläßt seinen Schlafplatz in einer Schlucht unter Rohagaon; in der Morgensonne über dem Tal blitzen die Flügel blausilbern auf.

Es geht am Felsen vorbei, wo die Tamang auf dem Hinweg kleine Walnüsse knackten, dann auch am Nußbaumwäldchen, das jetzt kahl dasteht. Das warme Gelb und der Humusgeruch sind verschwunden. Der Bach, der durch den Wald fließt und der vor einem Monat fast von den Blättern erstickt wurde, springt nun ungehindert zum Suli hinab. Zurück bleibt die stille Versammlung grauer Baumstämme, verblaßter Moose und verwehter Blätter, in denen kleine Wintervögel zwitschernd herumhüpfen. Aber weiter unten im Tal herrscht Geschäftigkeit, wo uns im Frühherbst die leeren Fenster des verlassenen Dorfes entgegenstarrten: Menschenstimmen, Hundebellen, Hähnekrähen schallt herauf, denn die Berghänge dienen den Yaks aus dem Norden als Winterweide.

Im Dorf biegt ein kleiner Seitenpfad von der Hauptroute nach Süden ab und führt durch Felsengeröll und Olivenhaine hinunter zu einer Brücke am grünen Fluß. Die geschnitzten Brückenpfosten stellen groteske, gelb und rot bemalte Figuren dar. In der heißen Mittagssonne auf der Brücke warte ich auf meine Gefährten, und wieder befällt mich diese unerklärliche

Verzweiflung. In diesem Fluß fließen die Wasser vom Kang-La, die Wildwasser vom Bugu-La und von jenem Bön-Dorf bei Pung-mo. Im Suli Gad ist das Türkis des Phoksumdo-Sees und das demantenfunkelnde Blau des Kang-La.

Eine Stunde vergeht, aber niemand kommt. Wütend gehe ich allein über die Brücke und klettere das Steilufer an der anderen Seite hinauf. Etwa einen Kilometer weiter verschwindet das jadefarbene Wasser der Schneegipfel in den grauen Strudeln des Bheri-Flusses, der sie in den Schlamm des Südens hinunterträgt.

Der Pfad folgt nun dem Bheri nach Westen, dabei jedoch allmählich von der Talsohle zur Anhöhe aufsteigend, wo das Dörfchen Roman mitten in einem Zedernwald liegt. Ein böiger Wind peitscht die ärmlichen Lumpen über den Kultbauten, die Dorfbrunnen sind rot bemalte Figuren mit phallischen Wasserspeiern, und westlich des Dorfes ragen hohe Steinhaufen und große rote Pfosten auf. Aus einem Feld unter mir schaut eine Affenhorde herauf, die Tiere haben einen langen Ringelschwanz, und ihre Köpfe glänzen rötlich im Schein der untergehenden Sonne.

Ich habe Kopfschmerzen und fühle mich äußerst seltsam. Den ganzen Tag lang hat mich die Trägheit meiner Reisegefährten geärgert, auf die ich vergeblich an der Brücke gewartet habe. Wie damals in Murwa, als die Sonne mein Zelt nicht wärmte und ich nicht baden konnte, packt mich sinnlose Wut. Hat mich denn alle meine Ausgeglichenheit, dazu mein Sinn für Humor gänzlich verlassen, daß ich mich so aufführe – oder ist es lediglich die Angst vor der Rückkehr zum Leben in den Niederungen?

Auf meinem Weg über die Hügel am Bheri erinnere ich mich, wie vorsichtig man nach der Zurückgezogenheit einer einwöchigen Zen-Übung sein muß, um nicht zuviel zu sprechen und sich nicht zu rasch zu bewegen, ähnlich vorsichtig wie beim Herunterkommen von einem durch Halluzinogene bewirkten *high*. Es ist wichtig, langsam aus einer solchen Metamorphose hervorzukommen, wie ein Schmetterling, der zuerst still seine neuen Flügel in der Sonne trocknet, damit der luzide Geisteszustand nicht plötzlich zerbricht. Es waren sehr stille Tage dort oben in den Bergen und auch eine Art halluzinatorischer, innerer Reise – und dann dieser plötzliche Abstieg. Was auch immer der Grund sein mag, ich komme zu schnell herunter – zu schnell für was? Und wenn ich zu schnell herunterkomme, warum beeile ich mich dann so? Statt meine große Reise zu feiern, fühle ich mich verstümmelt, mörderisch: in mir wüten dunkle Energien, und ich habe keine Gewalt über meine schlechte Laune.

Und als dann später am Abend ein Hindu aus Roman, die kleinen Kinder beiseite stoßend, seinen grindigen Kopf in mein Zelt steckt, sich mit blöder Ungläubigkeit umsieht und mir aus einem stinkenden Mund mit fauligen Lippen unverständliche Fragen entgegenschreit, stürze ich mich auf ihn, schubse ihn mit brachialer Gewalt aus dem Zelt und schlage die Zeltklappe zu, wobei ich ebenso unverständlich schreie: Nein, ich habe die Medizin nicht, die er braucht, und es gibt sowieso keine Heilung für ihn, keine Heilung für mich. Wie soll der arme, stinkende Bursche auch wissen, daß es nicht seine Unverfrorenheit ist, die mich erzürnt, nicht der Eiter und der faulige Atem – es ist sein Fleisch und Blut, das sich nicht von dem meinen unterscheidet. In seiner verfluchten Not erinnert er mich an unser gemeinsames Elend, diesen Sumpf des Verlangens, in den ich nach meinem mißglückten Sprung wieder zurückfalle.

»Erwarte nichts«, hatte Eido Roshi mich bei der Abreise gewarnt. Und ich hatte geglaubt, ich könne unbelastet wunschlos im Licht und im Schweigen des Himalaja wandern, ohne den Ehrgeiz, etwas zu erlangen. Jetzt bin ich ausgelaugt. Der Weg, dem ich atemlos gefolgt bin, verliert sich im Gestein. Vor lauter geistigem Streben habe ich meine Kinder vernachlässigt und mir selbst nur Schaden zugefügt; und einen Weg zurück gibt es nicht. Es hat sich auch nichts geändert, ich bin immer noch dasselbe Ich, besessen von den alten Gelüsten und Leidenschaften, der ewige Nörgler über unbedeutende Widrigkeiten, immer noch klafft die Lücke zwischen dem, was ich weiß, und dem, was ich bin. Ich habe mich dem Fluß der Dinge entzogen und bin fehlgegangen. Trotz der Euphorie der Herrlichkeit und des »Erfolgs« der Reise zum Kristallberg wurde eine große Gelegenheit versäumt, ich habe versagt. Gut, ich werde das Spiel meiner Vaterschaft, meiner Arbeit, meiner Freundschaften und meiner Zen-Praxis spielen, aber alle Hoffnungen, Taten und Reisen haben zu nichts geführt. Ich habe nichts mehr zu erwarten.

Aus: Minus 148°: Die Winterbesteigung des Mount McKinley

von Art Davidson

Es hat sich einiges geändert seit 1967, als Art Davidson (geboren 1943), Bergsteiger aus Alaska, und seine sieben Kameraden eine Winterbesteigung des höchsten Berges von Nordamerika wagten. Heute kennen die meisten Bergsteiger den 6194 m hohen Gipfel unter seinem alten Namen, Denali - der Hohe -, und über 1000 Bergsteiger versuchen sich jedes Jahr an ihm. Damals war eine Ersteigung des McKinley noch etwas Besonderes - und kein Mensch bestieg ihn im Winter. In diesem Auszug begreifen Davidson und zwei Begleiter beim Abstieg vom Gipfel, warum.

1. März

Der Wind weckte uns. Der wild schlagende Fallschirm bauschte sich und knallte wie eine Peitsche oder ein Gewehr. Der Wind blies mit ohrenbetäubendem Lärm gegen die Felsen, zwischen denen wir uns eingenistet hatten; Gegenströmungen im Sturm ließen den Ton ständig zwischen einem Stöhnen und einem langgezogenen Jammern wechseln. Ein dumpfer, schmerzender Druck im Rücken rührte von der Kälte her, die der Wind in mich hineinpreßte.

Ich drehte mich in meinem Schlafsack, um nach dem losen Ende des Fallschirms zu greifen, das von hinten auf mich einprügelte. Im gleichen Augenblick, in dem ich es zu fassen bekam, stach die Kälte mir in die Hände; in meiner Schlaftrunkenheit hatte ich vergessen, daß das Nylon wie alles andere außerhalb des Schlafsacks ebenfalls etwa –40° C kalt war. Die Kälte drang in meine Finger, während der Fallschirm, der unberechenbar hin und her schlug und knatterte, sich meinen Versuchen widersetzte, ihn zu fixieren. Sofort nachdem es mir gelungen war, das lose Zeug unter mich zu stopfen und es mit dem Gewicht meines Körpers niederzuhalten, steckte ich eine Hand unter eine Achselhöhle und die andere in den Schritt, um sie zu wärmen. Ich war außer Atem nach dieser Anstengung.

Jetzt, als der Fallschirm fester gezogen war, machte er weniger Lärm, und ich konnte mich einige Augenblicke entspannen. Die Finger, die durchgefroren waren und innen schmerzten, erwärmten sich mit einem starken Kribbeln allmählich wieder. Ich drückte mich mit meiner ganzen Körperlänge an Dave, um auf der Seite wärmer zu werden, und merkte, wie Dave sich in seinem Schlafsack umdrehte, um sich an mich zu drängen. Ich kuschelte mich an ihn und lag lange ruhig in der Hoffnung, wieder einzuschlafen, als ob der Wind und die Kälte verschwänden, wenn ich nicht an sie dachte.

Ich konnte nicht schlafen, und der Wind wurde nur noch boshafter. Ich versuchte, die Kälte im Rücken auf der von Dave abgewandten Seite nicht zu beachten, doch als mich das erste Frösteln durchlief, drehte ich mich, um den Schlafsack dort zu untersuchen, wo er am Rücken anlag. Zu meinem Entsetzen war da nur die Hülle, zwei Schichten Nylon. Der Wind hatte die Daunen weggeschoben. Ich konnte kaum glauben, daß der Fallschirm, der den Wind abhalten sollte, ihn bis in meinen Schlafsack kriechen ließ.

Der Fallschirm fing wieder an zu knattern. »Oh, nein«, murmelte ich. Das bedeutete, daß sich wieder ein Teil von ihm losgerissen hatte. Da ich spürte, daß ich nicht die Kraft für einen erneuten Versuch haben würde, ihn festzumachen, rollte ich mich in meinem Schlafsack zusammen und wartete gelegentlich zitternd darauf, daß irgend etwas geschehen würde; was das sein sollte, wußte ich nicht. Nach, wie es mir vorkam, mehreren Minuten, in Wirklichkeit aber wohl nur einigen Sekunden hörte ich, wie Pirate versuchte, den Fallschirm festzuzurren.

»Art.« Pirates Stimme klang fern und ungewohnt. »Hilf mir, ihn zu halten.«

Als ich seine Stimme hörte, wurde mir bewußt, daß wir drei seit über einer Stunde wach gewesen waren, bevor jemand etwas gesagt hatte. Tief in den Schlafsack vergraben, widerstrebte es mir, seine trügerische Sicherheit zu verlassen, nicht einmal für einen Augenblick. Während ich noch überlegte, ob ich Pirate helfen oder einfach liegenbleiben sollte, merkte ich, daß Dave sich auf Hände und Knie gestützt hatte und jetzt mit dem Fallschirm rang, der sich blähte und in schneller Folge hin und her schlug und dabei gegen seinen Kopf und Rücken stieß. Zerrend und fluchend gelang es Dave, einen Teil um sich zu wickeln, nur damit es sich wieder losriß, als er zurück in den Schlafsack gekrochen war.

»Wir müssen hier raus!« schrie Dave.

»Wohin? Wir schaffen es niemals runter!« erwiderte ich und griff nach dem Stück des Fallschirms, an das Pirate sich klammerte. »Vielleicht ist es ein Morgenwind, der sich bald legt.«

»Morgenwind?« Dave sah mich fassungslos an. »Das ist ein verdammter Hurrikan, du Dummkopf! Ich seh mal auf der anderen Seite der Felsen nach.«

»Aaauuu...«, stöhnte Dave auf, als er das Gesicht in den Wind hob.

Statt ganz aus dem Schlafsack zu steigen, zog Dave die Zugschnur am oberen Ende fest um seine Taille. Die Beine noch im Schlafsack, aber die Arme frei, robbte er die drei Meter bis zum Grat. Ich fürchtete um sein Leben. Würde er den Halt auf den Felsen verlieren, konnte er im Nu vom Berg geblasen werden. Außerdem würden wir ihn niemals hören, wenn er um Hilfe rief. Wie weit würde er weggehen? Vielleicht verbarg er sich hinter einem Felsen, wo wir ihn nicht finden konnten, wenn wir einen kräftigen Mann brauchten. Abgesehen von meiner berechtigten Angst erschreckte mich auch rein gefühlsmäßig die Vorstellung, daß Dave uns verlassen könnte, weil dies unser Vertrauen erschüttern würde; er verletzte eine fundamentale Überlebensregel – zusammenbleiben.

»Dave«, rief ich. »Warte! Ich glaube, hier ist es sicherer.«

»Bleib, wenn du willst!« schrie er zurück. »Dieser Sturm ist irrsinnig, ich muß da raus!«

»Wo willst du hin?« Dave hörte mich nicht mehr. »Es ist ungeschützt da drüben!« Er war hinter dem Grat verschwunden.

Da meine Fäustlinge zu unhandlich waren, den Fallschirm zu halten, zog ich mir dicke Wollsocken über die Hände; meine Finger waren schon beinahe taub. Ich war erstaunt, als ich aufblickte und Pirate den Fallschirm mit bloßen Händen halten sah. Ich rief ihm gerade zu, er solle etwas überziehen, als einer meiner Socken wegzufliegen drohte. Ich zog ihn zurecht und änderte dabei meine Haltung, so daß der Wind den Parka erfassen konnte, auf dem ich gesessen hatte. In seiner großen Tasche befand sich das Tonband, das ich für die psychologischen Tests gebraucht hatte, doch in diesem Augenblick machte ich mir viel mehr Sorgen um den Verlust des halben Dutzends Kekse, die ich in der Tasche verstaut hatte. Vor einer Sekunde hatte der Parka noch neben mir gelegen, dann sah ich ihn durch die Luft fliegen; zwanzig, dreißig Meter hoch segelte er in Richtung McKinley-Gipfel.

Da Dave nicht mehr da war, erfaßte der Wind sein loses Fallschirmende, so daß uns das ganze Stück Nylon entrissen zu werden drohte. Wir gaben den Versuch auf, den Fallschirm um uns zu wickeln; der Zug an den Armen verdrehte uns die Körper, während wir uns an ihn klammerten, um ihn festzuhalten. Der Fallschirm war unser einziger Schutz.

»Meinen Händen geht's nicht gut!« Pirates Stimme klang schwach, beinahe weinerlich. Sein Gesicht war zu einer schrecklichen, schmerzverzerrten Grimasse verzogen. Eis überzog seinen Bart.

»Steck sie hier rein!« schrie ich, obwohl sein Kopf nur Zentimeter von mir entfernt war. Seine Finger fühlten sich auf meinem Bauch wie Eisklumpen an.

»Sie sind ganz steif!«

»Beweg sie!« Ich suchte nach einem besseren Halt am Fallschirm. Er rutschte weg. Ich hechtete hinterher. Pirate packte ihn, als er an ihm vorbeifegte. Er wimmerte vor Schmerzen.

»Aach, zum Teufel mit dem blöden Ding!« Pirate stöhnte. Als er losließ, wirbelte der Fallschirm durch die Luft. Er verfing sich an einem Felsen. Ich sah, wie er anfing zu reißen, dann war er fort.

Zum erstenmal bemerkte ich den Himmel. Es war eine blaue Wand, die in den Berg stieß. Zarte Wolken rissen auseinander – alles verschwamm. Meine Augen tränten und schmerzten vom Blinzeln gegen den Wind. Verglichen mit allem, was ich bisher erlebt habe, war dieser Wind wie ein anderes Element. Es war, als hätte sich die Schwerkraft umgekehrt und zerre uns, statt uns am Boden zu halten, über das Gelände.

Pirate vergrub seine Hände in meiner Jacke. Mein Schlafsack hatte sich oben durch den Wind geöffnet. Als ich ihn wieder zuzog, taumelte ich gegen Pirate. Wir griffen nacheinander.

»Halt dich an mir fest!«

»Art, wir müssen in einen Sack.«

»Wie denn? Es ist kein Platz… Gib mir deine Hände.« Ich spürte, wie sich seine eisigen Finger in die Haut meiner Taille krallten. Mein Schlafsack war wieder aufgegangen, und damit der Wind nicht an mich kam, schob sich Pirate vor die Öffnung. Ich lehnte mich einfach gegen ihn und versuchte, zu Atem zu kommen. Meine Zähne klapperten, und mein ganzer Körper zitterte vor Kälte.

»Pirate, das bringt nichts!« Wind kam in meinen Schlafsack. Beide verloren wir Wärme. »Jeder in seinen Sack… das ist besser.«

»Ich spüre meine Finger nicht mehr!«

»Steck sie zwischen die Beine!«

»Ich will meine Hände nicht verlieren!«

Ich dachte an Dave. Falls es auf der anderen Seite der Felsen nicht so windig war, hätte er es uns wissen lassen. Wenn es genauso windig war, wäre er wahrscheinlich zurückgekommen, um bei uns zu sein. Irgend etwas mußte geschehen sein. Aber vielleicht hatte er auch ein geschütztes Eckchen gefunden. Wie konnte er uns so im Stich lassen?

»Pirate, versuchen wir's mal auf der anderen Seite!«

»Nein… der Wind ist überall!«

Aufrecht in den Schlafsäcken kauernd und fest zwischen zwei Felsen gekeilt, drängten wir uns zusammen. Sobald wir unsere Position veränderten, packte uns der Sturm, begann uns über das Eis zu schieben, das leicht abfiel, und zwang uns, uns zurück zu den Felsen zu kämpfen. Daß ich mich gegen Pirate lehnen konnte, machte mich zwar nicht wärmer, aber es beruhigte – ich war nicht allein. Wir sprachen nicht. Ich konnte leichter atmen, wenn ich den Kopf im Schlafsack hatte. Ich fragte mich, was die anderen wohl unten in der Höhle machten. Shiros Husten, Greggs Fuß, Johns geschwollenes Ohr – ich mochte gar nicht daran denken.

Unter mir spürte ich das Eis wegrutschen. Ich drehte mich zur Seite und brachte rechtzeitig einen Arm aus dem Schlafsack, um noch Pirates Knie zu fassen. Dann zog ich mich zu den Felsen zurück. Meine Arme zitterten vor Anstrengung. Pirate blickte ausdruckslos aus seinem Schlafsack. Langsam und mit einem schwachen Nicken wandte er mir den Kopf zu. Verfiel er etwa in einen Dämmerzustand? Ich fragte mich, ob ich wohl genauso schlimm aussah.

»Es hat keinen Sinn hier«, ächzte ich.

Ich konnte mich kaum noch an den Felsen halten. Für Pirate konnte ich nichts tun. Vielleicht hatte Dave einen sicheren Ort entdeckt. Ich mußte mich auf der anderen Seite der Felsen umsehen, aber das hieß auch Pirate allein lassen. Aber es gab für mich keine Möglichkeit zu helfen. Wie konnte ich ihn einfach so allein lassen? Ich mußte etwas für mich selbst tun!

»Ich geh rüber.« Er rührte sich nicht. »Pirate«, schrie ich, »ich sehe nach Dave!«

Sein Kopf neigte sich von einer Seite auf die andere, als er etwas halb murmelte, halb rief, das ich nicht verstehen konnte. Ich packte den Fels über mir und zog mich den Hang hinauf. Der nächste Fels; seine stechende Kälte drang durch die Wollsocken. Ein weiterer Klimmzug. Ich erreichte den Grat. Zu meiner grenzenlosen Erleichterung sah ich Dave nur etwa fünf Meter vor mir auf dem Eis kauern. Er hatte mir den Rücken zugewandt.

»Dave!« Er konnte mich nicht hören. Ich arbeitete mich etwas näher an ihn heran. Der Sturm drohte mich vom Grat zu fegen. Dahinter lag der nackte Gletscher, wo ich mich an nichts hätte halten können, wenn ich von den Felsen geblasen worden wäre.

»Dave!« Diesmal drehte er sich um und sah mich. Ich war außer Atem und keuchte wohl genausosehr wie ich schrie. »Ist es bei dir besser?«

»Was?... Genauso. Geh zurück!«

Ich wollte nicht zurück, aber hier auf dem Grat zu warten war auch nicht möglich, denn er war dem Wind schutzlos ausgesetzt. Bevor ich entscheiden konnte, wohin ich wollte, packte mich eine Böe. Ich tastete nach Felsen. Einer löste sich. Ich griff nach einem anderen, näher bei Dave. Irgendwie war der Socken an meiner linken Hand weggeweht worden. Ich schob die nackte Hand in den Schlafsack. Mit der anderen klammerte ich mich an den Fels. Der Sturm warf meinen Körper umher, als wäre er ohne Gewicht.

Die rechte Hand, die den Fels packte, schmerzte vor Kälte, und der Unterarm fing durch die Anstrengung an zu krampfen. Ich konnte nicht zurück in den Sturm gehen, aber meine rechte Hand konnte sich auch nicht mehr lange am Fels halten. Der einzige Felsen, den ich noch hätte erreichen können, befand sich einen Meter links von mir, bei Dave. Die rechte Hand war so erstarrt, daß ich den Fels, an den sie sich krallte, nicht mehr spürte. Mein zitternder Körper schien kurz davor, in Zuckungen zu verfallen.

Ich versuchte, klar zu denken. Wenn ich loslassen mußte,

würde ich über das Eis geblasen. In meinem Kopf überschlugen sich die Gedanken. Ich mußte den Felsen bei Dave mit der linken Hand zu greifen bekommen: Sie war bloß, kein Fäustling, kein Socken. Sie würde erfrieren. Ich mußte es tun. Unvermittelt schnellte die bloße Hand vor, um den Felsen zu packen. Schneidende Kälte.

Ich sah Daves Gesicht, die wunde Nasenspitze, erfroren. Sein Mund, in einer Mischung aus Mitleid und Wut verzerrt, beschwor mich, einen Handschuh überzuziehen. Ich blickte auf meine Hand. Sie war weiß, vollkommen weiß gefroren.

Ich zog den Körper auf den Felsen. Dave befand sich nur eineinhalb oder zwei Meter entfernt auf einem aus dem leicht abschüssigen Eis gepickelten Absatz.

»Mensch, Art.« Seine Stimme krächzte. »Deine Hand erfriert.«

Ich schob mich weg vom Fels und ließ mich vom Wind gegen Dave treiben. Er umklammerte mich mit den Armen. Ich konnte nichts weiter tun als auf ihm liegen, keuchend und zitternd, während ich versuchte, ruhig zu atmen.

»Art«, sagte er, »wir müssen uns eingraben!«

Dave bettete Pirates Füße an seinem Bauch und massierte sie behutsam, bis sie sich wieder erwärmten.

»Dave«, sagte ich, »du weißt, daß du uns da draußen gerettet hast.« Die Worte hingen irgendwie in der Luft. Sie klangen hohl, und Dave nagte betreten an der Unterlippe. Ich sagte nichts weiter, aber meine Augen folgten Dave mit Bewunderung und einer Art Liebe, als er Pirate in den Schlafsack bugsierte und dann zum Kocher griff.

Über eine Stunde hatte ich mich auf dem Absatz im Eis festgeklammert, hatte gespürt, wie die Frostbeulen an meinen Händen anschwollen, und hilflos zugesehen, wie Dave eine Höhle in das Eis schlug. Kurz bevor er damit fertig war, war er vor Erschöpfung zusammengebrochen; in der Zwischenzeit hatte Pirate sich aufgerafft, es irgendwie über den Grat geschafft und die Höhle zu Ende gegraben, obwohl seine Hände und Füße wegen der Frostbeulen allmählich anschwollen. Dave hatte sich so weit erholt, daß er mir durch das kleine Loch im Eis helfen konnte, das der Eingang zu unserem neuen Zuhause war.

Jetzt, in der Höhle, stützte sich Dave auf die Ellbogen, stabilisierte den Kocher mit einer Hand und bereitete mit der freien Hand etwas zu essen vor. Das Kochen in dieser beengten Kammer unter dem Eis war beschwerlicher als je zuvor in den letzten vier Wochen; Dave hatte diese Aufgabe stillschweigend übernommen, da seine Hände als einzige noch einen Kocher bedienen konnten. Immerhin hatte er etwas Vernünftiges zu essen aufgetrieben – vier große Dosen Schinken, Speck und Erbsen, die eine frühere Expedition zwischen jenen Felsen deponiert hatte, bei denen wir biwakiert hatten. Da unser Topf weggeblasen worden war, erhitzte er den Schinken in der Dose, in der er anschließend den Schnee schmolz.

An die Wand gedrängt, während Dave in der Mitte kochte, merkte ich erst, wie klein unsere Höhle war. Am weiten Ende war kaum Platz genug für unsere Schultern, und am schmalen Ende lagen unsere Füße in den Schlafsäcken übereinander. Wegen der Felsen dahinter hatten Dave und Pirate die Höhle nicht so lang machen können, daß wir uns ausstrecken konnten. Am Fußende betrug die Deckenhöhe etwa 45 Zentimeter, am breiteren Ende war die Höhle gerade so hoch, daß wir auf der Seite liegen konnten, wobei eine Schulter das Eis auf dem Boden berührte, die andere das Eis an der Decke. Wir merkten schnell, daß bei jeder unserer Bewegungen der Nebenmann angerempelt wurde. Diese Höhle war nach normalen Maßstäben sicher nicht angenehm oder bequem, doch sie schützte uns vor dem Wind, und das allein zählte im Moment.

Dave suchte nach seinem Tagebuch und stellte fest, daß es verschwunden war. Wir hatten viel zuviel an den Wind verloren – die Bewegungsfähigkeit unserer Hände und zweier Füße, eine nicht einschätzbare Menge an Körperwärme, zwei Bündel mit der Hälfte unserer Verpflegung, den Fallschirm, meinen Parka und, was vielleicht der schwerste Verlust war, die Isomatten, die uns gegen das Eis isoliert und die Schlafsäcke trocken gehalten hätten. Trotzdem fühlten wir uns sicher. Wir hatten noch genug Gas, um Wasser für einen weiteren Tag zu bereiten, wenn wir es streckten, auch für drei. Bei noch vier Essensrationen und drei Konservendosen mußten wir keine Angst haben zu verhungern.

An diesem Abend bestand das Festmahl aus Schinken und heißem Wasser, was zwar nicht satt machte, aber dennoch köstlich schmeckte; es war das erste warme Essen, seit wir vor mehr als 30 Stunden die Höhle unten auf 5200 m verlassen hatten. Meine Hände waren so steif, daß Dave mich bei jedem Bissen – es waren fünf – füttern und mir dann die Dose an die Lippen führen mußte, damit ich trinken konnte. Beim Essen waren wir ganz ausgelassen vor Freude und hatten fast das Gefühl von Wärme.

Wir jubelten regelrecht, nicht weil wir meinten, den Sturm besiegt zu haben, sondern weil wir uns in unserer winzigen Höhle einfach zusammendrängen konnten, während draußen in der Dunkelheit der Sturm über den Denali-Paß und die Alaska-Kette tobte.

Wir kamen zu dem Schluß, daß der Nordwestwind sich mit mindestens 200 Stundenkilometern durch den Paß zwängte. Wir wußten, daß ein Wind mit dieser Geschwindigkeit in Kombination mit Lufttemperaturen von –35 bis –40°C zu Wind-Chill-Temperaturen führte, die irgendwo jenseits der Temperaturskala lagen; die tiefste Zahl auf der Skala betrug –100° C.

»Einhundert Grad unter Null.«

Das war beängstigend, um es gemäßigt auszudrücken, aber das Schlimmste war vorüber, wie wir glaubten. Gegen Morgen sollte der Wind nachlassen; wir würden absteigen, den anderen auf 5200 m berichten, daß wir den Gipfel erreicht hatten; wir würden vom Berg gehen und nach Hause fahren. Wir wollten glauben, daß die Bergtour zu Ende war, daß in ein paar Tagen alles wieder warm und leicht sein würde. Doch der Sturm, der heulend gegen den Hang über unseren Köpfen anrannte, erinnerte uns daran, daß wir erst weggehen konnten, wenn er abgeflaut war. Wir nannten die Höhle unsere Zuflucht, doch die Ahnung, daß wir im Eis gefangengehalten wurden, muß sich wohl jedem von uns aufgedrängt haben, als wir, dem Wind lauschend, einschliefen.

2. März

... Die ganze Nacht hatte ich unruhig geschlafen, war jedesmal aufgeschreckt, wenn Daves Knie und Schultern sich in mich bohrten. Jedesmal kam ich langsam zu mir, der Gedanke, daß der Sturm sich gelegt hatte, kam auf, aber bevor ich richtig wach war, gellte mir das abscheuliche Brüllen in den Ohren. Ein Verlagern der Beine oder ein Umdrehen auf die andere Seite – in jeder Position war das Eis zu hart, um bequem zu sein. Der Schlaf hätte die Zeit vergehen lassen, aber die Höhe verursachte unruhige Schlaflosigkeit.

Auf das Eis starrend und in der Annahme, daß die anderen noch schliefen, sah ich voller Erwartung der Diskussion über das weitere Vorgehen entgegen, nachdem sie aufgewacht wären. Schließlich sagte mir die Tatsache, daß sie sich umdrehten, um bequemer zu liegen, daß sie wach sein mußten. Ich fragte, und beide sagten, daß sie schon eine Stunde oder länger still dagelegen hatten. Mir wurde klar, daß es nichts zu bereden gab. Es war entsetzlich einfach. Wir würden hier warten müssen, bis der Sturm aufhörte, zumindest bis er schwächer würde. Eine schlaflose Stunde nach der anderen lauschten wir auf die erste Flaute.

Am Vormittag blieb der Wind konstant. Der gleichmäßige Ton änderte sich so minimal, daß er mich an das stetige Rauschen in einer Schneckenmuschel erinnerte – nur viel, viel lauter. Später am Tag attackierte der Wind die Eisfläche über unseren Köpfen mit solcher Wucht, daß sogar das Dach unserer Höhle bebte und Eiskristalle von der Decke fielen.

Es gab keine Scherze, keine lockere Plauderei, kaum ein Gespräch. Wir zogen uns in uns selbst zurück, schwiegen, warteten, starrten auf das Eis an der Decke, starrten auf das Eis an den Höhlenwänden, starrten in das Dunkel in unseren Schlafsäcken. Ich versuchte, konstruktiv zu denken, einen Plan oder ein Projekt für den nächsten Sommer zu entwickeln, aber es war sinnlos. Die Höhe zermürbte meinen Kopf – die gleiche unruhige Benommenheit, die mich wach hielt, verhinderte auch, daß ich mich konzentrieren konnte. Die ziellosen Gedanken kehrten immer wieder zum Geräusch des Windes zurück und zu der trübseligen, immer gleichen Frage: »Wann hört er auf?«

Das einzige Ereignis im Verlauf des Tages, das überhaupt Anteilnahme auslöste, war unsere Mahlzeit, die sich vom späten Nachmittag bis in die Dunkelheit hinzog. Dave, der wieder den Kocher bediente, taute und schmolz mehr, als daß er eigentlich kochte. Geduldig häufte er Schnee und Eisbrocken in die Dose, sah zu, wie sie schmolzen, füllte neuen Schnee und Eis nach und schüttete schließlich, was Pete und ich einhellig für einen Geniestreich hielten, ein Päckchen Studentenfutter dazu. Wenn das Gemisch heiß wurde, schmolzen die Schokoladestückchen, und es entstand ein hochinteressantes Gebräu aus Cashewnüssen und Rosinen. Noch wohlschmekkender wurde es durch meinen erheblichen Durst, und es war zweifellos das beste Getränk, das ich je kennengelernt habe. Wenn ich jedoch meine Ration getrunken hatte, blieb immer ein eigenartiger, leicht unangenehmer Nachgeschmack zurück.

Etwa eine Stunde nach dem heißen Getränk servierte Dave den restlichen Schinken. Er erhitzte ihn über dem Kocher nur so lange, daß er auftaute. Erwärmen wäre Verschwendung von Brennstoff gewesen, den wir für den Fall brauchten, daß der Wind uns einen weiteren Tag hier festhielt. Dave schob mir zwei Stückchen Schinken von der Größe etwa einer Aprikose in den Mund, ließ ein paar Scheiben Käse und Salami folgen und schloß mit drei Bonbons ab.

Nach einer weiteren Stunde schmolz Dave so viel Schnee und Eis, daß die Konservendose voll mit Wasser war. Als dieses warm war, schüttete er eine kleine Dose gehacktes Schweinefleisch hinein, und wir hatten eine dünne Suppe. Bevor ich meinen Teil aß, verspürte ich den Drang, mich zu erleichtern. Nach draußen zu gehen war undenkbar.

»Dave«, fragte ich, »hast du nicht eine überflüssige Dose oder Plastiktüte, die wir zum Pinkeln benutzen können?«

»Fehlanzeige, Art«, lautete die Antwort. »Wir haben nur die Kochdose.«

»Und was hast du genommen?«

»Nun ja«, begann Dave zögernd, »ich habe mir gedacht, daß ihr nichts eßt oder trinkt, wenn ich es euch sage, aber ich habe die Kochdose genommen.«

Nun erkannte ich auch den Geruch oder Geschmack wieder, der nach dem Essen geblieben war – Urin. Es machte nichts. Ich dachte, das sollte es, aber es machte einfach nichts.

Nachdem Dave mir den Rest der Suppe eingeflößt hatte, ging ich daran, die Dose selbst zu benutzen – in meinem Schlafsack. Das würde das erste sein, was ich mit meinen geschwollenen Fingern vollbringen wollte; es war eine Aufgabe, die selbst unter normaleren Bedingungen beträchtliches Geschick erforderte. Ein Unfall würde nicht nur ziemlich unangenehm sein, sondern auch verhängnisvoll, denn durch die zusätzliche Flüssigkeit würden die Daunen im Schlafsack klumpen und damit ihre Isolierfähigkeit verlieren.

Ich horchte ängstlich, als sich die Dose zu füllen begann. Der Flüssigkeitsspiegel näherte sich rasch dem Rand, doch im letzten Moment gelang es mir, mich aus der unter anderen Umständen beschämenden und unangenehmen Lage zu befreien, und ich schaute nach einem Platz, um die Dose auszuleeren. Da ich links von mir keine geeignete Stelle fand und merkte, daß Dave aufpaßte, daß ich die Dose nicht rechts ausschüttete, hob ich sie unsicher über den Kopf und klatschte den Inhalt gegen das Eis hinter mir. Das meiste wurde aufgesogen, aber ein Rinnsal lief unter meinen Schlafsack. Egal, es würde in wenigen Sekunden gefrieren.

Dave registrierte in aller Ruhe, wie geschickt ich mit der Dose umgehen konnte. Demnach würde ich mich ab sofort sehr wohl auch alleine füttern können.

Ich hatte Pirates Stimme den ganzen Tag nur zwei- oder dreimal gehört. Obwohl er nur gut einen Meter von mir entfernt an der anderen Seite der Höhle lag, konnte ich seine Stimme die wenigen Male, die er sprach, wegen des Sturms kaum hören. Die Höhe hatte ihm die Ausgelassenheit genommen und ihn zu einem Schatten seiner selbst gemacht. Als ich Dave fragte, ob mit Pirate alles in Ordnung sei, antwortete er nur, daß Pirate sich um seine Füße sorge, die inzwischen in einem schlimmeren Zustand seien als die Hände. Die Schwellungen waren abgeklungen, wie Dave mir sagte, aber fast alle Zehen waren ohne Gefühl.

Eine besonders unerträgliche Seite des Wartens war die Gewißheit, daß die Erfrierungen um so schlimmer wurden, je länger wir hier festsaßen. Da wir infolge unzureichender Flüssigkeitszufuhr zunehmend austrockneten, wurde es auch schwieriger, den Körper aufzuwärmen. Daves Zehen waren kalt, aber er klagte nicht, weil er das für ein gutes Zeichen hielt; besser kalt als taub. Nur Dave und ich hatten Daunenfüßlinge, aber selbst wir mußten die Zehen häufig bewegen, um die Blutzirkulation in ihnen aufrechtzuerhalten. Ich überlegte mir, Pirate meine Füßlinge zu leihen, doch der Gedanke, daß mir die Füße im Schlaf erfrieren könnten, schreckte mich ab.

Meine größte Sorge waren die Hände, die fast auf das Doppelte ihrer normalen Größe angeschwollen waren. Um die Finger zu beugen, mußte ich die Muskeln in der Hand und im Unterarm anspannen, was sehr schmerzhaft war. Ich dachte daran, wie ich vor dem Aufbruch zum McKinley das letztemal Flöte gespielt hatte. Ich hatte die Finger über die Klappen gleiten sehen; ich hatte sorgsam mit ihnen umgehen wollen, um sie nicht zu verlieren, und hatte mir gleichzeitig geschworen, daß ich sie nicht verlieren würde. Und nun mußte ich mit jeder weiteren Stunde, die ich hier in der Höhle lag, mehr befürchten, daß genau das passierte. Ich ertappte mich bei der Überlegung, ob ich meine Flöte noch würde spielen können, wenn das erste und zweite Glied an den Fingern fehlte.

Seit wir zum Gipfel aufgebrochen waren, hatten wir uns nicht mehr richtig satt gegessen. Ein durch Leere genährtes Verlangen hatte sich in meinem Magen breitgemacht; es würde hoffentlich nicht zu Krämpfen führen, die, wie ich gehört hatte, an Unterernährung Leidende befallen können. Den anderen weiter unten würde bald die Verpflegung knapp werden. Vielleicht würden sie umkehren müssen. Ich fragte Dave, ob er meinte, daß die anderen uns aufgegeben hätten. Er antwortete nicht; vielleicht schlief er. Bestimmt würden sie nach uns suchen, wenn der Sturm abflaute.

An dem Abend, es war schon lange dunkel, dachte ich an die Worte in einem Gedicht von Dylan Thomas: »Licht bricht, wo keine Sonne scheint.« Bevor ich zum McKinley gekommen war, hatte ich das Gedicht auswendig gekonnt; jetzt konnte ich mich nicht mehr an die erste Zeile nach »Wo kein Meer wogt, drängt das Herzwasser seine Gezeiten herein« erinnern. Weiter unten stand irgend etwas über die Lichtteile, die durch den Körper wandern. Ich konnte mich nicht erinnern. Nur die erste Zeile ging mir nicht mehr aus dem Kopf – »Licht bricht, wo keine Sonne scheint.«

Lange lag ich in der Dunkelheit, nicht imstande einzuschlafen. Der Wind, ein hartnäckiger, hörbarer Schmerz in unseren Köpfen, war schon so lange bei uns, daß sein ständiges Lärmen einer Stille glich, die sich über unser Leben gesenkt hatte. Diese stille, lähmende Eigenschaft des Windes rief Bilder unabwendbarer Trostlosigkeit hervor; ich erinnerte mich, wie ich den Wind durch die geborstenen Fenster einer verlassenen Hütte streichen sah, den Wind im vertrockneten Gras eines Strandes im November, nachdem die Vögel fortgezogen waren, den Wind über der Mündung eines gefrorenen Flusses.

Ich wußte nicht mehr, wie es war, den Wind nicht zu hören, aber alle drei wußten wir, wenn wir ihn am Morgen hörten, würde unsere Lage kritisch. Es stellte sich heraus, daß wir gerade noch so viel Gas hatten, um Schnee für eine einzige Dose Wasser zu schmelzen.

Seit mehr als 36 Stunden hatte der Wind nicht einmal einen Augenblick seinen Griff um den Berg und unser Leben gelockert. Bestimmt, so beruhigten wir uns, würde die Kraft des Windes am Morgen erlahmen…

3. März

Der höllische Lärm dröhnte in unseren Köpfen.

Der Wind ist heimtückisch, sagte ich mir. Er ist teuflisch. Die heimlichen Verwünschungen wurden zu einem Zeitvertreib. Ich versuchte, mir all die Ausdrücke einfallen zu lassen, die seine üble Natur beschrieben – unmenschlich, niederträchtig, bösartig. Ich nannte ihn einen Vampir, der uns das Leben aussaugt.

Aber der Wind hörte mich nicht, und ich wußte, daß meine Worte ohnehin belanglos waren. Der Wind war nicht feindselig; er war nicht hinter uns her; er hatte keine bösen Absichten, er hatte überhaupt keine Absichten. Er war einfach ein Stück Himmel, das in Bewegung war. Er war eine Wetterlage, ein Luftdruckgebiet, das in ein anderes eindrang. Trotzdem war es befriedigender, irgendwie auch tröstlicher, den Wind zu personifizieren, ihn zu etwas zu machen, das ich hassen oder achten, etwas, das ich anschreien konnte. Ich wünschte mir, ein alter Eskimoschamane zu sein, der Teufel und Dämonen im Sturm sah und die bösen Geister verstand, die im Gebirge lebten. Ich glaubte, daß ein guter Schamane einen Gesang kennen müsse, um den Wind zu vertreiben. Aber ich kannte keinen Zauberspruch und wußte, daß all das Fluchen nur ein Versuch war, den einfachen Tatsachen zu entfliehen; wir mußten absteigen, wir konnten bei dem Wind nicht absteigen, und der Wind machte keine Anstalten nachzulassen.

Vor allem brauchten wir Wasser. Im Kocher war kaum noch Gas; ich wollte, daß Dave Eis damit schmolz. Ich dachte mir die freundlichsten Formulierungen aus, ihm klarzumachen, daß wir etwas trinken müßten, aber er knurrte zu allem, was ich sagte. Ich wußte, daß er die Anspannung spürte, alle Arbeiten für Pirate und mich erledigen zu müssen. Ich war zu dankbar, zu abhängig, Dave beinahe auf Gedeih und Verderb ausgesetzt, als daß ich ihn wegen des Wassers nerven konnte. Er sagte, daß er »später« etwas Eis schmelzen und den Speck oder die Erbsen auftauen werde, doch nach und nach ging der Tag vorüber, ohne daß wir etwas aßen oder tranken. Aber wenn meine Hände gesund gewesen wären, hätte ich das Kochen genau wie Dave hinausgezögert, denn die Höhe hatte uns die Motivation geraubt; es war soviel einfacher, »später« zu sagen, weil wir, auch wenn wir nicht wirklich daran glaubten, doch immer meinten, der Wind könnte plötzlich aufhören, so daß wir hinunter zu der Höhle auf 5200 m hasten konnten.

Es war um die Mitte des Nachmittags, als ich hörte, wie Dave sich anschickte, mit viel Geduld den Kocher wieder in Gang zu bringen. Mehrere Minuten machte er sich ohne Erfolg daran zu schaffen, beschloß dann, ihn ruhen zu lassen und inzwischen eine der großen Dosen Schinken, Speck oder Erbsen zu öffnen.

Es war der Moment, auf den ich den ganzen Tag gewartet hatte.

»Welche wollen wir zuerst aufmachen?« fragte er.

»Schmeiß sie alle zusammen«, empfahl Pirate.

Dave kratzte mit dem Messer das Eis von der Dose mit Speck, legte den Deckel frei, damit er sie öffnen konnte. Ich konnte den Speck schon schmecken.

»Scheiße!« fluchte Dave ungehalten. »Löcher in der Dose! Den Speck können wir nicht essen! Der ist verdorben!«

Er griff nach einer Dose Erbsen.

Das konnte sicher nicht noch einmal passieren. Die Löcher waren ein Zufall. Trotzdem hörten wir angespannt zu, als Dave das Eis von der Dose Erbsen entfernte.

Er hatte kaum die Hälfte abgekratzt, als er erneut fluchte. Wieder Löcher! Dann nahm er den Schinken, unsere letzte Dose. Es war das gleiche!

Benommen und fassungslos sanken wir zurück. Seit zwei Tagen hatten wir den Speckduft in der Nase. Wir hatten von den saftigen Erbsen geträumt. Und urplötzlich war das Essen, mit dem wir gerechnet hatten, dahin. Unsere knurrenden Mägen würden nicht beruhigt werden.

Zunächst waren wir aufgebracht, so grausam betrogen worden zu sein, doch schon nach wenigen Minuten wurde uns klar, daß die verdorbenen Dosen aus der Kraftprobe mit dem Hunger eine Konfrontation mit dem Verhungern gemacht hatten. Wir hatten fast nichts mehr zu essen – drei Beutel Studentenfutter, ein Dutzend Scheiben Käse, ein paar Bonbons, etwas Kaffee, eine kleine Dose gehacktes Schweinefleisch und vielleicht ein Dutzend Kekse. Der restliche Proviant hatte insgesamt vielleicht noch so viel Kalorien, wie ein Mann pro Tag brauchte. Ernst teilte Dave knapp die Hälfte der verbliebenen Verpflegung in drei gleiche Portionen auf.

Obwohl Dave noch mit dem Kocher kämpfte, nachdem seine Finger vom Hantieren an dem kalten Metall längst gefühllos geworden waren, gelang es ihm nicht, ihn in Gang zu bringen. Es war nur noch so wenig Gas übriggeblieben, daß er nicht genug Druck aufbauen konnte, um es entweichen zu lassen. Bei 35 Grad unter Null wird Gas träge – er mußte aufgeben. Genau wie die löcherigen Konservendosen narrten uns die letzten Tropfen Gas damit, daß sie unbrauchbar waren.

Unsere einzige Hoffnung war eine Gallone Gas, die Dave auf der anderen Seite des Denali-Passes deponiert hatte, als er im Sommer vor drei Jahren den McKinley bestiegen hatte. Vielleicht befand sie sich noch dort; Dave hatte die Gasflasche am ersten Tag unseres Gipfelaufstiegs entdeckt. Er schlug vor, sich die Sache anzusehen, aber keiner wollte freiwillig hinaus. Er erklärte, daß das Gas nur etwa 70 m von unserem Standort entfernt versteckt sei. Niemand rührte sich. Dave war für diesen Gang der körperlich Stärkste, und er wußte am besten, wo das Versteck war, aber das Grauen, hinaus in den Wind zu gehen, machte selbst die geringste Neigung zunichte, die Dave vielleicht verspürt haben mochte.

Wir versuchten uns vorzustellen, was die anderen auf 5200 m wohl machten. Sie waren geschützt, hatten aber nur einen begrenzten Vorrat an Essen. Ich erinnerte mich, wie wir uns vor ein oder zwei Wochen Sorgen gemacht hatten um die Ausdauer von John und George, um Shiros Husten und seine Hämorrhoiden sowie um Greggs unberechenbare Emotionen während einer Krise. Jetzt waren sie ganz auf ihre eigenen Fähigkeiten angewiesen, und wir drei, die wir einmal die Stärksten gewesen waren, würden vielleicht bald auf ihr Urteilsvermögen und ihre Stärke angewiesen sein, um gerettet zu werden.

Wir hofften, daß die anderen um unsertwillen nichts Übereiltes unternahmen – daß die Anspannung aufgrund ihrer Sorge um uns sie nicht entmutigte. Wir dachten an die Gasflasche. Wir malten uns aus, wie köstlich ein Becher Wasser schmecken würde. Wir wälzten uns hin und her, um die grimmige Kälte unter uns zu mildern.

Wir sprachen kaum etwas. Das Grau in der Höhle verblaßte und wich der Dunkelheit…

4. März

Ich wachte wie elektrisiert auf. Der Wind hatte aufgehört. Ich hörte einen Hubschrauber.

Direkt vor der Höhle hörte ich das gleichmäßige Surren. Gregg hatte offenbar eine Suchaktion veranlaßt. Es klang so, als ob der Hubschrauber bereits gelandet wäre. Man suchte sicher den Paß nach uns ab. Ich hatte Angst, daß sie unsere Höhle nicht finden würden; das Loch im Eis war so klein. Vielleicht gaben sie auf und flogen wieder fort.

»Dave!« Ich drehte mich zu ihm um. »Dave, hörst du den Hubschrauber? Wir müssen sofort raus.«

»Schlaf weiter ... es ist der Wind.«

»Nein! Das kann nicht sein. Es ist zu gleichmäßig, zu konstant. Es ist ein Hubschrauber ... Dave ...«

Er antwortete nicht.

»Es ist ein Hubschrauber«, wiederholte ich für mich. »Es ist das gleichmäßige Surren eines Hubschraubers.« Ich horchte, um sicher zu sein, aber ich war nicht sicher. Vielleicht war es doch der Wind; das konnte nicht sein. Fast hätte ich Dave erneut aufgefordert hinzuhören; aber ich wußte, daß er recht hatte; trotzdem lauschte ich angestrengt auf eine Stimme, auf irgendeinen Laut, der mir verraten hätte, daß Helfer draußen waren.

Aber es war nur der Wind.

Nach einem langen Schweigen gestand Dave, daß meine Täuschung ihn angesteckt habe; er war mehrere Minuten selbst überzeugt, daß das Geräusch des Windes wirklich von einem Rettungshubschrauber kam.

»Aber weißt du«, sagte Dave und sah mich an, »du fühlst dich irgendwie klein, wenn du weißt, daß ein Hubschrauber gar nicht zu uns hochkommen kann.«

Dave fuhr fort zu erklären, daß ihm wohl bei dem Gedanken sei, daß kein technischer Apparat oder unsere Begleiter den Sturm besiegen oder uns gar zu Hilfe kommen könnten. Wir drei seien allein in diesem Allerheiligsten der irdischen Wildnis, und unsere einzige Sicherheit liege in uns selbst, in unseren individuellen Fähigkeiten durchzuhalten und in der gemeinsamen Stärke unserer Willens- und Urteilskraft.

»Dave«, sagte ich, »es klingt vielleicht komisch, aber ich habe mich dir noch nie so nah gefühlt.«

Dave strahlte und sagte: »Ja, ich weiß, was du meinst. Wenn

wir uns durch diesen Sturm nicht durchkämpfen können, können wir wenigstens zusammenhalten und versuchen, in Frieden damit zu leben.«

Mir ging durch den Kopf, wie der Sturm selbst dazu beitrug, uns vor seiner eigenen Wut zu schützen. Seit das McKinley-Massiv aus dem flachen Land emporgewuchtet worden war, hatte der Wind den Schnee und das Eis des Denali-Passes zu Konturen mit minimalem Widerstand gepreßt. Wir saßen geschützt in Eis, das sich dem Wind angepaßt hatte. Wir hatten unter dem Sturm gelitten und wären fast unterlegen an jenem ersten Morgen, als wir uns ihm im Freien entgegengestemmt hatten, doch jetzt trieb die ganze Kraft des Windes noch mehr Stabilität in das Dach unserer Höhle, wenn er den Hang über uns hinauffegte.

Die Höhe zerlegte die Reichweite unserer Aufmerksamkeit in Bruchstücke von Gedanken. Unbehagen war das einzige, worauf sich mein Kopf offenbar konzentrieren konnte. Meine Lippen waren an mehreren Stellen tief eingerissen. Wenn ich mit der Zunge über den Gaumen fuhr, spürte ich Klumpen aus getrocknetem Speichel; aus anderen Erfahrungen mit Dehydratation wußte ich, daß die besonders empfindlichen Stellen in meinem Mund anfangen würden zu bluten, wenn ich nicht bald Wasser bekäme. Die Bänder in den Beinen schmerzten, weil sie austrockneten. Besonders weh tat es, wenn man sich streckte oder die Position veränderte; unglücklicherweise schmerzten meine Hüften und der Rücken, sobald ich mehr als ein paar Minuten still auf dem harten Eis lag. Ich klagte kaum, nicht weil ich von Natur aus stoisch war, sondern weil es niemanden gab, dem ich mein Leid hätte klagen können – wir alle litten unter den gleichen Unannehmlichkeiten; Schmerzen waren für uns unter dem Eis zu einem natürlichen Lebensumstand geworden.

Mir war wahrscheinlich wärmer als Dave und Pirate, weil ihre Schlafsäcke schneller vereisten als meiner. Jedesmal, wenn Dave gekocht hatte, war Dampf von der warmen Flüssigkeit in seinen Schlafsack gedrungen, wo er sehr schnell gefror. Und sobald die Daunen verfilzten, war ihre Elastizität dahin. Besonders beunruhigend war es, als Dave einige Eisklumpen zwischen den Daunen entdeckte. Mir war schleierhaft, wie sein Schlafsack noch irgendwelche Wärme halten sollte. Pirates Schlafsack war etwas besser, doch seine Daunen verklebten rasch, weil er entgegen Daves und meinem Rat den Kopf im Schlafsack vergrub, wo die Feuchtigkeit der Atemluft nicht entweichen konnte. Wir alle vermißten schmerzlich die Isomatten. Ohne sie konnten wir nur eine übrige Windjacke oder Überhose unter die Hüften und Schultern legen, die restliche Fläche der Schlafsäcke lag auf dem blanken Eis.

Pirates Hände waren geschwollen, aber wie er sagte, bereiteten ihm die Füße die größten Sorgen. Er fragte nach meinen Daunenfüßlingen. Er sprach es zwar nicht direkt aus, aber ich wußte, daß er sie haben wollte. Ich versuchte, ihn nicht zu beachten, tat so, als hätte ich ihn nicht gehört. Meine Füße waren selbst in den Füßlingen kalt; ohne würden sie, wie ich meinte, sicher erfrieren, wenn ich schlief oder sogar wenn ich wach lag. Ich vermied, daran zu denken, aber genau das passierte mit Pirates Füßen. Er wußte, daß ich sie nicht hergeben wollte, und fragte nicht mehr. Als er die Füße in seinem Schlafsack aneinanderrieb, um die Betäubung zu mildern, dachte er bestimmt an meine warmen Füßlinge. Ich gab vor zu schlafen und versuchte, nicht mehr an Pirates Füße zu denken.

Ich wußte nicht, wie viele Tage wir uns schon in der Höhle befanden. Der Tag, an dem wir auf den Gipfel gestiegen waren, dann der erste windige Tag, der Tag, an dem wir den Schinken gegessen hatten, dann ein Tag ohne Wasser – es mußte der vierte Tag sein, aber ich war mir nicht sicher.

Irgendwann gegen Mittag teilte Dave jedem einen Feigenriegel und zwei Bonbons zu. Das Bonbonlutschen brachte ein paar Minuten Linderung für die wunden Stellen im Mund. Den Feigenriegel hob ich mir auf für den Nachmittag, als Unterbrechung in der Monotonie des Hungers. Nach etwa einer Stunde konnte ich mich nicht mehr beherrschen. Ich hatte darauf gehofft, daß sich Speichel im Mund bilden würde, wenn ich den Riegel kaute, aber die Brocken klebten nur am Zahnfleisch und dem Gaumen fest. Mit einiger Mühe schluckte ich die klebrige Masse hinunter, spürte sie in den Magen rutschen, wo sie einige Krämpfe auslöste. Der Schmerz ließ ein schauerlich belustigendes Bild von vier oder fünf Händen in meinem Magen entstehen, die nach dem Feigenriegel grapschten, sich gegenseitig bekämpften und an ihm zerrten und rissen. Nach einigen Minuten ließen die Krämpfe nach, und der normale stetige Schmerz stellte sich wieder ein.

Still verfluchte ich die durchlöcherten Konservendosen. Irgendwelche unachtsame Bergsteiger mußten mit ihren Eispickeln Löcher hineingeschlagen haben, als sie das Eis wegklopften, das sie bedeckte. Wir alle wünschten, wir hätten die Dosen nie gesehen. Ohne sie wären wir vielleicht in der Lage gewesen, unseren Hunger hinzunehmen, aber zu wissen, daß Schinken und Erbsen, auch wenn sie verdorben waren, in Reichweite lagen, während wir langsam verhungerten, war fast unerträglich. Die besonders grausame Ironie lag in der Ungewißheit, denn die Konserven konnten durchaus noch eßbar sein. Vielleicht war der Inhalt gefroren, seit sie auf dem Denali-Paß lagen. Daß auf 5500 m irgendwelche Bakterien lebten, war kaum anzunehmen. Zumindest ein Teil des Schinkens, der Erbsen und des Specks war vielleicht noch nicht schlecht, aber das herauszufinden würde bedeuten, eine Lebensmittelvergiftung zu riskieren.

Am frühen Nachmittag wurde klar, daß wir eine weitere Nacht in der Höhle würden verbringen müssen. Selbst wenn der Wind gegen Abend nachlassen sollte, hätten wir nicht die Zeit und vielleicht auch nicht die Kraft abzusteigen. Wir wußten, daß unsere Dehydratation kritisch war. Wir hatten seit über 36 Stunden keinen Tropfen Flüssigkeit mehr zu uns genommen. Weil das Blut nur noch sehr schlecht zirkulierte, fröstelten wir trotz Jacken und Überhosen in unseren Schlafsäcken. Hin und wieder merkte ich, wie sich Daves Körper spannte und in Schauern schüttelte. Wir brauchten Wasser, was bedeutete, daß wir Gas brauchten – das wir nicht hatten.

Die einzige Chance lag in dem Gas, das Dave vor drei Jahren am Denali-Paß versteckt hatte. Wenn einer von uns ging, um die Gasflasche zu holen, schaffte er es vielleicht nicht mehr durch den Wind zurück zur Höhle. Die brutale Realität dieser Möglichkeit hatte uns davon abgehalten, nach dem Gas zu suchen, aber wir hatten keine andere Wahl mehr. Einer von uns mußte das Gas holen! Aber wer? Ich konnte wegen meiner Hände nicht gehen und lag deshalb ruhig im Schlafsack, ließ mein Schweigen einen anderen bitten zu gehen.

Dave widersetzte sich dem Gedanken zu gehen. Er hatte die Höhle gegraben. Er hatte für uns gekocht, als wir noch Gas hatten. Er wußte, daß seine Bemühungen Pirate und mir das Leben gerettet hatten. Und wir wußten es auch.

Es war nicht richtig, daß Dave hinaus in die lauernde Gefahr ging, um vielleicht im Wind zu verschwinden. Aber ich kannte Dave und spürte, daß er mit seinem Überdruß und der Angst davor rang, selbst darauf zu kommen, daß er gehen mußte. Da er als einziger von uns wußte, wo genau das Gas lag, war es logisch, daß er ging. Weder Pirate noch ich konnte ihn bitten. Nur noch halb bei Bewußtsein durch die Höhe und die hypnotische Macht des Windes, bewahrten wir uns ein Gefühl der Gerechtigkeit.

Es gab noch einen Grund, weshalb wir sicher waren, daß Dave gehen würde. Er war unsere rechte und linke Hand. Wir brauchten ihn zum Kochen, falls wir überhaupt jemals etwas Gas bekamen. Wir würden ihn brauchen, uns ins Seil zu binden und zu sichern, wenn wir abstiegen, wann immer das sein mochte.

Wortlos – ich erinnere mich nicht, gehört zu haben, wie er sagte, daß er gehen wolle – schälte sich Pirate aus seinem Schlafsack. Als er sich die Schuhe anziehen wollte, hatte er Schmerzen und Schwierigkeiten, die geschwollenen Füße hineinzuzwängen. Ich bot ihm meine Daunenfüßlinge an. Er nahm sie und zog sie sofort über. Dave beschrieb die Felsen, zwischen denen die Gasflasche versteckt lag. Pirate zog die Maske vors Gesicht.

Der Wind war noch unberechenbarer geworden: Böen wechselten mit kurzen, 10 bis 30 Sekunden dauernden vergleichsweise ruhigen Flauten. Pirate lag auf dem Bauch, das Gesicht dem Eingang zugewandt, und horchte auf die Flaute, die ihm geeignet erschien. Eine resignierte Entschlossenheit, mehr schien von seinem einstigen Draufgängertum nicht geblieben zu sein. Unvermittelt stieß er ein kurzes, nicht sehr lautes »Aaah« aus und schob sich durch den Eingang und den Pulverschnee den Hang hinauf. Dave und ich jubelten, nicht laut, aber mit aller Begeisterung, der wir noch fähig waren. Wir hörten, wie Pirate den Eingang wieder mit dem Bündel verschloß. Dann endete die Flaute ganz abrupt, und wir hörten nur noch den Wind.

Lange lauschten Dave und ich, ohne ein Wort zu sagen. Zehn, fünfzehn Minuten vergingen. Wir wußten, daß Pirate inzwischen zurück sein müßte, aber wir sagten nichts. Er hätte drei Meter von der Höhle entfernt um Hilfe rufen können, wir hätten ihn nicht gehört… Ich konnte es nicht ändern, aber ich mußte daran denken, was wir zu tun hätten, wenn er es nicht schaffte zurückzukommen. Vielleicht würde Dave versuchen, das Gas zu holen. Vielleicht würden wir beide versuchen uns nach unten durchzuschlagen. Wenn Pirate nicht in den nächsten Minuten zurückkäme, würde es sinnlos sein, nach ihm zu suchen. Vielleicht würden Dave und ich einfach in der Höhle liegenbleiben und warten, bis Grett, Shiro, George und John uns erreichen konnten oder wir ins Delirium verfielen.

Wir hörten etwas am Eingang. Zwei spontane Jubelschreie gaben unserer Erleichterung Ausdruck. Ein Schneeschauer und dann ein Plastikbehälter schossen in die Höhle, gefolgt von einem erschöpften Pirate.

»Schlimm!« Er keuchte. »Nicht einmal bei Windstille konnte

ich aufrecht stehen. Irgendwas stimmt mit meinem Gleichgewichtssinn nicht.« Ich hatte Pirate noch nie sagen hören, daß etwas anstrengend oder gefährlich sei. »Ich bin die ganze Strecke gekrochen, hab mich mit den Eisbeilen in das Eis gekrallt. Ich spüre die Füße nicht mehr.«

Wir hatten Gas! Wir konnten Wasser trinken!

Mit einer Freude, deren Existenz wir bereits vergessen hatten, schmolz Dave Eisklumpen und Schneehaufen. Vor allem die erste Dose mit Wasser roch und schmeckte süß: Wir dachten nicht daran, daß der süße Geruch vom Urin kam. Dave erhitzte eine Dose nach der anderen. Wir tranken und tranken und warteten immer wieder auf einen Nachschlag. Zum erstenmal seit fünf Tagen legten wir uns mit vollem Magen schlafen. Daß er nur voller Wasser war, machte nichts – jedenfalls dachten wir das.

Meine Füße waren kälter geworden. Ich mußte ständig die Zehen bewegen, damit sie nicht taub wurden. Trotzdem war ich froh, daß ich Pirate nach seinem Ausflug nicht gebeten hatte, mir die Füßlinge zurückzugeben…

5. März

…Die Böen und Flauten hörten sich hoffnungsvoll an, als wir an einem weiteren kalten, grauen Tag unter dem Eis erwachten. Dem ruppigen Ende des Sturms schien die Luft auszugehen, und wenn wir bei Kräften gewesen wären, hätten wir wahrscheinlich sofort versucht, uns vom Paß nach unten durchzuschlagen. Aber wir waren inzwischen so schwach, daß der Wind vollkommen abflauen mußte, bevor wir mit einiger Zuversicht absteigen konnten. Aber egal, wann der Wind nachließ, mußte dies unser letzter Tag in der Höhle sein, denn am nächsten Morgen würde der Proviant restlos aufgebraucht sein. Zu dritt hatten wir noch eine Handvoll Studentenfutter, vier Scheiben Käse und drei Bonbons. Wenn das verbraucht war, würde die Kälte sich unserer Körper bemächtigen, falls wir nicht nach unten kämen. Schweigend und grübelnd lagen wir in unseren Schlafsäcken; so freudlos unsere Lage war, empfand ich doch eine eigenartige Erleichterung, daß es so einfach war – ohne Verpflegung hieß es entweder absteigen oder in dieser elenden Höhle zugrunde gehen.

Pirate weigerte sich zu glauben, was der Wind in der Nacht fertiggebracht hatte. Pirate hatte, als er sich schlafen gelegt hatte, das Bündel, das den Eingang verschloß, mit einem Seil gesichert, das Seil dann um seinen Arm gewickelt, damit das Bündel nicht von einer plötzlichen Böe weggerissen würde. Als er aufwachte, waren sowohl das Bündel als auch das Seil weg. Nachdem der Wind den Eingang mit Schnee vollgepackt hatte, waren feine Eiskristalle in Pirates Schlafsack gelangt; der Schlafsack wärmte so wenig, daß der Schnee darin nicht einmal schmolz. Pirate blickte ungläubig zehn oder fünfzehn Sekunden auf den Schnee, murmelte dann heiser, daß er den Schnee in seinem Schlafsack lassen werde, da er ihn vielleicht isoliere. Seine Argumentation klang abenteuerlich. Ich wollte ihm schon sagen, den Schnee schnellstmöglich aus dem Schlafsack zu entfernen, aber es war einfacher, still dazuliegen als ein Gespräch zu beginnen. Dann fing ich an mich zu fragen, ob Pirate mit dem Schnee und dem Isolieren vielleicht doch recht hätte – sein und Daves Schlafsack bestanden inzwischen nur noch aus verfilzten Daunen und Eisklumpen, die von der Nylonhülle zusammengehalten wurden.

Auch nachdem Pirate seine Schuhe und die Gasflasche in den Eingang gestopft hatte, um zu verhindern, daß der Flugschnee uns einschneite, trieb jedesmal Schnee herein, wenn eine Windbö den Hang über uns traf. Weil der Eingang nicht dicht verschlossen war, zirkulierte die 35 Grad kalte Luft beständig durch unsere Höhle. Aufgrund des erhöhten Chill-Faktors fing ich wieder an, vor Kälte zu zittern. Es war zwar nicht besonders schmerzhaft, aber doch entnervend, mit anzusehen, wie der Körper sich unkontrolliert schüttelte. Was geschieht, wenn man die Kontrolle über den Körper verliert? Ich wollte Dave fragen, tat es dann aber doch nicht.

Meine Gedanken schweiften zurück in die Kindheit. Ich erinnerte mich an Erzählungen meiner Eltern, daß ich, als ich laufen lernte, gern nackt durch den Schnee tapste. Ich dachte daran, wie wir, als ich acht und neun war, hinaus in die Frühjahrsstürme rannten, die über die Ebenen im Osten Colorados jagten; aus Strohballen bauten wir Unterstände zum Schutz vor dem dahintreibenden Wind und Staub und hielten uns für Pioniere. Damals hatte es riesigen Spaß gemacht, im Gewittersturm schreiend von Baum zu Baum zu laufen oder wenn aus dem Regen Hagelkörner von der Größe von Murmeln oder Golfbällen wurden. Wie hatten diese Spiele im Sturm zu der verzweifelten Lage geführt, in der wir drei uns befanden? Jetzt wollte ich nichts anderes als frei von der Angst sein, zu erfrieren und unter dem Eis begraben zu werden. Ich versuchte mir vorzustellen, wie wir steif gefroren aussehen würden. Das Gefühl meines Mundes auf Farines kalten Lippen stellte sich wieder ein. Ich sah seinen letzten, in Wangen und Augenlidern gefrorenen Ausdruck. Wieviel konnte von einem Körper erfrieren, bevor das Herz stillstand? War ich feige, weil ich so dachte? Uns würde es nicht so ergehen, mir nicht; aber da war diese Kälte in unseren Händen und Füßen.

Um diese Gedanken aus meinem Kopf zu vertreiben, fragte ich Dave, ob er meine, daß die Böen schwächer und die Flauten länger würden. Er antwortete: »Denk nicht darüber nach.« Aber ich konnte gar nicht anders, als jeder Änderung des Windes nachzulauschen, auch wenn ich wie Dave wußte, daß es nur trübselig machte zu hören, wie jede Flaute in heftigen Windstößen endete.

Nur das Essen beschäftigte uns in gleichem Maß wie der Wind, vor allem der Inhalt der durchlöcherten Dosen. Diese Dosen verfolgten uns. Ich fühlte, wie die kleinen Löcher mich anstarrten, ob man die Dosen sehen konnte oder ob sie unter einem Schlafsack oder draußen vor dem Eingang lagen. Dave hatte die Dosen ausgeleert und das meiste davon als eindeutig verdorben bezeichnet, aber es blieben wenigstens ein Pfund Erbsen und ein halbes Pfund Schinken, die seiner Meinung nach eventuell noch eßbar waren. Er taute sogar etwas von dem Schinken auf und erhitzte ihn. Es roch nicht schlecht und sah auch nicht schlecht aus; aber es stammte doch aus einer teilweise verdorbenen Dose.

»Ach, ich werd es essen«, erklärte Pirate.

Aber wir ließen es nicht zu. Uns war absolut klar, daß vergiftetes Essen uns in diesem geschwächten Zustand umbringen würde. Solange wir den Konservendosen widerstehen konnten, hatten wir eine Chance; wenn wir nachgaben und den zweifelhaften Schinken und die Erbsen aßen, verspielten wir eventuell diese Chance. Natürlich konnten die Lebensmittel noch gut sein und uns die zusätzlichen Kräfte geben, die wir beim Abstieg vielleicht brauchten.

Während sich uns der Magen zusammenkrampfte und das ermüdende Hin und Her von Böen und Flauten unsere Geduld aufzehrte, änderten wir dauernd unsere Meinung über die Konserven. In einem Augenblick erklärte Pirate, er werde den Schinken essen, um Dave oder mich im nächsten davon abzuhalten, ihn zu probieren. Bisher hatten wir uns beherrschen können, doch jede weitere Minute Hunger ließ die Versuchung wachsen.

Wir träumten von Gelagen, festlichen Banketten, exotischen Gerichten, unseren Lieblingsspeisen. Scheinbar stundenlang zählten Dave und ich alle Arten von Essen auf, die uns einfielen. Manchmal schwiegen wir zehn oder fünfzehn Minuten, als ob das Gespräch beendet gewesen wäre; wenn ich dann zum Beispiel »Krabben« nannte, sagte Dave: »Ooh, junger Fisch, wie konnte ich Krabben vergessen?« Dann konnten erneut zehn Minuten vergehen, bis jemandem von uns eine vergessene Delikatesse einfiel.

Einmal sagte Dave: »Gefüllte Paprikaschoten.«

»Jaa … mit vielen Rosinen drin!« ergänzte ich.

Wir machten uns gegenseitig den Mund mit der schwierigen Auswahl zwischen verschiedenen Gerichten wäßrig. »Dave«, fragte ich, »was wär dir lieber, eine Pizza mit Pilzen oder mit Peperoni?«

»Pilze, und wenn du dir Obst aussuchen könntest, was würdest du nehmen?«

»Bääh ... ich will ein Stück Fleisch, innen rot!« rief Pirate dazwischen. Wir hatten genug Gas und konnten soviel Wasser zubereiten, wie wir trinken konnten; Dave hatte jedoch allenfalls Lust, eine kleine Menge zu machen. Mit zunehmender Dehydratation verschlimmerten sich auch unsere Erfrierungen. Die Schwellungen an meinen Fingern waren zurückgegangen; ich wußte nicht, ob das ein Zeichen der Besserung oder ein Anzeichen dafür war, daß mein Körper einfach nicht genug Flüssigkeit bekam, um die Schwellungen aufrechtzuerhalten. Sosehr ich mich wegen der Frostbeulen sorgte, erkannte ich doch, daß sie der Versuch meines Körpers waren, das Gewebe zu retten, das Erfrierungen erlitten hatte.

Dave konnte den großen Zeh am rechten Fuß und auch einige andere Zehen nicht mehr spüren. Er konnte kaum etwas für seine Füße tun – sie massieren, die Zehen bewegen. Wie er sagte, würden sie immer kälter. Die schorfige, erfrorene Haut an seiner Nasenspitze war ein Anblick, der Übelkeit erregte, aber doch längst nicht so schlimm wie die Erfrierungen, die sich an seinen Füßen ausbreiteten. Die Erfrierungen auf seiner Nase waren begrenzt und deshalb entstanden, weil er eine lange Nase hatte, die aus der Gesichtsmaske herausragte; die Erfrierungen an den Füßen waren dagegen nicht isoliert, und das war ein Anzeichen dafür, daß die Kälte ständig weiter in den Körper kroch. Und so war es bei uns allen.

Zuweilen war ich überrascht über meinen Wunsch, daß Pirate weiter meine Daunenfüßlinge tragen sollte, die ich vorher so selbstsüchtig gehütet hatte. Ich wußte, daß dieser Egoismus noch nicht überwunden war; Pirate war gewissermaßen ein Teil davon. Da seine Füße gelitten hatten, als er die Gasflasche geholt hatte, war ich um seine Füße fast so besorgt wie um meine eigenen. Später an diesem Tag gab Pirate mir einen Füßling zurück. Ein Füßling für jeden war sicher kein sehr sinnvoller Weg, das Erfrieren unserer Füße aufzuhalten, aber auch wenn es nur eine Geste war, war es doch das Bewegendste, was ich von Pirate je erlebt hatte.

Der einzige Vorteil der Dehydratation war der, daß wir uns selten der Gefahr aussetzen mußten, in unserem Schlafsack in die Konservendose zu pinkeln. Ähnlich ersparte uns der Mangel an Proviant die Tortur des Stuhlgangs im Freien. Aber dennoch kam für uns die Stunde der Abrechnung. Wir hatten den Moment so lange hinausgeschoben, bis wir es offenbar keine weitere Minute mehr aushalten konnten. Hinauszugehen bedeutete, Erfrierungen der peinlichsten Art zu riskieren, sobald man die Hosen herunterließ. Vergleichsweise angenehm war dagegen der Gedanke, das Geschäft im eigenen Schlafsack zu erledigen. Dave entwickelte in seiner Genialität eine Technik, bei der kleine, schön in Toilettenpapier eingewickelte Päckchen entstanden. Mit einigen Anleitungen seinerseits gelang es mir, meine Päckchen sicher einzuwickeln und zum Höhleneingang hinauszubefördern. Pirate, der nicht richtig aufgepaßt hatte, bekam jedoch Schwierigkeiten. Kurz nachdem er vollkommen in seinem Schlafsack verschwunden war, hörten wir ihn murmeln und fluchen. Als wir hektische Bewegungen in seinem Schlafsack bemerkten, boten wir ihm einige Ratschläge an.

»Was, ihr habt Papier gehabt?« stöhnte er auf. »Ich wußte doch nicht, daß ihr Papier benutzt habt.«

In den ersten Tagen des Sturms war der Schlaf eine erfolgreiche Methode des Wartens gewesen. Jetzt bestand er nur noch aus einem ständigen Wenden der Hüften und Schultern, um der Härte des Eises und der Kälte zu entgehen, die von unten in die Schlafsäcke kroch. Keiner von uns war auch nur vorübergehend von Hungerkrämpfen sowie Krämpfen und Schmerzen in den ausgezehrten Bändern und Muskeln verschont. Trotzdem war das Wachsein weiterhin die schlimmere

Art, halb bei Bewußtsein zu sein; der wachere Geist empfand Schmerzen stärker, und wir erkannten, daß wir nicht träumten, daß wir nicht aufwachen würden und alles würde schön und warm sein.

Gelegentlich konnte ich nicht mit Bestimmtheit sagen, ob ich wach war oder schlief. Träume von dem auf dem Eis liegenden Farine, von John, der von unten aus der Gletscherspalte rief, vom hustenden Shiro, von unseren Händen und Füßen, die schwarz wurden, erfüllten meinen Schlaf und trieben hinüber in die verschiedenen Stadien des Wachens, die sich über den Tag hinzogen. Stunden gab es nicht mehr. Ich fragte Dave einmal, wie lange wir schon im Eis gefangen wären; er sagte, er wisse es nicht.

Am Nachmittag, als es einmal aufzuklaren schien, war es so, als ob der Wind endlich nachließ. Die Flauten waren sehr viel länger geworden, bis zu fünf oder sechs Minuten lang, und die Böen kamen seltener und nicht mehr mit dieser Kraft, die unsere Höhle so viele Tage erschüttert hatte. Ich war unruhig eingeschlafen und wachte in der Dunkelheit durch ein seltsames Geräusch auf. Ich fuhr auf. Für Ohren, die Stille nicht mehr gewöhnt waren, klang die Ruhe beinahe so laut wie das Brüllen des Sturms seit dem ersten Morgen.

»Dave, der Wind ist weg! Wir können absteigen!«

»Mensch, ja. Ich koch uns noch ein Abschiedsessen auf dieses verdammte Loch«, sagte Dave. Einen Augenblick später ging seine Stirnlampe an, und kurz darauf vernahm ich das muntere Surren des Kochers. Es war alles vorbei; wir glaubten, es überstanden zu haben. Unser Abschiedsessen war ein Abschied vom letzten bißchen Proviant, von der Höhle und, wie wir hofften, vom Wind. Dave reichte das Wasser herum und verteilte die vier Scheiben Käse.

6. März

… Im grauen Licht und der Stille trafen wir hastig alle Vorbereitungen, die Höhle zu verlassen, brauchten aber dennoch mehrere Stunden, um fertig zu werden. Dave schmolz Eis. Pirate mühte sich lange, die geschwollenen Füße in die Stiefel zu zwängen. Meine und Daves Füße waren nicht geschwollen, aber wir hatten beide im Verlauf der Nacht das Gefühl in einigen Zehen verloren. Da meine Hände noch weitgehend unbrauchbar waren, war ich darauf angewiesen, daß Dave mir die Füße in die Schuhe stopfte und sie dann zuschnürte.

Aufgedreht angesichts unseres Aufbruchs, fühlten wir uns munterer als zu irgendeiner Zeit, seit der Wind aufgekommen war. Als ich beschloß, vor dem Abstieg den geistigen Fitneßtest durchzuführen, half Dave mir mit der Stoppuhr und bei der Handhabung des Formulars mit den Rechenaufgaben, da meine Finger sie nicht halten konnten. Dave erklärte, geistig so klar wie immer zu sein, was die Testergebnisse jedoch nicht bestätigten. Wir alle brauchten zum Lösen der verschiedenen Rechenaufgaben doppelt so lange wie bei einem ähnlichen Test an der Kahiltna. Auch wenn dies nur ein grober Hinweis auf die Beeinträchtigung unseres logischen Denkens war, nahm ich mir doch vor, ganz besonders vorsichtig zu sein, falls wir eine wichtige Entscheidung würden treffen müssen.

Aber wir waren nicht wirklich beunruhigt. Es ging kein Wind. Nachdem wir den Sturm überstanden hatten, gab es nichts, was wir uns nicht zugetraut hätten. In ein paar Stunden würden wir auf 5200 m sein und konnten noch vor Einbruch der Dunkelheit bis zu den Iglus auf 4350 m absteigen. Es würde eine tolle Sache werden, wenn wir bei den anderen aufkreuzten, die uns inzwischen wahrscheinlich aufgegeben hatten. Ein Hochgefühl beschleunigte unsere Bewegungen. Es ging nach unten, nach Hause! Dave war als erster draußen. Mit einem Wort löschte er all unsere Begeisterung.

»Whiteout!«

»Whiteout.« Drohend lag das Wort in der Luft. Nach dem Wind hatten wir mit dieser Möglichkeit überhaupt nicht gerechnet. Dave konnte nur acht bis zehn Meter weit sehen. Zwischen uns und dem Lager auf 5200 m lagen mehr als anderthalb Kilometer Eis, wenn wir den direkten Weg nahmen; doch auf dem Hang unter uns gab es zehn oder zwölf Quadratkilometer Eis, in der Senke darunter noch einmal zehn oder zwölf Quadratkilometer, und die Senke fiel über 100 oder 130 Quadratkilometer stark zerklüfteten Gletscher ab. Vom Whiteout geblendet, irrten wir unter Umständen endlos über das Eis oder bis wir zusammenbrachen oder über eine Kante oder in eine Gletscherspalte stürzten.

Wir hofften, daß der Whiteout nur aus einer kleinen vorbeiziehenden Wolke bestand, die in ein, zwei Stunden weitergezogen sein würde. Mit Schaudern dachten wir daran, was aus uns werden würde, falls sich der Whiteout als der Beginn eines wochenlangen Schneesturms entpuppen sollte.

Ich folgte Pirate aus der Höhle, nur um mitzuerleben, wie seine gebeugte Gestalt in Dave hineinstolperte, der ebenfalls nicht aufrecht gehen konnte. Einen Moment lang sah ich die beiden wie Betrunkene aneinanderlehnen, die um ihr Gleichgewicht rangen. Ein Schleier aus Eiskristallen kroch lautlos über die Felsen hinter ihnen.

Mit ruckartigen, schmerzhaften Kopfbewegungen drehte Pirate das Gesicht zu Dave hoch, um ihm in die Augen zu blicken: »Dave«, sagte er heiser flüsternd, »ich glaube, ich bin zu schwach für den Abstieg.«

Zum erstenmal seit dem Abend, an dem wir Farine aus der Gletscherspalte geborgen hatten, wurde Daves Gesicht starr vor Entsetzen. Seine Zuversicht war mit einem Schlag dahin. Es waren nicht nur Pirates Worte, die ihn erschüttert hatten. Im dämmrigen Licht unserer Höhle hatten wir das Gesicht der anderen nicht deutlich sehen können, aber jetzt blieb nichts mehr verborgen. Pirates Aussehen war am erschreckendsten. Es war, als wäre er in der Höhle um zwanzig Jahre gealtert; seine

Stimme glich der eines alten Mannes; sein Gesicht war von Furchen durchzogen, die wir nie an ihm gesehen hatten; seine Augen waren müde und glasig und tief in die Höhlen eingesunken.

Unsicher ließ ich mich auf Hände und Knie nieder, unfähig, ohne Daves Hilfe zu stehen. Beim ersten Schritt, den ich versuchte, strauchelte ich und schlug mit der Schulter aufs Eis, um nicht auf die geschwollenen Hände zu fallen. Keiner von uns hatte noch einen Gleichgewichtssinn. Die Beine waren ausgezehrt und wie der Rücken steif vom tagelangen bewegungslosen Herumliegen. Wir übten Gehen, aber wir mußten uns zehn oder fünfzehn Minuten strecken und auflockern, bis wir wieder einigermaßen koordiniert und geradeaus laufen konnten.

Wieder gehen zu können war eine Leistung, aber kaum ein Trost, denn selbst wenn der Whiteout sich lichten würde, hatten wir bei weitem nicht genug Gleichgewichtssinn, um die Hunderte von Meter über das steile Eis abzusteigen, das uns von 5200 m trennte. Aber in der Höhle zu warten wäre Selbstmord gewesen, denn nach einem weiteren Tag ohne Nahrung hätte uns mit Sicherheit die Kraft gefehlt abzusteigen.

Dave wurde unruhig. Pirate lehnte sich an einen Felsen und murmelte mit sich selbst. In unserer Verzweiflung fingen wir an, die wildesten Pläne für eine Flucht vom Paß zu äußern. Wir sprachen über die Möglichkeit, daß nur Dave und ich versuchten uns durchzuschlagen. Pirate erklärte, allein in der Höhle warten zu wollen, bis wir ihm Rettung schicken könnten; aber natürlich würde Hilfe ihn frühestens in zwei Tagen erreichen, und das war zu spät. Einmal sagte ich in dem Gefühl, der stärkste zu sein, daß ich es allein versuchen wolle. Ich malte mir aus, Hilfe schicken zu können, falls ich es allein schaffte, und wenn nicht, hätten Dave und Pirate immer noch eine Chance, sobald das Wetter sich besserte.

Wie einfach hätte es sein können, wenn ich mir restlos etwas hätte vormachen können. Ich wußte, daß meine Gründe für einen Soloabstieg fadenscheinige Ausflüchte dafür waren, den

Wunsch zu kaschieren, in allererster Linie die eigene Haut zu retten. Ich befürchtete, daß meine Angst angesichts unserer Lage meine Loyalität gegenüber den anderen untergraben könnte. Ich wollte nicht, daß Dave oder Pirate meinen rücksichtslosen Egoismus sahen. Aber war dieses Bedürfnis, mich zu retten, nicht ein Akt der Selbsterhaltung? Und war das nicht normal, nicht notwendig?

Als mich ein Gefühl der Panik beschlich, glitten meine Blicke kurz über das Eis und die Felsen und das allgegenwärtige Weiß ringsum. Dave sah mich an. Pirate schien in Gedanken versunken. Ich wußte nicht, was ich sagen sollte. Obwohl ich mir so dringend wünschte, es allein zu versuchen, blieb dieses andere Gefühl, unabdingbar an Dave und Pirate gebunden zu sein. Vielleicht war dieser innere Antrieb, es gemeinsam mit den anderen durchzustehen, nur eine Reaktion auf die Einsamkeit, vielleicht aber auch eine elementare Reaktion, gegen die ich nicht ankonnte.

In meinen Fingern fing es an zu pochen, und mein Kopf wurde ganz leicht. Offenbar hatte ich meine Gedanken nicht unter Kontrolle. Ich wollte allein losmarschieren, konnte aber Dave und Pirate nicht im Stich lassen. Ich mußte mich unter allen Umständen retten, aber ich wäre gar nicht mehr am Leben, wenn Dave und Pirate nicht gewesen wären. Was hatte es für einen Sinn, gemeinsam zugrunde zu gehen? Wenn ich allein bessere Chancen hatte, sollte ich Dave und Pirate dann nicht Dave und Pirate sein lassen und ohne sie aufbrechen?

Ich hatte das Gefühl, schreien oder über das Eis rennen zu müssen. Um meine Angespanntheit abzubauen, blickte ich in die Wolken. Ich betrachtete die unterschiedlichen Grauschattierungen, die uns einhüllten. Und es funktionierte. Meine Panik verschwand so schnell, wie sie aufgekommen war.

Dave riet, nicht weiter darüber zu debattieren, was wir tun konnten, weil der Whiteout sich möglicherweise lichtete. Pirate blickte auf das Loch im Eis, den Eingang zu unserer Höhle.

Wolken hingen am Paß, filterten das Sonnenlicht, so daß nur

ein trübes Einerlei flacher Grau- und Weißtöne blieb. Eine unheimliche Stille hatte sich über den Berg gelegt; es schien unmöglich, daß dieser lautlose, stille Paß derselbe war, über den der Sturm gefegt war. Der Himmel, der beängstigend lebendig gewesen war, hing leblos da. Das ganze Gebiet, das in den Tagen, als der Sturm getobt hatte, eine Art Lebewesen gewesen zu sein schien, war jetzt eine gefrorene Wüstenei aus Eis und Fels.

Verborgen unter dem Eis vor all dem Wüten, hatte ich mich eingeschlossen gefühlt, doch jetzt, als ich draußen in der Stille des Whiteout stand, empfand ich kurze Momente der Klaustrophobie, als würde ich zusammen mit dem Berg und all den Gipfeln ringsum erstickt. Wir kamen uns auf unserem Stück Eis vor, als hätte der Whiteout uns von der Welt abgeschnitten. Der Himmel war verschwunden, und wir hatten nichts als unsere kleine Insel des Lichts in diesem unermeßlichen Grau.

Pirate meinte, daß wir etwas unternehmen müßten. Wir starrten weiter auf die Wolke in der Hoffnung, sie würde aufreißen und uns absteigen lassen. *Hoffnung* – wir kannten sie inzwischen so gut, daß sie viel von ihrer Bedeutung verloren hatte, aber nichts von ihrer Anziehungskraft. Ich kam zu dem Schluß, daß Hoffen bedeutete, die Realität unserer Situation zu ignorieren, zugunsten eines Wunschdenkens, daß uns irgendein Glücksfall zustieß. Niemand konnte durch diesen Whiteout zu uns gelangen. Ich tadelte mich, weil ich immer wieder hoffte, und verwarnte mich, nie wieder zu hoffen. Was mir fehlte, war Vertrauen. Ich brauchte Vertrauen, daß dieser Whiteout wie jede Schlechtwetterfront einmal enden würde, und Vertrauen, daß wir die Geistesgegenwart und Ausdauer besaßen, den Augenblick zu nutzen, wenn er kam. Ich sagte Dave, daß wir verloren wären, wenn wir aufhörten, an uns zu glauben. Er sah mich verwirrt an und sagte: »Hah?«

Ein paar Minuten später merkte ich, daß ich erneut auf die Wolken starrte und hoffte, daß sie aufreißen würden.

Als wir es leid waren, darauf zu warten, daß der Whiteout sich lichtete, suchten wir zwischen den Felsen nach Proviant –

nach einem Depot, das jemand vielleicht zurückgelassen hatte, oder einigen unserer eigenen Vorräte, die weggeblasen worden waren –, fanden aber nichts. Wir standen am Rand des Passes und blickten hinunter in Richtung des Lagers auf 5200 m. Durch das Grau versuchte ich, mir Gregg, Shiro, John und George in ihrer Höhle vorzustellen, die geduldig auf eine Gelegenheit warteten, nach uns zu suchen. Dann fiel mir ein, daß ihnen inzwischen die Verpflegung ausgegangen sein mußte. Aber bestimmt hatten sie uns nicht im Stich gelassen.

Minutenlang sprach keiner ein Wort. Unsere Erfahrung als Bergsteiger riet uns, nicht in den Whiteout abzusteigen, weil wir ziemlich sicher den Weg verlieren oder infolge unserer Schwäche und des fehlenden Gleichgewichtssinnes stürzen würden. Gleichzeitig waren wir uns bewußt, was uns bevorstand, wenn wir in der Höhle warteten.

Stunden waren vergangen, seit wir aus der Höhle gekrochen waren. Auch wenn die vorgerückte Zeit uns allmählich zu einer Entscheidung zwang, war jede Alternative offenbar immer noch aussichtslos. Es schien absurd, eine Wahl zu treffen. Ein Gedanke ging mir durch den Kopf: Wenn wir jemals zu dem Schluß kommen sollten, daß überhaupt keine Chance zum Abstieg bestand, würde ich meine letzten Kräfte zusammennehmen und zum Nordgipfel des McKinley aufsteigen.

Ich sagte mir, daß auch dies ein verzweifelter Gedanke war, den es zu verbannen galt. Unsere Situation verlangte einen klaren Kopf, den wir möglicherweise nicht aufbieten konnten. Besonders hinderlich an unserer höhenbedingten geistigen Beeinträchtigung war unser Unvermögen zu wissen, inwieweit wir beeinträchtigt waren. Je teilnahmsloser wir wurden, desto weniger bemerkten wir wahrscheinlich, wie teilnahmslos wir waren.

Schließlich wurde offenkundig, daß unsere größte Chance in dem Versuch lag, einen Weg durch die Eiswand zu finden, statt auf ein Ende des Whiteout zu warten. Außerdem widerte die Höhle uns an; Pirate meinte, in die Höhle zurückzukriechen sei gleichbedeutend damit, in unser Grab zu steigen. Beim Abstieg würden wir wenigstens aktiv sein, etwas unternehmen. Dave riet uns, die Steigeisen anzulegen. Pirate sagte, in Ordnung, ich sagte gar nichts.

Dave ging mit Pirate im Schlepptau die 50 Meter zurück zur Höhle, wo wir die Steigeisen zurückgelassen hatten. Ich wartete am Rand des Passes, denn Dave hatte zuvorkommenderweise angeboten, mir meine Steigeisen mitzubringen. Als Pirate an den verstreuten Überresten eines großen Depots vorbeikam, rief ich ihm hinterher, ob er dort nach Proviant geschaut habe. Er bejahte; er und Dave hätten es durchsucht, ohne etwas Eßbares zu finden. Trotzdem wühlte Pirate sich erneut durch den Haufen aus zerfetzten Planen, Resten von Holzkisten, die wohl aus der Luft abgeworfen worden waren, zerrissener Kleidung und Tafelsilber, alle möglichen Dinge, die wir nicht essen konnten. Das Depot war wahrscheinlich von Washburn nach einer seiner wissenschaftlichen Expeditionen angelegt worden, aber 20 Jahre Sturm und neugierige Bergsteiger hatten nur einen Müllhaufen übriggelassen, der halb im Eis begraben war. Nach einer Minute hörte Pirate auf zu suchen und blickte, ohne etwas zu sagen, zu mir herüber. Ich fragte ihn, ob er etwas gefunden habe.

»Nein.« Ganz langsam stieg er weiter, um seine Steigeisen zu holen.

Ich stand benommen da, wollte nichts tun, bis jemand käme, um sich um mich zu kümmern. Ich blickte auf das Depot und dachte dabei an den Rat, den Shiro mir einmal gegeben hatte; da der von mir verlangte, mich zu bewegen, versuchte ich, den Gedanken zu unterdrücken. Doch er ließ nicht locker: »Wenn es in den Bergen nur einen Weg gibt zu überleben, mußt du jede Möglichkeit bis zu Ende prüfen, um die eine zu finden, die funktioniert.« Das Depot war eine Möglichkeit. Vielleicht lag unten in dem Haufen noch etwas Eßbares versteckt; aber das Depot war zwölf Meter entfernt, zwölf Meter bergauf. Ich stand da, ohne die Kraft oder den Wunsch, mich zu bewegen. Shiros

Worte gingen mir immer wieder durch den Kopf. Ich hörte sie mit seiner angenehmen Stimme: »... mußt du jede Möglichkeit bis zu Ende prüfen.« Ich sträubte mich dagegen, im Depot zu suchen; reine Kraftverschwendung, redete ich mir ein. Und plötzlich, ohne mir bewußt zu sein, daß ich losgelaufen war, war ich unterwegs zum Depot. Um den Eispickel fassen zu können, zwang ich die Finger um den Schaft, keine Rücksicht mehr darauf nehmend, ob die Beulen aufplatzten – ich würde graben.

Ich schlug auf das Eis, wo es die Zeltplane umklammerte; die vor Schmerzen sich sträubenden Hände ließen den Pickel fallen. Die Plane hatte sich nicht gerührt. Ich hob den Pickel auf und war nach ein paar Schlägen wie im Rausch. Ich drosch auf die im Eis festgefrorene Plane ein. Ich stemmte und zerrte. Ich schlug, so fest ich konnte, und mußte wohl einen Felsen getroffen haben, denn die Haue brach.

Ich wurde wütend. Ich konnte nicht aufhören. Ich schlug auf die Holzstücke, holte immer wieder aus, bis ich auf die Knie sackte. Ich war außer Atem und benommen, aber sobald der Kopf wieder klar war, begann ich wieder auf den Müll einzuprügeln. Noch immer kniend, legte ich verrottetes Seil, Töpfe, alte Socken, Schöpflöffel, seltsame Schuhe frei; unter all den abwegigen, sinnlosen Luxusartikeln war sogar ein Sieb.

Ich bearbeitete das Depot, getrieben von der Zwangsvorstellung, bis zum Boden vorzudringen. Meine Hände pochten vor Schmerzen, und die Füße waren taub geworden, doch es zählte nur, daß ich den Müll bis in den letzten Winkel erforschte. Rage trieb mich nachzuschauen, was da unten war. Als ich auf eine neue Schicht stieß, achtete ich darauf, nichts zu zerstören. Ich öffnete eine Schachtel, aber sie enthielt nur Kleidung.

Mit den Bergschuhen schob ich einiges von dem oberen Zeug beiseite und grub mit dem Pickel tiefer. Eis, zersplittertes Holz und Zeltfetzen waren zusammengefroren. Ich griff zu, zerrte, trat mit den Schuhen, schwang den Pickel und stieß schließlich auf eine weitere ungeöffnete Kiste. Ich stemmte sie auf: obenauf Kleidungsstücke, aber darunter lagen einige Stoffbeutel, kleine, weiße Beutel. Mein Herz schlug wie wild, als ich mich aufgeregt und erschöpft über einen der Beutel hermachte, um nachzusehen, was darin war. Die Zugschnur ließ sich öffnen, und als ich in den Beutel schaute, hätte ich bestimmt geweint, wenn mein Körper noch genügend Wasser für Tränen hätte aufbringen können.

Getrocknete Kartoffeln!

Weiter unten in der Kiste lag eine Schachtel Rosinen in einer Verpackung, die sich schon vor mindestens fünfzehn Jahren aufgelöst hatte. Ich fand noch zwei Beutel mit Kartoffeln und förderte sogar eine Dose Schinken zutage, ohne Löcher!

Wir aßen!

Dave vergrößerte die Höhle. Da er dabei kniete, wurde die Blutzirkulation in den Beinen teilweise unterbrochen. Er betonte, daß er eiskalte Füße habe, und murmelte etwas davon, sie am Bauch von irgend jemandem zu wärmen, aber er wollte weder Pirate noch mich belästigen. Ich hörte, wie er weiter vor sich hin sprach: »Na ja, ein paar Zehennägel weg, nichts Neues... Dir wird das nicht passieren, Dave, alter Junge... keine Angst...«

Bis weit in den Abend machte Dave heiße Getränke und kochte Unmengen Eintopf aus Rosinen, Schinken und Kartoffeln. Das Leben schien wieder leicht zu sein. Unsere Höhle war jetzt bequemer, und wir hatten die Gewißheit, daß es am nächsten Tag noch etwas zu essen geben würde. Wir zogen wieder ein, entschlossen, wenn nötig, noch eine ganze Woche durchzuhalten, hofften aber, wie wir schon die letzten sechs Nächte gehofft hatten, am Morgen absteigen zu können.

7. März

Ich träumte, daß ein freundlicher Mensch mir jedesmal die Füße abschnitt, wenn sie zu groß wurden. Jedesmal wenn er sie abschnitt und in ein Regal stellte, war mir ein paar Minuten leichter, aber die Füße, die hellgrün leuchteten, schwollen immer wieder zur Größe von Basketbällen an und schmerzten, als ständen sie kurz davor zu platzen, bis sie abgeschnitten wurden. Ich lag in einem kleinen, dunklen Kellergewölbe, und die Regale an den Wänden waren bald mit riesigen, leuchtendgrünen Füßen vollgestellt.

Dave weckte mich und sagte, daß er nicht schlafen könne, weil ich mich so wälzte. Ein stechender, pulsierender Schmerz durchzuckte beide Füße, als wollten sie jeden Augenblick explodieren. Sie waren teilweise erfroren, als ich nach dem Essen gegraben hatte. Ich wußte nicht genau, ob sie in der Nacht aufgetaut oder noch weiter erfroren waren. Die einzige Möglichkeit, die Schmerzen zu lindern, bestand darin, die Lage der Füße zu ändern; im Traum hatte ich jede Veränderung wie einen wohldurchdachten Schnitt mit dem Messer meines Freundes empfunden.

Der Wind hatte sich gelegt, und der Whiteout war verschwunden. Bald waren wir wach, aßen, tranken und fragten uns, wo wir auf Gregg, Shiro und die anderen stoßen würden. Pirate wollte uns zum Lachen bringen und meinte, sie hätten uns wahrscheinlich abgeschrieben und wären heimgeflogen. Sie mußten aufgrund des Proviantmangels zu den Iglus auf 4350 m abgestiegen sein, aber ich malte mir aus, daß sie wieder aufsteigen und nach uns suchen würden und wir an der Wand unterhalb unserer Höhle oder vielleicht auf 5200 m auf sie stoßen würden. Dave, der nicht ganz so optimistisch war, meinte, daß wir sie erst unten bei den Iglus sehen würden.

Zwei Stunden nach dem Aufwachen versuchten wir, die Schuhe anzuziehen. Einmal schrie ich laut auf, als Dave meine Füße mit Gewalt in die Schuhe preßte. Da Pirate genauso schlimme Hände hatte wie ich, mußte Dave auch ihm helfen. Als er schließlich soweit war, die eigenen Schuhe anzuziehen, hatte Dave mehr Schwierigkeiten, als er bei Pirate oder mir gehabt hatte. Die Spitzen seiner Füße waren geschwollen.

Nachdem wir aus der Höhle gekrochen waren, purzelten wir übereinander und fielen der Länge nach aufs Eis, als wir versuchten, die unkoordinierten, schmerzenden Klumpen unter Kontrolle zu bringen, zu denen unsere Füße geworden waren. Sobald ein Schuh das Eis berührte, schoß ein Brennen durch die Wade. Pirate entdeckte ein viermotoriges Flugzeug, das den Gipfel umkreiste. Wir waren noch nicht soweit, hinunter auf das offene Eis auf 5200 m zu stürmen, wo das Flugzeug uns ohne weiteres hätte sehen können. Bevor wir einen Fuß auf das steile Eis unterhalb des Passes setzten, mußten wir auf unseren geschädigten Füßen gehen und klettern lernen. Wir traten auf der Stelle und übten das Queren eines leichten Hanges. Unglücklicherweise war das Bergabgehen besonders schmerzhaft und schwierig, weil das ganze Gewicht auf den erfrorenen und halberfrorenen Zehen lastete. Dave schnallte mir die Steigeisen an, half dann Pirate. Weil Dave als einziger keine erfrorenen Hände hatte, nahm er auch die wichtige Sicherungsposition am Seilende ein, als wir endlich beschlossen aufzubrechen.

Die Eiswand fiel in einem Winkel von 30 bis 40 Grad vom Paß ab. Auf Meereshöhe hätten wir fast Fangen auf so einem Eis spielen können, auf 5400 m hatten wir dieses Eis beim Aufstieg mit gesunden Beinen, vergleichsweise bei Kräften sowie mit funktionierendem Gleichgewichtssinn immer noch recht flott bewältigt. Jetzt, da wir auf spindeldürren, ausgezehrten Resten von Beinen dahinhoppelten, ging jeder Schritt an die Grenzen unserer Leistungsfähigkeit.

»Lauf uns nicht weg, Pirate!« Ich hatte das Gefühl, den führenden Pirate ermahnen zu müssen, langsam zu gehen, auch wenn er nur auf die Eiswand zukroch. Wir prüften jedesmal, wenn wir den Fuß aufsetzten, ob er das Gewicht auch halten würde.

Weil der Sturm uns die Rucksäcke geraubt hatte, hatten wir uns die Schlafsäcke um die Schultern gebunden; sie hingen bis zu den Füßen, verfingen sich manchmal in den Steigeisen, aber wir konnten sie nur so tragen.

»Langsamer, Pirate!«

Die einzige Gewißheit bei jedem Schritt war der Schmerz, der durch die Füße hochfahren würde. Schritt für Schritt führte Pirate uns über das Eis und hinunter. Das Seil, das uns verband, bot nur psychologischen Schutz; sollte einer von uns stürzen, würden wir alle den Berg hinabsausen. Eine Sicherung war unmöglich. Wenn wir wirklich zu Fall kämen, könnten wir nichts tun, den Sturz aufzuhalten, und würden in das Becken 200 m unter uns stürzen.

Pirate blieb stehen.

»O nein!« sagte ich leise. Eines seiner Steigeisen hatte sich gelöst. Wir hingen im steilsten Abschnitt des Eises fest. Dave und ich pickelten kleine Flächen frei, um die Beine ein wenig zu entlasten. Pirate hatte beim Aufbruch derart steife Finger gehabt, daß er die Steigeisen nicht richtig hatte festschnallen können, aber jetzt mußte er das Steigeisen festbinden.

Dave rief Pirate unruhig zu, sich zu beeilen. Meine Beine waren nahe daran umzuknicken. Pirate kämpfte mit den steif gefrorenen Riemen, fluchte auf die Kälte – er mußte das Steigeisen mit bloßen Händen anfassen. Er wußte, daß alles von ihm abhing. Würde er das Gleichgewicht verlieren, während er an der starren Bindung zerrte, wären all unsere Anstrengungen, den Sturm zu überstehen, umsonst gewesen.

Pirate richtete sich auf; er griff zum Eisbeil. Ich seufzte erleichtert auf und drehte mich zu Dave um, der grinste.

»Alles klar, Jungs… Wir steigen ab!«

Mit angespannter Vorsicht setzten wir einen Fuß vor den anderen. Jeder Schritt wurde sorgfältig bedacht. Das große Militärflugzeug, das Pirate vorhin bemerkt hatte, drehte über den Kahiltna ab. Selbst wenn man uns vom Flugzeug aus gesehen hätte, es hätte keine Möglichkeit gegeben, uns jetzt zu Hilfe zu kommen. Wir sahen Gregg, John, Shiro und George nicht zu uns aufsteigen. Ihr Ausbleiben fing an mich zu beunruhigen, denn ich wußte, daß sie zur Stelle sein und uns hinunterhelfen würden, wenn es ihnen irgend möglich wäre.

»Mach langsam, Pirate!«

Da das steilste Stück hinter uns lag, erhöhte Pirate das Tempo. In Wirklichkeit machte er nur alle zwei oder drei Sekunden einen Schritt, aber das erschien mir schon gefährlich schnell.

»Du reißt uns alle mit, Pirate – du verrückter Hund!«

Pirate machte halt, drehte sich um und höhnte: »Haha.«

Das rauhe, aber ebene Eis des Beckens verschwand allmählich. »Wir haben es geschafft, wir haben es geschafft«, sagte ich mir immer wieder.

Als das Eis jedoch, wenn auch ganz leicht, zu den Felsen hin anstieg, wurden unsere Beine so schwer, daß wir bald alle sieben oder acht Schritte stehenblieben, um auszuruhen. Die Felsen kamen uns unbekannt vor. Als Dave Pirate ein Zeichen gab, nach rechts zu gehen, sagte ich, daß wir uns meiner Meinung nach zu den Felsen links halten müßten. Nach einer kurzen Diskussion über die verschiedenen Ansichten kamen wir zu dem Schluß, daß keiner von uns genau wußte, bei welcher Felsengruppe die Höhle lag. Bei unserer Erschöpfung war es ein entmutigender Gedanke, 20 oder 30 Meter vom Weg abzukommen, wenn wir auf die falschen Felsen zuhielten. Wir einigten uns auf einen Kompromiß und nahmen eine Linie, die genau zwischen den beiden Hauptfelsen hindurchführte. Zehn Meter über Eis, dann 20 Meter; Pirate rief, daß er eine Bambusstange im Eis stecken sehe. Da wir nichts dergleichen hierhergebracht hatten, mußte wohl ein Hubschrauber Rettungskräfte abgesetzt haben, die den Pfahl zurückgelassen hatten. Aber wo waren sie jetzt? Vielleicht hatten die anderen einen Unfall. Auf jeden Fall mußte die Höhle in der Nähe der Bambusstange sein.

Abgekämpft und mit wachsender Unruhe kamen wir der Stange langsam näher. Einmal war sie unendlich weit entfernt, dann erkannten wir plötzlich, daß es nur wenige Meter waren und es gar keine Bambusstange war. Es war nichts weiter als eine Weidenrute. Unsere Augen hatten uns genarrt. Irgendwie hatte die Höhe oder die Dehydratation oder vielleicht sogar der Nahrungsmangel unser räumliches Wahrnehmungsvermögen beeinträchtigt. Es war deshalb so alarmierend, weil wir alle gleichermaßen getäuscht worden waren.

Wir gingen an der Weidenrute vorbei und näherten uns der Höhle. Unmittelbar bevor wir hineinspähten, überkam mich eine plötzliche Angst, daß wir Leichen entdecken würden. Sie konnten hier festgesessen und es gar nicht nach unten geschafft haben, um neuen Proviant zu holen. Wir schauten hinein; zu meiner Erleichterung war die Höhle verlassen. In einer Ecke lag neben einem Kocher ein kleiner Haufen Proviant. Sie waren offenbar abgestiegen, weil sie nicht mehr damit rechneten, daß wir es noch nach unten schaffen würden; aber für den unwahrscheinlichen Fall, daß es uns doch gelänge, hatten sie uns die köstlichsten Leckereien hinterlassen – Würstchen, Kokosnußbällchen, die Greggs Frau gemacht hatte, und etwas von dem englischen Kuchen, den meine Großmutter für uns gebacken hatte.

Während wir aßen, entdeckte uns das kreisende Flugzeug. Dann tauchte Sheldons silberne Cessna 180 auf und flog tief über das Becken. Wir winkten. Er drehte um, kam noch tiefer herunter und warf einen Sack ab. Ich holte ihn. Auf dem Eis lagen Stücke einer zerplatzten Orange. Ich hob ein sorgfältig eingepacktes Gerät auf, konnte aber nicht erkennen, wofür es gut sein sollte. Obwohl es verlockend war, es dort liegenzulassen, wo es hingefallen war, nahm ich es mit – vielleicht konnten die anderen etwas damit anfangen. Ich kam mir irgendwie dumm vor, als Pirate es sofort als ein Funkgerät erkannte; die Höhe setzte mir mehr zu, als ich zugeben wollte. Entweder waren wir geistig zu sehr mitgenommen, das Funkgerät zu bedienen, oder es war beim Abwurf beschädigt worden, denn wir konnten weder senden noch empfangen.

Gestärkt durch Essen und ein wenig Wasser, setzten wir den Abstieg fort. Mit äußerster Vorsicht manövrierten wir uns durch die Felsen am Grat entlang. Mehrmals kletterten wir langsamer ab, als wir diesen Teil der Route aufgestiegen waren.

Als wir zu den Fixseilen kamen, schoben wir die Schlafsäcke tiefer, um die Arme für das Abseilen frei zu haben.

Durch die Füße zuckte jedesmal ein schneidender Schmerz, wenn die Schuhe gegen das Eis stießen. Pirate und mir war es fast unmöglich, uns mit den frostgeschädigten Händen am Seil zu halten. Einmal kam ich ins Rutschen, und als ich das Seil packte, um den Sturz abzufangen, spürte ich, wie die Haut und die Blasen an den Fingern aufrissen.

Ziemlich am Ende der Seile gerieten wir in eine Wolke. Trotz des Whiteout konnte gar kein Gedanke daran sein zu warten, denn wir mußten eine weitere Biwaknacht vermeiden. Da Dave diesen Teil der Route schon öfter geklettert war als Pirate oder ich, übernahm er die Führung. Wir stiegen weiter in die Wolken ab. Die Spitzen der hohen Grate links und rechts verschwanden. Irgendwo im Grau vor uns waren zwei Iglus und unsere Freunde; jenseits der Iglus war ein Eisfall mit gewaltigen Spalten. Sollten wir die Iglus verfehlen, würden wir blindlings über den Rand einer Spalte marschieren. Das Grau wurde so dicht, daß ich, der ich in der Mitte des Seils ging, weder Dave noch Pirate sehen konnte.

Dave blieb stehen, ging dann weiter. Meine Knie und Fesseln schienen jeden Augenblick einknicken zu wollen. Das schlaffe Seil auf dem Schnee vor mir zeigte an, daß Dave erneut stehengeblieben war. Wir hatten uns verirrt.

Die graue Wolke und das graue Eis schienen eins zu sein; der Gletscher und der Himmel waren zu einer einzigen grauen Wand geworden. Da wir den Hang nicht erkennen konnten, auf den wir die Füße setzten, ließ ich mich auf die Hände nieder, deren steifes, geschwollenes Fleisch knirschte.

Ich rief in das Grau hinein, daß die Iglus meiner Meinung nach rechts von uns lägen. Von hinten stoppte mich das Seil mit einem Ruck; Pirate mußte auf dem Eis gestürzt sein. Ich hörte ihn schreien, daß wir uns weiter links halten sollten. Dave sagte nichts. Ich lag platt auf dem Eis, wartete darauf, daß Pirate sich aufrappelte, und befestigte wieder ein loses Steigeisen. Nach mehreren Minuten rief Dave: »Weiter geht's!« Mit einiger Anstrengung kam ich wieder auf die Beine, und wir taumelten weiter durch den Whiteout. Während wir uns durch das endlose Grau schleppten, kam mir irgendwann der Gedanke, daß wir schon an den Iglus vorbeigelaufen wären. Ich versuchte, Ordnung in meinen wirren Kopf zu bringen, um mich gegebenenfalls auf das Eis zu werfen und den Pickel einzurammen, wenn Dave in eine Spalte stürzen sollte. Ich konnte ihn immer noch nicht sehen, und das Seil verschwand etwa drei Meter vor mir im Grau. Wir hätten drei Meter am Lager vorbeilaufen können, ohne es zu sehen. Als der Schnee tiefer wurde, fragte ich mich, ob die Iglus vielleicht eingeschneit wären. Dave trottete weiter.

Blind und unsicher, ob die Beine den nächsten Schritt noch schafften, ließ ich mich von Dave am Seil nachschleifen.

»Juhuuuh...« Ein Ruf vor mir – da ich Dave nicht sehen konnte, war ich nicht sicher, ob es seine Stimme gewesen war.

»Iglus!« Es war Daves Stimme.

Mit Glück oder einem erstaunlichen Instinkt hatte er uns genau zu den Iglus geführt.

Dave wartete, bis Pirate und ich aus dem Whiteout auftauchten, so daß wir drei die anderen gemeinsam begrüßen konnten. Fast irrsinnig vor Erleichterung und Freude, schaufelten wir den angewehten Schnee vom Eingang des Hauptiglus, zogen dann die Plane weg, die den Iglu gegen die Witterung schützte. Wir spähten hinein.

Dunkel! Der Iglu war leer. Auch der andere Iglu war verlassen und dunkel. Nicht einmal eine Nachricht war hinterlassen. Waren wir allein am Berg? Wo waren sie? Keiner mochte seiner Enttäuschung darüber Ausdruck geben, daß die anderen fort waren, daß sie uns offenbar aufgegeben hatten.

Wir machten uns über den Proviant her, der im großen Iglu zurückgelassen worden war. Kartoffelbrei, Reis, Sülze, Studentenfutter, gefriergetrocknetes Fleisch – noch nie hatte es uns so geschmeckt, aber niemals zuvor waren wir auch so unersättlich gewesen. Lange nachdem wir satt waren, stopften wir uns immer noch etwas in den Mund – wie unter Zwang verschlangen wir alles, was eßbar war. Es schien ungebührlich, nicht alles aufzuessen.

Trotz des aufregenden Festmahls aßen wir schweigend, wir waren erschöpft und machten uns Sorgen über das Schicksal der anderen vier.

Aus: **Der Berg meiner Angst**

von David Roberts

David Roberts (geb. 1943) ist einer der besten bergsteigenden Schriftsteller der Welt, vor allem aufgrund zweier früher Bücher: *Deborah* (1968) und *Der Berg meiner Angst* (1970). Es überrascht nicht, wenn man erfährt, daß er sowohl bergsteigerisch wie auch schriftstellerisch ein Mentor von Jon Krakauer war. Als junger Mann bewältigte Roberts einige bemerkenswerte Routen in Alaska, darunter 1965 die Erstdurchsteigung der abschreckenden Westwand des Mount Huntington. Roberts schildert hier diesen Erfolg und die tragischen Folgen.

Der Morgen des 29. Juli zeigte sich klar. Unser fünfter perfekter Tag hintereinander, es war fast mehr, als wir glauben konnten. Don und Ed brachen gegen 7.30 Uhr auf. Es ging rasch über die Nase, und dann sahen sie sich noch nicht durchstiegenem Fels und Eis gegenüber. Die erste neue Seillänge führte Ed. Plötzlich fiel ihm ein, daß er in der Hektik des Aufbruchs sein Eisbeil vergessen hatte. Es lag unten im Zelt.

»Ich Armleuchter«, schimpfte er. »Sollen wir noch mal zurück?«

»Nein, das würde zuviel Zeit kosten. Wir können uns mit einem Eisstichel behelfen.«

So führten Don und Ed abwechselnd jeweils mit Dons Eisbeil, während der Seilzweite einen unserer Alustifte benutzte, um das Gleichgewicht zu halten und sich hochzuziehen. Es war zwar umständlich, schien aber zu funktionieren.

Was beunruhigte, war, daß sie nur fünf oder sechs Fixseile und etwa ein Dutzend Haken hatten. Matt und ich hatten das Material noch nicht zu ihnen hochbringen können; sie hatten damit rechnen können, daß wir das Zelt im Laufe des heutigen Tages mit weiterem Material erreichten, aber das schöne Wetter wollten sie nicht ungenutzt lassen. Sie wollten so weit aufsteigen wie möglich.

Ed führte die nächste Seillänge, eine Traverse auf steilem, verharschtem Schnee, rasch und gut, brauchte nur einen Haken oben, um zu sichern. Don stieg mit ebensowenig Aufwand die nächste Seillänge, unsere 37., obwohl der Schnee in Eis überging, in das er Stufen schlagen mußte. Oben an der 55 Grad steilen Stufe fand er einen herausragenden Granitblock, der jedoch keine guten Risse aufzuweisen schien. Schließlich hämmerte er einen kurzen, kräftigen Haken etwa zwei Zentimeter in den Fels, band ihn mit einer Schlinge ab, um das Drehmoment bei einer eventuellen Belastung möglichst gering zu halten, und sicherte Ed beim Nachstieg. Die nächste Seillänge erforderte wieder eine steile Querung, wieder auf dem feinen Schneeeis, das unangenehm dünn auf dem Fels darunter lag. Ed führte vorsichtig. Don sah seine Silhouette die ganze Zeit gegen den Himmel. Die Sonne erwärmte allmählich die Wand, was sie nach den ersten Seillängen im kalten Schatten begrüßten. Natürlich würde die Sonne den Schnee früher oder später aufweichen, aber es würde sehr schwer sein, schwierigen Fels ohne ihre Wärme zu klettern. Und es sah ganz so aus, als müßten sie schon bald eine steile Felsstufe durchsteigen.

Die ersten drei Seillängen sicherten sie mit Fixseilen ab, beschlossen dann aber, die wenigen übriggebliebenen Seile aufzuheben und nur an den besonders heiklen Stellen anzubringen, wo sie beim Abstieg am ehesten von Nutzen waren. Don führte eine weitere Seillänge, die bisher einfachste. Mit Freude registrierte er oben, daß er neben dem großen, glatten Pfeiler stand, den wir auf den Washburn-Fotos gesehen hatten und der, wie er wußte, den Beginn der letzten Felsbarriere markierte. Ed stieg in ein steiles Couloir vor, jetzt hartes, blaues Eis, in das er mühsam und unter Gefahr Stufen schlagen mußte. Aber er erreichte auf der anderen Seite Fels, wo er eine gute Sicherung anbringen konnte. Bisher hatten sie auf fünf Seillängen erst fünf Haken gebraucht – das absolute Minimum und sicher weniger, als sie verwendet hätten, wenn sie genug mitgenommen hätten. Aber sie waren schnell geklettert. Der Schnee war noch fest, aber der Fels erwärmte sich. Es sah so aus, als ob sie die 70 Grad steile Wand über sich mit bloßen Händen durchsteigen könnten. Bestimmt konnten sie nicht alles mit Fäustlingen klettern.

Don stieg in die Wand ein. Sie hatte wenigstens ein paar schöne, scharfkantige Griffe. Um Haken zu sparen, stieg er 12 Meter, bevor er den ersten setzte. Es klang vertrauenerweckend, als er ihn einschlug – dem Himmel sei Dank für den guten Fels in dieser Route! Neun Meter darüber sah er sich einem glatten Abschnitt gegenüber, nicht frei zu klettern. Er drosch einen schlechtsitzenden Haken in den Fels, der sich nicht ganz versenken ließ, aber beim Einschlagen geräuschvoll vibrierte. Aber er hielt dann doch, und mit einem Trittbügel überwand er die glatte Passage. So anspruchsvoll es war, das Klettern beflügelte ihn, vor allem da sie beide wußten, daß oberhalb der Wand nur noch das lange, steile Gipfeleisfeld lag. Don kletterte in einen breiten Kamin, stieg fünf Meter und stellte fest, daß oben ein kleines Dach den Weg versperrte. Man konnte nach links ausweichen, falls es dort oben in Reichweite einen einzigen Griff gab. Aber außer einem feinen Riß war da gar nichts. Er wählte den kleinsten Haken und konnte ihn etwa anderthalb Zentimeter in den Fels schlagen. Er testete ihn gewissenhaft, hängte einen Karabiner in die Hakenöse und belastete ihn. Er machte keinen sicheren Eindruck, wackelte jedoch nicht; wahrscheinlich würde er halten. Er befand sich zwölf Meter über dem schlechten Haken und 20 Meter über dem guten. Mit vorsichtigen Bewegungen, um den Haken so wenig wie möglich zu belasten, schwang er sich nach oben und um die Ecke. Ed, der angespannt hinaufblickte, sah, wie Don auf den Schnee über dem obersten Felsen stieg. Die Wand war geschafft. Don sicherte Ed rasch nach. Ed führte eine kurze Seillänge über verharschten Schnee, welcher direkt unterhalb der Kante von etwas zu liegen schien. Er stieg über den Rand und blickte begeistert nach vorn. Vor ihm lag das unberührte weite Gipfeleisfeld, das ohne Unterbrechung in einem Winkel von 50 Grad zum Gipfel strebte. Nach einem Monat Klettern zwischen zerklüfteten Türmen, in Kaminen und engen Couloirs wirkte das Eisfeld gespenstisch kahl. Es war, als hätte man sich durch einen Dschungel gekämpft und stehe plötzlich am Rande einer leeren Wüste.

Das bedeutete, daß sie den Gipfel vielleicht noch an diesem Tag erreichen konnten. Ed stieg die Seillänge zu Ende und sicherte Don nach. Gemeinsam besprachen sie den Vorstoß. Es war früh am Nachmittag, und ein Anstieg zum Gipfel würde auf jeden Fall ein Biwak erfordern. 120 Meter über ihnen erhob sich der einzige kleine Felsen auf der ganzen Fläche, vielleicht drei Meter hoch. Sie beschlossen, dorthin zu gehen.

Vier schnelle Seillängen auf dem entnervend freien Hang brachten sie zu ihm. Die letzten 15 Meter vor dem Felsen waren steiler, und die Sonne hatte angefangen, das Eis zu unterhöhlen. Mit einem Gefühl der Erleichterung erreichten sie den Felsen und waren sich einig, daß die Schneebedingungen sich in den nächsten Stunden verschlechtern würden. Sie wählten das einzige kleine Band, das der Felsen aufwies, pickelten eine kleine Plattform darauf frei und bauten das winzige Zweimann-Biwakzelt auf, das Don angefertigt hatte. Innen war es sehr eng, aber demzufolge auch warm. Den Kocher auf dem Schoß, konnten sie Eis schmelzen, um Wasser zu bereiten. Es war jetzt etwa 17 Uhr. Sie beschlossen, den Einbruch der Nacht abzuwarten und dann den Gipfel anzugehen. Es war noch ein langer Weg, vielleicht fünf Stunden, wenn alles gutging. Aber der Gipfel war in Reichweite. Am Himmel war noch immer keine einzige Wolke, kein Windhauch wirbelte auch nur eine

Flocke auf. Die Nachmittagssonne leuchtete auf den Bergen ringsum, und sie saßen da, berauscht vom Reiz der Höhe, und blickten auf die wilde Landschaft zu ihren Füßen. Zum erstenmal konnten sie den ganzen Tokositna-Gletscher sehen, sogar die schmutzige Zunge, die sich im Dunst der Ferne in die Tundra schob und deren letztes Eis Belmore Brown vor 60 Jahren überquert hatte...

Matt und ich waren um 11.15 Uhr im Alley-Lager aufgebrochen. Einer Ahnung folgend, hatte ich angeregt, unsere Daunenjacken und zusätzlichen Proviant neben den Seilen und Haken für Don und Ed mitzunehmen. Wir kamen sehr gut voran und erreichten ihr Zelt unterhalb der Nase nach nur dreieinhalb Stunden. Es war noch früh, und es erschien unsinnig, sofort wieder abzusteigen. Wir beschlossen, bis über die Nase zu klettern; zumindest konnten wir zusätzliche Seile und Haken anbringen, um die Route hinter den Voraussteigenden für den Abstieg zu sichern. Wir waren beruhigt, daß wir ihre Rufe nicht hören konnten; sie mußten schon weit oben sein.

Wir wollten gerade zur Nase aufsteigen, als Matt Eds Eisbeil neben dem Zelt bemerkte. Das war sehr eigenartig; warum hatte er es nicht mitgenommen? Da wir uns keinen anderen Grund vorstellen konnten, nahmen wir an, daß er es vor dem Übersteigen des schwierigen Daches einfach vergessen und es dann nicht mehr für sinnvoll gehalten hatte zurückzugehen. Matt schnallte das Eisbeil auf seinen Rucksack, um es Ed geben zu können, falls wir sie noch erwischten, oder es zumindest an einen Haken zu hängen, wo es beim Abstieg nicht zu übersehen war.

Oben auf der Nase sahen wir die neu angebrachten Fixseile, die um die Ecke führten. Ohne große Mühe folgten wir den Spuren. Matt führte die erste Seillänge, ich die zweite. Es war etwa 15.30 Uhr; der Schnee verschlechterte sich unter der Sonneneinstrahlung zusehends. Die Stufen, die sie in das Eis geschlagen hatten, schienen daher gelegentlich unbequem klein; wir vergrößerten einige. Am Ende der 37. Seillänge bemerkte ich den unsicheren Haken und suchte nach einer Stelle, um einen neuen zu setzen. Nach fünf Minuten gab ich auf und klinkte mich in den vorhandenen Haken ein. Da ich nicht wußte, wie lang der Haken war, konnte ich nicht beurteilen, wie tief er im Riß saß. Aber zum nächsten Haken darüber führte ein Fixseil, so daß er einigermaßen sicher schien.

Matt stieg vor, hielt das Fixseil um den linken Arm gewickelt. Nur gut einen Meter über mir machte er bei einer steilen Eisstufe halt, um sein rechtes Steigeisen festzuziehen, das sich offenbar gelockert hatte. Als er am Riemen zog, rutschte ihm der Fuß weg, und er stürzte auf mich zu. Ohne Aufregung hob ich eine Hand, um sein Steigeisen abzuwehren, mit der anderen sicherte ich ihn. Als sein Gewicht mich traf, spürte ich, wie die Schneeplattform nachgab, die ich mir als Standplatz getreten hatte. Aber ich war eingehängt, das Seil hing nur etwa einen halben Meter durch, und ich wußte, daß die Verankerung mich sofort aufhalten würde, und ich würde keine Mühe haben, Matt einen halben Meter unter mir abzufangen. Doch plötzlich rutschten wir, unkontrolliert. Der Haken mußte ausgebrochen sein, aber ich wunderte mich kurz, warum das Fixseil mich nicht hielt; hatte es sich etwa auch gelöst? Wir fielen gemeinsam, wurden rasch schneller. Matt war auf mir drauf. Wir fingen an, uns zu überschlagen, und jedesmal wenn wir aufprallten, hatte ich das Gefühl, schrecklich verletzt zu werden, ohne daß ich Schmerzen empfand. Alles war außer Kontrolle. Ich hielt wahrscheinlich immer noch das Sicherungsseil, konnte aber nichts tun, uns zu stoppen. Der Berg raste unter uns vorbei, und vollkommen unbeeindruckt dachte ich: So ist das also …

Unvermittelt wurden wir gebremst. Matt saß auf mir. Einen Moment lang wagten wir nicht zu atmen. Dann versuchten wir vorsichtig, auf dem steilen Eis zu stehen.

»Noch nicht bewegen!« sagte ich. »Sonst geht's gleich weiter!«

Jetzt überwältigte uns die Angst, für die wir beim Sturz keine Zeit gehabt hatten.

»Alles in Ordnung?« fragte Matt eindringlich.

Ich konnte kaum glauben, mir bei den Überschlägen nicht sämtliche Knochen gebrochen zu haben. Ich konnte mich ganz gut bewegen und blutete offenbar nicht. »Ich glaub schon. Und du?«

»Ich vermute schon. Aber ich hab meinen Pickel verloren.«

Da merkte ich, daß meine Brille weg war. Als ich mich umschaute, sah ich sie über der Schuhspitze baumeln. Ich packte sie und setzte sie wieder auf.

»Wir müssen sofort einen Haken einschlagen«, sagte ich.

Es gelang mir, ein paar dubiose Haken zu setzen. Jetzt konnten wir ein wenig aufatmen, aber der Versuch zu entspannen jagte uns nur noch mehr Angst ein. Matt hatte das Steigeisen verloren, das er hatte festziehen wollen, und beide Fäustlinge. Ich hatte die aufsteckbare Sonnenbrille verloren. Mein rechtes Steigeisen hatte sich gelöst, hing aber noch am Riemen. Wir hatten blaue Flecken, waren aber ansonsten nicht verletzt. Der Sturz war offenbar nur teilweise heftig gewesen.

Was hatte uns aufgehalten? Matt hatte immer noch das Fixseil um die Hand gewickelt, aber wir waren ohne jede merkliche Verzögerung gestürzt. Ich blickte nach oben. Das Fixseil, das nicht mehr in der Verankerung hing, von der aus ich gesichert hatte, lief immer noch in einer langen Kette zur Verankerung in der nächsten Seillänge darüber. Wir entdeckten auch Matts Pickel, der im Eis steckte, wo der Sturz begonnen hatte. Dann bemerkten wir, daß das Kletterseil sich über uns an einem kleinen Felszapfen verfangen hatte. Das hatte uns offensichtlich aufgehalten.

Es war sicherer, nach oben zu gehen als nach unten, wenigstens zunächst einmal. Ich stieg vor, konnte bald einen sehr guten Haken setzen. Ich querte hinüber zu unserer Spur. Als ich an dem Zapfen vorbeikam, an dem sich das Seil verfangen hatte, sah ich ihn mir näher an. Er war abgerundet, nicht stärker als einer meiner Fingerknöchel.

Schließlich gelangte ich zu einer sicheren Verankerung oberhalb der schlechten. Während Matt nachkam, versuchte ich zu rekonstruieren, was passiert war. Direkt nach dem Ende des Sturzes hatte ich den Haken an meinem Fuß baumeln sehen, noch mit mir verbunden, aber nicht mit dem Fixseil. Ich erkannte, daß ich mich in die Hakenöse eingehängt hatte, das Fixseil aber um den Hakenschaft gebunden worden war. Als der Haken ausgebrochen war, hatten wir keine Verbindung mehr zu den Fixseilen gehabt außer durch Matts linke Hand.

Wir waren arg mitgenommen und überlegten, ob wir umkehren oder weitergehen sollten. Ich wollte weitergehen. Der Unfall dürfte, auch wenn er uns einen gehörigen Schrecken eingejagt hatte, nicht unseren grundsätzlichen Vorsatz beeinträchtigen, sagte ich. Ich hatte außerdem das Gefühl, daß wir, wenn wir jetzt zurückgingen, vielleicht eine übermäßige, irrationale Angst entwickelten und nie mehr über die Nase hinausgehen würden. Widerwillig gab Matt nach. Zum Glück hatte ich Ersatzfäustlinge für ihn. Ich kam ohne die dunklen Brillengläser zurecht, da es schon spät wurde; der Verlust von Matts Steigeisen wog dagegen schon schwerer. Wenn ich jedoch die restlichen Seillängen führte und die rechten Stufen für ihn vergrößerte, mußte es eigentlich gehen.

Noch unsicher und nervös stiegen wir weiter. Jetzt übernagelten wir bewußt die Route und machten sie so sicher wie nur irgend möglich. Beim Klettern stellte sich das Selbstvertrauen wieder ein. Die Fixseile, denen wir bisher gefolgt waren, hörten bald auf, aber Eds und Dons Spuren waren gut zu erkennen. Ich überlegte noch, wo sie die Wand durchstiegen haben mochten, da entdeckte ich ein baumelndes Fixseil. Der Anblick war mehr als aufregend, aber auch beruhigend.

Ich führte in der Wand und staunte über die Schwierigkeiten, die Ed und Don mit nur drei Haken gemeistert hatten. Ich setzte noch fünf weitere Haken. Als die Sonne tief im Westen über den Foraker zog, stieg ich auf das Gipfeleisfeld aus. Von Don und Ed war immer noch nichts zu sehen, aber als ich Matt nachsicherte, hörte ich Ed von irgendwo über uns rufen.

»Wo seid ihr?« rief ich zurück.

»Beim Felsen!«

Sehen konnten wir sie nicht, aber es war gut, wieder ihre Stimmen zu hören. Zügig stiegen Matt und ich über das steile Eis zu ihnen. Die Bedingungen waren jetzt denkbar schlecht, obwohl es schon 20 Uhr war. Zweimal mußte ich zum Sichern einen Felshaken in das Eis schlagen, keine sehr zuverlässige Methode.

Schließlich waren wir wieder vereinigt. Es war wunderbar, sie zu sehen. Ed fragte sofort: »Ihr habt nicht zufällig mein Eisbeil mitgebracht, oder? Ihr habt? Ihr seid tolle Kerle!« Dann schilderten wir unseren Beinaheunfall, bemühten uns aber, nicht zu übertreiben. Vor allem Ed schien beunruhigt, doch die Sicherheit der Gruppe und die Aussicht, daß wir nun gemeinsam als Viererseilschaft auf den Gipfel steigen konnten, verjagte all unsere Befürchtungen. Wir aßen ein paar Riegel, während die Sonne hinter dem McKinley verschwand und die Berge im fahlen Dunkel der hereinbrechenden Nacht verblaßten. Gegen 22 Uhr brachen wir auf.

Da wir nur zwei Seile hatten, mußten wir uns im Abstand von 25 Meter einbinden statt der üblichen 40. Don ging als erster, ich war zweiter, Matt dritter, Ed das Schlußlicht. Um Zeit zu sparen, sicherte ich Don über mir mit einem Seil und einer Hand und Matt unter mir gleichzeitig mit der anderen. Es wurde rasch dunkler. Bald konnte ich Don nur noch als schwache Silhouette gegen den Himmel über mir erkennen, wo er auf dem Weg zur Kassiopeia zu sein schien. Wir wurden müde; die Dunkelheit ließ unsere Anstrengung privater, losgelöster vom Berg unter uns erscheinen. Nach fünf Seillängen erreichten wir eine halbe Stunde nach Mitternacht den Gipfelgrat. Wir konnten es aber nur daran erkennen, daß der Steilhang allmählich flacher wurde. Wir wußten, daß die andere Seite mit Wächten drapiert war, die über den Ruth-Gletscher hinaushingen, und gingen daher nicht bis auf den flachen Rücken des Grates.

Jetzt blieben nur noch die 400 Meter hinüber zum Gipfel, ein schmaler, luftiger Weg, auf dem es links 1500 m und rechts 1800 m in die Tiefe ging. Dies war der erste und einzige Teil unseres Aufstieges, der sich mit der französischen Route deckte. Obwohl es nur ein so kurzes Stück bis zum höchsten Punkt war, wußten wir, daß wir es nicht unterschätzen durften, denn die Franzosen hatten vor einem Jahr und einem Monat von hier aus viereinhalb Stunden gebraucht, um den Gipfel zu erreichen. Knapp 200 Meter gingen wir ohne Pause, ein gespenstiger Marsch am Himmel. Die Nacht schien alle Geräusche zu schlucken, und ich bildete mir einen Augenblick ein, daß wir die einzigen Menschen auf der Erde wären. Dann kamen wir an zwei Riefen, kurze Wände aus senkrechtem Schnee, geformt und zusammengepreßt durch den ständigen Wind, der den Grat nur an wenigen Tagen im Jahre verschonte. Vielleicht hatten wir Glück gehabt, einen davon zu erwischen. Hier war es unerläßlich, daß wir so weit wie möglich auseinander gingen. Don nahm die erste Riefe in Angriff, während ich ihn über einen nicht allzu zuverlässigen Pickel sicherte. Als er nach oben querte, brach er mit dem Fuß durch die Wächte und zog ihn sofort wieder zurück. Durch das Loch konnte er das stumpfe Blau des Ruth-Gletschers weit unten sehen. Er kam zu mir zum Sicherungspunkt zurück, völlig erschöpft von der Anspannung und den Strapazen der ganztägigen Führungsarbeit. Wir tauschten die Plätze, und ich stieg zu der Riefe hoch, die ich tiefer anging. Der Tag kehrte zurück; eine orangefarbene Flammenwand erhellte die Tundra nördlich des McKinley. Jetzt konnte ich die Konturen des matt schimmernden Schnees vor mir erkennen. Als ich mich dem Fuß der ersten Wand näherte, meinte ich, etwas aus dem Schnee ragen zu sehen. Ich kletterte hinüber. Steif reckte sich ein einzelnes dünnes Seil aus dem Eis in die Höhe. Ich zog daran, aber es saß fest. Der Anblick bewegte mich eigenartig. In gewisser Hinsicht war es ein Zeichen sowohl für die Vergänglichkeit als auch für die Beharrlichkeit des Menschen. Dieses Stück Fixseil von den Franzosen war der einzige nicht von uns stammende menschliche Gegenstand, auf den wir während der gesamten Expedition gestoßen waren. Es schien sogar ein wenig Sicherheit zu bieten. Ich klinkte mich ein, obwohl das Seil höchstwahrscheinlich unter der Witterung gelitten hatte.

Am besten ging man die Riefe im oberen Teil an, vielleicht sogar oben auf der Wächte. Wenn sie wegbrach, würde mich wenigstens das Gewicht der drei Kameraden auf der anderen Seite des Grates halten. Der Schnee war eine Katastrophe, bestand mehr aus Luft als aus etwas anderem. Ich nahm einen unserer längsten Alustifte in die linke Hand, das Eisbeil in die rechte und versuchte, irgend etwas in den Schnee zu stecken, an dem ich mich festhalten konnte. Als ich eine Art Rinne in die Riefe grub, konnte ich endlich halb hochklettern, halb hochstemmen. Direkt hinter der oberen Kante begann die zweite Riefe. Don kam hoch, um mich beim zweiten Hindernis zu sichern. Es war etwas mühevoller, aber mit einer letzten Kraftanstrengung kam ich hinüber. Obwohl mir alles sehr schnell vorkam, brauchte ich an beiden Riefen sehr lange, und Matt und Ed am anderen Ende des Seils fingen an zu frieren. Aber schließlich waren wir alle vier oben. Dann waren es nur noch drei leichte Seillängen, und mit einem Mal stand ich oben und sicherte die anderen nach. Der Gipfel selbst bestand aus einer Wächte, so daß wir ein, zwei Meter unterhalb bleiben mußten, aber mit den Köpfen überragten wir ihn.

Es war 3.30 Uhr früh. Wir waren seit 16 Stunden ohne Ruhepause unterwegs. Jetzt waren wir sogar zum Jubeln zu müde. Im Nordosten war gerade die Sonne aufgegangen; 200 Kilometer entfernt konnten wir die Deborah sehen, nur ein Schatten am Himmel. Als Don hinüberblickte, sagte ich: »Das entschädigt für vieles.« Er nickte.

Es war niemand da, dem man es hätte erzählen können. Vielleicht gab es auch gar nichts zu erzählen. Die ganze Welt, die wir sehen konnten, lag regungslos im stummen Glanz des Sonnenaufgangs. Nichts rührte sich, nur wir lebten; sogar der Wind hatte uns vergessen. Hätten wir einen Vogel in einer Kiefer singen hören oder das Blöken eines Schafes irgendwo im Tal, wäre die Gipfelstille uns vertraut gewesen; jetzt war sie anders, vollkommen. Es war, als hätte die Welt den Atem für uns angehalten. Aber wir waren so erschöpft ... der Gipfel, das war vor allem ein Ort zum Ausruhen. Wir setzten uns direkt unter den höchsten Punkt, aßen eine Kleinigkeit und tranken ein paar Schlucke Wasser. Ed hatte ein paar Knallfrösche den Berg hinaufgeschleppt; jetzt wollte er einen loslassen, doch wir hatten Angst, daß er die Wächte wegsprengen würde. Es gab so wenig zu tun, nichts, zu dem wir uns wirklich hätten aufraffen können, keine Geste, die dem angemessen gewesen wäre, was wir unserer Meinung nach geleistet hatten: nur ein dumpfes Glücksgefühl, beinahe Melancholie. Wir fotografierten uns und den Ausblick, versuchten selbst noch beim Fotografieren, uns das Gesehene unauslöschlicher einzuprägen, als die Kamera es auf dem Film konnte. Wenn dieser Augenblick doch nur verweilen könnte, dachte ich, wenn auch nur so lange, wie es uns gab. Aber ich wußte schon jetzt, daß wir vergessen würden, daß ich mich eines Tages nur noch an die Erinnerungen erinnern würde, die sich wiederholten wie ein alter Tanz; daß ich die Bilder betrachten und versuchen würde, mich zurück- und in sie hineinzuversetzen, nach etwas greifen würde, das meinen Händen entglitten war und sich im Dunkel der Vergangenheit verloren hatte. Und daß ich eines Tages vielleicht so alt sein würde, daß alles, was noch durch meine Senilität zu mir drang, ein vager Stich im Herzen von etwas Verlorenem und unerklärlich Heiligem sein würde, daß mir vielleicht nicht einmal mehr der Name Huntington etwas sagen würde, oder die Namen von drei Freunden, sondern nur noch die köstliche Süße, die ihren schwachen Geschmack hinterließ, in den sich der bittere des Sterbens mischte. Und daß wir zu viert waren (vier ist nicht viel), und daß wir in achtzig Jahren, vielleicht auch schon in fünf (denn Bergsteigen ist gefährlich), tot sein würden, wobei der zuletzt Sterbende ein Vermächtnis beschließen würde, das nicht einmal der Berg ewig bezeugen konnte.

Wir hockten nahe beim Gipfel und spürten allmählich die Kälte. Ich stand auf und stapfte, noch immer angeseilt, ein bißchen herum, oben vom Ostgrat hinunter, den der Mensch auch irgendwann ersteigen würde. Von dort konnte ich die Gipfelwächte von unten sehen und bestätigen, daß es richtig von uns gewesen war, sie nicht zu betreten. Wir hatten sie mit ausgestrecktem Pickel berührt, aber sie hätte unser Gewicht womöglich nicht getragen.

Ed, normalerweise ein Kettenraucher, hatte sich die ganze Expedition hindurch enthalten. Jetzt holte er aus einer seiner unergründlichen Taschen drei Zigaretten. Er hatte keine Mühe, sie anzuzünden; nachdem er zwei geraucht hatte, fühlte er sich jedoch so benommen, daß er sich die dritte aufheben mußte. Diese rituelle Zigarette auf dem Gipfel war sicher etwas gewesen, worauf er sich die ganze Zeit gefreut hatte, auch wegen der Überraschung, die das hervorrufen würde. Doch das war nur einer von Eds Gründen, hier zu sein, einer der weniger wichtigen. Genauso wie damals, als ich mit Matt nach dem Einfliegen auf dem Gletscher saß, hätte ich gerne gewußt, was die anderen empfanden. Jetzt darüber zu sprechen schien mir unpassend; wenn wir irgend etwas gemein hatten, dann das plötzliche Gefühl von Ruhe und Frieden. Für jeden von uns bildete der hohe Punkt, den wir schließlich erreicht hatten, den Höhepunkt der Ambitionen und geheimen Wünsche, die wir wohl kaum hätten ausdrücken können, selbst wenn wir gewollt hätten. Und höchstwahrscheinlich träumte auch jeder etwas anderes. Wären wir imstande gewesen, die Träume des jeweils anderen zu erraten, hätten wir vielleicht nicht so gut zusammenarbeiten können. Vielleicht hätten wir sogar in unserer Gemeinschaft die dunklen Gefahren des Ehrgeizes erkannt, wie Boote im Nebel: die unerfüllbaren Wünsche, die uns über alles hinaustrieben, was wir erreichen konnten, und die uns antrieben im Angesicht der Gefahr; unsere nicht beantwortbaren Klagen gegen das Universum – daß wir sterben, daß wir so wenig Macht haben, daß wir eingeschlossen sind, daß wir nichts wissen. Das Beste, was auf dem Gipfel geschah, war also vielleicht das, was wir wahrnehmen konnten, nicht das, was darüber hinausging. Vielleicht war es wichtig für Don, mich über den Ostgrat gehen zu sehen; für Matt, Ed mit einer Zigarette im Mund dastehen und die Sonne betrachten zu sehen; für mich zu merken, daß Matt dasaß und nur die Hälfte seines Riegels aß; für Ed, Don darauf drängen zu hören, einen Schwarzweißfilm einzulegen. Niemand sonst konnte diese Dinge sehen; niemand sonst konnte auch nur fragen, ob sie wichtig waren oder nicht. Vielleicht war das alles, was geschah.

Es wurde ein wenig wärmer. Wir wußten, daß wir absteigen mußten, bevor die Sonne den Schnee aufweichte, insbesondere auf dem Gipfeleisfeld. Jeder warf, bevor er ging, noch einen kurzen Blick zurück auf den Gipfel, der nicht anders aussah als bei unserer Ankunft, bis auf die schwachen Fußabdrücke, die wir in seiner Umgebung hinterlassen hatten.

Wir brachten an allen schwierigen Stellen Fixseile an, denn wir wollten jetzt, da wir so ausgelaugt waren, nicht nachlässig oder sorglos werden. Aus dem gleichen Grund nahmen wir auch keine Dexedrin-Tabletten, obwohl wir sie bei uns hatten. Als wir das Biwakzelt erreichten, trennten wir uns in zwei Zweiergruppen und stiegen weiter ab. Ed und ich gingen voraus, während Don und Matt das kleine Lager zusammenpackten und dann folgten. Die Sonne, die hoch am noch immer makellosen Himmel stand, hatte den Zauber der Bergschatten vertrieben. Nur das sanfte frühe Licht und unsere angespannte Erwartung konnten sie so schön belassen, wie sie waren. Endlich, nach 25 Stunden Kletterei, seilten wir uns von der Nase ab und drängten zu viert in das Zelt.

Nun konnten wir uns endlich ausruhen, aber das Zelt war hoffnungslos überfüllt. Wir waren wie berauscht, lachten und schrien, da die Anspannung nachließ. Wir hatten einen Siegestrunk mit hochgebracht – Brombeergeist –, den wir uns nun schlückchenweise genehmigten und auf alles von Washburn bis Kalispell tranken. Alle schafften es irgendwie, irgendwann einzunicken, die Füße oder Ellbogen von irgend jemandem im Gesicht. Am Nachmittag wurde es im Zelt unerträglich heiß und stickig, und die »Nase« fing sinnigerweise an zu tropfen, so daß Wasser durchs Zeltdach eindrang. Wir kochten sämtliche Lieblingsgerichte, plünderten gierig die beiden Proviantkisten. Gegen 18 Uhr war es wieder kühler geworden, und wir merkten, daß das Wetter eventuell umschlagen würde, nach sechs aufeinanderfolgenden schönen Tagen, eine Schönwetterperiode, wie es sie in Alaska fast noch nie gegeben hatte. Es sah so aus, als ob die Unwetter freundlicherweise gewartet hätten, bis wir unsere Tour beendet hatten. Wir schliefen noch etwas, konnten es uns aber trotzdem nicht bequem machen. Gegen 21 Uhr schlug Ed vor, mit mir in der Nacht zum Alley-Lager abzusteigen. Wir waren zwar noch schlapp, aber es würde kein schwieriger Abstieg werden. Sobald wir beide das Lager erreichten, könnte sich jeder von uns vieren mit allem Komfort erholen, jeder im eigenen Schlafsack, Platz, um sich richtig auszustrecken, und reichlich Verpflegung, um jeden Sturm auszusitzen. Wir zogen uns an und waren um 21.40 Uhr startklar.

Die Beschaffenheit des Schnees erwies sich als schlechter, als uns lieb war; er war noch nicht wieder gefroren und würde es in dieser Nacht vielleicht auch nicht mehr, da ein warmer Wind aufgekommen war. Ich kannte die unteren Seillängen besser als Ed, da ich sie schon fünfmal durchstiegen hatte, er erst einmal, und so rief ich ihm Hinweise zu, wenn die Route unklar war. Es wurde so dunkel, daß wir nicht einmal mehr eine ganze Seillänge einsehen konnten. Ich stieg die 29. Seillänge ab, unseren eisgefüllten Kamin, die Griffe mehr ertastend als sehend. Aber die Fixseile waren eine große Hilfe, und da ich die beiden schwierigen Seillängen (die 29. und 27.) erst vor kurzem durchstiegen hatte, brauchte Ed sich keine Gedanken darüber zu machen, daß er nicht jede Passage kannte. Trotz der schlechten Bedingungen kamen wir recht gut voran.

Am oberen Ende der 26. Seillänge, der senkrechten Verschneidung, die Don so gut mit Steigeisen geführt hatte, machten wir halt, um abzuseilen. Wir standen nebeneinander, eingehängt am unteren Teil des Fixseils, das wir während der Seillänge darüber soeben benutzt hatten. In der Dunkelheit konnte man das Gesicht des anderen nur schemenhaft erkennen. Unter den Füßen spürten wir, wie sich die Steigeisen ins Eis bohrten. Direkt unter dem schmalen Band, auf dem wir standen, brach der Fels senkrecht ab, und im Abgrund unter uns lauerte leerer Raum. Es war zu dunkel, um sehr weit hinabzusehen. Über uns ragte undeutlich der steilste Teil der Wand in die Nacht, über den wir gerade abgestiegen waren. Dort oben, auf einem anderen Band, lagen Don und Matt und schliefen wahrscheinlich. Neben uns tropfte es in der Dunkelheit von den Eiszapfen, und die Tropfen zerplatzten auf dem Fels. Das Fixseil war naß; hier und da war das Spritzwasser schon angefroren.

Wir hatten kein anderes Seil dabei, klinkten uns daher aus dem oberen Seil aus und verbanden uns mit dem Fixseil und bereiteten uns auf das Abseilen mit dem Kletterseil vor. Ed klinkte einen Karabiner in den Haken, hängte das Kletterseil ein, damit wir es unten abziehen konnten. Er schlang das Seil um den Körper und war fertig zum Abseilen. Wir waren müde, aber doch recht schnell nach unten gekommen. Es war zehn Minuten vor Mitternacht.

»Nur noch diese eine Seillänge«, sagte ich. »Dann ist es bis zum Lager praktisch nur noch ein Spaziergang.«

»Gut«, antwortete Ed.

Er lehnte sich zurück. Ich stand anderthalb Meter von ihm entfernt, als ich ein scharfes, knarzendes Geräusch hörte, und dann flog Ed auch schon rückwärts durch die Luft. Ich sah, wie er fiel, wortlos, 15 Meter in freiem Fall, und dann unten auf dem steilen Eis aufprallte.

»Halt dich irgendwo fest, Ed!« Aber auch wenn ich noch so schrie, er rutschte und überschlug sich, im Abseilstrick verfangen, den Eisabbruch hinab. Er entschwand meinen Blicken, aber ich hörte, wie sein Körper unten aufschlug. Aufgrund der Routenfotos wußte ich, wohin er gestürzt war; auf einer Strecke von 1200 Metern gab es keine Chance, aufgehalten zu werden.

Es waren vielleicht fünf Sekunden vergangen. Keine Warnung, kein Anzeichen des Todes – aber Ed war verschwunden. Ich konnte es nicht fassen. Mir wurde die durchdringende Stille bewußt. Das einzige, was ich hörte, war das Tropfen von Wasser neben mir. »Ed! Ed! Ed!« schrie ich, ohne jede Hoffnung auf eine Antwort. Ich untersuchte die Verankerung – wie konnte das passieren? Der Haken steckte noch, aber der Karabiner und das Seil waren samt Ed nicht mehr da. Ich begriff das nicht.

Ich schrie zu Matt und Don hoch, mir zu helfen. Aber sie waren fast 300 m über mir, durch Felsen und Schnee verdeckt, die meine Stimme ablenkten und schluckten. Ich erkannte, daß sie mich unmöglich hören konnten. Selbst der Widerhall meiner Rufe klang in der Dunkelheit schwach. Ich konnte hier nicht länger herumstehen; ich mußte entweder auf- oder absteigen. Beides war etwa gleich weit, aber die Seillängen über mir waren schwieriger. Ich hatte kein Seil. Aufsteigen war sinnlos, denn wir hätten nichts für Ed tun können. Sein Körper lag nun, soweit das überhaupt jemand wissen konnte, unten auf dem Tokositna-Gletscher, unerreichbar. Selbst zu dritt wäre der Versuch, die 1200 Meter abzusteigen und nach ihm zu suchen, halber Selbstmord gewesen, vor allem da wir nur ein einziges Seil gehabt hätten. Wenn ich aufstieg, mußte ich letztendlich wieder absteigen. Das machte alles bloß noch gefährlicher. All das schoß mir durch den Kopf. Aber in meiner Abgeschiedenheit war der Wunsch, zurück zu Matt und Don zu steigen, so stark, daß ich die andere Möglichkeit eine ganze Weile überhaupt nicht bedachte. Aber dann wurde mir doch klar, daß ich absteigen mußte.

Wenigstens waren die Fixseile noch da. Ich klinkte mich mit zwei Karabinern ein und begann damit, die Steilstufe abzuklettern, über die wir hatten abseilen wollen. Ich bewegte mich hektisch, unternahm wilde Anstrengungen, ermahnte mich, langsamer zu klettern. Aber ich mußte das Adrenalin nutzen, das jetzt durch meine Adern jagte; nur das konnte die lähmende Angst und den Schmerz vorübergehend abhalten.

Ich schaffte es, die schwierige Seillänge abzuklettern. Der Schnee auf dem Upper Park war in schlechtem Zustand. Unter mir brach die Spur, ich konnte aber am Fixseil das Gleichgewicht halten. Ich merkte, daß ich gefährlich schnell ging, aber das Tempo zu drosseln war beinahe unmöglich. Als ich hinüber zur Alley querte, war ich sicher, daß der instabile Schnee mir unter den Füßen wegbrechen würde, doch er hielt. Dann war ich endlich beim Zelt. Für die sieben Seillängen hatte ich nur 18 Minuten gebraucht, unverantwortlich schnell. Aber ich war da; jetzt konnte ich nur noch alleine warten.

Ich kroch ins Zelt. Es stand voller Wasser. Wir hatten den hinteren Eingang offengelassen! Im Dunkeln schöpfte ich es aus, zu müde zum Heulen, in einer Art Schockzustand. Ich nahm zwei Schlaftabletten und schlief ein.

Am Morgen erwachte ich nach und nach aus einer trostlosen Erstarrung. Es schien leicht zu schneien. Ich empfand keinen jähen Schmerz angesichts des Unfalls; selbst im Schlaf mußte ich mir dessen wohl bewußt geblieben sein. Ich zwang mich, etwas zu kochen und zu frühstücken, um wieder eine gewisse Routine einkehren zu lassen und mich zu beschäftigen. Wieder und wieder überlegte ich, *was konnte passiert sein?* Der Karabiner und das Seil waren weg; sonst war nichts Außergewöhnliches zu erkennen. Vielleicht hatte sich der Karabiner selbst ausgehängt; vielleicht war er gebrochen; vielleicht hatte Ed sich so eingeklinkt, daß er gar nicht richtig gesichert gewesen war. Nichts schien wahrscheinlich. Aber letztlich war es auch egal. Was zählte, war nur, daß unsere so gelungene Expedition durch eine kleine technische Laune für mich in eine Heimsuchung aus Angst und Sorge umgeschlagen war, was sicher auch bei Matt und Don der Fall sein würde, wenn sie es erfuhren, während sie für Ed in urplötzlicher Leere geendet hatte. Der

Tod hatte Ed ereilt, noch bevor er unseren Triumph richtig hatte auskosten können.

Die Zeit verging mit schrecklicher Langsamkeit. Ich wußte, daß Matt und Don sich jetzt, da es schneite, beeilen würden. Ich fieberte ihrer Ankunft entgegen, hatte Angst vor dem Alleinsein. Ich versuchte mich zu entspannen, ertappte mich aber dabei, wie ich den Atem anhielt, lauschte. Hin und wieder rollte ein Schneeklumpen gegen die Zeltwand. Ich war mir jedesmal sicher, daß er von den beiden kam, die oben Schnee lostraten. Ich streckte den Kopf aus dem Zelt, suchte im leeren Weiß nach einem Zeichen von ihnen. In meinem Kopf wurden selbst die auf das Zelt fallenden Schneeflocken zu fernen Schritten.

Ich zwang mich, etwas zu essen, etwas ins Tagebuch zu schreiben, das Zelt trockenzuhalten, neben dem Eingang einen Eisvorrat anzulegen. Aber allmählich machte ich mir auch um Matt und Don Sorgen. Ich wußte, es gab keinen Grund, sie schon jetzt zu erwarten, aber was wäre, wenn auch sie einen Unfall hätten?

Wir hatten ein paar Feuerwerksraketen im Zelt. Beim Aufstieg hatten wir darüber gesprochen, sie in einem Notfall abzuschießen. Das hätte ich jetzt tun können, aber es gab keinen Notfall. Es wäre gefährlicher gewesen, Kontakt zu ihnen aufzunehmen, denn derart alarmiert, würden sie vielleicht überhastet und unvorsichtig absteigen.

Ich überlegte mir, was ich tun könnte, wenn sie nicht kämen. Was wäre, wenn ich sie um Hilfe rufen hörte? Ich würde aufsteigen müssen, aber was konnte ich allein ausrichten? Ich rechnete durch, daß sie im Lager an der Nase für höchstens fünf Tage Proviant hatten. Ich hatte im Alley-Lager genug für 20 Tage. Ich würde fünf oder sechs Tage warten und, wenn von ihnen kein Lebenszeichen käme, versuchen, allein abzusteigen. Bei der Höhle konnte ich eine Botschaft für Sheldon in den Schnee stampfen; wenn er dort vorbeiflog, würde er sie sehen. Wenn nicht, würde ich losmarschieren, 110 Kilometer über einen unbekannten Gletscher, über Flüsse hinweg, durch die Tundra …

Aber das waren verzweifelte Gedanken, eine logische Abwägung möglicher Maßnahmen, die ich vielleicht würde ergreifen müssen; ich zwang mich, darüber nachzudenken, damit mich hinter meinen Ängsten kein Ereignis unvorbereitet überraschte.

Ich vermißte Ed bereits auf eine Art, die losgelöst vom Schock und dem Alleinsein war. Ich sehnte mich nach seiner Fröhlichkeit, dieser unerschöpflichen Wärme, an der es Matt, Don und mir mangelte. Ich hatte mich so darauf gefreut, entspannt im Zelt zu liegen, mit ihm zu reden und zu albern, den langen Tag am Gipfel noch einmal zu erleben. Seit dem 11. Juli war ich nicht mehr mit ihm geklettert. Heute war der letzte Tag des Monats, und er war nicht mehr da.

Ich verließ das Zelt nur zum Pinkeln. Jedesmal band ich mir eine Schlinge um den Bauch und klinkte mich draußen in einen Haken, nicht nur, weil ich Angst hatte, sondern auch, weil ich mir nicht sicher sein konnte, ob die Schlaftabletten und der Schock (wenn es tatsächlich einer war) mein Urteilsvermögen oder den Gleichgewichtssinn nicht beeinträchtigten. Ich fühlte mich die ganze Zeit angespannt, war mir bewußt, daß ich wartete, Minute um Minute. Ich konnte an kaum etwas anderes als an den Unfall denken; das Bild von Ed, der stürzte, plötzlich und lautlos, ging mir nicht aus dem Kopf.

Es schneite immer noch leicht, aber im Zelt wurde es wärmer, da die verborgene Sonne die Luft erwärmte. Am Nachmittag hörte ich ein hohes, schwach winselndes Geräusch, nicht wie von einem Menschen, aber ich konnte es nicht einordnen. War es vielleicht ein Notsignal von Matt und Don? Unmöglich... War es der Wind, der irgendwo durch einen Karabiner blies? Aber es ging kaum ein Wind. War es doch Wirklichkeit? Ich lauschte mit angehaltenem Atem, angestrengt bemüht, das Geräusch zu bestimmen. Ich konnte nicht einmal sagen, ob es von oberhalb oder unterhalb des Lagers kam. Ich summte einen ebenso hohen Ton, um mich davon zu überzeugen, daß es tatsächlich existierte. Es schien vorübergehend zu verstummen, aber ich war mir nicht sicher, ob ich es nicht nur nicht mehr beachtet hatte. Schließlich stellte ich fest, daß ich nichts mehr hörte, sobald ich das Zelt verließ. Das Geräusch mußte folglich von innen kommen. Irgendwann entdeckte ich es – durch die Tageswärme erhitztes Gas entwich durch das Sicherheitsventil des Kochers! Ich kam mir albern vor, war aber spürbar erleichtert.

Ich versuchte, mir noch einmal jeden Augenblick in Erinnerung zu rufen, den Ed und ich am letzten Tag gemeinsam erlebt hatten, als ob das etwas an der Tragödie ändern könnte. Meine Erinnerungen verweilten bei einer Bemerkung, die er im Lager an der Nase gemacht hatte, als wir uns nach dem Gipfel ausgeruht hatten. Ich hatte ihm gesagt, daß dies der schönste Tag gewesen sei, den ich jemals beim Bergsteigen erlebt hätte. Ed hatte geantwortet: »Für mich auch, aber ich weiß nicht, ob ich das alles noch mal machen würde.«

Ich dachte, er wäre noch immer verärgert über Matts und meinen Beinaheunfall, und sagte es auch. Ed überlegte einen Moment, dann sagte er: »Nein. Es ist nicht nur das.«

Wir hatten nicht weiter darüber geredet, aber mir war sein Verhalten seltsam vorgekommen. Für mich stand außer Frage, daß es wert gewesen wäre, das alles noch einmal zu machen. Für Don auch. Und ich dachte, daß auch Matt sich so geäußert hätte. Aber Ed war nie soviel geklettert wie wir; vielleicht war er sich nicht so sicher, daß Bergsteigen in seinem Leben das wichtigste war, was wir von uns behaupten konnten.

Jetzt ließ mir seine Bemerkung keine Ruhe mehr. Der Unfall, dessen technische Ursache letztlich unerklärlich war und auch immer bleiben würde, schien angesichts dessen, was Ed gesagt hatte, um vieles ungerechter. Es wäre besser, vielleicht gerechter gewesen, wenn mir das zugestoßen wäre. Aber selbst in meinem tiefsten Schmerz konnte ich mir nicht wünschen, an seiner Stelle gestorben zu sein. Und dieses Minimum an Egoismus schien mir zu bestätigen, daß die Schranken unserer Eigenliebe stärker waren als unser Gefühl von Verbundenheit.

Wir waren bereit, unser Leben in die Hände anderer zu legen, aber ich hätte nicht für Ed sterben wollen. Was wir uns da vormachten – die ganze Bergsteigerei schien nichts als eine Farce. Aber die Benommenheit kam wieder; ich gab mir den Rat zu warten, das alles unter besseren Bedingungen zu beurteilen, in einigen Monaten, Jahren.

Bis zum Abend gab es immer noch keine Anzeichen von Matt und Don. Ich nahm eine Schlaftablette und schlief schließlich ein. Irgendwann in der Nacht, zwischen Schlafen und Wachen, sah ich Ed vor mir, wie er blutüberströmt, zerschunden bis ans Zelt taumelte und schrie: »Warum hast du nicht nach mir gesucht?« Ich schreckte hoch, wartete dann im Dunkeln darauf, daß der Traum verschwand. Ich hatte in den ersten Augenblicken überhaupt nicht daran gedacht, eventuell nach Eds Leiche zu suchen. Für mich allein wäre der Versuch, ohne Seil 1200 Meter abzusteigen, ohne Frage Selbstmord gewesen. Aber weil ich nichts hatte tun können und weil ich Eds Leiche nicht gesehen hatte, hatte sich ein Gefühl von Schuld in meinem Unterbewußtsein eingenistet, ein Gefühl, das sich in meinem Alptraum in Eds Schrei entladen hatte.

Ich trank einen Schluck Wasser und schlief wieder ein. Am Morgen stellte ich fest, daß meine Armbanduhr stehengeblieben war. Obwohl eine Nebensächlichkeit, traf sie mich mit betäubender Kraft. Es war, als ob ein weiterer Beweis der Wirklichkeit entschwunden wäre, ein weiterer Kontakt zu den anderen, insbesondere zu Matt und Don, aber letztlich zu allen Menschen, die auf der Welt lebten. Ich drehte wahllos an der Uhr und schüttelte sie, um sie wieder zum Laufen zu bringen.

Dieser Tag, der 1. August, verging wie der vorangegangene. Ich war nicht gelöster als vorher. Ein paar Minuten am Morgen herrschte gutes Wetter, dann kamen wieder Wolken auf; aber es hatte wenigstens aufgehört zu schneien. Ich war mir inzwischen sicherer, daß Matt und Don bald bei mir sein würden, hatte aber Angst vor ihrer Ankunft, weil es bei ihnen Wunden des Schocks schlagen würde und ich Stärke würde zeigen müssen, zunächst einmal.

Ich dachte daran, wie selten eine Expedition gleichzeitig erfolgreich und tragisch ist, vor allem eine kleine Expedition. Etwa 95 Prozent der Gefahren während einer Besteigung wie der unseren lagen im Aufstieg. Aber wir hatten 31 Tage, von denen viele gefährlich waren, ohne ernsthafte Verletzungen auf die Route verwandt, bis wir schließlich den Gipfel erreichten. Der Abstieg hätte nur zwei oder drei Tage dauern sollen, und es ist normalerweise Routine, Seillängen abzuklettern, die mit Fixseilen ausgerüstet sind. Ich fühlte mich an die Erstbesteigung des Matterhorns erinnert, als nur Stunden nach dem Gipfelerfolg das Seil riß und vier Mann von Edward Whympers Siebenerseilschaft in den Tod stürzten. Dann kam mir ins Bewußtsein, daß das Matterhorn fast auf den Tag genau einhundert Jahre vor unserem Aufstieg erstmals bezwungen worden war. Ich dachte auch an die Besteigung des Cerro Torre in Patagonien 1959, die noch immer als die bisher schwierigste Kletterei angesehen wird. Beim Abstieg war Toni Egger, einer der weltbesten Bergsteiger, beim Abseilen in unbekanntem Gelände in den Tod gestürzt; nur Cesare Maestri konnte von ihrem Erfolg berichten. Doch der Gedanke an diese Besteigungen lieferte keine Erklärung für die unsere. Ich wußte, daß Whymper nach der Rückkehr vom Matterhorn von der Öffentlichkeit drangsaliert und sogar beschuldigt wurde, das Seil durchgeschnitten zu haben. Ich wußte, daß selbst in einer Zeit, in der man vom Bergsteigen etwas mehr versteht als vor hundert Jahren, noch immer vage Verdächtigungen die Cerro-Torre-Expedition umgeben. Aber selbst wenn wir Bergsteigern Eds Tod erklären konnten, wie konnten wir ihn jemals denen erklären, denen mehr an ihm gelegen war als an irgendeinem Berg?

Gegen 16 Uhr hörte ich in der Nähe des Berges ein Flugzeug, wahrscheinlich Sheldon. Im Nebel konnte ich nichts sehen, aber vielleicht bedeutete seine Anwesenheit ja, daß es da oben klar war und er unsere zum Gipfel führenden Spuren erkennen konnte.

Gegen 22 Uhr meinte ich, ein Rufen gehört zu haben. Ich blickte aus dem Zelt, sah aber nichts und wollte den Laut schon irgendeinem Geräusch am Berg zuschreiben, einem fallenden Stein oder losbrechendem Eis, als plötzlich oben auf der Alley Matt auftauchte. Er stieß einen fröhlichen Schrei aus, als er mich sah. Ich war unfähig zu antworten und sah ihm nur entgegen. Kurz darauf erschien Don und rief: »Wie geht's da unten?« Ich tat so, als könnte ich ihn nicht hören. Matt berichtete später, daß sie unsere Spuren von Anfang an gesehen hatten und daher wußten, daß Ed und ich nicht gemeinsam bis zur Höhle abgestiegen waren. Das hatte sie ein wenig verwirrt, und ihre Stimmung war gedrückt gewesen auf dem letzten tückischen Stück, auf den von Neuschnee bedeckten Stufen, an den vereisten Fixseilen, als sie einmal in einem Wasserfall hatten sichern müssen, der ihre Anoraks hatte gefrieren lassen. Aber als sie näher gekommen waren, hatte Matt meinen Kopf aus dem Zelt kommen sehen und seine Ängste für einen Augenblick verscheucht. Aber mein Schweigen hatte ihn wieder verunsichert; dann hatte er, noch bevor er zum Zelt kam, gesehen, daß nur ein Rucksack am Eingang lag. Dann sagte ich: »Matt, ich bin allein.«

Er sicherte Don bis ganz nach unten, bevor einer von uns etwas zu ihm sagte. Als Matt es ihm erzählte, stand Don einen Moment wie erstarrt da und blickte nur in den Schnee. Dann, auf eine Art, die ich nicht vergessen kann, schien er Atem zu holen und die Wirkung des Schocks hinunterzuschlucken. »Ja«, sagte er. »Gehen wir ins Zelt.« Seine Stimme, gelassen wie immer, war schwer von einer plötzlichen Müdigkeit. Aber jetzt, als sie es wußten, als ich sah, daß sie es ohne Panik aufnahmen, stark waren, empfand ich ihnen gegenüber eine überwältigende Dankbarkeit; aus meiner Angst heraus eine plötzliche Regung wie Liebe.

Aus: **Everest: Der Westgrat**

von Tom Hornbein

Unter Bergsteigern gilt die Besteigung des Everest von Tom Hornbein und Willi Unsoeld 1963 immer noch als eine der größten Leistungen. Die beiden stiegen über den noch unbegangenen Westgrat auf, gingen dann über den Gipfel hinunter zum Südsattel, wobei sie auf 8500 m ein Notbiwak einrichten mußten. Bei der Schilderung einer Besteigung, die eine Ära im amerikanischen Bergsteigen prägte, scheint Hornbein nicht sonderlich beeindruckt gewesen zu sein; ihm geht es mehr darum, seine Erfahrungen zu vermitteln.

Um 4 Uhr ging der Sauerstoff aus, ein höchst wirksamer Wecker. Zwei gut angebrütete Butankocher wurden aus den Schlafsäcken gefischt, und bald köchelte in der Küche die Brühe. Das In-die-Schuhe-Steigen war in der Enge unseres Quartiers eine atemberaubende Herausforderung für den Gleichgewichtssinn. Dann die Überschuhe und die Steigeisen.

»Steigeisen im Zelt?«

»Klar«, erwiderte ich. »Draußen ist es um einiges kälter.«

»Aber die Luftmatratzen!«

»Paß halt auf. Vielleicht kommen wir ja gar nicht mehr her. Ich hoff es jedenfalls.«

Wir waren in vielschichtige Wärme gepackt. Die Netzunterwäsche direkt auf der Haut bildete kleine Luftkammern, die die Körperwärme halten sollten. Sie hielt außerdem die äußeren Schichten auf Distanz, was in Anbetracht mehrerer Wochen ohne Bad nicht verkehrt war. Dann kamen Duofold-Unterwäsche, ein Wollhemd, Daunenunterhemd und -hose, wollene Kletterhosen und ein leichter Anorak. Trotz der Kälte würden unsere Daunenjacken für die schwierigen Kletterpassagen zu sperrig sein, und so verwendeten wir sie zum Warmhalten von zwei Litern heißer Limonade, die, wie wir hofften, so lange flüssig bleiben würde, daß wir sie während des Aufstiegs trinken konnten. In den mit Filz gefütterten Rentierstiefeln hatten wir Einlagen und zwei Paar schwere Wollsocken. Ein Daunenüberzug umgab die wollenen Fäustlinge. Über unseren Sauerstoffhelmen trugen wir wollene Gesichtsmasken und die Anorakkapuze. Der Daunenmuff für die Limonade wurde als Polster zwischen die beiden Sauerstoffflaschen in den Rucksack gesteckt. Mit Kamera, Funkgerät, Taschenlampe und verschiedenen Erinnerungsstücken (einschließlich der Seiten aus Emersons Tagebuch) kam der Rucksack auf fast 40 Pfund. Trotz der ganzen Planerei vom Vorabend dauerte es mehr als zwei Stunden, bis wir wegkamen.

Ich band mich mit einem einfachen Knoten ins Seil, registrierte zufrieden, mit welcher Leichtigkeit er sich auch durch mit schweren Fäustlingen bewehrte Hände lösen ließ. Das gehörte zum Ritual, unzählige Male zuvor erprobt. Ein Gefühl der Sicherheit stellte sich ein, nicht durch den Schutz, den das Seil bot, das Willi und mich verband, sondern dadurch, daß ich in der Lage war, jene grauen, beklemmenden, abschreckenden Wände so hoch in einer so unbekannten Welt mit einer gewohnten Handlung in Verbindung zu bringen – mit all den vielen Gelegenheiten, bei denen ich mich schon in ein Seil gebunden hatte: mit warmen Händen am Fuß sonnenglühender Granitwände im Teton Range, mit kalten Händen an einem Winterabend bei der Vorbereitung auf meine erste Eiswand am Longs Peak. Dieser Knoten verband mich mit der Vergangenheit, mit bekannten Erfahrungen, mit dem, was der Mensch leisten konnte. Daß ich den Knoten mit dick vermummten Händen so leicht schlingen konnte, stärkte mein Selbstvertrauen, stärkte meine Sicherheit im Angesicht der wartenden Felsen, ließ mich die Herausforderung annehmen.

Wir setzten die Masken auf und verabschiedeten uns mit leichtem Bedauern von unserem Zelt, den Schlafsäcken und dem Vorrat an Proviant, den wir nicht hatten aufessen können. Willi stand am Rand des Bandes und blickte in die schmale Rinne hinauf, als ich zu ihm kam.

»Tom, mein Sauerstoff zischt, obwohl der Regler zugedreht ist.«

In den nächsten 20 Minuten schraubten wir Regler auf und zu, prüften Ventile auf Vereisung, vergebens. Es zischte weiter. Wir vermuteten den Fehler im Ventil und dachten schon daran, zum Zelt zurückzugehen und die Ersatzflasche zu holen, doch das ungeduldige Gefühl, daß die Zeit wichtiger sei, hielt uns davon ab, die zwölf Meter zurückzugehen.

»So schlimm hört es sich gar nicht an«, meinte ich. »Wir müssen nur auf den Druck achten. Außerdem, wenn es bei dir knapp wird, können wir das übrige T-Stück und den Zusatzschlauch anschließen und beide mit einer Flasche gehen.« Willi sah uns schon im Gänsemarsch den Everest besteigen, mit einem zwei Meter langen Gummischlauch aneinandergebunden.

Wir gingen zum Einstieg. Es war 6.50. Willi machte den Anfang. Vor drei Jahren, in einem Zelt oben am Masherbrum, hatte er mir die Bedeutung des Abstandes vom Knie zu den Zehen beim Stufentreten im steilen Schnee erklärt. Jetzt bestimmte sein anatomischer Vorteil die Reihenfolge der Dinge, als er seine Theorie in der Praxis erprobte. Sofort merkten wir, daß es hart werden würde. Das Couloir verengte sich dort, wo es das Gelbe Band durchschnitt, auf drei bis fünf Meter und steilte sich bis 50 Grad auf. Der Schnee war hart, zu hart, um Stufen hineinzutreten, aber nicht hart genug für Steigeisen; sie rutschten unangenehm durch in diesem windgeschützten, körnigen Zeug. Es blieb uns nichts übrig, als Stufen zu schlagen, im Zickzack hin und her durch die Rinne, wobei wir gelegentlich am

Rand auf etwas Fels stießen, den wir klettern konnten. Wir waren gezwungen, abwechselnd zu steigen, psychologisch mit Eisbeilen gesichert, die ein paar Zentimeter im Schnee steckten. Die Regler waren so eingestellt, daß sie zwei Liter Sauerstoff pro Minute lieferten, die Hälfte der für diese Höhe optimalen Menge. Wir drehten sie zu, wenn wir sicherten, um das kostbare Gas zu sparen, wenngleich wir wußten, daß auch der Sichernde im Falle eines Sturzes immer hellwach zu sein hatte.

Wir krochen vorwärts. Mein Gott, dachte ich, bei diesem Tempo kommen wir nie hin. Aber das denkt man immer. Willi führte überaus gewissenhaft, ganz langsam und stetig. Unermüdlich arbeitete er sich vorwärts, überschüttete mich mit Eisschauern bei jeder Stufe, die er mit dem Eisbeil schlug. Wenn er das 30-m-Seil ausgegangen war, rammte er den Pickel in den Schnee, um mich zu sichern. Ich drehte den Sauerstoffregler auf 2 und stieg, so schnell ich konnte, nach in der Hoffnung, ein paar entscheidende Augenblicke Zeit einzusparen. Als ich ihn erreichte, war ich völlig außer Atem, rang nach Luft und überlegte mürrisch, warum. Erst am späten Nachmittag, als meine erste Sauerstoffflasche noch immer gut gefüllt war, merkte ich, wie niedrig der Regler eingestellt war.

Wir stiegen die Schneezunge hinauf, zwängten uns durch eine Passage, wo die Wände des Gelben Bandes zusammenrückten und das Couloir auf Schulterbreite verengten.

Nach vier Stunden hatten wir erst 120 Höhenmeter geschafft. Es war 11 Uhr. Ein brüchiger, senkrechter Abschnitt zwang uns nach rechts in die freie Wand. Um wieder ins Couloir zu kommen, würden wir diese 18 Meter Fels durchsteigen müssen; zwei Seillängen, die durch eine schneebedeckte Stufe getrennt wurden.

»Möchtest du diese Seillänge führen?« fragte Willi.

Da der Sauerstoff abgestellt war, versäumte ich nachzudenken, bevor ich antwortete. »Klar, mach ich.«

Der Fels neigte sich tückisch nach außen, wie Dachziegel – verwitterte Dachziegel. Der Überzug aus Schnee war nicht besser als der Fels. Es schien einen Moment so, als hielte er, dann zerbröselte er plötzlich und bröckelte ab, hinunter auf Willi. Der schlug am Fuß der Stufe einen Haken ein, um seinen Standplatz zu sichern.

Ich stieg weiter um die Ecke nach links, die Steigeisenzacken knirschten auf dem rostroten Kalkstein. Dann wurde es ein Pflügen durch den Schnee, in dem ich nach irgendeinem Haltepunkt suchte. Die Haue meines Eisbeils fand einen Riß. Den Schaft als leichten Hebel benutzend, zog ich mich vorsichtig auf die brüchigen Schichten der Stufe. Ich ging wieder nach links, trat mit den Steigeisen Geröll los, hinüber zum Fuß des letzten senkrechten, etwa zweieinhalb Meter hohen Aufschwungs. Es war steil und eine üble Wühlerei, nichts als rutschiger Schutt. Ich suchte nach einem Riß, nahm einen großen Winkelhaken von der Schlinge und drosch ihn mit dem Hammer hinein. Er drang mühelos ein, als glitte er durch weiche Butter. Mit einem leichten Zug war er wieder draußen.

»Hmm, nicht so gut«, brummte ich durch die Maske. Beim vierten Versuch griff der Haken etwas besser. Ich versuchte diesmal nicht, ihn zu testen, und ging die letzte Wand an. Sie war so steil, daß ich durch mein Gewicht vom Fels weggedrängt wurde und der Rucksack mich massiv behinderte. Die Auswahl an zumeist brauchbaren Griffen war riesig. Ich zog die Fäustlinge aus. Einige Sekunden fühlte sich der Fels angenehm sicher an, aber kalt. Meine Augen versuchten, gefühllose Finger zu dirigieren. Schuppen brachen unter meinen Steigeisen aus. Ich lehnte mich vom Fels zurück, um hochzukommen, keuchte wie eine Dampfmaschine. Verdammt, es wird schon gehen; ich weiß es, redete ich mir ein. Ich hatte keine Kraft mehr in den Händen. Ich hatte nicht daran gedacht, den Sauerstoff aufzudrehen.

»Nichts zu machen«, rief ich nach unten. »Schaff es nicht. Zu kaputt.«

»Komm runter. Vielleicht geht es rechts.«

Ich stieg ab, mich halb vom Haken abseilend, der hielt. Gut eine Stunde hatte ich da oben vergeudet. 30 Meter weiter unten blickten wir zurück. Gewiß, wir waren auf dem richtigen Weg gewesen, denn über der letzten kleinen Stufe öffnete sich die Rinne wieder. 30 Meter darüber stieß das Gelbe Band auf das Grau des Gipfelkalksteins. Dort mußte es leichter werden.

»Besser, du versuchst es, Willi. Ich hab schon genug Zeit verplempert.«

»Mensch, wenn du es nicht schaffst, krieg ich es doch auch nicht hin.«

»Doch, du schaffst das. Es ist wirklich nicht so schwer. Ich war nur groggy, weil ich diesen Haken gesetzt habe. Mach aber deinen Regler richtig auf.«

Willi stieg um die Ecke nach oben, bewegte sich gut. Zehn Minuten später war das Seil am oberen Haken eingehängt. Er verschmähte ein paar dubiose Griffe, faßte mit bloßen Händen auf die brüchige Kante. Zum letzten Zug legte er sich weit hinaus. Der Rucksack zog. Die Steigeisen scharrten, lösten einen Steinhagel unter seinen Füßen. Dann war er oben. Er lehnte am Fels, rang nach Luft.

»Mann, das schlaucht. Aber oben sieht es besser aus.«

Gesichert stieg ich nach, entfernte den ersten Haken, stieg weiter und machte mich am zweiten zu schaffen. Er wollte nicht rausgehen. »Ist offenbar besser, als ich dachte«, rief ich. »Ich laß ihn stecken.« Ich drehte den Regler auf vier Liter Sauerstoff, lehnte mich von der Wand zurück und kletterte hoch. Der zusätzliche Sauerstoff half, aber es war erstaunlich, wie sehr mich eine so kurze Anstrengung außer Atem brachte.

»Gute Arbeit«, japste ich. »Das war nicht leicht.«

»Danke. Packen wir's.«

Noch eine Seillänge, dann machten wir halt. Nach sechsstündigem Zischen war Willis erste Flasche leer. Es war noch ein weiter Weg, aber ohne den Zylinder konnte er wenigstens zehn Pfund leichter marschieren. Der Höhenmesser zeigte 8500 m an. Über das Walkie-Talkie riefen wir das Basislager.

Willi: Westgrat an Basislager. Westgrat an Basislager. Kommen.

Basislager (Jim Whittaker, ganz aufgeregt): Hier Basislager. Willi, wie geht's euch? Wie läuft's? Was ist los da oben? Kommen.

Willi: Mann, das ist eine Riesensache. Wir sind jetzt fast am Ende des Gelben Bandes, ist ganz schön haarig. Viel zu schwierig, um da wieder runterzugehen. Das wäre zu gefährlich.

Basislager (Jim): Ihr werdet das schon richtig machen mit dem Abstieg. Warum laßt ihr euch nicht ein Türchen offen? Wenn es nicht klappt, könnt ihr jederzeit absteigen. Ich glaube, es gibt immer eine Möglichkeit zum Umkehren.

Willi: Verstanden, Jim. Wir rechnen mit einem weiteren Gespräch in etwa 80, 100 Metern. Bis dahin müßte es leichter gehen! Wenn wir dann nicht gleichzeitig gehen können, müssen wir in Gottes Namen umkehren. Aber es wird wahrscheinlich einfacher, wenn wir das Gelbe Band hinter uns haben. Kommen.

Basislager (Jim): Manövriert euch nicht in eine Sackgasse, Willi. Wie ist es mit Abseilen? Ist das möglich, oder habt ihr keine Reepschnur oder so was? Kommen.

Willi: Es gibt keine Abseilpunkte, Jim, absolut keine Chance. Es gibt nichts, wo man ein Seil anbringen könnte. Für uns heißt's also heute rauf und rüber ...

Während die Tragweite seiner Worte denen, die 3000 Meter weiter unten zuhörten, erst allmählich aufging, sprach Willi weiter:

Willi (weiter): ...und wir werden wahrscheinlich ziemlich spät dran sein, schätze mal, 7 oder 8 Uhr heute abend.

Während Willi sprach, betrachtete ich den Berg über uns. Die Hänge wirkten passabel, so weit ich sie sehen konnte, aber das war nicht sehr weit. Wir saßen am Fuß eines großen, weit geöffneten Amphitheaters. Es sah aus, als wären überall Gipfel. Ich blickte nach unten. Ein Abstieg war ganz und gar nicht nach unserem Geschmack. Der brüchige Fels, der morsche Schnee, das Fehlen auch nur annehmbarer Hakenrisse bestärkten uns nur in unserem Wunsch weiterzugehen. Zu viele Mühen, zu viele schlaflose Nächte und zu viele Träume hatten wir investiert, um so weit zu kommen. Wir konnten nicht am nächsten Wochenende wiederkommen und es noch einmal versuchen. Jetzt abzusteigen, selbst wenn wir es gekonnt hätten, wäre ein Abstieg in eine Zukunft gewesen, über der die eine große Frage gestanden hätte: was hätte sein können? Es ging nicht darum, mit unseren Kameraden auszukommen, sondern schlicht darum, mit uns selbst auszukommen, mit dem Wissen, daß wir mehr hätten geben können.

Ich hörte zu, nur beiläufig von Willis Gespräch mit dem Basislager in Anspruch genommen, und blickte an ihm vorbei auf den bauchigen Fels, der den Blick auf die Rinne verdeckte, durch die wir gerade aufgestiegen waren. Oben – ein Schneefeld, graue Wände, dann blauschwarzer Himmel. Wir hatten uns festgelegt. Eine unsichtbare Grenze lief durch den Berg unter unseren Füßen, schnitt uns von der Welt unten ab. Auch wenn wir hindurchsehen konnten, war das, was wir sahen, doch unendlich fern. Das Band durch den Äther, das uns das Funkgerät bot, verstärkte nur unsere Abgeschiedenheit. Meine Frau und die Kinder schienen mir plötzlich nahe. Doch das Zuhause, das Leben selbst, war nur zu erreichen über den Gipfel des Everest und auf der anderen Seite hinunter. Und wenn wir scheiterten? Der Gedanke weckte keine Reue, keine Angst. Einmal aufgegriffen, schien er kaum interessant. Was jetzt am meisten zählte, war genau hier: Willi und ich, mit einem Seil zusammengebunden, und der Berg, der Gipfel, nicht unerreichbar weit über uns. Der Grund, aus dem wir gekommen waren, war in greifbarer Nähe. Wir gehörten zum Berg und er zu uns. Es gab Ängste, selbstverständlich, doch sie gingen fast unter in einem Gefühl der Ruhe, des Vergnügens über die Freude am Aufstieg. Daß wir nicht absteigen konnten, machte das, was wir eigentlich wollten, nur leichter. Daß wir vielleicht nicht dorthin kämen, war kaum vorstellbar.

Willi sprach immer noch.

Willi: Irgendwas Neues von Barrel und Lute? Kommen.

Jim: Ich hab nichts von ihnen gehört. Kommen.

Willi: Was ist mit Dingman?

Jim: Auch nichts von Dingman. Wir haben überhaupt nichts gehört.

Willi: Hör zu, wenn ihr Dingman doch noch erwischt, sagt ihm, er soll ein Licht ins Fenster stellen, weil wir unterwegs zum Gipfel sind, Jim. Wir können jetzt wahrscheinlich nicht mehr zu unserem Lager zurück. Ende.

Ich steckte das Funkgerät wieder in Willis Rucksack. Es war 13 Uhr. Ab hier konnten wir beide gleichzeitig aufsteigen, querten die letzten der gelben Platten. Noch einmal 30 Meter, und das Gelbe Band lag unter uns. Eine steile Schneezunge streckte sich uns breit entgegen, drang in die grauen Schichten vor, die den Berg krönten. Der Schnee war hart, stellenweise fast wie Eis. Wir brauchten uns nur vorzubeugen, alle zwölf Steigeisenzacken fest aufzusetzen und den Berg hinaufzugehen. Endlich waren wir in Bewegung, auch wenn es einem fernen Zuschauer entsetzlich langsam vorgekommen wäre.

Als wir aus dem Couloir stiegen, ergab sich alles wie von selbst. Die Schneerippe vor uns links am Horizont sollte uns zum Gipfelschneefeld führen, einem Flecken aus ewigem Weiß, der an der Nordwand am Fuß der Gipfelpyramide klebte. Um drei waren wir auf dem Schneefeld. Wir waren acht Stunden aufgestiegen und wußten, daß wir uns Zeit zum Regenerieren nehmen mußten. An einem schiefrigen Felsen machten wir halt, um etwas zu essen. Es mußte eine Entscheidung getroffen werden. Wir konnten entweder direkt den Nordostgrat hinaufgehen und ihm nach Westen bis zum Gipfel folgen oder die Wand queren und zurück auf den Westgrat steigen. Von dort, wo wir saßen, sah der Westgrat einfacher aus. Außerdem war das die Route, die wir von Anfang an hatten gehen wollen.

Wir teilten uns einen Liter Limonade, die schon mit Eismatsch durchsetzt war. Die andere Flasche war trotz der Verpackung mit der Daunenjacke bereits gefroren, genau wie die geräucherten Happen. Sie schmeckten beinahe nach gar nichts, aber wir brachten sie hinunter, mehr wegen der Kalorien als wegen des Geschmacks.

Um Zeit zu sparen, gingen wir gemeinsam, querten abschüssige Platten aus verwittertem Schiefer. Standplätze, von denen aus wir uns hätten sichern können, gab es nicht. Dann wieder Schnee, und Willi trat Stufen, wählte eine Route zwischen Felsinseln. Obwohl ich noch die ganze Last der Sauerstoffflaschen schleppte, fühlte ich mich ziemlich gut bei Kräften. Mit dieser überschüssigen Energie kam Ungeduld auf und eine unbewußte Angst vor dem hohen Einsatz, um den wir spielten, und davor, daß es schon spät am Tag war. Warum geht Willi nur so verdammt langsam, dachte ich. Und etwas später: Er sollte rüber zum Grat queren, das ist um einiges leichter.

Ich rief gegen den Wind: »Bleib stehen, Willi!« Er tat so, als hörte er mich nicht, und ging den Felsen an. Man mußte ihm unbedingt sagen, sich rechts zu halten. Ich zog am Seil. »Himmel, Willi, warte!« Aufgehalten von einem gespannten Seil und einem starrköpfigen Hornbein, drehte er sich um und stieß leicht gereizt den Pickel in den Boden, während ich mich beeilte, zu ihm zu kommen. Er hockte, ohne es sich so ausgesucht zu haben, ziemlich verkrampft an einer recht heiklen Stelle. Ich entschuldigte mich verlegen.

Wir stiegen jetzt über Fels. Eine Seillänge mit knirschenden Steigeisen brachte uns zum Kamm des Westgrates, zum erstenmal, seit wir gestern morgen das Lager 4W verlassen hatten. Die Südwand fiel 2400 Meter ab bis zu den winzigen Zelten des vorgeschobenen Lagers. Der Lhotse direkt hinter der Wand lag jetzt unter uns. Und greifbar nahe, 45 Meter höher, leuchtete der Südgipfel des Everest in der Nachmittagssonne. Wir waren bis auf 120 Meter an die Spitze herangekommen! Der Wind fegte mit fast 100 Stundenkilometern von Norden über den Grat. Weit unten warfen Gipfel lange Schatten über die wolkengefüllten Täler. Oben stieg der Grat an, gewunden, felsig.

Wir zogen die Steigeisen und Gamaschen aus, um das nächste felsige Stück mit dem beruhigenden Halt von Profilsohlen anzugehen. Hier lud ich meine erste Sauerstoffflasche ab, auch wenn sie noch nicht ganz leer war. Sie hatte zehn Stunden gehalten, was offensichtlich bedeutete, daß ich weniger Sauerstoff bekommen hatte, als der Regler anzeigte. Ich widerstand Willis Vorschlag, die Flasche die Südwand hinunterzuschmeißen, und hinterließ sie den unbekannten Nachfolgern. Als ich den zehn Pfund leichteren Rucksack schulterte, meinte ich, zum Gipfel schweben zu können.

Der Fels war fest, zumindest im Vergleich mit dem, was wir bisher erlebt hatten. Wir kletterten abwechselnd, empfanden die Freude geschmeidiger Bewegungen an winzigen Griffen. Das Gehen machte einfach Spaß, fast wie ein Tag in den Rockies. Mit den steilen Abbrüchen zum Cwm unter uns legten wir weitere vier Seillängen zurück. Der feste Fels wich Schutt, dann Schnee. Ein messerscharfer, fester weißer Grat wies sanft zum Himmel. Vom Wind gebeutelt, schnallten wir die Steigeisen an, im Wettlauf miteinander und mit rasch erstarrenden Fingern. Wir brauchten fast 20 Minuten. Dann ging es weiter, mit verschwenderischen drei Litern Sauerstoff pro Minute, da Zeit im Moment das knappere Gut zu sein schien. Wir stiegen gemeinsam, Willi voran. Wir kamen uns fast wie Betrüger vor, weil wir Sauerstoff benutzten; das letzte Stück konnten wir beinahe hochrennen.

Vor uns liefen Nord- und Südgrat an einem Punkt zusammen. Der Gipfel konnte doch nicht so nah sein. Er mußte dahinter sein. Willi blieb stehen. Worauf wartet er, fragte ich mich, als ich zu ihm aufschloß. Ungläubig blickte ich nach oben. Zwölf Meter vor uns, vom Wind zerfetzt und gepeitscht, stand die Flagge, die Jim vor drei Wochen zurückgelassen hatte. Es war 18.15 Uhr. Die Sonnenstrahlen streiften waagerecht über den Gipfel. Wir umarmten uns, Tränen stiegen auf, liefen uns über die Sauerstoffmasken und wurden zu Eis.

Nur Fels, eine Kuppel aus Schnee, der tiefblaue Himmel und ein Stück orangegestrichenes Metall, an dem eine zerfetzte amerikanische Flagge im Wind knatterte. Mehr nicht. Nur noch zwei kleine Gestalten, die zusammen diese wenigen letzten Meter zum höchsten Punkt der Erde gingen.

Wir blieben 20 Minuten. Der letzte Glanz des Tages warf den Schatten unseres Gipfels auf die Wolke… glatte 150 Kilometer… im Osten. Die Täler füllten sich mit dem verschwommenen purpurnen Dunst des Abends, der die Behausungen der Menschen verbarg, die wir dort unten wußten. Das eisige Brüllen des Windes erschwerte das Sprechen, steigerte unser Gefühl der Abgeschiedenheit. Die zurückgelassene Flagge wirkte wie eine schwache Geste des Menschen, die nur den einen Zweck hatte, das Alleinsein noch stärker hervorzuheben. Wir zwei, die wir vor Monaten davon geträumt hatten, gemeinsam diesen Augenblick zu erleben, waren durch ein dünnes Seil verbunden, vereint in der Intensität der Gemeinschaft mit denen, die unerreichbar weit da unten waren, Al und Barry und Dick – und Jake.

Nach einem Hoch intensiver emotionaler und körperlicher Anspannung war es nur zum Teil möglich, plötzlich und vollständig zum Philosophen eines beglückenden Nachmittags zu werden. Im Kopf wirbelte es zu sehr, und die Anforderungen an ihn blieben weiterhin. Wir haben noch einen weiten Weg nach unten, dachte ich. Aber die Aussicht auf einen Abstieg über eine unbekannte Seite des Berges in der Dunkelheit bereitete mir weniger Sorgen, als es schon viele andere Gelegenheiten getan hatten. Ich hatte ein blindes, fatalistisches Vertrauen, daß wir, nachdem wir so weit gekommen waren, beim Abstieg gar nicht scheitern konnten. Die große Stunde entfaltete ihre eigene Kraft.

In dieser kurzen Zeit wurden viele Dinge ausgekostet. Selbst mit abgestelltem Sauerstoff hatten wir kein Problem, dem Gipfel zu huldigen, den schwindenden Tag zu fotografieren (es ist ein phantastischer Ort für Sonnenuntergangsfotos), hinter unserer Maske für das unvermeidliche »Ich-war-da«-Foto zu lächeln. Willi wickelte die Kata, den tibetischen Glücksschal, den Ang Dorje ihm gegeben hatte, um den Flaggenschaft und steckte Andy Bakewells Kruzifix daneben in den Schnee; Lhotse und Makalu unter uns bildeten den Kontrast aus sonnengleißendem Schnee vor dem Dunkel abendlicher Schatten. Wir empfanden die einsame Schönheit des Abends, die gewaltige brüllende Stille des Windes, die Zerbrechlichkeit unserer Bande zu allem da unten. Ein Anflug von Angst war da, nicht um unser Leben, aber vor einem großen Unbekannten, das uns bedrängte. Eine flüchtige Enttäuschung – daß dies nach all jenen Träumen und Fragen auch nur ein Berggipfel war – machte dem Argwohn Platz, daß da vielleicht noch etwas war, etwas jenseits der dreidimensionalen Form des Augenblicks. Wenn man es nur hätte wahrnehmen können.

Aber es war spät. Die Erinnerungen mußten gespeichert, der Sinn mit nach unten genommen werden. Die Frage, warum wir gekommen waren, mußte nicht jetzt beantwortet werden, doch etwas hier oben mußte eine Antwort geben, etwas, das kaum zu spüren war, von Sinnen aufgenommen wurde, die noch weiter reichten als der Punkt, auf dem wir standen; nach einer Erkenntnis greifen, die nur wenige Schritte höher schwebte. Die Antworten lagen nicht auf dem Gipfel des Everest, auch nicht im Himmel über ihm, sondern in der Welt, zu der wir gehörten und nun zurückkehren mußten.

Fußabdrücke im Schnee verrieten, daß Lute und Barrel hier gewesen waren. Wir hatten eine Spur, der wir folgen konnten, solange das Licht blieb.

»Willst du vorgehen?« fragte Willi. Er begann das Seil aufzuwickeln.

Beim Blick hinunter über den verwächteten Grat dachte ich an die zusätzliche Sicherheit eines Seiles von oben. »Ist mir egal, Willi. So oder so.«

»Gut. Dann mach ich mal den Anfang«, sagte er und gab mir das aufgewickelte Seil. Ich gab das Seil aus, während er unter mir verschwand, und fragte mich, ist Unsoeld müde? Ich konnte es eigentlich nicht glauben. Sicher, er hatte geschuftet;

er hatte ein Recht, erschöpft zu sein. Nach einem trägen Start hatte ich mich zunehmend stärker gefühlt. So würden wir also jetzt die Rollen tauschen. Der Aufstieg war im wesentlichen seine Sache gewesen, der Abstieg würde meine sein. Ich gab das letzte Stück Seil aus und stieg ihm nach.

15 Meter unter dem Gipfel machten wir an einem exponierten Felsen halt. Nur die rosa leuchtende Spitze des Everest ragte noch aus dem Schattenmeer. Willi funkte hinunter zu Maynard Miller im vorgeschobenen Lager, daß wir auf dem Weg zum Südsattel seien. Es war 18.35 Uhr.

Wir rannten fast über den Grat, ganz darauf vertrauend, daß die Spur von Lute und Barrel uns in sicherem Abstand vom Wächtenrand halten würde. Müssen den Südgipfel vor Einbruch der Dunkelheit erreichen, ging es mir durch den Kopf, sonst finden wir den Weg nie. Die Sonne versank unter dem gezackten Horizont. Die Gletscherbrille brauchten wir jetzt nicht mehr. Es zischte laut, als ich gegen die Eiswand stieß. Verdammt noch mal! Irgendwas abgebrochen. Ich griff nach hinten und drehte das Ventil zu. Ohne Sauerstoff versuchte ich, Schritt mit dem über der Kante vor mir verschwindenden Seil zu halten. Die Sicht nahm ab, der Boden fing an sich zu bewegen. Ich hielt inne, bis ich wieder klar sah, schwenkte die Arme und rief in den Wind nach Willi, er solle stehenbleiben. Das angespannte Seil bremste ihn schließlich. Ich zog den Regler an, dann drehte ich den Sauerstoff auf. Kein Zischen! Erleichtert registrierte ich, daß er sich nur gelockert hatte. Mit Sauerstoff ging es wieder flott voran. Sieben Meter hinauf, und wir waren am Südgipfel. Es war 19.15 Uhr.

Dank sei Gott für die Spuren. Ohne sie hätten wir große Schwierigkeiten gehabt, den richtigen Weg zu finden. Wir eilten weiter, das Gesicht talwärts, schlugen die Hacken in den steilen Schnee. Um 19.30 war es dunkel. Wir holten die Taschenlampe heraus und setzten den Abstieg fort. Den Batterien, die letzten der Expedition, war unsere Sitzung über Emersons Tagebuch am Abend zuvor nicht bekommen; sie ließen rasch nach. Es war nur bedingt komisch, als Willi versuchte, die Lampe wenige Zentimeter über dem Schnee zu halten, um etwas von der Spur zu erkennen. Man konnte den Augen befehlen zu sehen, doch nichts in der Dunkelheit fügte sich.

Wir bewegten uns jetzt ganz langsam. Willi war nur eine Stimme und ein gelegentlicher schwacher Lichtschein, der den Weg wies. Keine Angst, keine Sorge, kein seltsames Gefühl, nur absolute Konzentration. Der Schub, der uns zu einem verschwommenen Ziel getragen hatte, wurde abgelöst vom schlichten Wunsch zu überleben. Es war keine Zeit, über die Einzigartigkeit unserer Situation nachzudenken. Wir bewegten uns behutsam, aus jahrelanger Gewohnheit. Bei einem Felsvorsprung machten wir halt. Wo lang? Willi tappte an einem Wächtenrand nach rechts. Ich schloß im Geist die Lücke.

»Keine Spuren hier drüben«, rief Willi.

»Vielleicht sollten wir uns für die Nacht eingraben.«

»Ich weiß nicht. Dave und Girmi müßten in 6 sein.«

Wir riefen in die Nacht hinaus, der Wind verschlang unsere Rufe. Eine Flaute. Wieder riefen wir. »Hallooo«, antwortete der Wind. Oder war es nicht der Wind?

»Hallooo«, riefen wir erneut.

»Hallooo«, kam es schwach zurück. Das war nicht der Wind!

»Nach links, Willi.«

»Gut, geh voraus.«

In der Schwärze konnte ich nicht einmal meine Füße sehen. Jeder Fuß tappte herum, tastete sich nach unten, auf die Eindrücke vertrauend, die seine Vorgänger hinterlassen hatten. Langsam links, rechts, links, sich in den Schnee bohrende Steigeisen, rechts, links …

»Williiii!« schrie ich, als ich in hohem Bogen ins Leere stürzte. Das Seil spannte sich, und ich landete mit einem dumpfen Schlag.

»Scheint eine Wächte zu sein«, rief ich von unten aus der Wand. »Ich sichere dich von hier.«

Willi schlafwandelte über die Kante herunter. Der schwache

Umriß seines Fußes bewegte sich unschlüssig, bis er meine helfende Hand berührte. Seiner Ankunft fehlte die Eleganz meines Abgangs. Es war gut gewesen, daß der Leichtere von uns beiden vorangegangen war.

Von allen Seiten drangen Böen auf uns ein und drohten uns vom Hang zu reißen. Über einem Felsen stoppten wir, seilten uns aus, halbierten das Seil und seilten uns wieder ein. Es half nichts; selbst anderthalb Meter hinter mir konnte ich Willi nicht sehen. Manchmal war der Schnee gut, manchmal weich, manchmal lag er dünn auf dem Fels, so daß wir die Eisbeile nur ein paar Zentimeter einschlagen konnten. Mit diesen psychologischen Sicherungen bewegten wir uns langsam abwärts, auf die antwortenden Rufe zu. Der Wind ließ nach, die Taschenlampe ebenfalls, die jetzt nur noch gelblich glühte und nichts mehr erleuchtete. Die Sterne, die über uns funkelten, warfen kein Licht auf den Schnee. Willi ging der Sauerstoff aus. Er wurde langsamer, fühlte sich plötzlich matt.

Die Stimmen waren jetzt ganz nah. Kamen sie von den beiden schwarzen Gestalten im Schnee? Oder waren das Felsen?

»Leuchtet hier runter«, rief eine Stimme.

»Wohin? Leuchtet ihr hoch«, erwiderte ich.

»Haben keine Lampe«, kam die Antwort.

Dann waren wir bei ihnen – nicht bei Dave und Girmi, sondern bei Lute und Barrel. Sie waren am Rande der Erschöpfung, zitternde, auf dem Schnee zusammengerollte Häufchen. Vor allem Barrel hatte es schwer erwischt. Die ganze vorige Nacht, in der er nach Luft gerungen hatte, und die Beinahekatastrophe, als ihr Zelt am Morgen Feuer fing, hatten ihn erschöpft, noch bevor sie aufgebrochen waren. Sein eiserner Wille hatte ihn den Gipfel erreichen lassen, aber jetzt war ihm alles egal. Er wollte nichts als seine Ruhe. Auch Lute war fertig. Aufgrund von Barrels Zustand hatte er beim Klettern die Hauptlast zu tragen gehabt. Seine Augen brannten schmerzhaft, vielleicht vom Feuer, vielleicht von Sonne und Wind. Aus reiner Erschöpfung hatten Lute und Barrel aufgehört zu denken. Ihr Sauerstoff war aufgebraucht bis auf einen kleinen Rest, den Lute für Barrel aufgehoben hatte; aber sie waren zu schwach, ihn auszutauschen.

Um 21.30 Uhr waren wir immer noch 300 Meter über dem Lager 6. Willi hockte sich in den Schnee, und ich ging hinüber, um Lutes Sauerstoff für Barrel zu holen. Während ich Lutes Regler von der Flasche abschraubte, erklärte er mir, warum sie immer noch hier waren. Weil der Kocher das Zelt in Brand gesetzt hatte und sie es fluchtartig hatten verlassen müssen, hatte sich ihr Aufbruch um eine Stunde verzögert. Um 15.30 Uhr hatten sie den Gipfel erreicht. Da sich auf der Westseite nichts rührte, glaubten sie, nach ihnen würde keiner mehr hochkommen. Um 16.15 Uhr stiegen sie ab. Die Erschöpfung verlangsamte den Abstieg. Kurz nach dem Dunkelwerden machten sie halt, um zu verschnaufen, und wollten gerade weitergehen, als sie Rufe hörten. Dave und Girmi, dachten sie. Nein – die Rufe kamen offenbar von oben. Willi und Tom! So warteten sie, vor Kälte zitternd.

Ich entfernte den Regler von Barrels leerer Flasche und schraubte ihn auf die von Lute. Nun waren wir zusammen, teilten uns die Unterstützung, über die wir vor einer Woche so heftig diskutiert hatten. Lute kannte den Weg ins Lager, auch im Dunkeln. Wir mußten ihnen also nur hinunterhelfen. Mit gefühllosen Fingern versuchte ich, Barrels Sauerstoffschlauch an den Regler anzuschließen. Mist! Kriege es nicht hin. Meine Finger hantierten unkoordiniert an dem kalten Metall. Versuche es noch mal. Es klappt. Dann rasch die tauben Finger zurück in die Fäustlinge gesteckt. Langsam kehrt das Gefühl zurück, und die Schmerzen. Dann lassen die Schmerzen nach, und die Finger werden wieder warm.

Willi fiel das Dexedrin ein, das ich mir am Abend zuvor in die Hemdtasche gesteckt hatte. Ich fischte zwei Pillen heraus – eine für Barrel, eine für Lute. Barrel ging es mit dem Sauerstoff besser, aber warum ich schockiert war, daß er Lutes Regler benutzte, weiß ich nicht mehr. Sauerstoffmangel? Erschöpfung?

Wir waren vor 15 Stunden aufgebrochen. Oder war ich gedanklich mit einem anderen Problem beschäftigt? Wir mußten in Bewegung bleiben, sonst würden wir erfrieren.

Ich marschierte los. Lute folgte in meiner Spur, um mir den Weg zu zeigen. Irgendwo im Dunkeln, 20 Meter hinter uns am Seil, kamen Willi und Barrel. Die Spur war eher zu erfühlen als zu sehen, aber es war jetzt leichter, nicht mehr so steil. Meine Augen tränten vom angestrengten Suchen nach den dunklen Löchern, die Luke und Barrel beim Aufstieg mit ihren Pickeln in den Schnee gebohrt hatten. Wir gingen links vom Kamm, einen Meter darunter, rammten die Pickel in den schmalen Grat. Zehn Meter, und das Seil spannte sich, als Barrel in den Schnee sank und die ganze Karawane zum Halten brachte. Lute setzte sich hinter mir nieder. Wir mußten in Bewegung bleiben. Wir kämen niemals hin.

Wir hatten fast keinen Kontakt nach hinten. Wenn sich das Seil spannte, blieben wir stehen, wenn es nachgab, gingen wir weiter. Irgendwann war mein Sauerstoff verbraucht, aber wir gingen so langsam, daß ich den Unterschied gar nicht bemerkte. Sollte die leere Flasche wegschmeißen, dachte ich, aber es war zu mühsam, den Rucksack abzunehmen.

Über den Ebenen im Osten zuckten Blitze, zu weit weg, um unseren Weg zu erhellen. Felsen, die im Schnee unter uns auftauchten, schienen nicht näher zu kommen, obwohl die Stunden verrannen. Folge den Pickellöchern. Wohin würden sie führen? Ungewiß. Da ist das nächste.

»Wohin jetzt, Lute?«

»Kann nichts sehen, Tom«, antwortete Lute. »Kann überhaupt nichts sehen. Wir müssen durch eine Rinne zwischen einigen Felsen runter.«

»Welche Rinne? Da sind zwei oder drei.«

»Weiß nicht, Tom.«

»Denk nach, Lute. Versuch dich zu erinnern. Wir müssen ins 6er.«

»Ich weiß es nicht. Ich kann nichts sehen.«

Wieder und wieder fragte ich, bedrängte ihn, versuchte, ihm irgendeinen Hinweis zu entlocken. Doch Lute, halb blind und entkräftet, wußte keine Antwort. Wir schleppten uns weiter. Die Felsen kamen näher.

Einmal spannte sich das Seil mit einem Ruck, riß mich fast um. Verdammt noch mal! Was ist da los? Ich drehte mich um und blickte auf Lutes verschwommene Gestalt, die ein, zwei Meter weiter unten im Schnee der Kangshung-Wand lag. Sein Sturz war wirkungsvoll, wenn auch unangenehm aufgehalten worden, als er mit dem Hals auf das Seil zwischen Willi und mir prallte.

Wir gingen vom Grat weg auf die Felsen zu. Schneezungen zwängten sich zwischen ihnen nach unten. Aber welche war es? Es war zu gefährlich, einfach draufloszugehen. Nach Mitternacht erreichten wir die Felsen. Wir hatten fast drei Stunden gebraucht, um 120 Meter abzusteigen, bei Tageslicht eine Sache von vielleicht 15 Minuten.

Kaputt. Keine Aussicht, das Lager in der Dunkelheit zu finden. Keine andere Wahl, als den Tag abzuwarten. Rucksäcke runter. Willi und ich schlüpften in unsere Daunenjacken. Im Dunkeln konnten die tauben Finger den Reißverschluß nicht zuziehen. Wir ließen uns nieder, machten uns auf den Rucksackgestellen so klein wie möglich. Lute und Barrel waren irgendwo hinter uns, getrennt, jeder allein. Willi und ich versuchten, nahe zusammenzurücken, um Wärme zu retten, doch mein unkontrolliertes Zittern machte das unmöglich.

Der Sauerstoff war aufgebraucht, aber die Maske hielt ein wenig warm. Die Füße kühlten aus, fingen an weh zu tun. Ich nahm die Hände aus dem warmen Schritt und lockerte die Steigeisenbindung sowie die Schnürung der Schuhe, doch die Füße blieben kalt. Willi bot an, sie zu massieren. Wir zogen Schuhe und Socken aus, und ich stemmte die Füße gegen seinen Bauch. Es tat sich nichts.

Ermüdet durch die unbequeme Position und vom Ergebnis enttäuscht, gaben wir auf. Ich zog Socken und Schuhe wieder an, konnte sie aber nicht mehr zubinden. Ich bot Willi an, seine Füße zu wärmen. Da er frei von Schmerzen war, meinte er, Kälte besser vertragen zu können, und lehnte ab. Wir waren zu erschöpft, den Grund für sein Wohlbefinden zu erkennen.

Die Nacht war überwältigend leer. Die Sterne verströmten kaltes, glanzloses Licht. Das Wetterleuchten, das über den Ebenen tanzte, erinnerte an eine Welt der Wärme und Behaglichkeit. Die dunkle Silhouette des Lhotse lauerte halb spürbar, halb sichtbar noch unter uns. Nur der Grat, auf dem wir uns befanden, ragte darüber hinaus, verschwand in der Nacht, ein letzter, einsamer Außenposten der Welt.

Meistens war gar nichts. Wir schwebten in einer zeitlosen Leere. Der Wind erstarb, und es herrschte Stille. Selbst ohne Wind war es kalt. Wenn ich hinter mich faßte, konnte ich Lute oder Barrel berühren, die nun Kopf an Fuß oberhalb von mir lagen. Sie schienen unendlich weit entfernt zu sein.

Fließend, schnörkellos verstrichen die Stunden. Intensive Kälte kroch empor, brachte die Erkenntnis mit sich, daß jeder von uns vollkommen allein war. Nichts, was Willi für mich tun konnte oder ich für ihn. Kein Team mehr jetzt, nur noch jeder für sich, gefangen in den eigenen Beschwerden, den eigenen Gedanken, dem eigenen Überlebenswillen.

Ich dachte jedoch kaum bewußt ans Überleben. Nichts zu planen, nichts voranzutreiben, nichts zu tun, als zu zittern und auf den Sonnenaufgang zu warten. Ich trieb in einer traumlosen Ewigkeit, ohne Pläne, Ängste, Bedauern. Das Wetterleuchten, der Lhotse, meine Begleiter, die Beschwerden, alles war da – und auch nicht da. Der Tod war bedeutungslos, und im übrigen auch das Leben. Überleben war ohne Belang, kein Thema. Nur ein dumpfes ungeduldiges Verlangen nach dem Sonnenaufgang verband meine formlosen Gedanken mit der Zukunft.

Gegen 4 Uhr wurde der Himmel am östlichen Rand heller, ein Streifen am Massiv des Kangchenjunga. Die Sonne ließ sich Zeit, unendlich viel Zeit. Erst nach 5 Uhr kam sie schließlich zum Vorschein, ergoß ihr Licht durch den Südsattel, loderte gelb über die Nuptse-Wand, dann über den weißen Wellenkamm der Gipfel weit unten. Wir schauten, als würden wir noch einmal geboren. Als das kalte, gelbe Licht uns schließlich erreichte, brachen wir auf. Es waren noch viele Kilometer zu gehen.

Der Rest gleicht einem Foto mit geringer Schärfentiefe, die konzentrierten Momente kristallklar vor einem verschwommenen Hintergrund aus Erschöpfung. Wir stiegen durch die Rinne ab, die ich in der Dunkelheit nicht hatte finden können. Dave und Girmi kamen uns hinter der Ecke entgegen. Sie meinten, in der Nacht Rufe gehört zu haben, und waren losgegangen, aber den eigenen Rufen war nur Schweigen gefolgt. Als sie nun kamen, um nach den Leichen von Lute und Barry zu suchen, sahen sie mehrere Personen herunterkommen – nicht nur zwei, sondern vier. Dave rätselte einen Moment, bis er begriff.

Die Zelte im Lager 6 – wir waren vom Berg heimgekehrt. Nima Dorje brachte Tee. Wir zogen die Schuhe aus. Ich blickte ausdruckslos auf Willis marmorweiße Fußsohlen. Seine Füße waren kalt und hart wie Eis. Zum letztenmal machten wir Eintragungen in Emersons Tagebuch, dann stiegen wir weiter ab.

Der Südsattel, von dessen Felsen der Wind den Schnee fegte, war so verlassen und unwirtlich, wie er immer beschrieben wird. Wir suchten Schutz in den Zelten von Lager 5 und aßen, dann gingen wir wieder hinaus in den Sturm. In trostloser Prozession mühten wir uns über den Genfer Sporn, fort aus dem Wind zur offenen, weiten Lhotse-Flanke. Dave führte besonnen, geduldig; die vier Mann dahinter schwankten vorwärts, breitbeinig, um nicht zu stürzen. Nur für Willi und mich war diese Seite des Berges neu. Wie Touristen schauten wir uns um, vergaßen einen Augenblick die Erschöpfung.

In Lager 4 machten wir halt, um Schnee zu schmelzen, zogen dann weiter, als die Sonne unterging, durch die Dämmerung in die Dunkelheit, von Dave zwischen Gletscherspalten durch das Cwm hinuntergeführt. Es war mir rätselhaft, wie er den Weg fand. Ich ging am Ende, folgte dem Licht der Taschenlampe. Manchmal blieb Willi stehen, so daß ich ihn fast umrannte. Wenn Dave suchte, warteten wir, dann gingen wir weiter. Niemand beklagte sich.

Um 22.30 Uhr kamen wir im vorgeschobenen Basislager an. Dick, Barry und Al waren zurück vom Grat, warteten. Erfrorene Füße und Barrels Hände wurden in warmem Wasser aufgetaut. Endlich ins Bett, nach fast zwei Tagen. Da ein Schlafsack fehlte, teilten Willi und ich uns einen, so gut es ging.

Am 24. Mai brachen wir spät auf, müde. Lute, Willi und Barrel liefen mit aufgetauten Füßen. Sie durch den Eisfall hinunterzutragen, wäre zu gefährlich gewesen. Willi, der vor mir am Seil ging, bewegte sich wie ein tolpatschiger Clown. Trotz des Codeins konnte er die Schmerzensschreie nicht unterdrücken, wenn er mit den Zehen irgendwo anstieß. Ich lief heulend hinterher, unversehrt.

Im Lager 1 umsorgte Maynard uns wie eine Glucke, brachte uns Wasser, für das er mühsam Eisproben geschmolzen hatte, die zu Analysezwecken aus dem Gletscher gebohrt worden waren. Dann durch den Eisfall hinunter, vorbei an Jakes Grab – und ein Gefühl der Endgültigkeit. Alles erledigt. Der Traum ist vorbei.

Keine Ruhe. Am nächsten Tag, es war gräßlich, grau, verließen wir das Basislager. Aus tiefhängenden Wolken fiel nasser Schnee. Willi, Barrel und Lute wurden auf Tragen gepackt und über die Schuttmoräne talwärts getragen. Gehen war leichter.

In Gorak Shep legten wir eine Pause ein. Ein handwerklich geschickter Sherpa hatte mit viel Geduld eine Inschrift in einen mächtigen Felsen gehauen:

ZUR ERINNERUNG AN JOHN F. BREITENBACH,
AMERIKANISCHE MOUNT-EVEREST-EXPEDITION, 1963.

Wolken verhüllten den Berg, der Jake zum Grab geworden war.

Als wir abstiegen, ging der fallende Schnee in feinen Nieselregen über. Es war nichts zu sehen; einfach den einen Fuß, dann den anderen. Doch langsam trat eine Veränderung ein, etwas, das, egal wie oft man es schon erlebt hat, immer wieder neu ist, wie das Leben. Es war das Leben. Aus Eis, Schnee und Fels stiegen wir hinab in eine Welt mit lebenden Dingen, mit Grün – Gras und Bäumen und Büschen. Es war nicht selbstverständlich. Der Frühling war gekommen, und selbst der triste Nieselregen verlieh allem, was wuchs, einen feuchten Glanz. In Pheriche blühten Blumen auf den Wiesen.

Willi und ich lauschten, im Bett liegend, einem Laut, der nicht zu identifizieren war, so fremd war er für den Ort – das abgehackte Sirren eines kreisenden Hubschraubers, der nach einem Landeplatz suchte. In hektischer Geschäftigkeit wurden Willi und Barrel an Bord gebracht. Der Hubschrauber erhob sich vom Hügel über dem Dorf und tauchte ein in die Ferne. Das Plappern der Rotoren schwand, und schließlich verlor sich auch die Flugmaschine vor dem gewaltigen Hintergrund. Die Abreise war zu unwirklich, zu sehr Teil einer anderen Welt, um wirklich begriffen zu werden. Nicht einmal fünf Tage nachdem sie auf dem Gipfel des Everest gestanden hatten, waren Barrel und Willi wieder in Kathmandu. Für sie war die Expedition zu Ende. Ihnen blieben jetzt nur noch Wochen im Bett, herumzusitzen, sich in Schmerzen zu wiegen, darauf zu warten, daß die Zehen schrumpften, bis sie amputiert werden konnten.

Wir zogen über karge Pässe, die Nebel und ein eisiger Wind abschreckend machten. Harte Arbeit. Dann hinunter durch Wälder mit regennassen Rhododendren, rosa und lavendelfarben blühenden Weiden. Die Zehen schmerzten. Zwei Wochen bis Kathmandu. Die Füße rutschten auf den glitschigen Pfaden. Alles war naß.

Wir waren am Ende. Der Everest war bestiegen, nichts jetzt dringend. Das Dasein kannte nur den Augenblick, Schritte zählen, einschlafen, sobald wir anhielten, um am Wegrand auszuruhen. Lester, Emerson und ich sprachen über Motivation;

meine war restlos aufgebraucht. Es war eine Zeit des Ausruhens, eine Zeit, in der die Sinne sich darauf ausrichteten zu nehmen, aber nichts blieb, um zu geben.

Freude lag halb verborgen unter Unbehagen, Müdigkeit, Einsamkeit. Willi war nicht mehr da. Die Lücke, die er hinterließ, wurde mit Fragen gefüllt: Warum hatte ich nicht bemerkt, daß seine Füße taub waren? Bestimmt hätte ich etwas tun können, wenn ich nur… Ich war zu ermattet, um zu erkennen, daß die Frage nicht zu beantworten war. Eine Hälfte von mir schien mit ihm gegangen zu sein; die andere war von meinem Begleiter getrennt durch eine Erfahrung, die ich nicht gemacht hatte, und durch das Gefühl, daß etwas zu Ende ging, was zu große Bedeutung erlangt hatte. Gespräche über daheim, über den ersten Abend in der Yak-und-Yeti-Bar, über den bevorstehenden Empfang, war das wirklich so wichtig? Rechtfertigte das den Aufwand?

Wir hatten den Everest bestiegen. Was nutzte das Jake? Willi, Barrel? Norman, jetzt, wo der Everest abgehakt war? Und den übrigen von uns? Was kommt noch? Welcher nicht so greifbare Preis wie Zehen? Es muß etwas mehr dahinterstecken, als sich über einen weiteren, wenn auch kostspieligen Berg zu quälen. Vielleicht hatte es etwas mit menschlicher Größe zu tun, aber es war schwer, sich sicher zu sein.

Ja, es befriedigt in mancher Hinsicht. Nicht nur das Besteigen der Berge, sondern die ganze Mühe – das schöpferische Etwas, wir wenigen, die es von Anfang an gestalteten. Mit viel Glück hatten wir Erfolg gehabt. Aber was hatten wir damit bewiesen?

Das Leben am Berg ist einfach. Noch einfacher ist es selten im Leben: Überleben, dazu das Streben zum Gipfel. Das Ziel steht massiv, dreidimensional vor einem – man kann es sehen, anfassen, auf ihm stehen –, wie man es erreichen kann, ist hinreichend bekannt, die Kraft aller gilt dem Gelingen. Es ist diese Einfachheit, die den Zivilisationslack abblättern und das, worauf es ankommt, leichter erkennen läßt – das Erleben echter Kameradschaft, Augenblicke ungeschmälerten Humors, der Geschmack der Entbehrung, von Kummer, Schönheit, Freude. Aber es liegt vielleicht auch gerade an dieser Einfachheit, keine Antwort auf die Fragen zu finden, die ich gestellt hatte, als wir den Berg angingen.

Damals war ich mir nicht sicher gewesen, ob ich in einer Welt würde überleben und funktionieren können, die meinem normalen Dasein so fremd war. Jetzt fühlte ich mich hier wie zu Hause, nicht mehr völlig verängstigt. Jeder Schritt Richtung Kathmandu brachte mich zurück zu dem, was ich kannte, aber auch zu vielen Dingen, die schrecklich unbekannt waren, zu unscharfen Zielen, die auf unbezeichneten Wegen zu erreichen waren.

Unter der Erschöpfung lauerte der Verdacht, daß die Antworten, nach denen ich suchte, nicht auf einem Berg zu finden sein würden. Welchen Unterschied konnte es schon machen, den Everest zu besteigen? Sicher war der Berg nicht verändert worden. Schon jetzt löschten der Wind und der rieselnde Schnee fast alle Anzeichen dafür, daß wir dort gewesen waren, aus. War ich jetzt bedeutender, weil ich auf dem höchsten Punkt der Erde gestanden hatte? Für die ausgezehrte Gestalt, die kaputt und angsterfüllt nach Hause stolperte, war die Antwort darauf eindeutig.

Es war ein wunderschöner Traum gewesen, aber jetzt blieb nur noch die Erinnerung. Der Traum war ausgeträumt.

Der Everest mußte sich der Realität meines Lebens anpassen, dem Alltäglichen und Ungewöhnlichen. Das unerreichbare Ziel war erreicht. Oder doch nicht? Die Fragen, viele Fragen, blieben. Und die Antworten? Es ist eigenartig: wenn ein Traum Wirklichkeit geworden ist, bleibt außer Zweifeln kaum etwas.

Aus: K2: Der wilde Berg

von Robert Bates und Charles Houston

Die Mitglieder der dritten amerikanischen Karakorum-Expedition von 1953 wären über dieses Etikett wahrscheinlich weniger glücklich, aber sie waren dennoch irgendwie Helden. Als Art Gilkey unter den Vorzeichen einer Thrombose litt, machten sich seine erschöpften Kameraden daran, ihn bei Sturm über schwieriges Gelände mehr als 2700 m tiefer zu bringen. Es war eine schier unlösbare Aufgabe, doch sie waren bereit, ihr Leben dafür aufs Spiel zu setzen. Die Teammitglieder Charlie Houston (geb. 1913) und Robert Bates (geb. 1912) schrieben einen Bericht über die Expedition; dieser Ausschnitt stammt von Bates.

Wir alle wußten, daß einige von uns vielleicht nicht mehr lebend vom Berg herunterkommen würden. Alle hatten längst erkannt, daß es fast unmöglich war, einen Verletzten aus den oberen Regionen des K2 abzutransportieren. Wir hatten uns gegenseitig versichert, daß, »wenn sich jemand ein Bein bricht, man ihn niemals würde vom Berg hinunterbringen können«, doch jetzt, wo wir den hilflosen Gilkey vor uns hatten, wurde uns bewußt, daß wir ihn hinunterbringen *mußten.* Wir wußten zwar nicht, wie, aber wir wußten, daß wir es tun mußten.

Schoening vor allem, aber auch Bob Craig und Dee Molenaar hatten schon viele Bergrettungen durchgeführt, und wir übrigen setzten großes Vertrauen in ihren Glauben, daß wir unseren Erkrankten irgendwie ins Basislager würden bringen können. Gilkeys Entschlossenheit und sein Vertrauen in uns spornten uns mächtig an, und wir gingen die vor uns liegende Aufgabe beherzt an. Als Charlie Houston am Morgen des 10. August seinen Kopf durch den Tunneleingang des Zeltes schob, in dem Schoening, Streather und ich uns in den langen Nachstunden dicht zusammengedrängt hin und her gewälzt hatten, fragten wir fast wie aus einem Mund: »Wie geht es ihm?«

»Wir müssen ihn runterbringen«, sagte der Arzt. »Er hat jetzt auch ein Blutgerinnsel im anderen Bein, und hier darf er nicht mehr lange bleiben.«

Der Wind wütete mit einer solchen Wucht gegen die Zeltplane, daß wir uns anschreien mußten. Durch eine gerissene Naht im Vorzelt drang feiner Pulverschnee, obwohl wir alles versucht hatten, unseren Schutz dicht zu halten, und wir spürten das ganze Zelt vibrieren, wenn Böen die Plane bis zum äußersten strapazierten.

»Was? Bei dem Sturm raus?« entgegnete einer.

»Wir müssen«, entgegnete Houston. »Er stirbt, wenn wir ihn nicht runterbringen.«

Danach bedurfte es keiner weiteren Worte mehr, denn wir wußten, was diese Entscheidung bedeutete. Wir alle hatten schon gegen Stürme am Berg angekämpft, aber wir hatten noch nie etwas von solcher Ausdauer und Gewalt erlebt, wie diesen wütenden Wind und Schnee, die uns heftig traktierten. Wir kannten alle die Geschichte vom Sturm am Nanga Parbat aus dem Jahr 1934, als neun Mitglieder einer deutschen Expedition im Kampf gegen Wind und Schnee an Erschöpfung gestorben waren. Willy Merkl, Uli Wieland und Willi Welzenbach waren berühmte Bergsteiger gewesen, doch ein Sturm hatte sie zermürbt und einen nach dem anderen getötet. Wir hier am K2 hatten nicht nur den Sturm gegen uns, sondern auch den steilsten Teil des Berges zu bewältigen und versuchten darüber hinaus noch, einen todkranken Gefährten über die Steilhänge nach unten zu bringen.

Uns allen war bewußt, daß unser Abenteuer bitterer Ernst geworden war, denn die Chancen, Art nach unten zu bringen, standen schlecht, und unsere eigene Lage wurde zunehmend kritischer. Während Houston und Schoening Art vorsichtig aus dem Zelt in den Sturm beförderten, packten wir übrigen nur das Nötigste zum Mitnehmen zusammen. Wir brauchten ein Zelt für den Notfall und nahmen das von Gerry, unser leichtestes. Außerdem würden wir einen Kocher und Topf sowie einige Fleischstreifen, Schokolade oder Kraftnahrung brauchen, die nicht gekocht werden mußte. Oft schwächen die Auswirkungen der Höhe die Entschlußkraft so, daß Nichtstun zum reinen Vergnügen wird, doch jetzt war keine Zeit für Lethargie, und als wir entschlossen aus den Zelten in das beißende Schneetreiben traten, wußten wir, daß wir schnell zu gehen hatten, solange Finger und Zehen noch etwas fühlten. Es wurde wenig gesprochen. Jedem von uns war klar, daß er zum gefährlichsten Arbeitstag seines Lebens antrat.

Gilkey hatte offenbar keine Schmerzen, als wir ihn in das zerfetzte Zelt wickelten, seine Füße in einen Rucksack packten und ihn so mit Perlonseilen verschnürten, daß er wie in einer Trage lag. Vier der mit dieser Trage verbundenen Seile konnten von jeweils einem Mann vorne und hinten sowie an beiden Seiten gehalten werden. Alle warmen Sachen – Pullover, Wolljacken, Daunenjacken und Nylonanoraks – hatten wir angezogen, in die Rucksäcke kam nur das Nötigste. Der bewegungsunfähige Mann sah den Vorbereitungen schweigend zu. Er war ein erfahrener Bergsteiger und wußte, was uns allen bevorstand. Aber er wußte auch, daß wir ihn niemals zurücklassen und ihn sicher nach unten bringen würden, sofern das menschenmöglich war. Art hatte sich die Mütze tief ins Gesicht gezogen, das abgespannt und blaugrau aussah, aber er lächelte jedesmal matt, wenn jemand ihn fragte: »Na, wie ist es?«

»Alles bestens«, sagte er dann. »Alles bestens.« Und um seinen Mund spielte ein Lächeln. Nie zeigte er auch nur einen Augenblick Angst oder mangelnde Zuversicht, aber natürlich wußte er, daß er sich etwas zugezogen hatte, das wahrscheinlich tödlich war, daß sein Zustand sich verschlechterte und er sich in einem fürchterlichen Monsunsturm 2700 m über dem Basislager befand. Das nächste Zelt in Lager VI war 600 Meter weiter unten. Ihm war klar, daß wir ihn auf dem schwierigen Weg, den wir aufgestiegen waren, nicht tragen konnten und daher dort absteigen mußten, wo wir ihn hinablassen konnten. Selbst bei idealem Wetter und wenn alle in körperlich bester Verfassung gewesen wären, hätte sich die Aufgabe wahrscheinlich als unmöglich erwiesen – doch Art Gilkey konnte lächeln, und sein Lächeln gab uns Kraft.

Während wir die Halteseile anbrachten, schnallten Schoening und Molenaar die Steigeisen an und verschwanden im Sturm. Sie sollten den besten Weg am Lawinenhang vorbei erkunden, der uns ein paar Tage zuvor aufgehalten hatte, hinüber zum Depot in Lager VII gehen und ein Kletterseil holen, das am Eishang direkt darüber fixiert war. Es würde uns beim Abstieg gute Dienste leisten. Nachdem sie losgegangen waren, rief Houston über Walkie-Talkie das Basislager und informierte Ata-Ullah über unsere Pläne. »Es sieht nicht gut aus, Ata«, sagte er grimmig, »aber wir können nicht warten. Wir steigen jetzt ab. Wir melden uns um drei Uhr wieder.«

Jeder nahm seinen Platz an einem der mit Gilkey verbundenen Seile ein, und ein paar hundert Meter zerrten wir Art durch den knietiefen Pulverschnee; dann meldete sich die Schwerkraft, und wir mußten genauso stark dagegen halten, damit unsere hilflose, 185 Pfund schwere Fracht nicht in den Abgrund stürzte. Der Steilhang, an dem wir uns befanden, verschwand unter uns im Nichts. War da irgendwo ein Felsen, ein Anhaltspunkt? Angestrengt starrten wir in den Sturm hinaus, aber wir konnten nicht darauf warten, daß es aufklarte. Wir mußten vielmehr auf Schoening und Molenaar setzen, die vorausgegangen waren, um den Weg zu erkunden. Beim Abstieg hielten Craig und Bell die vorderen Seile rechts und links, Houston lenkte das Ganze von einem Punkt direkt hinter Gilkey aus, während Streather und ich das Seil weiter oben verankerten. Langsam arbeiteten wir uns bis zu einem Felsgrat vor, kletterten an ihm hinunter und ließen Gilkey dann über einen steilen Schneehang ab, der zu einem Schneetobel und einer Eisrinne darunter führte. Hätte Gilkey laufen können, hätten wir diese Route nicht gewählt, aber so blieb uns keine andere Wahl: Wir konnten nur dort absteigen, wo wir unseren Gefährten ablassen konnten, und wir vertrauten darauf, daß unser Voraustrupp einen Weg nach unten finden würde. Nachdem wir gestartet waren, war eine Umkehr zum Lager VIII für jeden von uns unmöglich.

Der Wind und die Kälte drangen heimtückisch durch die Schichten der warmen Kleidung, so daß nach drei Stunden keiner von uns mehr Gefühl in den Zehen hatte und groteske Eiszapfen von unseren Brauen und Bärten hingen. Die Gletscherbrillen vereisten, und wir mußten sie ständig auf die Stirn schieben, um zu schauen, wie das Seil zu halten war. Der Transport des Kranken vollzog sich erschreckend langsam. Wir mußten nicht nur Gilkey, sondern auch uns gegenseitig sichern, und die tauben Finger waren nicht die schnellsten. Als wir zum steilsten Stück kamen, gelang es jedoch irgend jemandem, zwei 40-m-Seile zusammenzubinden, und wir ließen Gilkey hinab, in die einzige Richtung, die der Hang zuließ. Houston und ich hingen auf dem sturmgepeitschten Grat, den Rücken dem Wind zugekehrt, spürten die widrigen Böen, die uns von den Felsen schleudern wollten. Wir konnten nicht sehen, wohin wir Art abließen, konnten allerdings schwache Rufe von Schoening und Molenaar hören, die, für uns unsichtbar, unten standen. Als wir langsam das Seil ausgaben, froh darüber, daß es aus Perlon war und keine frostbedingten Knicke bekam, band sich Bob Craig von uns los und stieg neben dem Invaliden hinab, um das Ablassen zu dirigieren. Bald war auch er völlig verschwunden, doch Streather stieg so weit ab, bis er die Handzeichen von Craig und auch noch uns sehen konnte, und so hatten wir Sichernden Kontakt zu Craig und Gilkey und wußten, ob wir das Seil nachlassen oder anhalten sollten. Abwechselnd sicherten wir und gaben Seil aus, bis wir fast erfroren waren.

Unsere Arme waren angespannt, als Tony Streather, den wir gerade noch sehen konnten, sich umdrehte und rief: »Festhalten! Sie sind in eine Lawine gekommen!«

Wir hielten. Unsere Sicherung war gut, und das Seil spannte sich. Einen Augenblick war alles von wirbelndem Schnee verhüllt, dann hörten wir gedämpftes Rufen von Streather. »Sie sind noch da!« Das Seil hatte ein Schneebrett ausgelöst, das über die beiden Männer hinweggebraust war, so daß sie nicht mehr zu sehen waren. Craig klammerte sich an das Seil zu Gilkey, so fest er konnte. Der Sog der zu Tal sausenden Lawine muß schrecklich gewesen sein, aber sie bestand nicht aus kompaktem Schnee. Der Pulverschnee glitt außer Sicht den Berg hinunter, er stürzte noch lange, als wir ihn schon gar nicht mehr hörten. Als alles vorbei war, klammerte sich Craig immer noch an das Seil, grau und gut durchgefroren. Beide Männer waren davongekommen. Der grausige Abstieg ging weiter.

Schoening und Molenaar, die nicht weit vom Lager VII entfernt waren, konnten bald zu Gilkey vorstoßen, aber uns vier auf den vereisten Felsen des vom Wind heimgesuchten Grates kam es wie Stunden vor, bis sie hinaufriefen, daß sie ihn gesichert hätten, »am Rand eines Felsens«, und wir absteigen konnten. Steif gefroren verließen wir unsere Positionen und kletterten ungelenk die steilen, brüchigen Felsen bis zum Schneetobel über der Eisrinne hinab. Houston und ich gingen an einem Seil, Bell und Streather am anderen. Wir waren alle so ausgekühlt und erschöpft, daß der Abstieg über gefährliches, mit Schnee bedecktes Eis uns bis an unsere Grenzen forderte. Durch den Nebel aus aufgewirbeltem Schnee sahen wir Schoening vor einem großen, abgerundeten Felsen stehen, der auf einem schmalen Band festgefroren war. Sein Eispickel steckte tief im Schnee über dem Felsen, und das Seil, mit dem er Art Gilkey hielt, war fest um den Schaft des Pickels geschlungen. Der Kranke befand sich am Rand eines sieben Meter hohen Abbruchs, unter dem wir die Eisrinne sehen konnten, die steil in den Sturm hinab zum Godwin-Austen-Gletscher drei Kilometer tiefer stürzte.

Schoening sah wie ein Mensch aus einer anderen Welt aus. Auf unseren Bärten hatte sich so viel Reif angesammelt, daß die Gesichter nicht mehr zu erkennen waren, und uns war klar, daß wir kurz vor dem Zusammenbruch standen. Ohne Schutz vor dem wütenden Sturm und ohne Nahrung, um unsere Kräfte zu erneuern, konnten wir nicht mehr sehr viel länger weitergehen. Etwa 150 m östlich unter uns befand sich der kleine, in den Eishang gekerbte Sims, wo Schoening und Gilkey bei ihrer Erkundungstour oberhalb von Lager VI die Nacht zum 30. Juli verbracht hatten. Wir hatten es Lager VII oder Proviantlager VII genannt. Keiner von uns hatte damit gerechnet, daß noch einmal jemand von uns eine Nacht dort würde ausharren müssen, doch Bob Craig, dessen Kampf gegen die Lawine ihn vorübergehend so mitgenommen hatte, daß er kaum ein Steigeisen festschnallen konnte, war dorthin gesichert worden, um sich auszuruhen und von dem Schnee zu befreien, den die Lawine unter seinen Anorak gedrückt hatte. Wir schrien zu ihm hinüber, er solle versuchen, das Band etwas zu vergrößern. Unterdessen ließen wir, während Schoening das Seil verankerte, Gilkey langsam über den kurzen Felsabbruch ab, bis er an dem 45 Grad steilen Eishang lehnte. Streather, der mit Bell verbunden war, kletterte zu Gilkey hinab. Schoening hielt Gilkeys Seil, während Houston mich über eine heikle Seillänge aus hartem, steilem Eis sicherte; dann kletterte Houston hinab zu einer Stelle gegenüber dem in der Steilflanke hängenden Mann.

Das Problem bestand nun nicht darin, Gilkey nach unten zu bekommen, sondern ihn über den steilen Eishang zum Eissockel beim Lager VII hinüberzuschwingen. Wir hatten vor, eine gute Sicherung anzubringen und ihn dann hinüberzupendeln, aber unglücklicherweise war das Eis in seiner Nähe so hart, daß man keinen Eispickel einschlagen konnte, und der Hang war erbarmungslos steil.

Selbst bei besten Witterungsbedingungen wäre das Vorhaben gefährlich gewesen; und unsere Position in diesem Moment werde ich nie vergessen. Schoening sicherte Gilkey, der

18 m unter ihm an das steile Eis gelehnt hing. Auf gleicher Höhe wie Gilkey, 12 m ihm gegenüber, suchten fünf von uns, das Gesicht dem brennenden Schneetreiben ausgesetzt, nach einem Standplatz, wo wir das Seil zu Gilkey verankern konnten, wenn wir ihn über das Eis in Richtung Craig zum Eissockel zogen. Streather, Houston, Molenaar und ich standen, die Steigeisen in das harte Eis gekrallt, nahe beieinander. Bell und Streather waren zusammengebunden, Houston und ich waren an einem Seil – Molenaar hatte sich nur in ein loses Seil, das zu Gilkey führte, »eingebunden«. Das hatte er getan, als Craig sich aus dem Seil gebunden hatte und zu dem Eissims hinübergegangen war, um sich auszuruhen, und es war Molenaars Umsicht, die uns alle rettete. Denn George Bell, der knapp 20 m über uns war, stieg über eine heikle Stelle mit hartem Eis ab, um sich um Gilkeys Seile zu kümmern. In dem Augenblick passierte, wovor wir alle Angst hatten. Irgendwie kam Bell aus dem Gleichgewicht und stürzte.

Bell habe ich gar nicht stürzen sehen, aber entsetzt sah ich, wie Streather aus dem Hang gerissen wurde und verzweifelt versuchte, die Haue seines Eispickels in das Eis zu rammen, um zu bremsen. Streather hatte oberhalb des Seiles gestanden, das von Houston zu mir führte. Fast im gleichen Augenblick sah ich, wie Houston weggefegt wurde, und obwohl ich mich zum Hang drehte und den Pickel in das harte Eis drosch, wurde ich mit einem gewaltigen Ruck aus dem Stand gerissen und rücklings mit dem Kopf voran den Hang hinuntergeschleudert. *Das war's also!* schoß es mir durch den Kopf, als ich unsanft mit dem Rucksack aufschlug. Jetzt konnte ich nichts mehr machen. Wir hatten unser Bestes gegeben, aber unser Bestes war nicht gut genug gewesen. Das war das Ende. Da niemand am Seil mit Houston und mir war, konnte uns auch niemand halten, und ich wußte, daß uns jetzt nichts mehr stoppen konnte. Aus dem Hang unter uns ragte nirgendwo ein Felsen vor, an dem sich das Seil zwischen uns hätte verfangen können. Nur mehr als 1000 m leerer Raum trennten uns vom Gletscher unten. Es war wie ein Sturz von einem schiefen Empire State Building, das sechsmal so hoch war wie das echte.

Die Kapuze meiner Daunenjacke war mir über die Augen gerutscht, und ich wurde heftig nach hinten geworfen, wobei ich ein Gefühl von Irrealität, von Losgelöstsein hatte. Die Zukunft war meinem Zugriff entzogen. Alles, was ich wußte, war, daß ich mit großer Wucht auf dem Rucksack landete, in immer kürzeren Abständen aufschlug, mit mächtigen Sätzen über Felsen geworfen wurde. Der nächste Satz würde mich über eine Wand in den Abgrund befördern und allem ein Ende machen. Doch da wurde die Rutschpartie wie durch ein Wunder gestoppt.

Ich lag auf dem Rucksack, die Kapuze über den Augen, der Kopf einen Meter tiefer als die Füße. Die Arme, die ich über dem Kopf ausgebreitet hatte, waren so in das gespannte Seil verwickelt, daß ich sie gar nicht befreien konnte. Ich war hilflos, und als ich mich zu bewegen versuchte, merkte ich, daß ich auf dem Grat eines Felsens hing und eine Veränderung meiner Lage mich über die Kante kippen lassen konnte. Das Seil hatte sich offenbar an irgendeinem Vorsprung verfangen – wenngleich ich mir nicht vorstellen konnte, wie und wo –, aber vielleicht war der Halt nicht sicher. Ob der Halt sicher war, ob von den anderen noch jemand lebte, wußte ich nicht, aber ich mußte nicht lange warten. Denn prompt hörte ich unmittelbar über mir ein Stöhnen. »Mach mich los«, rief ich, und sofort spürte ich ein Bein, das sich gegen meine Schulter stemmte, und das Seil wurde mir von den Armen gezogen.

Ich packte einen Felsen und schaute mich um. Dee Molenaar und ich hingen an einem Felsvorsprung am Rand eines vereisten, mit Felsen gespickten Steilhangs, etwa 50, 60 m unterhalb der Stelle, wo wir an den Seilen zu Gilkey gearbeitet hatten. Aus Dees Nase tropfte Blut in seinen Schnauz- und Backenbart, und er sah ziemlich ramponiert aus. Mein Seil war zu irgend jemandem oder etwas über mir gespannt, und ich hörte ein fernes Rufen, »Entlaste das Seil!«. 15 m weiter oben konnte ich durch das Schneegestöber Tony Streather erkennen, der sich schwankend aufrappelte, noch immer ein Gewirr aus Seilen fest um den Körper. Unter mir hörte ich ein Rufen, »Meine Hände erfrieren!«, und sah, als ich nach unten blickte, zu meiner Verwunderung George Bell, der Sekunden zuvor noch 20 m über mir gewesen war. Jetzt war er 20 m unter mir und kletterte am Rande des Nichts nach oben. Er hatte weder Rucksack noch Gletscherbrille und stolperte über die steilen Felsen hinauf, offenbar benommen, die Hände grotesk von sich gestreckt. Beim Sturz waren ihm die Fäustlinge heruntergerissen worden, und seine Hände hatten bereits die gräßliche weiße Farbe eines Fischbauchs angenommen. Wenn sie starke Erfrierungen erlitten hatten, würden wir ihn niemals vom Berg nach unten bringen können.

Ich wandte mich zu Molenaar um und drückte ihm meinen Rucksack in die Arme. Die meisten Gurte waren weggerissen, und das Walkie-Talkie, das obenauf gelegen hatte, war weg; mein Schlafsack hing halb heraus und nur noch an einer einzigen verdrehten Schnur. Ohne Schlafsack würden wir die Nacht wohl kaum überleben, was immer wir tun würden! Da Molenaar keinen Rucksack mehr hatte, nahm ich an, daß er mit diesem zusammen auch seinen Schlafsack verloren hatte. Ob das Zelt, das irgend jemand getragen hatte, den Sturz überstanden hatte, wußte ich nicht. »Halt das um Gottes willen gut fest!« schrie ich gegen den Wind und schob Molenaar das Bündel zu. (Soweit ich wußte, war mein Schlafsack der einzige, der uns geblieben war, und wir durften ihn jetzt nicht verlieren.) Es war schwierig, den aufgerissenen Rucksack in dem steilen Gelände sicher zu halten, doch Molenaar packte ihn, während ich mich aus dem Seil band und mit wackligen Beinen nach unten stieg, um zu Bell zu gelangen. Beim Abklettern überlegte ich mir, welche Seile uns wohl gehalten hatten. Sie hatten sich irgendwo oben verfangen, aber durch das Schneegestöber konnten wir nicht erkennen, was sie hielt. Glücklicherweise hatte ich in der Beuteltasche meines Anoraks ein Paar leichte, indische Ersatzfäustlinge. Als ich Bell erreichte, dessen Gesicht grau und sorgenvoll war, half ich ihm, sie anzuziehen. Seine Finger waren vor Kälte bereits so steif, daß er sie nicht mehr bewegen konnte, doch auf Felsvorsprüngen in dem steilen Hang balancierend, bemühten wir uns verzweifelt darum, seine Hände zu retten, und zwängten schließlich die großen weißen Fäustlinge über seine steifen Daumen und die Handgelenke.

Bells Sturz hatte damit geendet, daß er an der Kante eines Absatzes hängengeblieben war, unter welcher der Hang jäh über 1000 m abfiel. Das Gewicht seines Rucksacks hatte ihn mit dem Kopf nach unten gezogen, und er hatte den Rucksack bei dem Versuch, sich aufzurichten und sich zurück über die Kante zu ziehen, verloren. Während Bell sich zusammenkauerte und verzweifelt bemüht war, sich die Hände unter dem Anorak zu wärmen, ließ ich ihn allein, denn Molenaar und ich hatten eine leblose Gestalt am Fuß eines 10 m hohen Felsens auf einem schmalen Sims liegen sehen, das über dem totalen Nichts darunter zu schweben schien. Es war Houston. Irgendwie hatte sich auch sein Seil hoch über uns verfangen. Unsicher, aber vorsichtig, denn ich war nicht angeseilt und mitgenommen durch den Sturz, arbeitete ich mich den steilen Fels hinunter und dann hinüber zu dem Sims. Houston war bewußtlos, öffnete jedoch die Augen, als ich seine Schulter berührte. Als er sich mühsam aufrappelte, empfand ich eine unbeschreibliche Erleichterung.

»Wo sind wir?« fragte er. »Was machen wir hier?«

Er war offensichtlich verletzt. Sein Blick war unstet; er hatte offenbar eine Gehirnerschütterung erlitten. Wieder und wieder versuchte ich, ihn zum Aufsteigen zu bewegen, bei dem Molenaar ihn von oben mit dem Seil gesichert hätte, in das er noch immer gebunden war. Er begriff nicht. »Wo sind wir?« fragte er immer wieder, denn meine Antworten ergaben für ihn in seinem verwirrten Zustand keinen Sinn.

Der Wind und der jagende Schnee brannten auf unseren Gesichtern. Wir befanden uns alle am Rande der Erschöpfung und in Gefahr, uns ernste Erfrierungen zuzuziehen. Wenn wir überleben wollten, mußten wir augenblicklich einen Unterschlupf finden, sonst würde die Unterkühlung uns derart erstarren lassen, daß wir uns nicht mehr helfen konnten. Was sich bei jenem Sturm am Nanga Parbat ereignet hatte, der so viele Männer dahingerafft hatte, war uns eine schreckliche Mahnung. Alle zusammen hätten wir nicht genug Kraft gehabt, Houston den steilen Fels und Schnee zum Eisabsatz 45 m über uns hinaufzuziehen oder -zutragen, unserem Lager VII.

»Charlie«, sagte ich so eindringlich wie möglich und blickte ihm dabei direkt in die Augen, »wenn du Dorcas und Penny jemals wiedersehen möchtest (seine Frau und seine Tochter), dann steig jetzt sofort da hoch!«

Irgendwie drang dieser Befehl bis in sein Gehirn vor, denn mit verängstigtem Blick und widerspruchslos drehte er sich um und stürmte, von Molenaar gesichert, regelrecht den verschneiten Felshang hinauf. Instinkt und jahrelange Bergerfahrung halfen ihm in seinem verwirrten Zustand, denn er stieg meisterhaft hinauf zu Molenaar. Ich folgte langsamer nach, denn ich hatte einen klaren Kopf und großen Respekt vor dieser steilen Felswand und zog mich sehr vorsichtig die schneebedeckten Platten hinauf. Als ich zu Molenaar kam, machte er einen ratlosen und sehr unglücklichen Eindruck, denn er versuchte, Houstons immer wiederkehrende Frage zu beantworten: »Was machen wir hier?«

Als ich Molenaar erreichte, wußte ich immer noch nicht, was die Beinahekatastrophe verursacht hatte oder wie wir fünf Gestürzten gerettet worden waren. Durch den Schleier des Schneegestöbers war immer wieder kurz Art Gilkey zu sehen, der gesichert dort über uns hing, wo er sich vor dem Sturz befunden hatte, aber jetzt war Bob Craig nahe bei ihm. Tony Streather befreite sich direkt über mir offenbar aus einem Gewirr von Kletterseilen, von denen eins zu mir herabführte.

Erst sehr viel später erfuhr ich vom Ablauf der Ereignisse, die uns in diese Lage gebracht hatten, und staunte noch mehr über unsere Rettung. Als Bell stürzte, riß er Streather mit, der in das Seil zwischen Houston und mir geschleudert wurde und sich darin verfing. Wir wurden einer nach dem andern vom Hang gerissen und stürzten alle drei – Streather, Houston und ich – in einem blinden und unkontrollierten Wirbel auf den Gletscher weit unter uns. Wir konnten absolut nichts mehr tun, um anzuhalten. Doch unsere Zeit war noch nicht gekommen. Denn Molenaar stand unter uns am Hang, etwas weiter von dem Erkrankten entfernt, und hatte sich gerade in eines der losen Seile von Art Gilkey gebunden. Dieser Umstand war unsere Rettung, denn unser ungebremster Fall ließ uns alle in und über das Seil von Gilkey zu Molenaar stürzen, und irgendwie verwickelte sich auch noch Streather in dieses Seil. Aber die Wucht unseres Sturzes hatte Molenaar kopfüber den Hang hinuntergeschleudert, und alle flogen wir ungebremst hinterher, bis sich das Seil von Gilkey zu Molenaar spannte – ein Seil, in das Streather sich nun völlig verwickelt hatte. Gilkey war nicht losgerissen worden, weil Schoening ihn von einem Felsband 20 m oberhalb gesichert hatte, und die gesamte Belastung durch die fünf stürzenden Männer und Gilkey dazu wurde an Schoening weitergegeben, den Jüngsten der Gruppe. Zum Glück für uns alle ist Schoening ein Experte im Sichern, und sein Können und seine schnelle Reaktion retteten uns allen das Leben. Später erklärte er uns, wie er es gemacht hatte.

Als ich schließlich wieder bei Molenaar und Houston war, stand fest, daß sich alle wie durch ein Wunder noch aus eigener Kraft bewegen konnten. Aber da wir ununterbrochen Wind und Schneetreiben ausgesetzt waren, kühlten wir gefährlich aus. Wir mußten schnell handeln und Schutz suchen, bevor wir so erstarrten, daß wir nicht einmal mehr ein Zelt hätten aufstellen können, oder so starke Erfrierungen erlitten, daß wir überhaupt nicht mehr hätten weiter absteigen können. Da Molenaars Bein schmerzte und er sich nicht viel bewegen wollte, nahm ich Charlie Houstons Seil und stieg langsam zum Eissockel beim Lager VII hoch. Ich konnte nicht losrennen, um mein Leben zu retten. Houston war offensichtlich verwirrt, kletterte aber instinktiv gut und tat, was man von ihm verlangte. Ich war noch nicht weit gestiegen, als Tony Streather mir ein Seilende zuwarf, und dann kam Bob Craig zurück, nachdem er Art Gilkey gesichert hatte, und die beiden übernahmen es, Houston zum Absatz hinaufzuführen. Craig hatte den Sturz nicht mitbekommen, jedoch plötzlich nach oben geblickt und entsetzt den leeren Hang gesehen, auf dem nur noch Schoening und Gilkey sowie ein im Eis steckender einsamer Pickel zu sehen waren. In dem Augenblick war eine Schneewolke über das Eis gefegt und hatte alles eingehüllt. Als wieder etwas zu sehen war, rief Schoening, dessen fester Griff ins Seil die Hände erfrieren ließ, Craig zu, ihm beim Sichern von Gilkey zu helfen. Der Erkrankte war nicht abgestürzt und hing immer noch auf dem Eis, wie zum Zeitpunkt des Unfalls. Ihm war es wahrscheinlich am wärmsten von allen, aber wir konnten ihn erst weitertransportieren, wenn wir die Verletzten versorgt hatten und wenn wir wieder mehr Leute hatten, um ihn über den Hang zu ziehen.

Nachdem Craig ihn erreicht hatte, gab Art ihm seinen Eispickel, den er für den Abstieg bei sich gehabt hatte. Es war nicht einfach, ihn sicher zu verankern, und Craig, dem noch der Kampf gegen die Lawine in den Knochen steckte, war währenddessen durch niemanden gesichert, aber er entdeckte mit einigem Geschick festen Schnee, in den er Arts Pickel bis zum Kopf einschlagen konnte. Er erklärte dem Kranken, daß wir zurückkommen und ihn holen würden, sobald das Zelt stand. Gilkey verstand. Erst jetzt, als Craig den Pickel richtig eingeschlagen hatte, konnte Pete Schoening das Seil loslassen – das sechs Menschen gehalten hatte – und seine eiskalten Hände wärmen. Craig war nicht in den Unfall verwickelt gewesen, aber wir übrigen verdankten unser Leben Schoenings Können, Mut und Technik.

Das Zelt war glücklicherweise in keinem der verlorengegangenen Rucksäcke gewesen, aber als ich es ausrollen wollte, hätte der Wind es fast vom Berg geweht. Craig und ich versuchten, die Zeltecken in die richtige Lage zu zerren, als Streather, der Gilkey über einen zweiten Pickel gesichert hatte, dazukam und uns half, die schlagenden Ränder unter lockeren Steinen festzumachen, bis wir die Spannschnüre verankern konnten. Der Hang war so steil, daß das äußere Drittel des Zeltes über den Rand hinausreichte, so daß unmöglich zu verhindern war, daß der Wind unter das Zelt fuhr und es fortzureißen drohte.

Wir waren froh, daß dies unser kleinstes Zweimannzelt war, weil es auf dem Band besseren Halt hatte als ein größeres. Vor Expeditionsbeginn in Exeter hatten wir es für zu klein für zwei Mann gehalten und hätten es beinahe gar nicht mitgenommen. Das Aufstellen des Zeltes war mühsam, denn sobald wir eine Ecke gesichert hatten, riß sich eine andere wieder los. Schließlich banden wir die vordere Spannschnur an einen Felshaken und befestigten die inneren Ecken so gut es ging an vorstehenden Felsen. Als Bob Craig später noch einen Eishaken einschlug, fühlten wir uns etwas sicherer, wenngleich die daran festgemachte Nylonschnur nicht sehr kräftig aussah und der äußere Bereich des Zeltes sich über dem Hang blähte. Wenn jemand im Zelt vergaß, wie unsicher es stand, und sich gegen die Außenwand lehnte, würde die Plane wahrscheinlich reißen oder das ganze Zelt sich losreißen und mit allen Insassen den Berg hinunterrollen.

Als das Zelt stand, packten wir Bell und Houston hinein, wo sie geschützt waren und mit ihrem Körpergewicht halfen, das Zelt am Boden zu halten. Molenaar gesellte sich zu ihnen, um mit für Houston zu sorgen, denn Dee hatte inzwischen meinen aufgeplatzten Rucksack zusammengebunden und brachte ihn zum Band. Sein linker Oberschenkel tat weh, und er hatte eine angebrochene Rippe.

Während diese Männer sich im Zelt aufzuwärmen versuchten, pickelten wir anderen eine zweite Plattform für Schoenings Biwakzelt aus dem Eis, das zur Sicherheit von Streather und mir an dem Tag auf dem Band deponiert worden war, als wir von Lager VI zu Lager VII aufgestiegen waren. Dieses Zelt war für eine Person gedacht, notfalls für zwei, aber wenn es uns gelingen würde, es aufzustellen, konnten wir uns wahrscheinlich auch zu dritt hineinzwängen.

In dem Moment kam Pete Schoening zu uns heruntergeklettert und erklärte lakonisch: »Meine Hände erfrieren.« Auch er kroch in das Zelt in dem Bemühen, seine Hände zu retten. Wir waren viel zu beschäftigt, um uns Gedanken darüber zu machen, wie Schoening uns gehalten hatte, denn es schien uns, als ob wir nie eine ausreichend flache oder große Plattform würden schlagen können, um das Biwakzelt aufzustellen. Unsere ganze Kraft und Energie ging in das Auspickeln einer Plattform, denn wir mußten für jeden von uns Schutz vor dem grimmigen Sturm schaffen; wenn aber der Untergrund uneben ausgepickelt worden wäre, hätte die Zeltplane wie wild im Wind geschlagen. Es war, als arbeitete man im Düsenstrahl hinter einem Flugzeug, das über den Schnee rollte und stechende Partikel nach hinten schleuderte. Am Ende kroch Pete noch heraus, um uns beim Einsetzen der Stangen zu helfen, und wir befestigen das Zelt notdürftig an Felsen und Haken in der Nähe des Eisabsatzes. Es hing ebenfalls gefährlich über.

Als das Biwakzelt stand, machten sich drei Mann von uns bereit, Art Gilkey zu holen. Er war nur 45 m von uns entfernt, aber eine kleine Felsrippe versperrte den Blick auf die Eisrinne, wo wir ihn an den beiden fest im Schnee verankerten, weit auseinander plazierten Eispickeln hängend, zurückgelassen hatten. Gilkey hatte mehrere Male zu uns herübergerufen, als wir verzweifelt den Hang bearbeitet hatten, um eine Plattform für das Biwakzelt auszupickeln, doch der wütende Sturm und die Lage der Rinne hatten es unmöglich gemacht, einzelne Worte zu verstehen. Es hörte sich so an, als wollte Gilkey uns aufmuntern, aber der Wind verwehte seine Worte, ebenso wie jene, die wir ihm zuriefen. Er wußte, daß wir einen Unterschlupf errichteten und ihn so bald wie möglich holen würden.

Etwa zehn Minuten nach Gilkeys letzten Rufen seilten Streather, Craig und ich uns ein und begannen, den Hang zu queren, um zu dem Erkrankten zu gelangen und ihn irgendwie zu dem Eisabsatz zu bringen, wo jetzt zwei kleine Zelte standen. Uns war bewußt, daß ein Transport selbst über eine so kurze Distanz uns alle noch verbliebene Kraft abverlangen würde, und so banden wir uns sorgfältig zusammen und rafften uns auf.

Schoening wäre mitgekommen, doch als er aus dem Zelt kroch, bekam er einen derart lang anhaltenden und schmerzhaften Hustenanfall, daß er sich krümmte und wir ihn drängten, zurück ins Zelt zu gehen. Pete hatte, als er früh am Tag aufgestiegen war, um das Fixseil oberhalb von Lager VII zu holen, in tiefen Zügen eiskalte Luft eingeatmet, die seine Lunge offenbar vorübergehend angegriffen hatte. Er hustete bis zur Erschöpfung. Im Moment waren wir vor allem über Schoenings Beinahezusammenbruch bestürzt, denn er war immer einer der Starken gewesen, und wir hatten fest mit seiner Hilfe beim Transport von Gilkey sowie beim Abstieg der Gruppe gerechnet. Wir wußten im Augenblick nicht, was er hatte oder wie ernst es war, und so gingen wir mit großer Sorge daran, den Hang hinüber zu Art Gilkey zu queren. Streather und ich hatten die Schneebrille zumeist nicht aufgesetzt, weil der Schnee auf den Gläsern sofort angefroren war und sie fast zu Augenklappen machte. Anscheinend hatten wir uns eine leichte Schneeblindheit zugezogen, weil wir jetzt alles wie durch einen schwachen Nebel sahen. Dieser Nebel war schwer vom treibenden Schnee zu unterscheiden, und wir schienen uns wie in einem Traum zu bewegen. Glücklicherweise ließ der Wind nach, als wir die Felsrippe erreichten und in die Rinne blickten, wo wir Art zurückgelassen hatten. Was wir dort sahen, werde ich nie vergessen. Auf dem gesamten Hang gab es kein Lebenszeichen. Art Gilkey war nicht mehr da!

Unser kranker Gefährte, der uns noch vor wenigen Minuten gerufen hatte, war verschwunden. Sogar die beiden Eispickel, über die er gesichert worden war, waren herausgerissen. Das weiße, sturmumtoste Eis, gegen das er gelehnt gewesen war, verriet in keiner Weise, daß sich irgend jemand jemals dort befunden hatte. Es war, als hätte die Hand Gottes ihn hinfortgefegt.

Der Schock machte uns sprachlos. Der jagende Schnee brannte auf unseren Gesichtern, während wir schweigend starrten und starrten, aber der Hang blieb leer. Etwas schien sich aber doch verändert zu haben, denn im unteren Teil des Hanges war offenbar eine Furche, die vorher nicht dagewesen war. Eine Schnee- oder Eislawine mußte den kranken Gefährten, wenige Minuten bevor wir ihn holen konnten, in die Tiefe gerissen haben. Craig und ich sicherten Streather bis in die Mitte der Rinne, wo er an seinen steigeisenbewehrten Füßen vorbei dorthin hinunterblickte, wo der Hang im Sturm verschwand. Wir riefen und schrien, dabei wußte jeder von uns, daß wir keine Antwort bekommen würden. Kein Mensch, der über diesen Hang außer Sichtweite hinunterstürzte, konnte mit dem Leben davonkommen. Benommen und fassungslos machten wir kehrt und kämpften uns zum Zelt zurück.

Gilkeys Tod, der, wenn auch aus anderen Gründen, vorzeitig kam, war ein Schock. Er hatte uns sehr nahegestanden, und wir konnten seine Freundlichkeit gegenüber jedem von uns während der letzten Wochen nicht vergessen. Wir hatten ihn bewundert und geliebt. Aber die vielen Schwierigkeiten, die unmittelbar vor uns lagen, erlaubten uns nicht, jetzt lange über den Verlust nachzudenken. Mehrere Gefährten waren verletzt. Ob sie imstande waren, ohne Hilfe abzusteigen, wußten wir nicht, und wir wußten auch nicht, ob wir sie würden nach unten bringen können, wenn sie nicht gehen konnten. Wir würden niemals einen Kameraden allein lassen, doch unser Kampf, Art Gilkey vom Berg zu bringen, hatte uns gezeigt, daß man mehr Kraft und Männer brauchte, als wir hatten, wenn man einen Hilflosen unter solchen Umständen aus den oberen Regionen des K2 retten wollte. Der Weg vom Lager VII hinunter zum Lager VI würde länger und um ein Vielfaches schwieriger für eine Rettungsaktion sein als alles, was wir bisher bewältigt hatten.

Auf Bitten von Schoening legte ich mich in Gerrys Zelt neben Houston. Zu viert waren wir in diese kleine Behausung gepfercht, wobei die Rucksäcke am Eishang lagen und unsere Füße leicht auf dem Drittel des Zeltes ruhten, das sich ausbauchte und über den Hang hinaushing. Glücklicherweise hatten wir eine Luftmatratze, die uns, nachdem sie aufgeblasen und unter die Männer im Zelt gezwängt worden war, vor der Kälte schützte. Ich öffnete meinen Schlafsack und legte den äußeren Teil unter unsere Füße auf der schlaffen Seite des Zeltes, während ich den oberen Teil um Houston schlang, der sich in einem Schockzustand befand.

Der Himmel wurde inzwischen dunkler, aber zu unserer großen Erleichterung hatte der Wind nachgelassen. Wir hatten sämtliche Sachen angezogen und froren nicht zu sehr, obwohl sie klamm waren, doch die Nacht war ein gräßliches Erlebnis. George Bell mit seinen angefrorenen Händen und Füßen, hatte seine ganze Körperfülle in ein Ende des kleinen Zeltes gequetscht. Ohne Brille sieht er nicht gut, und sowohl jene, die er trug, als auch die Ersatzbrille im Rucksack waren bei dem Sturz verlorengegangen. In der Nacht war ihm wohl aufgegangen, welche Strapazen am nächsten Tag auf ihn zukommen würden, denn der steilste Teil der Route lag unmittelbar unter unserem Band, und wir würden ihn unmöglich tragen können, wenn er nicht absteigen konnte. Am anderen Ende des Zeltes lag Dee Molenaar mit einem steifen Oberschenkel infolge einer tiefen Schnittwunde sowie einer gequetschten oder angebrochenen Rippe, die ihm beim Atmen Schmerzen bereitete. Was ihm in den langen Stunden der Dunkelheit durch den Kopf ging, weiß ich nicht, doch er bestand darauf, Houston mit seiner Daunenjacke zuzudecken, obwohl er selbst exponiert direkt hinter dem Zelteingang lag.

Zwischen Molenaar und Bell lagen Houston und ich. Charlie Houston strotzte normalerweise vor Kraft, und wenn er in dieser Nacht seine normale Stärke gehabt hätte, wäre er viel zu kräftig für uns gewesen, und wir hätten ihn gar nicht zurückhalten können. Zunächst befand er sich in einem Schockzustand, aber er hörte bald auf zu zittern und fing an, endlos Fragen zu stellen. »Wo sind wir?« »Wo ist Pete?« »Wie geht es Art?« Einiges schien er zu verstehen, aber er stellte immer wieder dieselben Fragen. Mindestens ein dutzendmal fragte er im Lauf der Nacht: »Was macht Pete?« Ich antwortete: »Es geht ihm gut«, doch Charlie glaubte mir nicht. Dann rief ich hinüber zum kleinen Biwakzelt, das mit seinen drei Insassen fast zu platzen drohte: »He, Pete, sag Charlie, daß es dir gutgeht.«

Dann rief Pete Schoening herüber: »Alles bestens, Charlie. Mach dir keine Sorgen.«

»Oh, das ist schön, das ist schön«, sagte Charlie dann und war einen Augenblick still. Dann fragte er erneut besorgt: »Wie geht es Tony?«, und das Spielchen begann von vorne. Seine Besorgnis um uns war rührend, aber wir machten uns mehr Sorgen um ihn.

Bei dem Sturz war Houston offensichtlich mit der Stirn gegen einen Felsen geprallt, was eine Gehirnerschütterung und eine Blutung zur Folge gehabt hatte, welche die Sicht seines rechten Auges beeinträchtigte. Ein weiterer Schlag hatte zu einer schmerzhaften Brustverletzung geführt, so daß er bei jedem tiefen Atemzug Schmerzen verspürte. In seinem verwirrten Zustand hielt er die Brustschmerzen beim Atmen für eine Folge von Sauerstoffmangel im Zelt und versuchte deshalb, die Situation dadurch zu verbessern, daß er ein Loch in die Plane reißen wollte. Um nicht tief einzuatmen, verfiel er dann darauf, ganz flach zu atmen, immer schneller, bis er bewußtlos zusammensackte und wieder normal atmete, bis das Bewußtsein zurückkehrte. Wenn er bewußtlos wurde, änderten wir unsere Lage und versuchten, es uns etwas bequemer zu machen, denn in dem Moment, als er zu Bewußtsein kam, wurde er wieder aktiv, und wir mußten ihn bändigen.

Irgendwie – ich weiß nicht, wie – schafften es die drei in das Biwakzelt gepferchten Gefährten, das genauso notdürftig aufgestellt war, Tee zu machen und uns dann und wann ins Zelt zu reichen. Es gab nicht viel, doch diese wenigen Schlucke waren ein Geschenk des Himmels. Sie halfen uns, wach zu bleiben. Molenaar öffnete sogar den Zelteingang, um Charlie zu besänftigen, der jedoch wollte noch immer ein Loch ins Zelt schneiden. »Ich kenne mich da aus«, sagte er. »Ich habe das studiert. Wenn ihr mich kein Loch ins Zelt schneiden laßt, sind wir alle in drei Minuten tot.« Und wieder beschleunigte sich sein Atem irrsinnig, bis er zusammensackte.

Die Nacht schien kein Ende zu nehmen, aber wir konnten uns wenigstens mit denen im anderen Zelt unterhalten, und der Tee machte uns munter. Während der langen Dunkelheit fragten wir jeden nach seinen Verletzungen, und jeder erzählte in knapper Form, was ihm bei dem Sturz passiert war. Schoening sagte nicht viel, doch wir riefen immer wieder hinüber: »Wie hast du das gemacht, Pete?«

»Wie hast du uns gesichert?«

»Wenn du auf 7500 m fünf Männer halten kannst, wie viele kannst du dann auf 4500 m halten?«

Petes Geschichte war kurz. »Ich hatte Glück«, sagte er. »Mein Pickel steckte im Schnee und war oben gegen den großen Felsbrocken verklemmt, der im Eis festgefroren war. Das Seil lief um den Pickel dahin, wo ich vor dem Felsen stand, und dann um meinen Körper, so daß die Belastung gut verteilt war. Art hatte ich ja sowieso gesichert, und als ich sah, wie George rutschte und dann Tony und die anderen mitgerissen wurden, warf ich mein ganzes Gewicht oben auf den Pickel und hielt fest, als das Seil ein bißchen durchrutschte. Die Belastung muß stoßweise gekommen sein. Für mich war sie gar nicht so hoch, aber am Pickel dehnte sich das 24-mm-Seil, bis es wie eine 6-mm-Schnur aussah, und ich hatte eine Heidenangst, daß der Felsen ausbrechen würde. Wenn das passiert wäre, wäre auch der Pickel weggewesen, der dagegen gestemmt war, und wir alle wären verloren gewesen. Minutenlang schien das Seil wie eine Bogensehne gespannt zu sein. Schneeböen hüllten unten alles ein, und ich wußte gar nicht, was da los war. Die Hände fingen an zu frieren, aber ich konnte ja nicht loslassen. Dann wurde die Sicht etwas besser, und ich rief zu Bob Craig in Lager VII rüber, er solle kommen und Art sichern. Als er bei ihm war, war das Seil kaum noch belastet, und ich hörte, wie jemand von unten rief: ›Charlie ist verletzt.‹ Als Art dann gesichert war, bin ich runtergekommen, um aufzutauen.«

Diese einfache Geschichte vernachlässigte die außergewöhnliche Tatsache, daß ein einziger Mann fünf andere Männer gehalten hatte, die 50 bis 100 m einen 45 Grad steilen Hang hinunterrutschten, und das alles in einer Höhe von 7500 m, wo das bloße Überleben fast alle Kraft eines Menschen fordert. Nur selten ist in der Geschichte des Bergsteigens von einer derartigen Leistung berichtet worden. Und auch sonst habe ich noch nie von einem bergsteigerischen Wunder gelesen, bei dem drei getrennte Seile sich verwickelten und das Leben von fünf Menschen retteten. Pech hatte uns gezwungen, bei Sturm zu gehen, und hatte uns dort landen lassen, wo wir fortgerissen wurden, doch Glück, die Belastbarkeit der Perlonseile und ein ungewöhnlicher Seilsalat hatten uns das Leben gerettet.

Als die zähen Stunden endlich wichen und sich die ersten Strahlen des Tages zeigten, machte uns ein trister, grauer Himmel klar, daß sich rasch ein neuer Sturm näherte. Schweigend, ausgezehrt, erschöpft warteten wir, bis Bob Craig zuerst etwas Tee gemacht und dann ein wenig Haferbrei gekocht hatte. Wir hatten nur noch einen Topf. In der Nacht hatte jemand den anderen Topf vor den Eingang des überfüllten Zeltes gestellt, wo er sofort zu Tal gerutscht war. Im ersten Tageslicht kroch Houston zum Eingang und streckte den Kopf nach draußen. Er schien erstaunt, daß er außerhalb des Zeltes nicht mehr Sauerstoff finden oder besser atmen konnte. Die morgendliche Luft war rauh, und wir waren geschunden und müde. Die Blicke aller waren ausdruckslos. Aber es gab keine Frage über den nächsten Schritt. Wir mußten hinunter.

Aus: **Annapurna**
von Maurice Herzog

Die französische Himalaja-Expedition von 1950 war die erste, die den Gipfel eines der vierzehn Achttausender erreichte. Ihre Besteigung des Annapurna (8075 m) war in vieler Hinsicht eine eindrucksvollere Leistung als der britische Aufstieg zum Everest drei Jahre später. Die Franzosen mußten ihren Berg erst suchen, bevor sie ihn besteigen konnten. Anmarschwege waren unbekannt. Der Expeditionsleiter Maurice Herzog (geb. 1919) und der Bergführer Louis Lachenal aus Chamonix waren nach dem Gipfeltag verständlicherweise geschwächt. Dabei fingen die Schwierigkeiten gerade erst an.

Das erste Licht der Dämmerung am 3. Juni 1950 sah uns immer noch an die Zeltstangen im Lager V geklammert. Der Wind ließ allmählich nach und legte sich, als es Tag war, ganz. Ich unternahm verzweifelte Versuche, das weiche, eisige Zeug wegzuschieben, das mir die Luft nahm, doch jede Bewegung wurde zu einem heroischen Akt. Meine mentalen Kräfte waren erschlafft, und wir wechselten kein einziges Wort.

Was für ein ungemütlicher Ort! Für alle, die es erreichten, wurde Lager V zu einer der schlimmsten Erinnerungen ihres Lebens. Wir hatten nur einen Gedanken – wegzukommen. Wir hätten auf die ersten Sonnenstrahlen warten sollen, aber um halb sechs hielten wir es nicht mehr aus.

»Gehn wir, Biscante«, murmelte ich. »Ich kann hier keine Minute mehr bleiben.«

»Ja, gehn wir«, wiederholte Lachenal.

Wer von uns würde die Kraft aufbringen, Tee zu machen? Obwohl unser Kopf langsam arbeitete, waren wir durchaus fähig, zu begreifen, was getan werden mußte – aber niemand von uns konnte sich dazu aufraffen. Es war nichts zu machen – wir würden einfach ohne losgehen müssen. Es war schon schwer genug, uns selbst und die Bergschuhe aus dem Schlafsack zu quälen – und die Schuhe waren steif gefroren, so daß wir sie nur mit größter Mühe anziehen konnten. Jede Bewegung brachte uns außer Atem. Wir hatten das Gefühl zu ersticken. Unsere Gamaschen waren steif wie ein Brett, aber ich schaffte es, sie anzulegen; Lachenal kam mit seinen nicht zurecht.

»Seil ist nicht nötig, oder, Biscante?«

»Nicht nötig«, erwiderte Lachenal wortkarg.

Das waren schon wieder zwei Pfund weniger. Ich schob eine Tube kondensierte Milch, etwas Nougat und ein Paar Socken in meinen Rucksack; man konnte nie wissen, vielleicht würden die Socken noch einmal gebraucht – notfalls konnten sie auch als Kopfschutz dienen. Bis dahin stopfte ich erst einmal die Erste-Hilfe-Utensilien hinein. In der Kamera war ein Schwarzweißfilm; einen Farbfilm hatte ich in Reserve. Ich holte die Filmkamera unten aus dem Schlafsack, zog sie auf und wollte sie ohne Film laufen lassen. Es gab ein leichtes Klick, dann blieb sie stehen und blockierte.

»Schade, nachdem du sie so weit mitgeschleppt hast«, sagte Lachenal.

Obwohl unser Fotograf Ichac sie vorsorglich mit Spezialfett geschmiert hatte, hatte die durchdringende Kälte die Kamera sogar im Schlafsack einfrieren lassen. Enttäuscht ließ ich sie im Lager zurück; ich hatte vorgehabt, sie mit auf den Gipfel zu nehmen. Bis auf 7500 m hatte ich sie benutzt.

Wir gingen nach draußen und schnallten die Steigeisen an, die wir den ganzen Tag anbehielten. Wir zogen so viele Sachen wie möglich an; die Rucksäcke waren sehr leicht. Um sechs Uhr brachen wir auf. Es war herrliches Wetter, aber auch sehr kalt. Die superleichten Steigeisen gruben sich tief in die steilen Hänge aus Eis und hartem Schnee, über die das erste Stück unserer Aufstiegsroute hinaufführte.

Später legte sich der Hang zurück und wurde gleichförmiger. Manchmal trug die verharschte Kruste unser Gewicht, dann wieder brachen wir durch und versanken in Pulverschnee, was unser Vorankommen erschwerte. Wir spurten abwechselnd und blieben häufig stehen, ohne daß ein Wort zwischen uns gewechselt worden wäre. Jeder war für sich in einer abgeschlossenen eigenen Welt. Ich mißtraute dem, was in meinem Kopf vorging; mein Verstand arbeitete sehr langsam, und ich war mir des eingeschränkten Denkvermögens sehr wohl bewußt. Am einfachsten war es, sich immer nur auf einen Gedanken zu konzentrieren – und auch am sichersten. Die Kälte war durchdringend; trotz all der mit Eiderdaunen gefüllten Sachen kamen wir uns wie nackt vor. Bei jedem Halt stampften wir kräftig mit den Füßen. Lachenal ging sogar so weit, einen Schuh auszuziehen, der ein bißchen eng saß; er hatte wahnsinnige Angst vor Erfrierungen.

»Ich möchte nicht, daß es mir wie Lambert ergeht«, sagte er. Raymond Lambert, einem Genfer Bergführer, hatte man nach einer ereignisreichen Bergbesteigung, bei der seine Füße erfroren, alle Zehen amputieren müssen. Während Lachenal sich kräftig massierte, betrachtete ich die Gipfel ringsum; wir waren schon höher als sie alle bis auf den fernen Dhaulagiri. Das komplizierte System dieser Berge, mit dem wir uns bei unseren zahlreichen mühevollen Erkundungen vertraut gemacht hatten, lag jetzt ausgebreitet zu unseren Füßen.

Das Gehen war unglaublich anstrengend und jeder Schritt ein Kampf des Geistes mit dem Körper. Wir kamen in die Sonne und machten aus diesem Anlaß erneut halt. Lachenal klagte immer noch über seine Füße. »Ich kann nichts spüren. Ich glaube, ich bekomme Erfrierungen.« Und wieder zog er sich einen Schuh aus.

Ich machte mir langsam ernsthaft Sorgen. Mir war durchaus bewußt, welches Risiko wir eingingen; ich wußte aus Erfahrung, wie heimtückisch und schnell Erfrierungen auftreten können, wenn man nicht extrem vorsichtig ist. Und auch Lachenal machte sich keine Illusionen. »Wir laufen Gefahr, daß unsere Füße erfrieren. Meinst du, das ist es wert?«

Das war äußerst beunruhigend. Ich hatte als Führer die Verantwortung, an die anderen zu denken. Es stand außer Frage, daß Erfrierungen eine sehr konkrete Gefahr darstellten. Rechtfertigte der Annapurna ein solches Risiko? Das war die Frage, die ich mir stellte und die mich beständig quälte.

Lachenal hatte den Schuh wieder angezogen, und erneut bahnten wir aus unseren Weg durch den ermüdenden Schnee. Inzwischen lag der ganze Sickle-Gletscher in Licht getaucht vor uns. Wir hatten noch einen weiten Weg über den Gletscher vor uns, und dann kam dieses Felsband – würden wir einen Durchschlupf in ihm finden?

Auch meine Füße waren sehr kalt, und ich bewegte immer wieder die Zehen, selbst beim Gehen. Ich konnte sie nicht spüren, aber das war nichts Neues in den Bergen, und wenn ich sie ständig bewegte, würde das die Blutzirkulation aufrechterhalten.

Lachenal kam mir wie eine Art Geist vor – er war allein in seiner Welt, ich allein in meiner. Doch jede Anstrengung – und das war recht sonderbar – war etwas *weniger* anstrengend als weiter unten. Vielleicht verlieh die Hoffnung uns Flügel. Selbst durch die Gletscherbrille blendete der Schnee – die Sonne brannte gnadenlos auf das Eis. Wir blickten hinunter auf steile Grate, die ins Nichts stürzten, und auf kleine Gletscher weit, weit unten. Vertraute Gipfel ragten wie Pfeile in den Himmel. Plötzlich packte Lachenal mich.

»Was machst du, wenn ich umkehre?«

Eine ganze Bilderflut rauschte mir durch den Kopf: die Tage, die wir bei sengender Hitze marschiert waren, die schwierigen Seillängen, die wir bewältigt hatten, all die ungeheuren Anstrengungen, die wir auf uns genommen hatten, um den Berg zu belagern, der tägliche Heldenmut all meiner Freunde beim Errichten der Lager. Jetzt näherten wir uns unserem Ziel. In ein oder vielleicht zwei Stunden würde der Sieg uns gehören. Sollten wir aufgeben? Unmöglich! Alles in mir rebellierte gegen diese Vorstellung. Ich hatte mich entschieden, unwiderruflich. Heute sollte sich ein Wunschtraum erfüllen, und da war kein Opfer zu groß. Ganz deutlich hörte ich meine Stimme:

»Ich müßte allein weitergehen.«

Ich würde allein gehen. Wenn er umkehren wollte, war es nicht an mir, ihn zurückzuhalten. Er mußte selber und frei entscheiden.

»Dann komme ich mit.«

Die Würfel waren gefallen. Ich war nicht länger besorgt. Jetzt konnte uns nichts mehr abhalten, zum Gipfel zu gehen. Das psychologische Klima änderte sich durch diese wenigen Worte, und wir stiegen nun als Brüder weiter.

Ich hatte das Gefühl, als tauchte ich in etwas Neues und völlig Außergewöhnliches ein. Ich hatte die seltsamsten und lebhaftesten Eindrücke, wie ich sie in den Bergen noch nie erlebt hatte. Die Art, wie ich Lachenal und alles um uns sah, hatte etwas Unnatürliches. Ich lächelte über die Armseligkeit unserer Anstrengungen, denn ich konnte neben mir stehen und mir bei diesen Anstrengungen zusehen. Doch jedes Gefühl der Mühe war verschwunden, als gäbe es die Schwerkraft nicht mehr. Diese durchsichtige Landschaft, dieser Inbegriff der Reinheit – das waren nicht die Berge, die ich kannte, das waren die Berge aus meinen Träumen.

Der Schnee, der auf jedem Felsen lag und in der Sonne glitzerte, war von einer strahlenden Schönheit, die mir ans Herz griff. Noch nie hatte ich eine so vollkommene Transparenz gesehen, und ich lebte in einer Welt aus Kristall. Die Töne waren unbestimmt, die Luft wie Baumwolle.

Ein überraschendes Glücksgefühl stieg in mir auf, aber ich konnte es nicht bestimmen. Alles war so neu, so ohne jedes Beispiel. Es war nicht im geringsten wie das, was ich in den Alpen kennengelernt hatte, wo man durch die Präsenz anderer Auftrieb erhält – durch Menschen, die man nur vage wahrnimmt, oder auch durch die Häuser, die man in der Ferne sehen kann.

Das hier war völlig anders. Zwischen mir und der Welt lag eine unermeßliche Kluft. Es war ein anderes Universum – verwittert, wüst, leblos; ein phantastisches Universum, in dem der Mensch nicht vorgesehen, vielleicht nicht erwünscht war. Wir trotzten einem Verbot, überschritten eine Grenze, und doch hatten wir keine Angst, als wir weiterstiegen. Ich dachte an die berühmte Leiter der heiligen Theresa von Avila. Etwas griff nach meinem Herzen.

Hatte Lachenal ähnliche Empfindungen? Der Gipfelgrat rückte näher, und wir kamen zum Fuß des letzten Felsbandes. Der Hang war sehr steil und der Schnee mit Felsen durchsetzt.

»Couloir!«

Ein Finger zeigte. Das vom einen dem anderen zugeflüsterte Wort bezeichnete den Schlüssel zu den Felsen – der letzten Verteidigungslinie.

»Was für ein Glück!«

Das durch die Felsen aufsteigende Couloir war steil, aber zu bewältigen.

Der Himmel war von einem tiefen Saphirblau. Mit einem Kraftakt drängten wir nach rechts, umgingen die Felsen; wegen der Steigeisen blieben wir lieber im Schnee, und schon bald hatten wir das Couloir erreicht. Es war ziemlich steil, und wir zögerten einen Augenblick. Würde die Kraft reichen, dieses letzte Hindernis zu überwinden?

Zum Glück war der Schnee hart, und durch Stufentreten schafften wir es dank der Steigeisen. Ein falscher Tritt wäre verhängnisvoll gewesen. Es war nicht nötig, Griffe zu suchen – die Eispickel, die wir, so weit es ging, einschlugen, dienten uns als Halt.

Lachenal stieg großartig. Welch wunderbarer Gegensatz zu den ersten Tagen! Es war ein hartes Stück Arbeit, aber wir kamen voran. Wenn wir gelegentlich den Blick vom Hang hoben, sahen wir, wie sich das Couloir öffnete, auf... nun, das wußten wir nicht, wahrscheinlich auf einen Grat. Aber wo war die Spitze – links oder rechts? Wir machten nach jedem Schritt halt, stützten uns auf die Pickel und versuchten, wieder zu Atem zu kommen und das rasende Herz zu beruhigen, das hämmerte, als wollte es jeden Augenblick bersten. Wir wußten, daß wir jetzt da waren – daß nichts uns mehr aufhalten konnte. Wir brauchten keine Blicke zu tauschen – jeder hätte in den Augen des anderen die gleiche Entschlossenheit gesehen. Ein kleiner Schlenker nach links, noch ein paar Schritte – der Gipfelgrat kam langsam näher –, einige Felsen, die zu umgehen waren. Wir zogen uns hoch. Waren wir vielleicht schon oben?

Ja!

Ein heftiger, wütender Wind zerrte an uns.

Wir standen auf dem Gipfel des Annapurna! 8075 m.

Ein unbeschreibliches Glücksgefühl überwältigte unser Herz.

»Wenn die anderen das doch nur sehen könnten...«

Wenn doch jeder es sehen könnte!

Der Gipfel war ein überwächteter Eisgrat. Der Abgrund auf der anderen Seite, der sich jäh unter uns auftat, war furchteinflößend, unergründlich. Auf der Erde konnte es nicht viele Berge wie diesen geben. Unter uns schwebten Wolken, verhüllten das sanfte, fruchtbare Pokhara-Tal 7000 m tiefer. Über uns war nichts!

Unsere Mission war abgeschlossen. Doch gleichzeitig hatten wir etwas unendlich viel Größeres geleistet. Wie herrlich würde das Leben jetzt sein! Was für eine unfaßbare Erfahrung es ist, sein Ideal und gleichzeitig auch sich selbst zu verwirklichen. Ich war zutiefst gerührt. Noch nie hatte ich ein solches Glücksgefühl empfunden – so intensiv und doch so rein. Dieser braune Fels, der höchste von allen, dieser Eisgrat – waren das die Ziele eines Lebens? Oder waren es eher die Grenzen des menschlichen Hochmuts?

»Was hältst du davon abzusteigen?«

Lachenal schüttelte mich. Was empfand er? Glaubte er nur, eine weitere Klettertour abgehakt zu haben, wie in den Alpen? Glaubte er, man könnte einfach so wieder hinuntergehen, ohne daß da noch etwas wäre?

»Noch eine Minute. Ich muß ein paar Fotos machen.«

»Mach voran!«

Hektisch wühlte ich in meinem Rucksack, holte die Kamera heraus, die kleine französische Flagge, die ganz unten lag, und die Wimpel. Sinnlose Gesten, keine Frage, aber doch etwas mehr als Symbole – beredte Zeichen der Zuneigung und des guten Willens. Ich band die Stoffstreifen – fleckig vom Schweiß und dem Proviant im Rucksack – an den Schaft meine Pickels, der einzige Flaggenmast, der zur Hand war. Dann stellte ich die Kamera auf Lachenal ein.

»So, machst du eins von mir?«

»Gib her – beeil dich!« sagte Lachenal.

Er machte einige Aufnahmen und gab mir dann die Kamera zurück. Ich legte einen Farbfilm ein, und wir wiederholten die Prozedur, um auch sicher etwas zurückzubringen, woran wir uns in Zukunft noch erfreuen würden.

»Bist du übergeschnappt?« fragte Lachenal. »Wir dürfen keine Minute mehr verlieren, wir müssen sofort wieder runter.«

Und tatsächlich sagte mir ein Blick in die Runde, daß das Wetter nicht mehr so phantastisch wie am Morgen war. Lachenal wurde ungeduldig.

»Wir müssen runter!«

Er hatte recht. Seine Reaktion war die eines Bergsteigers, der sein Metier beherrschte. Doch ich konnte mich nicht an den Gedanken gewöhnen, daß wir einen Sieg davongetragen hatten. Es schien unfaßbar, daß wir den Schnee hier auf dem Gipfel festgetreten hatten.

Es war unmöglich, einen Steinmann zu bauen; es gab keine Steine, alles war angefroren. Lachenal stampfte mit den Füßen, er merkte, daß sie kalt wurden. Auch meine Füße wurden kalt, doch ich achtete nicht darauf. Der höchste jemals von Menschen bestiegene Berg lag unter unseren Füßen! Die Namen unserer Vorgänger in diesen Höhen schossen mir durch den Kopf: Mummery, Mallory und Irvine, Bauer, Welzenbach, Tilman, Shipton. Wie viele von ihnen waren schon tot – wie viele hatten auf diesen Bergen das für sie schönste Ende gefunden?

In meine Freude schlich sich Bescheidenheit. Heute hatte nicht nur eine Seilschaft den Annapurna erstiegen, sondern eine ganze Expedition. Ich dachte an all die anderen in den Lagern an den unter uns liegenden Hängen und wußte, daß wir dank ihrer Anstrengungen und Opfer erfolgreich gewesen waren. Es gibt Zeiten, da werden besonders schwierige Taten plötzlich zusammengefaßt, herausdestilliert, und treffen uns mit erleuchtender Klarheit: So war es auch mit dieser unwiderstehlichen Woge, die uns zwei hier hinaufgespült hatte.

Bilder zogen mir durch den Kopf – das Tal von Chamonix, wo ich die schönsten Momente meiner Kindheit verbracht hatte; der Montblanc, der einen so gewaltigen Eindruck auf mich gemacht hatte! Ich war noch ein Kind gewesen, als ich zum erstenmal »die Männer vom Montblanc« hatte heimkommen sehen, die für mich etwas Eigenartiges an sich gehabt hatten; in ihren Augen leuchtete ein sonderbares Licht.

»Komm, jetzt aber runter!« rief Lachenal.

Er hatte bereits den Rucksack aufgesetzt und ging los. Ich holte mein Taschenaneroidbarometer heraus: 8500 m. Ich lächelte. Ich trank etwas kondensierte Milch und ließ die Tube zurück – der einzige Beweis unseres Aufstiegs. Ich warf den Rucksack über, zog die Handschuhe an, setzte die Brille auf, packte den Pickel; noch ein Blick rundherum, dann eilte auch ich den Hang hinunter. Bevor ich in das Couloir einstieg, warf ich noch einen letzten Blick auf den Gipfel, der von nun an unsere ganze Freude und unser Trost sein würde.

Lachenal war weit unter mir; er hatte schon den Fuß des Couloirs erreicht. Ich stürmte in seinen Spuren nach unten. Ich ging, so schnell ich konnte, aber das Gehen war gefährlich. Man mußte bei jedem Schritt darauf achten, daß der Schnee nicht unter einem wegbrach. Lachenal, der schneller ging, als ich ihm zugetraut hatte, war jetzt im langen Quergang. Ich mußte das Gelände mit Felsen und Schnee queren. Schließlich erreichte ich den Fuß des Felsenbandes. Ich hatte mich beeilt und war außer Atem. Ich nahm den Rucksack ab. Was hatte ich eigentlich vorgehabt? Ich konnte es nicht sagen.

»Meine Handschuhe!«

Bevor ich mich vorbeugen konnte, sah ich sie davonrollen, immer weiter den Hang hinunter. Wie versteinert blieb ich stehen. Ich sah, wie sie langsam hinunterkullerten, ohne Anstalten liegenzubleiben. Die Bewegung dieser Handschuhe prägte sich meinem Blick als etwas Unumkehrbares ein, gegen das ich machtlos war. Die Folgen konnten äußerst ernst sein. Was sollte ich machen?

»Schnell, runter ins Lager V.«

Dort würden Rébuffat und Terray sein. Meine Angst schwand wie von Zauberhand. Jetzt hatte ich wieder ein festes Ziel: das Lager. Nicht einen Augenblick dachte ich daran, anstelle der Handschuhe die Socken zu benutzen, die ich für ein Mißgeschick wie dieses immer in Reserve habe.

Ich lief weiter, versuchte, zu Lachenal aufzuschließen. Es war vierzehn Uhr gewesen, als wir den Gipfel erreicht hatten; um sechs Uhr früh waren wir aufgebrochen, aber ich mußte zugeben, daß ich jeden Zeitsinn verloren hatte. Es kam mir vor, als würde ich rennen, während ich in Wirklichkeit ganz normal ging, vielleicht sogar eher langsam, und ich mußte immer wieder stehenbleiben, um Luft zu holen. Der Himmel war inzwischen wolkenverhangen, alles war grau und schmutzig geworden. Ein eisiger Wind kam auf, der nichts Gutes verhieß. Wir mußten uns beeilen! Aber wo war Lachenal? Ich entdeckte ihn ein paar hundert Meter vor mir, als würde er nie anhalten. Und ich hatte geglaubt, er wäre indisponiert!

Die Wolken über uns wurden dichter, und der Wind blies

stärker, doch mir machte die Kälte nichts aus. Vielleicht hatte der Abstieg meinen Kreislauf neu belebt. Würde ich die Zelte bei diesen Sichtverhältnissen finden? Ich sah die Rippe in der schnabelähnlichen Spitze enden, von der aus man auf das Lager blicken konnte. Sie wurde allmählich von den Wolken verschlungen, aber ich konnte die lanzenartige Rippe darunter ausmachen. Sollte es noch weiter zuziehen, würde ich auf diese Rippe zuhalten und an ihr hinuntersteigen und mußte so auf das Zelt stoßen.

Lachenal verschwand von Zeit zu Zeit, und dann wurde die Sicht so schlecht, daß ich ihn völlig aus den Augen verlor. Ich ging im gleichen Tempo weiter, so schnell, wie der Atem es mir erlaubte.

Der Hang war jetzt steiler; auf die ebenen Schneepassagen folgten ein paar vereiste Stellen. Ein gutes Zeichen – ich näherte mich dem Lager. Wie schwer es ist, in dichten Wolken den Weg zu finden! Ich hielt den Kurs, den ich auf die steilste Hangseite ausgerichtet hatte. Das Gelände war zerklüftet; mit den Steigeisen stieg ich über Wände aus blankem Eis ab. Da vorne waren ein paar Flecken – noch einige Stufen. Das Lager, gut, aber da standen zwei Zelte!

Demnach waren Rébuffat und Terray heraufgekommen. Welch ein Segen! Ich würde ihnen erzählen können, daß wir Erfolg gehabt hatten, daß wir vom Gipfel kamen. Wie würden sie sich freuen!

Ich war da, ließ mich von oben fallen. Die Plattform war vergrößert worden, und die beiden Zelte standen sich gegenüber. Ich stolperte über eine der Spannschnüre des ersten Zeltes; innen rührte sich etwas, sie hatten mich gehört. Rébuffat und Terray streckten den Kopf hinaus.

»Wir haben es geschafft. Wir waren auf dem Annapurna!«

Rébuffat und Terray nahmen die Nachricht begeistert auf.

»Aber was ist mit Biscante?« fragte Terray besorgt.

»Er wird gleich hier sein. Er war direkt vor mir! Was für ein

Tag – um sechs Uhr früh aufgebrochen – ohne Pause ... dann waren wir oben.«

Die Worte gingen mir aus. Ich hatte soviel zu sagen. Der Anblick der vertrauten Gesichter vertrieb das seltsame Gefühl, das ich seit dem Morgen gehabt hatte, und ich wurde wieder ein normaler Bergsteiger.

Terray, der sprachlos vor Freude war, ergriff meine Hände. Das Lachen schwand von seinem Gesicht: »Maurice – deine Hände!« Eine unangenehme Stille trat ein. Ich hatte ganz vergessen, daß ich meine Handschuhe verloren hatte: Meine Finger waren violett und weiß und hart wie Holz. Die beiden blickten entsetzt darauf – sie erkannten, wie schwer die Verletzungen waren. Doch ich schwebte noch immer selig auf einer Wolke des Glücks, beugte mich, fern jeder Realität, zu Terray hinüber und sagte vertraulich: »Du bist so gut in Form und hast dich phantastisch geschlagen. Es ist absolut tragisch, daß du nicht mit uns hochgekommen bist.«

»Was ich getan habe, war für die Expedition, mein lieber Maurice, und im übrigen seid ihr oben gewesen, und das ist ein Sieg für uns alle.«

Ich platzte fast vor Glück. Wie hätte ich ihm sagen können, was mir diese Antwort bedeutete? Das entrückte Gefühl, das ich auf dem Gipfel erlebt hatte und das sonst vielleicht wie eine rein persönliche, egoistische Empfindung erschienen wäre, war durch seine Worte in eine vollkommene und perfekte Freude ohne jeden Schatten verwandelt worden. Seine Antwort bewies, daß dieser Sieg nicht die Leistung eines einzelnen war, etwas für den persönlichen Stolz; nein – und Terray war der erste, der das begriff –, es war ein Sieg für uns alle, ein Sieg für die Menschheit.

»Hallo! Hilfe! Hilfe!«

»Biscante!« riefen die beiden.

Noch immer halb berauscht und fernab der Wirklichkeit, hatte ich nichts gehört. Terray wurde kalt ums Herz, und seine Gedanken eilten zu dem Partner so vieler unvergessener Touren; gemeinsam waren sie so oft dem Tod entgangen und hatten so viele herrliche Siege errungen. Er streckte den Kopf aus dem Zelt, sah Lachenal sich 100 m weiter unten an den Hang klammern und machte sich hastig fertig.

Er stürmte hinaus. Aber der Hang war nun leer; Lachenal war verschwunden. Terray war außer sich und konnte nur unartikulierte Schreie ausstoßen. Es war ein schrecklicher Augenblick für ihn. Ein heftiger Windstoß ließ Nebelschwaden vorbeijagen. Unter der emotionalen Anspannung hatte Terray nicht erkannt, wie sehr sie Entfernungen verfälschten.

»Biscante! Biscante!«

Er hatte ihn entdeckt, als die Schwaden kurz aufgerissen waren, sehr viel weiter unten am Hang, als er gedacht hatte. Terray biß die Zähne zusammen und rutschte wie ein Wahnsinniger hinunter. Wie würde er ohne Steigeisen auf dem vom Wind verharschten Schnee bremsen wollen? Aber Terray war ein hervorragender Skiläufer und kam mit einem Sprung neben Lachenal zum Stehen, der nach einem schweren Sturz eine Gehirnerschütterung erlitten hatte. Völlig erschöpft, ohne Pickel, Kopfbedeckung und Handschuhe, blickte er sich desorientiert um.

»Meine Füße sind erfroren. Bring mich runter… bring mich runter, damit Oudot nach mir sehen kann.«

»Das geht nicht«, sagte Terray ernst. »Siehst du denn nicht, daß wir mitten in einem Sturm stecken?… Es wird bald dunkel.«

Doch Lachenal war von der Angst vor einer Amputation wie besessen. Mit einer Geste der Verzweiflung riß er Terray den Pickel aus den Händen und versuchte sich weiterzukämpfen, sah aber bald die Aussichtslosigkeit seines Vorhabens ein und entschied sich, zurück zum Lager zu klettern. Während Terray gleichmäßig Stufen schlug, schleppte sich der niedergeschlagene und entkräftete Lachenal auf allen vieren hinterher.

Ich war inzwischen in Rébuffats Zelt gekrochen. Er war entsetzt über den Anblick meiner Hände und nahm, als ich ihm ziemlich unzusammenhängend erzählte, was wir gemacht hatten, ein Stück Seil und schlug mir damit leicht auf die Finger. Dann zog er mir unter großer Mühe die Bergschuhe aus, denn meine Füße waren geschwollen, und schlug und rieb mir auch die Füße. Aus dem anderen Zelt hörten wir bald darauf, daß Terray Lachenal auf die gleiche Weise behandelte.

Für unsere Gefährten war es ein tragischer Augenblick: Der Annapurna war besiegt, der erste Achttausender bestiegen. Jeder von uns war bereit gewesen, alles dafür zu geben. Doch was mochten Terray und Rébuffat empfunden haben, als sie unsere Hände und Füße sahen?

Draußen heulte der Sturm, und es schneite noch immer. Der Nebel wurde dichter, und die Dunkelheit brach herein. Wie in der vorhergehenden Nacht mußten wir uns an die Zeltstangen klammern, damit die Zelte vom Wind nicht fortgeweht wurden. Lachenal und ich bekamen die beiden Luftmatratzen, während Terray und Rébuffat auf Seilen, Rucksäcken und anderem Material hockten, um nicht auf dem Schnee zu sitzen. Sie rieben, klopften und schlugen uns mit einem Seil. Manchmal trafen die Schläge das brennende Fleisch, dann hörte man einen Aufschrei aus dem Zelt. Rébuffat ließ sich nicht beirren; man mußte weitermachen, auch wenn es weh tat. Allmählich kam wieder Leben in meine Hände und Füße, und die Blutzirkulation setzte wieder ein. Auch bei Lachenal schien das Gefühl zurückzukehren.

Terray raffte sich auf und bereitete etwas Heißes zum Trinken zu. Er rief Rébuffat zu, daß er ihm einen Becher reichen werde, und dann kam aus jedem Zelt eine Hand, die sofort mit Schnee bedeckt war. Die Flüssigkeit kochte, obwohl sie kaum mehr als 60 Grad heiß war. Ich trank mit gierigen Schlucken und fühlte mich sofort besser.

Die Nacht war die Hölle. Mit fürchterlichen Attacken prügelte der Wind pausenlos auf uns ein, und auf den Zelten häufte sich unablässig der Schnee.

Dann und wann hörte ich Stimmen von nebenan – es war

Terray, der Lachenal mit bewundernswerter Ausdauer massierte und nur unterbrach, um ihn mit heißen Getränken zu versorgen. In unserem Zelt war Rébuffat ziemlich erschöpft, aber zufrieden, daß meine Gliedmaßen wieder warm wurden.

Ich lag halb bewußtlos da und merkte kaum, wie die Zeit verging. Es gab Momente, in denen ich unsere Situation in ihrer ganzen Dramatik sah, aber in der übrigen Zeit trieb ich in einer unerklärlichen Benommenheit, ohne mir Gedanken über die Folgen unseres Sieges zu machen.

Im Laufe der Nacht lagerte sich immer mehr Schnee auf dem Zelt ab, und wieder hatte ich das schreckliche Gefühl, langsam und still zu ersticken. Mit aller mir zu Gebote stehenden Kraft versuchte ich, mit beiden Armen den Schnee wegzuschieben, der auf mir lastete. Nach diesen furchtbaren Anstrengungen rang ich nach Luft und fiel in den alten Zustand der Erschöpfung zurück. Es war viel schlimmer als in der vorhergegangenen Nacht.

»Rébuffat! Gaston! Gaston!«

Ich erkannte die Stimme von Terray.

»Zeit aufzubrechen!«

Ich hörte die Worte, ohne ihre Bedeutung zu erfassen. War es bereits hell? Ich war nicht im geringsten überrascht, daß die beiden anderen jeden Gedanken an einen Gipfelsturm aufgegeben hatten, begriff aber überhaupt nicht das Ausmaß ihres Opfers.

Draußen tobte der Sturm mit verdoppelter Wut. Das Zelt wurde durchgeschüttelt, und die Plane schlug beängstigend. Morgens war es im allgemeinen schön gewesen: War dies schon der Monsun? Wir wußten, daß er kurz bevorstand – war das sein erster Anschlag?

»Gaston! Bist du fertig?« rief Terray erneut.

»Noch eine Minute«, antwortete Rébuffat. Er hatte keine leichte Aufgabe: Er mußte mir in die Stiefel helfen und auch sonst alles tun, um mich marschfertig zu bekommen. Ich ließ mich wie ein Baby umsorgen. Im anderen Zelt zog Terray Lachenal fertig an, dessen Füße noch immer geschwollen waren und nicht in die Schuhe paßten. Schließlich gab Terray ihm seine eigenen, die größer waren. Um in Lachenals Schuhe zu kommen, mußte er sie aufschlitzen. Vorsichtshalber packte er einen Schlafsack und etwas Proviant in seinen Rucksack und rief uns zu, das gleiche zu tun. Waren seine Worte im Sturm untergegangen? Oder waren wir so erpicht darauf, diesen abscheulichen Ort zu verlassen, daß wir nicht auf seinen Rat hörten?

Lachenal und Terray standen schon draußen.

»Wir steigen ab!« riefen sie.

Dann band Rébuffat mich ins Seil, und wir gingen los. Wir hatten zu viert nur zwei Eispickel, die natürlich Rébuffat und Terray nahmen. Als wir die beiden Zelte von Lager V verließen, schämte ich mich einen Augenblick wie ein Kind, diese gute Ausrüstung zurückzulassen.

Die beiden am ersten Seil schienen bereits weit unter uns zu sein. Das Schneegestöber blendete uns, und wir konnten uns schon in einem Meter Entfernung nicht mehr hören. Wir hatten unsere Kapuzenmützen übergezogen, denn es war sehr kalt. Der Schnee neigte dazu abzurutschen, und das Seil erwies sich oft als sehr nützlich.

Die beiden anderen vor uns hatten es eilig. Lachenal ging, von Terray gesichert, voraus und hielt in seiner Ungeduld, nach unten zu kommen, ein hohes Tempo. Es gab keine Spuren, die uns den Weg wiesen, doch der hatte sich uns allen eingeprägt – 400 m geradeaus den Hang hinunter, dann 150 bis 200 m schräg nach links, um zum Lager IV zu kommen. Der Schnee fiel nicht mehr so dicht, und es windete nicht mehr so stark. Würde es aufklaren? Wir wagten kaum zu hoffen. Eine Wand aus Seracs hielt uns kurz auf.

»Es geht nach links«, sagte ich. »Ich erinnere mich genau.«

Jemand anders meinte, es ginge nach rechts. Wir stiegen weiter ab. Der Wind ließ gänzlich nach, aber es schneite in dicken Flocken. Im dichten Nebel schritten wir im Gänsemarsch voran, um uns nicht zu verlieren: Ich war der dritte und konnte Lachenal, der vorausging, gerade noch sehen. Es war unmöglich, irgendeine der Seillängen wiederzuerkennen. Wir alle waren als Bergsteiger erfahren genug, zu wissen, daß man bei solchem Wetter selbst in bekanntem Gelände leicht einen Fehler macht. Entfernungen täuschen, man weiß nicht, ob man bergauf oder bergab geht. Immer wieder rannten wir gegen Eisbrocken, die wir für Vertiefungen gehalten hatten. Der Nebel, die rieselnden Flocken, der Schneeteppich, alles verschwand in dem gleichen Weiß und narrte unsere Augen. Die hoch aufragenden Umrisse der Seracs nahmen bizarre Formen an und schienen uns langsam zu umkreisen.

Unsere Situation war nicht verzweifelt, wir waren sicher nicht verloren. Wir mußten noch ein Stück hinunter; die Querung würde weiter vorne beginnen – ich erinnerte mich an den Serac, der als Orientierungszeichen diente. Der Schnee klebte an unseren Kapuzenmützen und verwandelte uns in weiße Gespenster, die lautlos vor einem ebenso weißen Hintergrund vorbeiglitten. Wir sanken furchtbar tief ein, und für jemanden, der am Rande der Erschöpfung steht, gibt es nichts Schlimmeres.

Waren wir zu hoch oder zu tief? Das wußte niemand. Vielleicht war es das beste, nach links hinüberzuqueren. Der Schnee hatte eine gefährliche Beschaffenheit, doch wir bemerkten es nicht. Schließlich mußten wir uns eingestehen, daß wir nicht auf dem richtigen Weg waren, und so gingen wir zurück und kletterten bis über den Serac hoch, der oberhalb von uns war. Jetzt, so entschieden wir, waren wir bestimmt auf der richtigen Höhe. Unter Führung von Rébuffat stiegen wir den Weg zurück, der uns so viel Mühe bereitet hatte. Ich folgte ihm staksig, sagte nichts und war entschlossen, bis zum bitteren Ende mitzugehen. Wäre Rébuffat gestürzt, ich hätte ihn nicht halten können.

Verbissen gingen wir von einem Serac zum andern. Jedesmal dachten wir, den richtigen Weg gefunden zu haben, und jedesmal wurden wir aufs neue enttäuscht. Wenn nur der Nebel verschwände, wenn es nur aufhören würde zu schneien, nur einen Augenblick! Nur Terray und Rébuffat waren in der Lage zu spuren, wobei sie sich regelmäßig abwechselten, ohne ein Wort und ohne eine Sekunde zu zögern.

Ich bewunderte die Entschlossenheit Rébuffats, für die er zu Recht berühmt war. Er hatte nicht vor zu sterben! Mit der Kraft der Verzweiflung und um den Preis übermenschlicher Anstrengung pflügte er sich vorwärts. Sein langsames Vorankommen hätte selbst den hartnäckigsten Bergsteiger verzweifeln lassen, aber er gab nicht auf, und schließlich kapitulierte der Berg vor seiner Ausdauer.

Wenn die Reihe an Terray war, stürmte er wie ein Verrückter los. Er war wie eine Naturgewalt: Unter allen Umständen wollte er die Gefängniswände niederreißen, die uns einengten. Seine Körperkraft war außergewöhnlich, seine Willenskraft nicht minder bemerkenswert. Lachenal machte ihm beträchtliche Mühe. Vielleicht war er nicht richtig bei Verstand. Er erklärte, es habe keinen Sinn weiterzugehen; wir müßten eine Höhle in den Schnee graben und auf gutes Wetter warten. Er beschwor Terray und nannte ihn einen Wahnsinnigen. Niemand außer Terray wäre mit ihm fertig geworden – er zog einfach kurz am Seil, und Lachenal mußte ihm folgen.

Wir hatten uns endgültig verirrt.

Das Wetter schien sich nicht bessern zu wollen. Vor einer Minute hatten wir noch Vorstellungen darüber gehabt, welche Richtung wir einschlagen sollten – jetzt waren wir ratlos. Diese Richtung oder jene … Wir gingen aufs Geratewohl weiter und warteten auf ein Wunder, das immer unwahrscheinlicher wurde. Der Selbsterhaltungstrieb der beiden kräftigeren Männer wechselte sich ab mit einer Hilflosigkeit, die sie vollkommen unzurechnungsfähig machte. Beide machten abwechselnd die verrücktesten Sachen: Terray querte die steilen und lawinengefährdeten Hänge mit einem nur notdürftig befestigten Steigeisen. Er und Rébuffat vollbrachten unglaubliche Balanceakte, ohne auch nur einmal zu straucheln.

Lager IV lag mit Sicherheit links, am Rand der »Sichel«. Darin waren wir uns alle einig. Aber die war sehr schwer zu finden. Die Eisflanke, die dem Lager so hervorragenden Schutz bot, war jetzt ein Hohn, denn sie verbarg die Zelte vor uns. Bei solchen Sichtverhältnissen mußte man schon direkt auf ihnen stehen, bevor man sie sah.

Vielleicht hörte uns jemand, wenn wir riefen? Lachenal gab das Zeichen, doch Schnee verschluckt die Geräusche, und sein Ruf schien nur ein paar Meter weit zu reichen. Dann riefen wir alle zusammen: »Eins… zwei… drei… Hilfe!«

Wir hatten den Eindruck, daß unser gemeinsamer Ruf weit drang, und so versuchten wir es noch einmal: »Eins… zwei… drei… Hilfe!« Kein Laut der Erwiderung.

Hin und wieder zog Terray seine Schuhe aus und rieb sich die Füße; der Anblick unserer erfrorenen Gliedmaßen hatte ihm die Gefahr bewußt gemacht, und er besaß den Willen, etwas dagegen zu unternehmen. Wie Lachenal hatte auch er panische Angst vor einer Amputation. Für mich war es zu spät: Meine Hände und Füße, die noch von gestern in Mitleidenschaft gezogen waren, wurden erneut kalt.

Wir hatten seit einem Tag nichts gegessen und waren ununterbrochen auf den Beinen gewesen, aber die Kraftreserven des Menschen sind angesichts des Todes unerschöpflich. Wenn das Ende nahe scheint, gibt es noch immer Reserven, allerdings braucht man enorme Willenskraft, sie abzurufen.

Die Zeit verstrich, aber wir hatten keine Vorstellung davon, wie schnell. Die Nacht nahte, und wir hatten schreckliche Angst, aber niemand klagte. Rébuffat und ich entdeckten einen Weg, an den wir uns zu erinnern glaubten, doch der extrem steile Hang gebot uns Einhalt – der Nebel verwandelte ihn in eine senkrechte Wand. Am nächsten Tag sollten wir feststellen, daß wir in dem Augenblick nur 30 m vom Lager entfernt gewesen waren und daß die Wand genau jene war, die das rettende Zelt schützte.

»Wir müssen eine Spalte suchen.«

»Wir können nicht die ganze Nacht hier bleiben!«

»Eine Höhle – das ist die einzige Möglichkeit.«

»Wir werden alle darin sterben.«

Die Nacht war urplötzlich hereingebrochen, und wir mußten unbedingt zu einer Entscheidung kommen, ohne eine weitere Minute zu vergeuden; wenn wir am Hang blieben, würden wir noch vor dem Morgen tot ein. Wir mußten biwakieren. Wie die Bedingungen sein würden, konnten wir erahnen, denn wir alle wußten, was ein Biwak in über 7000 m Höhe bedeutete.

Terray begann, mit dem Pickel ein Loch zu schlagen. Lachenal ging zu einer verschneiten Spalte einige Meter entfernt, stieß plötzlich einen Schrei aus und verschwand vor unseren Augen. Wir standen hilflos da: Würden wir, das heißt, würden Terray und Rébuffat noch genügend Kraft für all die Seilmanöver aufbringen, die nötig waren, ihn herauszuholen? Die Spalte war bis auf das kleine Loch, durch das Lachenal gestürzt war, völlig verstopft.

»Lachenal!« rief Terray.

Eine durch viele Schnee- und Eisschichten gedämpfte Stimme drang zu uns herauf. Es war unmöglich zu verstehen, was sie sagte.

»Lachenal!«

Terray zog mit einem kräftigen Ruck am Seil; diesmal konnten wir etwas verstehen.

»Ich bin hier!«

»Irgendwas gebrochen?«

»Nein! Das reicht für die Nacht! Kommt her.«

Dieser Unterschlupf war ein Geschenk des Himmels. Keiner von uns hätte die Kraft gehabt, ein Loch zu graben, das uns alle vor dem Wind geschützt hätte. Ohne zu zögern, ließ sich Terray in die Spalte fallen, und ein lautes »Kommt her!« verriet uns, daß er sicher angekommen war. Ich ließ mich einfach herunterrutschen: es war eine regelrechte Schlittenfahrt. Ich sauste durch einen gewundenen Tunnel, sehr steil und etwa neun Meter lang. Mit hohem Tempo kam ich in einer Kammer heraus und wurde buchstäblich auf den Boden der Spalte geschleudert. Wir zogen am Seil und ließen Rébuffat auf diese Weise wissen, daß er kommen konnte.

Die intensive Kälte dieser kleinen Grotte ließ uns zusammenschrumpfen, die Wände aus Eis waren feucht und der Boden ein Teppich aus frischem Schnee; wenn wir uns zusammendrängten, war gerade Platz genug für uns vier. An der Decke hingen Eiszapfen, von denen wir einige abbrachen, um mehr Bewegungsfreiheit für den Kopf zu haben, und einige Stückchen zurückbehielten, um daran zu lutschen – wir hatten schon lange nichts mehr getrunken.

Das war unser Nachtquartier. Wenigstens waren wir vor dem Wind geschützt, und die Temperatur würde ziemlich gleich bleiben, wenngleich die Feuchtigkeit äußerst unangenehm war. Wir richteten uns in der Dunkelheit so gut es ging ein. Wie immer in einem Biwak zogen wir die Stiefel aus; ohne diese Vorsichtsmaßnahme hätte die Einschnürung sofort zu Erfrierungen geführt. Terray rollte den Schlafsack aus, den er in weiser Voraussicht mitgenommen hatte, und machte es sich vergleichsweise bequem. Wir zogen sämtliche Kleidungsstücke an, die wir hatten, und ich setzte mich auf die Filmkamera, um nicht mit dem Schnee in Berührung zu kommen. Auf der Suche nach einer Stellung, in der sich unsere Körperwärme ohne Verlust vereinen ließe, rückten wir eng zusammen, doch wir konnten keine Sekunde still sitzen.

Wir machten den Mund nicht auf – Zeichen waren weniger anstrengend als Wörter. Jeder zog sich in sich selbst zurück und suchte Zuflucht in der eigenen inneren Welt. Terray massierte Lachenals Füße; auch Rébuffat hatte Erfrierungserscheinungen an den Füßen, besaß jedoch genügend Kraft, sich selbst zu helfen. Ich blieb regungslos, blind. Meine Hände und Füße froren weiter, was konnte ich tun? Ich versuchte, die Qualen zu vergessen, indem ich mich in mich selbst verkroch, versuchte, das Verstreichen der Zeit zu vergessen, versuchte, die verzehrende, lähmende Kälte nicht zu spüren, die sich in uns ausbreitete.

Terray teilte seinen Schlafsack mit Lachenal, der die Füße und Hände in die kostbaren Eiderdaunen steckte. Gleichzeitig massierte er weiter.

Jedenfalls breiten sich die Erfrierungen so nicht weiter aus, dachte er.

Keiner konnte sich bewegen, ohne die anderen zu stören, und wir wechselten laufend die Stellung, die wir mit so viel Bedacht eingenommen hatten, so daß wir wieder von vorn anfangen mußten. Das hielt uns munter. Rébuffat rieb sich unbeirrt die Füße und klagte; wie Terray dachte er: Wir dürfen nur an morgen denken – danach sehen wir weiter. Aber er konnte nicht die Augen davor verschließen, daß das »Danach« ein großes Fragezeichen war.

Terray versuchte großzügig, mir einen Teil seines Schlafsacks zu überlassen. Er hatte erkannt, wie ernst mein Zustand war, und wußte, warum ich nichts sagte und ziemlich passiv blieb; ihm war klar, daß ich jede Hoffnung für mich aufgegeben hatte. Fast zwei Stunden lang massierte er mich; auch seine Füße hätten erfrieren können, doch er schenkte dem offenbar keine Beachtung. Allein das Nachdenken über seine Selbstlosigkeit schenkte mir neuen Mut; er tat so viel, um mir zu helfen, daß es undankbar gewesen wäre, nicht weiter ums Überleben zu kämpfen. Obwohl mein Herz selbst ein Eisklumpen war, empfand ich erstaunlicherweise keine Schmerzen. Alles Materielle schien von mir abgefallen. Meine Gedanken schienen klar, und doch trieb ich in einer Art friedlichen Glückseligkeit. Noch war ein Funken Leben in mir, doch er schwand zusehends, mit jeder Stunde. Terrays Massage bewirkte nichts mehr. Alles ist vorbei, dachte ich. War diese Grotte nicht das schönste Grab, das ich mir wünschen konnte? Der Tod verursachte mir keinen Kummer, kein Bedauern – ich lächelte bei dem Gedanken.

Nach Stunden der Erstarrung murmelte eine Stimme: »Tageslicht!«

Das machte einigen Eindruck auf die anderen. Ich empfand

nur Überraschung – ich hatte nicht gedacht, daß das Tageslicht so weit nach unten vordringen würde.

»Zu früh zum Aufbrechen«, sagte Rébuffat.

Ein gespenstisches Licht machte sich in unserer Grotte breit, und wir konnten nur verschwommen die Umrisse der anderen erkennen. Ein eigenartiges Geräusch von weit her drang zu uns hinunter – eine Art langgezogenes Zischen. Das Geräusch wurde stärker. Plötzlich war ich begraben, blind, erstickt unter einer Neuschneelawine. Der eisige Schnee füllte die Höhle, drang durch jede Öffnung in unserer Kleidung. Ich duckte den Kopf zwischen die Knie und hielt schützend die Arme über mich. Immer mehr Schnee kam nach. Dann herrschte entsetzliche Stille. Wir waren nicht vollkommen begraben, aber überall war Schnee. Wir rappelten uns auf, darauf bedacht, uns nicht den Kopf an der Eisdecke zu stoßen, und versuchten, den Schnee abzuschütteln. Wir standen in Strümpfen im Schnee. Als erstes galt es, die Stiefel zu finden.

Rébuffat und Terray fingen an zu suchen und merkten sofort, daß sie nichts mehr sahen. Gestern hatten sie beim Abstieg die Gletscherbrillen abgenommen und mußten jetzt dafür zahlen. Lachenal stieß als erster auf ein Paar Stiefel. Er wollte sie anziehen, aber sie gehörten Rébuffat. Rébuffat versuchte, die Rutschbahn hochzuklettern, auf der wir gestern nach unten gekommen waren und die auch die Lawine benutzt hatte.

»He, Gaston! Wie ist das Wetter?« rief Terray nach oben.

»Ich kann nichts sehen. Es windet stark.«

Wir suchten noch immer nach unseren Sachen. Terray fand seine Stiefel und zog sie sich unter Mühen an, ohne zu sehen, was er machte. Lachenal half ihm, aber er war aufgeregt und beängstigend ungeduldig, das krasse Gegenteil von mir und meiner Unbeweglichkeit. Dann arbeitete Terray sich prustend und schnaubend den Eiskanal hinauf und erreichte endlich die Außenwelt. Er wurde von wilden Windböen begrüßt, die ihm ins Gesicht peitschten und seinen Körper durchdrangen.

Schlechtes Wetter, dachte er, diesmal ist es das Ende. Wir sind verloren … da kommen wir nie durch.

Unten in der Spalte suchten immer noch zwei von uns nach ihren Stiefeln. Lachenal stocherte hektisch mit einem Pickel im Schnee. Ich war ruhiger und versuchte, überlegt vorzugehen. Wir zogen Steigeisen und einen Pickel aus dem Schnee, aber keine Stiefel.

Nun ja, dann würde also diese Höhle unsere letzte Ruhestätte werden! Es war sehr wenig Platz – wir mußten uns krümmen und waren uns ständig im Weg. Lachenal beschloß, ohne Stiefel nach draußen zu gehen. Er schrie wie am Spieß, zog sich am Seil hoch, versuchte, Halt zu finden oder hochzurobben, und bohrte die Zehen in die Schneewand. Draußen zog Terray mit aller Kraft am Seil. Ich sah, wie Lachenal an Tempo gewann und verschwand.

Als er aus der Öffnung auftauchte, sah er, daß der Himmel klar und blau war, und er rannte wie ein Verrückter umher und schrie: »Es ist schön, es ist schön!«

Ich ging wieder daran, die Höhle abzusuchen. Wir mußten die Stiefel finden, sonst waren Lachenal und ich geliefert. Auf allen vieren, mit bloßen Händen und Füßen, harkte ich im Schnee, wühlte hier und dort und hoffte, auf etwas Hartes zu stoßen. Ich war nicht mehr in der Lage zu denken – ich reagierte wie ein Tier, das um sein Leben kämpft.

Ich fand einen Stiefel! Er war mit dem anderen zusammengebunden – ein Paar! Nachdem ich die ganze Höhle auf den Kopf gestellt hatte, fand ich schließlich auch das zweite Paar. Aber sosehr ich mich auch bemühte, die Filmkamera konnte ich nicht finden, und ich gab entnervt auf. Es war keine Frage, daß ich die Stiefel nicht würde anziehen können – meine Hände waren steif wie Holzbretter, und ich konnte nichts in den Fingern halten; die Füße waren stark geschwollen – ich würde sie niemals in die Stiefel bekommen. Ich wickelte, so gut ich konnte, das Seil um die Stiefel und rief die Rutsche hoch:

»Lionel … Stiefel!«

Es kam keine Antwort, aber er mußte mich gehört haben, denn mit einem Ruck sausten die kostbaren Stiefel nach oben. Kurz darauf wurde das Seil wieder heruntergelassen. Ich war an der Reihe. Ich wickelte mich in das Seil. Da ich es nicht strammziehen konnte, machte ich mehrere kleine Knoten. Sie würden zusammen hoffentlich stark genug sein, um mich zu halten. Ich hatte keine Kraft mehr, noch einmal zu rufen; ich zog am Seil, und Terray verstand.

An der ersten Stufe mußte ich eine Kerbe für die Zehen in den harten Schnee treten. Ich hoffte, weiter oben leichter vorwärts zu kommen, indem ich mich in der Rinne verkeilte. So schlängelte ich mich ein paar Meter nach oben und versuchte dann, die Hände und Füße in die Wand zu graben. Die Hände waren bis zum Handgelenk steif und hart, die Füße bis zu den Knöcheln gefühllos, und die Gelenke waren unbeweglich, was mich erheblich behinderte.

Irgendwie gelang es mir, mich nach oben zu arbeiten, während Terray so fest zog, daß er mich beinahe strangulierte. Allmählich sah ich klarer und wußte, daß ich mich der Öffnung näherte. Mehrmals fiel ich zurück, aber ich ließ nicht locker und verkeilte mich erneut, so gut ich konnte. Mein Herz platzte fast, und ich mußte innehalten. Dann ermöglichte mir eine Woge frischer Kraft, bis nach oben zu krabbeln. Ich packte Terrays Beine und zog mich heraus; er war ziemlich fertig, und auch ich war am Rande eines Zusammenbruchs. Terray war bei mir, und ich flüsterte: »Lionel … ich sterbe!«

Er stützte mich und zog mich von der Spalte fort. Lachenal und Rébuffat saßen ein paar Meter weiter im Schnee. In dem Augenblick, als Lionel mich losließ, sank ich zu Boden und kroch auf allen vieren weiter.

Das Wetter war ideal. Am Vortag waren Unmengen Schnee gefallen, und die Berge erstrahlten. Noch nie waren sie mir so schön erschienen – unser letzter Tag würde herrlich sein.

Rébuffat und Terray waren völlig blind; Terray stieß immer wieder gegen Hindernisse, und ich mußte ihn leiten. Auch Rébuffat konnte keinen Schritt ohne Führer gehen. Es war entsetzlich, blind zu sein, wenn überall Gefahren lauerten. Lachenals erfrorene Füße beeinträchtigten sein Nervensystem. Sein Verhalten war beunruhigend – er hatte die ausgefallensten Ideen.

»Ich sag euch, wir müssen runter … da runter …«

»Du hast ja nichts an den Füßen!«

»Mach dir deswegen keine Gedanken.«

»Du bist ja völlig übergeschnappt. Es geht nicht hier lang … es geht nach links!«

Er war bereits auf den Beinen und wollte geradewegs hinunter zum Gletscher laufen. Terray hielt ihn zurück, zwang ihn, sich zu setzen, und half ihm, obwohl er nichts sehen konnte, beim Anziehen der Stiefel.

Hinter ihnen gab ich mich meinen eigenen Träumen hin. Ich wußte, daß das Ende nah war, aber es war ein Ende, wie es sich jeder Bergsteiger ersehnt – im Einklang mit seiner großen Leidenschaft. Ich war den Bergen aufrichtig dankbar, daß sie an diesem Tag so schön für mich waren, und wie ergriffen durch ihre Stille, als ob ich mich in einer Kirche befände. Ich hatte keine Schmerzen und war auch nicht beunruhigt. Meine übermäßige Ruhe war alarmierend. Terray kam zu mir herübergestolpert, und ich sagte zu ihm: »Für mich ist es vorbei. Geht ihr … ihr habt eine Chance … ihr müßt sie nutzen … da drüben nach links … das ist der Weg.«

Mir war wohler, als ich ihm das gesagt hatte. Doch Terray wollte nichts davon wissen: »Wir helfen dir. Wenn wir es schaffen, schaffst du es auch.«

In dem Augenblick brüllte Lachenal: »Hilfe! Hilfe!«

Offensichtlich wußte er nicht, was er tat … Oder doch? Er war der einzige von uns, der das Lager II ganz unten sehen konnte. Vielleicht hörte man seine Rufe. Sein verzweifeltes Schreien erinnerte mich auf tragische Weise an einige Bergsteiger, die sich im Montblanc-Massiv verirrt hatten und um deren Rettung ich mich bemüht hatte. Jetzt waren wir an der Reihe. Das Bild war ganz deutlich: wir waren verloren.

Ich schloß mich den anderen an: »Eins… zwei… drei… Hilfe! Eins… zwei… drei… Hilfe!« Wir versuchten, gemeinsam zu rufen, aber ohne viel Erfolg; unsere Stimmen trugen sicher nicht weiter als ein paar Meter. Die Töne, die ich von mir gab, glichen eher einem Flüstern als einem Rufen. Terray bestand darauf, daß ich mir die Stiefel anzog, aber meine Hände waren tot. Weder Rébuffat noch Terray, die unfähig waren, etwas zu sehen, konnten wirklich helfen, und so sagte ich zu Lachenal: »Komm und hilf mir, die Stiefel anzuziehen.«

»Sei nicht albern, wir müssen absteigen!«

Und schon marschierte er los, wieder in die falsche Richtung, geradewegs nach unten. Ich war ihm nicht im geringsten böse; die Höhe und das, was er durchgemacht hatte, hatten ihn schlimm mitgenommen.

Entschlossen holte Terray sein Messer heraus und schnitt meine Stiefel mit ungeschickten Händen am Schaft vorne und hinten ein. So konnte ich sie anziehen, aber es war trotzdem nicht einfach, und ich mußte mehrere Anläufe nehmen. Schon bald verlor ich die Zuversicht – was hatte das alles für einen Sinn, wenn ich doch bleiben würde, wo ich war? Doch Terray zerrte heftig und hatte schließlich Erfolg. Er schnürte mir die riesigen Stiefel, wobei er die Hälfte der Ösen ausließ. Jetzt war ich bereit. Aber wie sollte ich mit meinen steifen Gelenken laufen?

»Nach links, Lionel!«

»Du spinnst, Maurice«, sagte Lachenal, »es geht nach rechts, geradeaus runter.«

Terray wußte nicht, was er von diesen widersprüchlichen Ansichten halten sollte. Er hatte nicht aufgegeben, wie ich, er würde kämpfen; aber was konnte er im Moment tun? Die drei stritten sich über den richtigen Weg.

Ich blieb im Schnee sitzen. Mein Geist ließ langsam nach – warum sollte ich mich verrückt machen? Ich würde mich einfach treiben lassen. Ich sah Bilder von schattigen Hängen, geruhsamen Wegen, ein Duft von Harz lag in der Luft. Es war angenehm – ich würde in meinen Bergen sterben. Mein Körper war gefühllos – alles war erfroren.

»Aaah... aah!«

War es ein Stöhnen oder ein Rufen? Ich nahm alle Kraft zusammen, um zu schreien: »Sie kommen!« Die anderen hörten mich und riefen vor Freude. Was für eine wunderbare Erscheinung! »Schatz... es ist Schatz!«

Knapp 200 m entfernt, kam Marcel Schatz durch den hüfthohen Schnee langsam auf uns zu, wie ein Boot auf der Oberfläche des Hangs. Dieses Bild des starken und unbesiegbaren Erlösers bewegte mich unbeschreiblich. Ich erwartete alles von ihm. Der Schock war heftig und erschütterte mich sehr. Der Tod griff nach mir, und ich gab mich auf.

Als ich wieder zu mir kam, kehrte der Wunsch zu leben zurück, und ich erlebte einen radikalen Gefühlswandel. Noch war nicht alles verloren! Während Schatz näher kam, ließ ich ihn keine Sekunde aus den Augen – zwanzig Meter – zehn Meter – er kam direkt auf mich zu. Warum? Ohne ein Wort beugte er sich zu mir, drückte mich an sich, umarmte mich, und sein warmer Atem belebte mich wieder.

Ich war nicht zu der geringsten Bewegung fähig – ich war wie aus Marmor. Mein Herz war überwältigt von den starken Gefühlen, aber meine Augen blieben trocken.

»Es ist wunderbar, was ihr vollbracht habt!«

Aus: Nanda Devi

von Eric Shipton

Während andere Bergsteiger sich zielstrebig auf Gipfel kaprizierten, war Eric Shipton (geb. 1907, gest. 1977) genauso begierig darauf zu sehen, was auf der anderen Seite lag. Vielleicht hat seine Vorliebe für das Erkunden von Neuland ihn die Leitung der Expedition gekostet, die Edmund Hillary und Sherpa Tenzing Norgay 1953 auf den Everest brachte. Doch das war gelegentlich von Nutzen in einer Zeit, in der oft schon der Anmarsch zu einem Berg das größte Problem der Besteigung darstellte. 1934 suchten Shipton und H. W. Tilman einen Weg in das abgelegene Becken, das den 7816 m hohen Nanda Devi in Indien bewacht.

Zwei Ruhetage ermöglichten uns, Badrinath und seine Umgebung eingehender zu erkunden. Als wir die Stadt selbst zum erstenmal sahen, waren wir sehr enttäuscht gewesen, denn nachdem wir den letzten steilen Anstieg von Joshimath bewältigt hatten, erfüllt von der ernsten Größe des Landes, durch das wir gezogen waren, blickten wir auf ein gräßliches Gewirr von Blechhütten und waren bekümmert über die Gedankenlosigkeit der Menschen, die solche Scheußlichkeiten in die Berge bringen. Das Dröhnen der Trommel, das jeden ankommenden Pilger begrüßte und dessen Länge und Lautstärke fein auf die wahrscheinliche Großzügigkeit des Fremden abgestimmt waren, stellte eine weitere Irritation dar, und der Tempel selbst trug mit nichts dazu bei, die ersten Eindrücke abzuschwächen. Er war nicht sehr hoch und so von Häusern eingekeilt, daß man erst etwas von ihm sah, wenn man direkt vor ihm stand, und sogar die Fassade, die einige wirklich schöne Reliefs aufwies, wirkte baufällig.

Aber bei unserem zweiten Besuch, als wir den Tempel von der anderen Seite des Flusses sahen, erschlossen sich uns die außergewöhnliche Atmosphäre des Platzes und der Reiz, der die Menschen seit Jahrhunderten anzog, erst richtig. Denn in Badrinath, so heißt es, soll Krishna, die wohl beliebteste indische Gottheit und eine der neun Inkarnationen von Vishnu (eine zehnte wird in der Zukunft erwartet), »Enthaltsamkeit praktiziert« haben. Da »er hier einhundert Jahre auf einem Bein stand, die Arme emporgehoben, von Luft lebend, die Überkleider abgeworfen, mit ausgezehrtem Körper und geschwollenen Venen«, und da immerhin eine seiner Heldentaten darin bestanden hatte, einen mächtigen Berg mit einem Finger hochzuheben, um ein paar Melkerinnen vor dem Zorn Indras zu bewahren, des Gottes des Firmamentes und des Regens, meinten wir, daß »Enthaltsamkeit« doch, gelinde gesagt, eine Untertreibung war.

Am Ufer gegenüber dem Tempel befand sich ein Badebecken, das von einer heißen Quelle gespeist wurde und von dem Stufen hinunterführten zum springenden, eiskalten Wasser des Alaknanda, wo ein Ringbolzen in den Felsen geschlagen war, an dem die Pilger sich bei ihren rituellen Waschungen festhalten konnten. Durch diese Taufe und die Andacht in Badrinath konnte ein Mensch erlangen, was immer er sich wünschte, und alle Sünden aus einem früheren Leben wurden getilgt, wenn die Gottheit durch einen Priester darum gebeten wurde. In einer Legende, die das bezeugt, heißt es, daß ein gewisser Janami Jaya achtzehn Brahmanen erschlug (ob es Nebenbuhler oder Beschützer einer Dame waren, erfahren wir nicht), um ein hübsches Mädchen zu besitzen, das er beim Jagen getroffen hatte. Selbst um eine solche Schandtat zu sühnen, genügte ein Besuch in Badrinath. Wenn man bedenkt, daß der *Rawal* oder Priester hier wie auch in Kedernath und anderen bedeutenden Zentren normalerweise ein Brahmane von der südindischen Vaishnava-Sekte ist und daß ihm ein Sekretär oder Gehilfe zur Hand geht, der ebenfalls aus dieser Gegend stammt, erscheint die obige Geschichte um so bemerkenswerter.

Dieser ursprüngliche Brauch eines Brahmanenpriesters stammte offenbar aus ferner Zeit, aber anscheinend wurde die alte Religion irgendwann vom Buddhismus verdrängt, bis der Reformer kam, ein gewisser Sankara aus Mysore. In welchem Jahrhundert er gelebt hat, ist umstritten, aber wahrscheinlich war es das achte nachchristliche Jahrhundert; besonders aktiv war er in Nepal und Kumaon, wo er die Buddhisten und Ungläubigen vertrieb und den alten Glauben wiederherstellte. Er ersetzte die buddhistischen Priester in Badrinath und Kedernath durch Priester aus Dhakin und Mysore. Überall predigte er durch seine Anhänger die Wirksamkeit einer Pilgerfahrt zu den heiligen Schreinen, und es steht außer Frage, daß der konsequente und anhaltende Einfluß der orthodoxen Pilger einen zweiten Rückfall Kumaons in den Buddhismus verhinderte.

Brahmanen, die Priesterkaste, gelten folglich als sehr mächtig, doch die unteren Kasten haben deren Fehler in vielen Sprichwörtern verbreitet. Der krasseste Mangel scheint der zu sein, vor allem den eigenen Vorteil im Auge zu haben, was sich in dem Spruch »Brahmanen und Geier erspähen Leichen« niederschlägt; in einem anderen Beispiel sehen wir einen Fall von List gegen List oder zwei vom gleichen Schlag, wenn es heißt: »Der Brahmane segnete den Barbier, und der Barbier zeigte seinen Spiegel.«

Doch diese Legenden könnten, wenn man ihnen glaubt und sich in etwa nach ihnen richtet, Auswirkungen haben, welche die vergebenden Kräfte selbst der Gottheiten von Badrinath überfordern würden, und um das auszugleichen, gibt es eine andere kleine Geschichte, die ein erstrebenswerteres Verhalten nahelegt. Ein wohlhabender Händler, der zehn Söhne hatte, wurde aufgefordert, mit seiner Familie und seinem Besitz nach Badrinath zu gehen, dort den Brahmanen seine gesamte Habe zu geben und sich niederzulassen, um so seine Aufnahme ins

Paradies zu sichern. Aber als sie dann dort lebten, verlor seine Frau (die offenbar ihre eigenen Vorstellungen von Besitz hatte) einen wertvollen Elfenbeinring, und die Weisen erklärten ihr, daß die Familie als Strafe für dieses betrügerische Zurückhalten eines wertvollen Gegenstandes noch einmal alle *Tirthas* oder Pilgerstätten aufsuchen müsse. Als sie das gemacht hatten und wieder in Badrinath waren, erschien plötzlich der Elefant, dessen Stoßzahn das Elfenbein für diesen Ring geliefert hatte, und führte die ganze Familie in das Paradies von Vishnu.

Von den Menschen, die mit solchen traditionellen Geschichten aufwachsen, kann niemand, der daran glaubt, den Versprechungen widerstehen, daß Wünsche erfüllt und frühere Missetaten vergeben werden, und so suchen die meisten Hindus irgendwann in ihrem Leben einen oder mehrere dieser heiligen Schreine auf. Den Pilgerschwärmen nach zu urteilen, die uns auf der Straße und in der Stadt begegneten, hatten die meisten davon sich offenbar für Badrinath entschieden.

Zu den vielen Legenden dieser Gegend, die auf Tatsachen beruhen sollen, gehört auch die Geschichte, daß es vor vielen hundert Jahren keinen Hohenpriester im Tempel in Kedarnath gab und daß der Hohepriester von Badrinath den Gottesdienst in den Tempeln beider Städte am gleichen Tag abhielt. Die kürzeste bekannte Straßenverbindung zwischen den beiden Tempeln war über 160 Kilometer lang und führte zudem noch über einen hohen Gebirgspaß. Es ist überliefert, daß die Priester damals einen schnellen Weg über die Wasserscheide kannten. Aber auch wenn die Einheimischen glauben, daß die beiden Orte nur vier Kilometer auseinander liegen, beträgt die tatsächliche Entfernung doch 38 Kilometer Luftlinie.

Aufgrund unserer Beobachtungen vom Bhagat Kharak aus glaubten wir, daß, wenn wir einen Paß oben am Satopanth finden könnten, dieser uns in das Talsystem von Kedarnath führen würde. Falls dem so war, würden wir aber kaum eine Chance haben, auf der anderen Seite hinunterzukommen, da das Tal dort extrem tief war. Ein Blick vom Kamm der Wasserscheide würde uns dennoch viele interessante Probleme erschließen.

Wir hatten beabsichtigt, um den 10. August herum zum Rishi Ganga zurückzukehren, und es war bereits August. Aber mittlerweile nahmen uns die vielfältigen Probleme dieses Gebirgszuges stark in Anspruch, und wenn wir den oberen Bereich des Satopanth-Gletschers nicht erkundet hätten, wäre unsere Aufgabe nur zur Hälfte gelöst worden.

Wir hatten nicht mehr die Schwierigkeiten wie vorher, Männer aufzutreiben, die uns begleiteten, doch am Morgen unseres Aufbruchs hatten die Träger, obwohl sie früh erschienen waren, nichts gegessen, bevor sie ihre fünf Kilometer entfernten Häuser verlassen hatten. So saßen wir eine ganze Stunde wie auf Kohlen, während der sie das Versäumte nachholten – kein allzu guter Start!

Über den Gipfeln hing noch eine dichte Wolkendecke, als wir uns aufmachten und das Tal nach Mana hinauftrotteten, und da wir uns noch unserer kleinen Panne am Bhasudhara vor ein paar Wochen erinnerten, hielten wir uns diesmal an das Südufer des Alaknanda. Deshalb hatten wir nur einen schmalen Pfad unter hohen, tropfenden, moosüberzogenen Felsen, über deren schwarze Flanken unzählige kleine Wasserfälle stürzten, aber zum Glück gab es einen recht annehmbaren Schafsteig, dank dem wir unsere Aufmerksamkeit vom Hauptgeschäft des Vorwärtskommens auf die eindrucksvolle Landschaft ringsum richten konnten, und nach ein, zwei Kilometern öffnete sich das Tal und bot uns einigermaßen ebenes weites Grasland.

Ganz unvermittelt ließen die Sherpas mit einem Ausruf der Freude ihre Lasten fallen und machten sich an das Sammeln kleiner, hellblauer Beeren, die reichlich im Gras wuchsen. Begeistert brachten sie uns etliche Handvoll und erklärten uns, daß die Beeren in ihrem heimatlichen Sola Kombu als Delikatesse galten. Wir probierten sie und fanden, daß ihr Geschmack sehr an Zahnpasta erinnerte und sie sicher angenehmer anzusehen als zu essen waren.

Gegen drei Uhr kamen wir an einen kleinen, abgeschiedenen Wald aus Birken und Rhododendren etwa einen Kilometer unterhalb des Gletschertores. Wir hatten ihn schon von der gegenüberliegenden Seite gesehen und uns auf den Luxus eines lodernden Lagerfeuers gefreut. Aber es hatte inzwischen wieder angefangen zu regnen, und die Einheimischen waren noch ein gutes Stück hinter uns. Bis wir die Zelte aufstellen konnten, waren wir völlig durchnäßt. Es gab kein trockenes Holz, und es dauerte etwa eine Stunde, bis das Feuer groß genug war, um etwas Tee zu machen, und das auch nur, weil Kusang ununterbrochen hineinblies. Da der Regen uns um einen fröhlichen Abend vor knisterndem Feuer gebracht hatte, zogen wir uns mit einer bösen Vorahnung von dem, was uns weiter oben erwartete, in die undichten Zelte zurück.

Als wir zum Gesang von Vögeln und der belebenden Frische eines perfekten Morgens aufwachten, hob sich unsere Stimmung und verdrängte die Düsternis vom Vorabend. Nach dem aus *Satu* und Tee bestehenden Frühstück saßen wir zufrieden da und trockneten uns und unsere Zelte in den schräg einfallenden Strahlen der Morgensonne.

Mit etwas Mühe packten wir zusammen und gingen durch das mit Findlingen übersäte Tal hinauf. Wir erfuhren, daß die Einheimischen die Nacht in einer nahen Höhle in Gesellschaft einiger Schäfer verbracht hatten, die, als wir an ihrem Zufluchtsort vorbeikamen, nicht die geringste Neigung zu haben schienen, sich in absehbarer Zeit zu rühren. Was für ein herrliches, sorgenfreies Leben mußten sie führen, die nichts brauchten als das Lebensnotwendigste, immer hier oben in diesem Märchenland der Natur lebten, ohne große Sorgen und ohne Hast; sie wußten nichts vom Schmutz und der Verwahrlosung unserer Zivilisation!

Kurze Zeit nachdem wir das Lager verlassen hatten, kamen wir an die Ecke zum Satopanth-Tal, wandten uns leicht nach links und suchten unseren Weg über die Grashänge an den Seiten der Gletschermoräne. Die morgendliche Trägheit blieb uns, und wir hielten häufig an, um auf die mächtigen, eisbedeckten Steilhänge um uns herum zu blicken.

Bald kam der obere Gletscherbereich in Sicht, der noch viele Kilometer entfernt war, und wir hatten einen ungehinderten Blick auf die Lücke, die wir zu überschreiten hofften. Von da an interessierte uns kaum noch etwas anderes, und wir sprachen von nichts als dem »Sattel«. War er auch von dieser Seite erreichbar? Wohin würde er uns führen? Zurück auf den großartigen Gangotri-Gletscher? Oder über die Kette nach Kedarnath? Immer wieder diskutierten wir diesen Punkt. Ich war überzeugt, daß wir, wenn wir den Kamm erreichten, ein riesiges Schneefeld vor uns hätten, das sanft abfiel, sich nach Norden wandte und schließlich den Gangotri-Gletscher bildete, den wir vor einigen Wochen erreicht hatten. Tilman war dagegen der Meinung, daß die Hauptwasserscheide Gangotri-Kedarnath nördlich von uns liege und wir uns nach dem Überschreiten des Sattels zwischen den Tälern von Kedarnath wiederfinden würden. Die Diskussion wurde hitzig, obwohl Tilman den vernünftigen Vorschlag machte, einfach abzuwarten und zu schauen.

Wie schon beim Bhagat-Kharak-Gletscher war unsere Hauptsorge nun, wie weit wir den Gletscher hinaufkommen würden, bevor unser Vorrat an Brennholz aufgebraucht war. Wir konnten von den Einheimischen nicht erwarten, daß sie eine Nacht über der Brennholzgrenze verbrachten, auch wenn wir genug Holz für eine Nacht transportieren konnten. Deshalb mußten wir unser Lager so nah wie möglich an der oberen Wachstumsgrenze der Zwergwacholderbäume aufschlagen. Da das Tal sehr sanft anstieg, war diese Linie keineswegs leicht festzulegen.

Das Gehen war einfach, und wir kamen rasch voran. Wir gingen auf dem Kamm einer sanften Seitenmoräne, die kilometerlang am südlichen Ende des Satopanth-Gletschers entlanglief.

Später am Tag stießen wir auf einen Seitengletscher, der von Süden in den Hauptgletscher floß. Dieser Gletscher wurde fast ausschließlich von Eislawinen genährt, die von den Eisabbrüchen des Nilkanta herabstürzten, und im Winkel des Zusammenflusses fanden wir eine Alm, deren Reiz als Lager unwiderstehlich war. So breiteten wir uns in der Sonne aus und wärmten uns, bis die abendliche Kühle uns in die Schlafsäcke trieb. Mein Schlafsack war in dieser Nacht zwischen zwei Felsen gezwängt, eine Lage, die sich eher für Betrachtungen über die Unendlichkeit als zum Schlafen eignete.

Die Schafhirten von Mana trieben ihre Schafe gelegentlich bis zu diesen moränenbedeckten Gletschern herauf, und wir stießen auf zahlreiche Steinhaufen mit Gebetsfahnen, wie in Tibet. Diese Gebetsfahnen waren einfache Stoffetzen, auf die Gebete geschrieben waren. Die Fahne sollte bei jeder Bewegung das auf sie geschriebene Gebet zum Himmel schicken, so daß derjenige, der eine Fahne anbrachte, an einem windigen Tag im Verlauf einiger Stunden viele tausend Gebete erledigen konnte.

(Eine ähnliche und, wie ich meine, noch wirksamere Betmaschine ist die Gebetsmühle, die in Tibet sehr verbreitet ist. Sie besteht aus einer Trommel, die mit Papier umwickelt ist, auf dem Tausende von Gebeten stehen. Bei jeder Umdrehung der Trommel werden all diese Gebete auf einmal ausgesandt. Große Gebetsmühlen werden durch Wasserkraft angetrieben und senden in einer Woche wohl so viele Gebete aus, daß jedem Bewohner des Dorfes ein guter Platz im Jenseits sicher ist.)

Das Gehen wurde jetzt sehr mühsam, da wir mehrere Seitengletscher zu überqueren hatten, die auf der Oberfläche jeweils ein wildes Durcheinander von Felsbrocken talwärts transportierten. Das bedeutete die übliche ermüdende Arbeit. Sich einen langen Hang mit großen Steinen hinaufquälen, die unsicher auf dem Eis lagen, am Rand einer gähnenden Gletscherspalte entlangbalancieren, von einem Felsbrocken springen oder einen Eishang hinunterrutschen.

Gegen zwei Uhr am 7. August erreichten wir einen Punkt, an dem die moränenbedeckte Fläche des Hauptgletschers blankem Eis wich, nur etwa einen Kilometer von den Wänden entfernt, die den Satopanth-Gletscher einrahmten. Jenseits des Tales erkannten wir unseren alten Freund Kunaling, der sich von dieser Seite weit prächtiger präsentierte.

Wir hielten dies für die beste Stelle, von der aus wir unseren Vorstoß auf die Lücke unternehmen konnten. Wir entließen die Mana-Männer und bauten die Zelte auf, gerade noch rechtzeitig, bevor ein heftiger Wind vom Eis her auf uns niederging.

Kurz nach einer unheilvollen Dämmerung am folgenden Morgen schulterten wir unsere schwere Last und zogen langsam über das Eis in Richtung Sattel.

Wir hatten den Eindruck, daß es bei der Route nicht viele Auswahlmöglichkeiten gab. Ein steiler Eisbruch, der direkt vom Sattel herunterkam, schien der einzige Weg zu sein. Die Felswände, die ihn auf der linken Seite begrenzten, erschienen im unteren Teil so steil, daß sich nicht einmal eine Chance geboten hätte, vom Gletscher aus einen Fuß auf sie zu setzen. Der Eisbruch sah nicht allzu schwierig aus, auch wenn er im oberen Bereich stark zerklüftet war. Wir wandten uns also dem Eisbruch zu.

Auf dem flachen Eis kamen wir gut voran, aber als es steiler wurde, machten sich unsere schweren Rucksäcke bemerkbar, deren Trageriemen sich schmerzhaft in unsere Schultern schnitten. Es war ein schwüler, windstiller Morgen, und eine intensive Mattigkeit lastete auf uns. Das Eis war frei von Schnee, und wir mußten Stufen schlagen, wenngleich die Steilheit ziemlich moderat war. Unser Tempo wurde schrecklich langsam.

Das Eis brach bald auf und wurde schwierig, und wir kamen an einen Abschnitt, wo das Klettern mit einer Last auf dem Rücken unmöglich war. Der Vorsteigende mußte in dem heiklen Abschnitt Stufen schlagen und die Rucksäcke anschließend hochziehen. Die Passage war nur etwa 10 m hoch, aber wir brauchten eine gute Stunde, sie zu überwinden, und danach erforderte das Steigen höchste Vorsicht und häufiges Stufenschlagen. Das hatte jedoch den Vorteil, daß wir nicht mehr an unsere wunden Schultern und schmerzenden Waden dachten.

Wir stiegen mehrere Stunden stetig auf, machten große Umwege, um Gletscherspalten und Eisklippen zu umgehen, und hatten nur noch etwa 300 m bis zum Kamm der Lücke, als wir von einem gähnenden Abgrund aufgehalten wurden, dessen Boden sich in eisiger Tiefe zig Meter unter uns unseren Blicken entzog. Wir warfen die Rucksäcke ab, liefen hierhin und dorthin, konnten aber keine Stelle finden, wo sich auch nur die geringste Chance geboten hätte, dieses gewaltige Hindernis zu überqueren.

Das war eine herbe Enttäuschung. Nach all der Plackerei waren es nur noch 300 m bis zur Lösung des Rätsels, das uns schon so lange beschäftigt hatte.

Wir waren etwa 150 m abgestiegen, als wir meinten, einen Weg vom Eis zum oberen Bereich der Felsen im Süden entdeckt zu haben. Erneut warfen wir die Rucksäcke ab und arbeiteten uns zum Rand des Eisbruchs vor. Als wir ihn erreichten, sahen wir, daß direkt unter uns eine Stelle war, wo wir unmittelbar über der Steilstufe zu den Felsen darunter gelangen konnten. Wir konnten zwar nicht erkennen, wie weit wir in den Felsen kommen würden, aber es war einen Versuch wert, und mit neuer Hoffnung kehrten wir zu unseren Rucksäcken zurück und schlugen inmitten des Chaos aus Eis unser Lager auf.

Es hatte inzwischen angefangen, heftig zu schneien, und unsere kleinen Zelte glichen bald Splittern aus den riesigen Eisblöcken, welche sie umgaben. Die Nacht brach herein, begleitet vom fast ununterbrochenen Donnern der Eislawinen aus den mächtigen Flanken des Kunaling über uns, das bis in die frühen Morgenstunden anhielt. Obwohl unser Lagerplatz ziemlich sicher und gut durch die Spalten und Eiswände ringsum geschützt war, fuhr ich während der Nacht einige Male zitternd auf, als einige besonders große Lawinen ganz in der Nähe niedergingen.

Die ganze Zeit über fiel leichter Schnee, auch noch als wir an einem grauen und ziemlich aussichtslosen Morgen erwachten. Folglich brachen wir später auf als beabsichtigt. Die Zelte waren naß und die Rucksäcke entsprechend schwer.

Durch den Nebel konnten wir nur einen kleinen Teil der Felswand über uns sehen. Einige der Rinnen wiesen Spuren von frischem Steinschlag auf, und der Fels war naß und rutschig. Als wir jedoch hinkamen, stellten wir fest, daß es nicht so steil war, wie es von unten ausgesehen hatte, und wir stiegen recht zügig auf, machten hier oder dort etwas Tempo, wenn wir eine der steinschlaggefährdeten Rinnen queren mußten.

Weiter oben wurde der Nebel sehr dicht, und wir mußten uns die Wand hinauftasten – durch den noch immer sacht fallenden Schnee, wie mit verbundenen Augen.

Am Tag zuvor war Tilman gestürzt und hatte sich eine weitere Rippe verletzt, und das Klettern mit einer derart schweren Last, wie er sie tragen mußte, bereitete ihm beträchtliche Schmerzen.

Es wurde immer schwieriger, die Route zu finden, und wir mußten uns im wesentlichen auf unseren Orientierungssinn verlassen. Grat, Rinne und Felspassage lösten einander in eintöniger Folge ab, bis wir uns nach einem Schritt um eine unangenehme Ecke am Fuß eines abgerundeten Eisgrates befanden, den wir von unten gesehen hatten.

Kleine Stufen in das Eis schlagend, stiegen wir zum Gratkamm empor. Von hier konnten wir kurz den Eisbruch unter uns sehen, in dem wir gelagert hatten. Wir folgten dem Grat, der uns zu einer Art großem Eisplateau führte. Es war immer noch sehr nebelig, und wir konnten die einzuschlagende Richtung nur erahnen. Wir stapften noch eine halbe Stunde weiter und machten dann halt, um die Zelte aufzuschlagen.

Wir waren 5600 m hoch und mußten unserer Rechnung nach ungefähr auf dem Kamm des Sattels sein.

Noch immer fiel leichter Schnee, und es blies ein südlicher Wind. Alle fünf zwängten wir uns in eines der Zelte und warteten zusammengedrängt darauf, daß der Primus-Kocher Eis schmolz und das Wasser so weit aufheizte, daß wir Tee machen konnten. Der Kocher war jedoch irgendwo undicht und mußte ständig nachgepumpt werden. Wir warteten zwei Stunden, bis das Wasser heiß genug war, daß es etwas Farbe von den Teeblättern annahm, und allmählich dämmerte uns, daß der Brennstoff bei einem längeren Aufenthalt auf den Gletschern für nichts als das Aufbereiten von Wasser reichen würde.

An jenem Abend waren wir mit einem Becher lauwarmer Pemmikansuppe zufrieden, bevor wir in unsere Schlafsäcke krochen. Mit Einbruch der Dunkelheit kam strenger Frost auf, und wir machten uns Hoffnungen auf besseres Wetter.

Die Trostlosigkeit des Lagers hatte unsere Freude darüber, den Sattel erreicht zu haben, nicht dämpfen können, und wir harrten voller Ungeduld auf den Ausblick, der uns verraten würde, wohin der Paß uns führte.

Ich vertrat nach wie vor die Meinung, daß wir uns am oberen Ende des Gangotri-Gletschers befänden. Die weite Eisfläche, über die wir gekommen waren, schien mir auf das obere Ende eines langen, langsam fließenden Gletschers hinzudeuten. Bald nach Einbruch der Dunkelheit riß der Nebel über uns kurz auf, und wir erblickten die mächtigen Pfeiler des Kunaling nördlich von uns und die eines anderen namenlosen Gipfels im Süden. Vor uns verbarg ein Wolkenmeer jedoch immer noch das Geheimnis unseres Aufenthaltsortes.

In der langen, kalten Nacht erflehte ich immer wieder inständig einen schönen Morgen, den ich aufgrund des Frostes auch erhoffen durfte.

Ich wurde jedoch enttäuscht, denn als ich in der Morgendämmerung durch die Zelttür blickte, sah ich die gleiche Waschküche wie am Abend zuvor.

Nach einem Becher warmem *Satu* verließen Tilman und ich das Lager zu einer Erkundungstour in südwestlicher Richtung.

Die Schneefläche, auf der wir gingen, fiel schon bald immer steiler werdend ab. Kurz nachdem wir das Lager verlassen hatten, bahnten wir uns einen Weg durch ein Netz kleiner Gletscherspalten und waren noch nicht weit gekommen, als uns ein senkrechter, etwa 50 m hoher Steilabfall Einhalt gebot. Dahinter verriet uns ein Gewirr von Eisabbrüchen, daß wir am Rand eines Gletscherbruchs standen.

Es war sinnlos, bei einer Sicht von etwa 50 m einen Weg hindurch finden zu wollen, und so setzten wir uns an die Kante und warteten. Der Ausblick war ziemlich trostlos, da der Gletscher an dieser Stelle schmal war und die Eisabbrüche sich offenbar über die gesamte Breite zogen.

Wir hatten etwa eine halbe Stunde gewartet, als urplötzlich der Nebel unter uns beiseite geschoben wurde und wir in die gewaltigen Tiefen eines wolkengefüllten Tales zu unseren Füßen blickten. Der Gletscher, auf dem wir uns befanden, brach in einem Eisbruch etwa 300 m steil ab, lief dann in einen ziemlich flachen Eishang aus, bevor er einen Knick machte und in den düsteren Abgrund 1800 m unter uns stürzte.

Dies war offensichtlich nicht der Gangotri-Gletscher, der am Tor etwa 35 Kilometer von hier entfernt 3900 m hoch liegt. Tilman hatte recht gehabt – wir blickten in die Täler von Kedarnath, von dem »Paß« aus, der angeblich schon den frühen Hohenpriestern von Badrinath bekannt gewesen war.

Unser kleines Problem war gelöst, doch der abschreckende Anblick des Gletscherbruchs unter uns machte uns wenig Hoffnung auf einen Erfolg unseres Projektes, einen direkten Weg zwischen den beiden Tempeln zu finden.

Nach einigem Suchen konnten wir eine mögliche Route durch den ersten Eisbruch entdecken. Wir eilten zum Lager zurück und kamen gerade dort an, als Angtharkay und Kusang aufbrechen wollten, um uns zu suchen, weil man befürchtete, wir könnten in eine Gletscherspalte gefallen sein.

Wir packten die Zelte zusammen, schulterten die Rucksäcke und machten uns auf den Weg hinunter zu dem Eisbruch. Inzwischen hatten die Wolken uns wieder eingehüllt, und es fiel uns schwer, den Weg zu finden, den wir durch das Labyrinth der Eisabbrüche und Gletscherspalten ausgespäht hatten.

Durch mächtige Eiskorridore, vorbei an Türmen und Pfeilern in allen Formen und Größen, mühten wir uns vorwärts; tasteten uns über schmale Schneebrücken, die gähnende Spalten überspannten, deren eisige Tiefe unauslotbar schien; mühten uns über einige steile Buckel, die uns den Weg versperrten.

Schließlich gelangten wir auf die weite Eisfläche, die wir von oben gesehen hatten. Auf dem Weg zum gegenüberliegenden Rand blieben wir einige Augenblicke stehen, um auf das obere Ende des zweiten, wirklich außergewöhnlichen Eisbruchs hinabzublicken. Er war schwindelerregend steil, und lange sahen wir keine Möglichkeit zum Durchkommen, die auch nur den geringsten Erfolg versprochen hätte.

Direkt vor uns brach der Hang jäh 200, 300 m zum oberen Ende des eigentlichen Gletscherbruchs ab.

Nach einer sorgfältigen Sondierung schien es uns möglich, daß man den Eisfall eventuell am rechten Rand ein Stück abklettern und sich dann zu den Wänden durchschlagen könnte, die ihn in dieser Richtung begrenzten. Weiter konnten wir nicht sehen, aber diese Wände schienen senkrecht in das Tal abzufallen, das etwa 1500 m tiefer lag.

Wir arbeiteten uns nach rechts hinüber und stiegen eine Zeitlang ab, bis uns eine unüberwindliche Gletscherspalte stoppte. Sosehr wir auch suchten, wir fanden keine Möglichkeit, noch einen Meter weiter abzusteigen oder die Felsen rechts von uns zu erreichen; ganz langsam mühten wir uns deshalb den beschwerlichen Weg zurück zum flachen Bereich, wo wir uns einige Minuten hinsetzten und Eisklumpen lutschten in dem vergeblichen Bemühen, den quälenden Durst zu löschen.

In der Zwischenzeit hatte es etwas aufgeklart, und als wir zur linken Seite des Gletschers hinübergingen, sahen wir, daß wir durch eine Traverse über ein Eisband unterhalb einiger bedrohlich aussehender Seracs vielleicht 150 m unter den flachen Bereich kämen. Dahinter entzog sich der Gletscher aufgrund seiner Steilheit unseren Blicken.

Wir querten unterhalb der Seracs, und die Sherpas verfielen

wie üblich in ihren eintönigen Gebetssingsang, der offensichtlich die Dämonen der eisigen Welt anflehen sollte, nichts auf uns zu werfen.

Wir beeilten uns, die frischen Trümmer einer Eislawine zu übersteigen, und standen schließlich am Rand der letzten Steilstufe des Gletschers. Sie war derart steil, daß wir uns oben an einem Hängegletscher wähnten.

Wir ließen unsere Rucksäcke auf das Eis fallen und machten uns an einen Abstieg, der absolut aussichtslos schien. Aber es war unsere letzte Chance, und wir meinten, uns selbst beweisen zu müssen, daß ein Durchkommen unmöglich war, damit wir hinterher Trost in dieser Tatsache finden konnten. Auch die Sherpas waren aus irgendeinem Grund beinahe versessen darauf abzusteigen und wollten nicht einsehen, daß es nicht möglich war. Ob ihr Verhalten Ausdruck ihrer starken Loyalität uns gegenüber war oder ob sie ein persönliches Interesse an der Erkundung hatten, kann ich nicht sagen. Auf jeden Fall zeugte es von der großartigen Einstellung dieser Männer, daß sie, seit wir den Satopanth-Gletscher verlassen hatten, bereit waren, keine Mühen zu scheuen, diesen Paß zu überqueren. Ihre Loyalität gegenüber der Expedition veranlaßte sie nicht nur, unsere Anweisungen auszuführen; sie hatten Verständnis für unsere Ziele und taten alles, was in ihrer Macht stand, damit wir sie verwirklichen konnten.

Wir hoffen, mit diesen Verbündeten eines Tages den Gipfel des Mount Everest zu erreichen; ohne sie hätten wir kaum Aussicht auf Erfolg.

Ich habe des öfteren festgestellt, daß man am Ende eines langen, ermüdenden Tages in den Bergen eine plötzliche Verjüngung erfährt, insbesondere wenn man vor einem ungewöhnlich schwierigen Problem steht. Das war an diesem Abend ganz sicher der Fall, und wir gingen diesen Eisfall an, als hinge unser Leben davon ab hinunterzukommen.

Die Aufgabe war heikel und erforderte besonnenes Agieren, da ein Sturz schwerwiegende Folgen gehabt hätte. Je weiter wir vorwärts kamen, desto steiler wurde das Eis, bis ein weiteres Absteigen auf dem Gletscher selbst unmöglich wurde.

Wir arbeiteten uns nach links hinüber, bis wir zum linken Rand des Eisfalls kamen. Wir standen auf einem kleinen Vorbau und blickten über einen etwa 70 m hohen Abbruch hinab in eine steile Rinne, die den Eisfall von den ihn auf dieser Seite begrenzenden Felswänden trennte. Wenn wir den Boden der Rinne erreichen konnten, würden wir eventuell zwischen dem Eis und dem Fels absteigen können. Doch der 70 m hohe Abbruch zu unseren Füßen erschien uns unüberwindlich. Tilman und ich setzten uns nieder mit dem Gefühl, am Ende unserer Weisheit angelangt zu sein.

Doch Pasang und Angtharkay weigerten sich, die Niederlage einzugestehen, und baten um die Erlaubnis, es mit der Wand unter uns zu versuchen. Wir waren einverstanden; sie seilten sich mit einem kurzen Seil an und boten uns eine Demonstration ruhigen, sicheren Kletterns, wie ich sie selten das Glück hatte zu erleben.

Nach ungefähr 20 Minuten waren sie wieder bei uns und gaben zu, daß die Wand selbst für sie zu schwierig war. Doch Angtharkay hatte Blut geleckt, und er hatte sich kaum erholt, als er auch schon nach links querte und bald hinter einem scheußlichen Eisvorsprung verschwand.

Die Minuten verstrichen, und wir warteten mit angehaltenem Atem. Da sauste ein großer Eisbrocken in die Tiefe, zerplatzte krachend auf dem Boden der Rinne in tausend Stücke, so daß das Echo die Wände hinaufrollte. Ich glaube, mein Herz setzte mehrere Schläge aus, bis ein Ruf von Angtharkay uns versicherte, daß alles in Ordnung war. Bald darauf tauchte sein Kopf hinter dem Eisvorsprung auf, und wir sahen ein breites Grinsen auf seinem Gesicht.

Er erklärte uns, daß er ein Band entdeckt habe, von dem es möglich sein müßte, das Gepäck und uns hinabzulassen.

Mit dieser Hoffnung stürmten wir in unserer Spur hoch, zurück zu den Rucksäcken. Es wurde langsam dunkel, und wir mußten noch einen geeigneten Lagerplatz finden und uns für die Nacht einrichten. Der Versuch, noch am selben Abend in die Rinne abzusteigen, hätte bedeutet, zuviel von ihnen zu verlangen. Außerdem hingen weiter unten über der Rinne einige Eisabbrüche, und es wäre gefährlich gewesen, zu einer anderen Zeit als am Morgen unter ihnen hindurchzugehen.

Ich warf mich fast die ganze Nacht in unserem ungemütlichen Unterschlupf herum, wenngleich mich wohl weniger mein unbequemes Lager wach hielt als die Aufregung.

Wir hatten beschlossen, uns am Morgen nicht groß mit Essen und Trinken aufzuhalten, bauten, sobald es hell war, die Zelte ab und machten uns startklar. Es war ein schöner Morgen, und wir konnten zum erstenmal hinunter in das Tal blicken, in das wir absteigen wollten und dessen oberer Teil nur noch 600 m unter uns lag.

Ein flacher, etwa fünf Kilometer langer Gletscher endete in einem, wie es aussah, schön bewaldeten Tal. Ungefähr anderthalb Kilometer unterhalb des Gletschers schien es eine Art Einschnitt zu geben, hinter dem sich dunkle Vegetation ausbreitete, so weit das Auge reichte. Wir vermuteten, daß dort Kiefernwälder waren, und weiter unten konnten wir im Wald verstreute hellgrüne Flecken erkennen.

Höchstens zwei Tagesmärsche würden wir schätzungsweise durch diese lieblich anmutende Gegend bis zu einer Siedlung brauchen. Wir konnten auch durchaus damit rechnen, auf einen Waldweg oder Wildfährten zu stoßen und nötigenfalls etwa 20 Kilometer am Tag zurücklegen zu können. Wir wußten, daß es nicht sehr weit vom Gletschertor zur großen Pilgerstraße von Kedarnath sein konnte.

Wir schoben uns über Angtharkays Band vor, klammerten uns an die kalten, feuchten Wände aus Gletschereis und erreichten schließlich die kleine Plattform, von der wir uns und unser Gepäck abseilen wollten. Es war ein ungemütlicher Ort, ringsum von Wänden aus blaßgrünem Eis eingeschlossen, und es bedurfte nur eines geringfügigen Ausrutschers, um in die Tiefe zu stürzen, während äußerste Vorsicht vonnöten war, um den Rucksäcken ein ähnliches Schicksal zu ersparen.

Pasang wurde in die Rinne abgelassen, wo er bereit war, das Gepäck entgegenzunehmen. Es war eine schmerzhafte Arbeit. Das Seil, das vom Kontakt mit dem Schnee am Tag zuvor naß war, war jetzt steif gefroren und schnitt furchtbar in die gefühllosen Finger.

Nach zwei Stunden harter Arbeit waren wir alle sicher auf dem Boden der Rinne versammelt, und wir wandten dem Schauplatz unserer Mühen mit einiger Erleichterung den Rücken.

Jetzt wurde das Klettern einfacher, und zum erstenmal, seit wir den Satopanth-Gletscher verlassen hatten, konnten wir auf das Seil verzichten. Wir beeilten uns, aus der von oben durch Eisabbrüche bedrohten Passage zu kommen, und konnten die Rinne bald nach links verlassen, wo sich die Neigung der Abbrüche etwa 300 m oberhalb des flachen Gletschers im Tal verringerte. Dorthin gelangten wir in einem wilden Zickzackkurs über die dazwischenliegenden Hänge.

Nach einer kurzen Verschnaufpause sausten wir im Eiltempo den Gletscher hinunter, übersprangen mühelos die Spalten. Wir waren voller Vorfreude auf ein Lager auf irgendeiner Wiese unterhalb des Gletschers. Wir sollten jedoch enttäuscht werden. Denn als wir den Gletscher verließen, gerieten wir in ein Dickicht saftiger, grüner, etwa zweieinhalb Meter hoher Pflanzen, durch die wir uns einen Weg bahnen mußten. Sie standen so dicht, daß wir nicht einmal sahen, wohin wir gingen, sondern nur blind vorwärtsstolpern konnten.

Wir machten einen kleinen Platz frei und setzten uns zum Essen, dann kämpften wir uns weiter in der Hoffnung, noch vor Einbruch der Nacht einen besseren Lagerplatz zu finden. Inzwischen hatte es angefangen zu regnen, und die Berührung mit dem tropfnassen Gestrüpp hatte uns bis auf die Haut durchgeweicht. Außerdem bestand der Talboden aus großen

Steinen, die vom Gestrüpp vollkommen verdeckt wurden, so daß man alle paar Schritte in irgendeine Vertiefung zwischen den Steinen stolperte. Bald tauchten Dornensträucher auf und vergrößerten unsere Schwierigkeiten.

Spät am Abend, nachdem wir uns etwa zwei Stunden auf diese Weise abgemüht hatten, kamen wir an den Rand des großen Einschnitts, den wir von oben gesehen hatten. Er erwies sich als ein senkrechter Abbruch von etwa 350 m. Es war keine Zeit, nach einem Weg die schroffen Klippen hinunter zu suchen, und wir mußten uns für die Nacht etwas anderes einfallen lassen. Nach einstündiger Arbeit hatten wir einen schlammigen Platz unter einem Felsen frei geräumt und ein paar durchnäßte Wacholderstämme zum Feuermachen gesammelt.

Dicht aneinandergedrängt hockten wir unter dem Felsen, der kaum Schutz gegen den Regen bot, versuchten vergebens, unsere nassen Sachen an den schwelenden Ästen zu trocknen, und diskutierten unsere Lage. Der Proviant wurde langsam knapp, und wir hatten keine Ahnung, wie weit wir bis zur nächsten Siedlung würden laufen müssen, wo wir die Vorräte auffrischen konnten, um dann weiterzugehen. Wenn wir gut vorangekommen wären, hätte kaum jemand daran gezweifelt, daß wir uns hätten durchschlagen können, auch mit wenig Proviant. Doch unsere Erfahrungen nach dem Verlassen des Gletschers hatten einen unangenehmen Vorgeschmack auf das geliefert, was wir weiter unten zu erwarten hatten. Der Abgrund vor uns konnte sich als unpassierbar erweisen oder uns viel wertvolle Zeit kosten, und so wie die Zeit schwand, schwand auch die Verpflegung.

Und was war mit den Nebenflüssen, auf die wir weiter unten stoßen mußten? Inzwischen hatten wir gehörigen Respekt vor dieser Art von Hindernis, das uns, wie wir wußten, nicht nur aufhalten, sondern den Weg total versperren konnte.

Die einzige Alternative bestand darin, sich wieder den Eisfall hinaufzuquälen und dann über den Paß zurück nach Badrinath zu gehen. Die Sache mußte hier und jetzt entschieden werden, denn so wie es aussah, würden wir all unsere Kräfte mobilisieren müssen, um zurück über den Paß zu steigen, bevor Proviant und Brennstoff gänzlich zur Neige gingen.

Die Aussicht, zurückzugehen und uns erneut mit den vereisten Hängen auseinanderzusetzen, die wir gerade hinter uns gelassen hatten, reizte uns nicht im geringsten. Außerdem ließ das Wetter keine Besserung erkennen, und es war durchaus möglich, daß wir auf dem Paß durch Neuschnee aufgehalten wurden.

Hunger war oben auf dem Gletscher nicht nur unangenehmer, sondern auch sehr viel schlechter zu bekämpfen als in einem Wald, wo wir wenigstens Feuer machen konnten. Andererseits taten wir, wenn wir abstiegen, einen Schritt ins Ungewisse. Die Überwindung der Schwierigkeiten im Wald konnte uns ohne weiteres einige Wochen kosten, aber natürlich konnten wir auch schon morgen oder übermorgen auf einen Weg stoßen. Es war eine schwere Entscheidung, und wir diskutierten bis spät in den Abend, bevor wir uns in die feuchten Schlafsäcke zurückzogen.

Wenn ich mir die Lage noch einmal vergegenwärtige, wäre es zweifellos am klügsten gewesen, zurück über das Eis zu gehen, und in der darauffolgenden Woche wünschten wir mehrere Male, wir hätten es getan. Ich denke, die Aussicht, diese so faszinierende Kette vollständig zu überschreiten, war für uns alle zu wichtig, und so wurde entschieden, weiter abzusteigen.

Der Regen hatte am Morgen aufgehört, und voller Optimismus verzögerten wir den Aufbruch, um einiges von dem Wasser aus den Zelten und Schlafsäcken zu entfernen. Daß dies reine Zeitverschwendung war, sollten wir bald erkennen. Das verschaffte uns jedoch Zeit, uns umzusehen und uns über das Vorgehen hinsichtlich unseres unmittelbaren Problems klarzuwerden: der Abstieg über den 300 m tiefen Einschnitt.

Es war eine beeindruckende Angelegenheit. Der Fluß, der hier recht beachtliche Ausmaße hatte, verschwand kurz vor dem Rand des Abgrunds im Boden und kam dann als mächtiger Wasserstrahl wieder zum Vorschein, um in die Tiefe zu stürzen. Infolgedessen konnten wir problemlos von einer Talseite auf die andere gelangen und uns aussuchen, auf welcher Seite wir absteigen wollten.

Eine kurze Überprüfung der linken Talseite machte uns klar, daß es dort keinen gangbaren Weg gab, und so brachen wir das Lager ab und machten uns auf die Suche an der rechten Seite. Dort kämpften wir uns 400 m hinauf und die Talflanke entlang und begannen dann mit dem Abstieg. An das verfilzte Gesträuch geklammert, mogelten wir uns abwärts, die ganze Zeit auf unsere Rucksäcke fluchend, die immer wieder dazu neigten, zur Seite zu kippen, und uns häufig fast mitzogen.

Bald kamen wir an einen senkrechten Abbruch, dessen felsige Abschnitte so steil waren, daß dort keine Sträucher wachsen konnten, dessen Risse und Spalten jedoch mit nasser Erde und Moos gefüllt waren. In einer heiklen Aktion ließen wir Angtharkay, das leichteste Mitglied unserer Gruppe, an einem Seil hinab, bis er auf einem grasbewachsenen Band Fuß fassen konnte. Unser Gepäck folgte auf dem gleichen Weg. Dann banden wir zwei Seile zusammen, führten sie über eine geeignete Wacholderwurzel und seilten zu Angtharkay ab.

Zum Glück bestand die Talseite, auf der wir uns befanden, aus mehreren Terrassen, die nicht sehr weit voneinander entfernt waren, und durch Wiederholen des oben beschriebenen Vorgangs erreichten wir schließlich den dichtbewaldeten Talboden.

Unter dem Dach der riesigen Bäume war das Strauchwerk nicht so dicht, und da wir nun in normaler Haltung gehen konnten, kamen wir recht gut voran, bis wir die obere Grenze des Bambus erreichten. Dort gab es wenigstens Abhilfe für den Schwund unserer spärlichen Essensvorräte, und um ein Uhr machten wir halt und gingen daran, eine größere Menge der kleinen, weichen Zylinder zu sammeln, die den eßbaren Teil der Bambussprossen bilden. Das und die Tatsache, daß wir uns zuletzt nicht durch Dornengestrüpp hatten schlagen müssen, hob die Stimmung ein wenig, und wir vergaßen fast, den Regen zu verwünschen, der inzwischen wieder eingesetzt hatte.

Der Bambus war zweifellos unser Verbündeter und sollte sich später auch als unser Retter erweisen, aber er war kein uneingeschränkter Segen. Wirklich dichter Bambus stellt ein Hindernis dar, das nur noch von dichtem Dornengestrüpp übertroffen wird, und als das Tal sich verengte und wir auf die steilen Seitenhänge ausweichen mußten, zwang uns der Bambusdschungel erneut, uns mühsam den Weg frei zu schlagen.

Der fast undurchdringliche Dschungel unten am Fluß trieb uns die steilen Talseiten hinauf, bis wir etwa 450 m über dem Fluß waren. Dort kamen wir in einen Bereich mit gut zweieinhalb Meter hohen Pflanzen. Gekrönt waren diese Pflanzen mit wunderschönen blauen Blütenzweigen, die ungefähr wie Löwenmäulchen aussahen. Sie wuchsen so dicht wie gut stehendes Getreide und ähnelten von oben gesehen einem Wald von Glockenblumen.

Drei Stunden kämpften wir zwischen diesen lieblichen blauen Blumen, wobei wir uns in der Führung abwechselten und uns mit den Eispickeln den Weg frei schlugen.

Den ganzen Tag über stießen wir auf frische Spuren, die reichlich Beweise dafür lieferten, daß sehr viele Bären den Wald bewohnten, in dem wir uns aufhielten. Diese Tiere sind zwar nicht ohne Grund aggressiv, können aber sehr schlecht sehen und hören und greifen, wenn man zufällig auf sie trifft, unter Umständen aus purer Angst an. Die Sherpas waren sehr beunruhigt, als sie die Spuren dieser Tiere sahen, und stießen ständig Rufe aus, um auf unser Kommen aufmerksam zu machen. Sie waren auch sehr darauf bedacht, daß die Gruppe zusammenblieb.

Gegen fünf Uhr fiel das Gelände vor uns zunehmend steiler ab, und am veränderten Tosen des Flusses erkannten wir, daß wir uns einem größeren Seitenfluß näherten, der von den Hängen der Satopanth-Kette kam. Wir arbeiteten uns weiter durch den Wald und kamen bald an den Rand einer Schlucht, aus deren unsichtbarer Tiefe das Donnern eines mächtigen Wildbachs an unser Ohr drang. Wir blickten nach rechts und konnten das reißende weiße Wasser sehen, das brausend hinunter in die Schlucht stürzte.

Hier ergab sich ein Problem, dessen Ernsthaftigkeit wir sofort erkannten, denn wenn wir keine Möglichkeit fänden, den Fluß vor uns zu überqueren, steckten wir in einer äußerst mißlichen Lage, da es jetzt zu spät war, an eine Rückkehr über den Paß zu denken, über den wir gekommen waren.

Wir traten an den Rand, erkundeten die Wände unter uns und erkannten sofort, daß ein direkter Abstieg in die Schlucht überhaupt nicht in Frage kam. Und selbst wenn wir hier irgendwo durchgekommen wären, würde es unmöglich sein, die steilen Wände auf der gegenüberliegenden Seite der Schlucht zu erklimmen.

Uns standen zwei Wege offen. Wir konnten entweder hinunter zum Zusammenfluß dieses Wildbachs mit dem Hauptfluß gehen oder dem Wildbach flußaufwärts folgen in der Hoffnung, ihn weiter oben überqueren zu können.

Wir konnten sehen, daß der Wildbach oberhalb des Zusammenflusses aus der engen Schlucht trat und etwa 20 m zwischen mäßig steilen Ufern dahinfloß, bevor er in den Hauptfluß mündete. Aber der Wildbach war dort sehr breit, und es gab offenbar kaum eine Chance, ihn zu überschreiten. Bei genauerer Prüfung der Wände oberhalb der Schlucht schien es jedoch eine Stelle zu geben, wo sich die gegenüberliegenden Felswände hoch über dem Wasser berührten.

Ich war zunächst skeptisch und hielt es für eine optische Täuschung, die auf eine Biegung des Baches zurückging; denn obwohl wir auf unseren Reisen durch dieses erstaunliche Land viele solche natürliche Brücken gesehen hatten, sind derartige Gebilde doch selten. Aber nachdem ich einige Minuten genau hingeschaut hatte, war ich einer Meinung mit den anderen, daß dort tatsächlich eine natürliche Brücke war.

Um dorthin zu kommen, hätte es jedoch eines Aufstiegs von etwa 600 m über schwieriges Gelände bedurft, und so beschlossen wir zu lagern, sobald wir Wasser finden würden. Das war gar nicht so einfach, und wir waren schon ein gutes Stück in Richtung der »Brücke« geklettert, als wir kurz vor Einbruch der Dunkelheit schließlich auf eine kleine, spärlich fließende Quelle stießen. Wir hatten Glück und fanden eine schöne, ebene Fläche, auf der wir das Lager aufschlagen konnten, und nachdem wir die Zelte aufgestellt und einen riesigen Haufen Feuerholz gesammelt hatten, ließen wir uns zu einem Abend nieder, der, was das Wohlbehagen betraf, eigentlich kaum zu überbieten gewesen wäre, obwohl sich nur fünf Meter vom Lagerplatz entfernt eine Bärenhöhle befand. Glücklicherweise hielt sich ihr Bewohner während unserer Anwesenheit nicht in der Nachbarschaft auf.

Ganz in der Nähe wuchsen in kleinen Ansammlungen Waldpilze, die nach Auskunft der Sherpas eßbar waren. Wir sammelten eine große Menge, die jedoch von Angtharkay Stück für Stück genauestens untersucht und aus irgendeinem unerklärlichen Grund zu drei Vierteln weggeworfen wurde. Sie machten jedoch an Festigkeit wett, was sie an Geschmack vermissen ließen, und zusammen mit den Bambussprossen ergab der Rest eine anständige Mahlzeit. Und das war mehr als willkommen, denn beim Auspacken unserer Rucksäcke entdeckten wir, daß die Reste unseres *Satu* völlig durchweicht waren und schlecht wurden; und das, obwohl alles sorgfältig in Stoffbeutel verpackt worden war.

Inzwischen war tatsächlich fast unsere gesamte Ausrüstung durchnäßt, und wir fanden uns damit ab, in einem Zustand ständiger Feuchtigkeit zu leben.

Der Regen hatte nachgelassen, und nachdem Kusang das nasse Holz etwa eine Stunde angeblasen hatte, saßen wir um ein loderndes Feuer. Aber obwohl es loderte und keiner weiteren Anfeuerung mehr bedurfte, blies Kusang weiter bis spät in die Nacht hinein. Tilman beschwor ein lustiges Bild herauf: sollte Kusang einmal an ein brennendes Haus kommen, würde er, während die anderen die Flammen bekämpften, sicher nicht der Versuchung widerstehen können, sie durch Blasen anzufachen.

Wir lagen auf einem weichen, durchnäßten Bett aus Blättern und wärmten uns an der Glut des Feuers. Aufgewärmt und einmal nicht hungrig, überließen wir uns dem Tabakrauch, der uns die Sorgen vergessen ließ, die den ganzen Tag hindurch so drängend erschienen waren.

Es ist erstaunlich, wie schnell Wärme und ein zufriedener Magen die Einstellung eines Menschen ändern. Wir waren so zufrieden, daß wir weder die Frage stellten, ob Bambus und Pilze uns auf dem ganzen Weg zur Verfügung stehen würden, noch, ob eine gütige Natur natürliche Brücken über sämtliche Nebenflüsse schlagen würde, die unseren Weg noch kreuzten. In Anbetracht dessen, daß wir an diesem Morgen den Einschnitt hatten bewältigen müssen, schien unsere veranschlagte Entfernung von zweieinhalb Kilometern gar nicht so schlecht. Später betrachteten wir zweieinhalb Kilometer als gute Tagesleistung. Doch im Moment lagen wir in friedlichem Halbschaf, sahen zu, wie der Feuerschein auf den großen, knorrigen Ästen über uns zuckte und gespenstische Spiele mit ihren Schatten trieb.

Es regnete stärker als gewöhnlich, als wir am nächsten Morgen unsere Rucksäcke schulterten und uns auf und ab durch den Wald plagten. Bald stießen wir erneut auf dichtes Dornengestrüpp und begannen wieder einmal den ermüdenden Kampf, uns durchzuschlagen. Die durchnäßte Ausrüstung machte unser Gepäck doppelt schwer, drückte uns nieder und brachte uns aus dem Gleichgewicht, wenn wir uns drehten und beugten, um uns von den Dornen zu befreien. Bald legte sich dichter Nebel über uns, und wir mußten uns an der immer steiler werdenden Seite des Wasserlaufs entlangtasten, wobei wir nur eine vage Vorstellung davon hatten, wohin wir gingen. Zwischendurch versperrte eine steilwandige Rinne den Weg, und wir mußten einige zig Meter hochklettern, bis wir eine Stelle fanden, wo wir sie überqueren konnten.

Nach ein paar Stunden verzog sich der Nebel, und wir bemerkten, daß wir uns in der Nähe der Stelle befanden, wo wir meinten die natürliche Brücke gesehen zu haben, welche die Schlucht überspannte. Sofort erkannten wir, daß wir uns geirrt hatten und die vermeintliche »Brücke« tatsächlich eine optische Täuschung war.

Wir ließen unsere Bündel, wo wir haltmachten, und kletterten durch den noch immer heftigen Regen zum Fluß. Die Felsen waren steil und sehr rutschig, und wir mußten sehr vorsichtig sein, denn ein Fehltritt hätte den Betreffenden in das reißende Wasser des Wildbachs 100 oder mehr Meter unter uns befördert.

Irgendwann erreichten wir eine Stelle, von der aus wir einen ungehinderten Blick über eine größere Strecke flußaufwärts und nach unten hatten. Unter uns fielen die Felsen senkrecht bis zum Wasser, oberhalb verhieß der Wildbach, der in mehreren Kaskaden ins Tal stürzte, nicht die geringste Aussicht, das Wasser zu durchwaten oder zu überqueren.

Wir beratschlagten uns kurz. Wir konnten entweder hinunter zum Zusammenfluß steigen in der schwachen Hoffnung, den Wildbach dort überqueren zu können, oder uns weiter flußaufwärts arbeiten mit der Chance, oberhalb der Stelle, bis zu der wir sehen konnten, bessere Bedingungen zu finden. Die Sherpas waren entschieden dagegen, hinunter zum Zusammenfluß zu gehen. Andererseits hätte ein Aufstieg nur bis zu der Stelle, bis zu der wir sehen konnten, fast einen ganzen Tag Kletterei erfordert, und wie wären unsere Chancen dann gewesen, dort oben eine Stelle zum Überqueren zu finden? Durchwaten schied aus, und weiter oben würden wir keine Bäume mehr finden, um eine Brücke zu bauen. Sosehr ich das Urteil der Sherpas respektierte, das sich in einem Land wie diesem meistens als vernünftiger als mein eigenes erwiesen hatte, in diesem Augenblick konnte ich mich angesichts einer derart geringen Chance nicht mit der Plackerei abfinden, die der Weg hinauf mit sich gebracht hätte.

Wir beschlossen daher, zum Lagerplatz der letzten Nacht zurückzukehren, dort unsere Lasten abzulegen, zum Zusammenfluß abzusteigen, um die Möglichkeiten einer Überbrückung des Flusses zu prüfen, und am Abend zum Lager zurückzukommen. Dieser Plan war der einzige Lichtblick bei ansonsten düsteren Aussichten.

Wir gingen wieder zu unseren Rucksäcken, bahnten uns langsam einen Weg zurück über die mit Dornengestrüpp bewachsenen Hänge und erreichten das alte Lager gegen halb vier. Während Kusang in die scheinbar erloschene Glut des morgendlichen Feuers blies, standen wir in unseren durchnäßten Sachen zitternd da und überdachten unsere Lage. Sie war zweifellos unangenehm genug, denn falls es uns nicht gelang, am Zusammenfluß hinüberzukommen, waren mindestens zwei Tage verloren, bis wir darauf hoffen konnten, weiter oben einen Übergang zu finden, wahrscheinlich mehr, wenn wir es überhaupt schafften. Die Mühe, die es kostete weiterzukommen, war groß, und ohne Proviant würde es so gut wie unmöglich sein.

Um vier Uhr, nach ein paar Schlucken lauwarmem Tee, rannten wir los hinunter zum Zusammenfluß, ließen Kusang zurück, damit er ein Feuer und etwas zu essen machte aus den wenigen Pilzen, die noch beim Lagerplatz standen. Wir befanden uns etwa 250 m über dem Zusammenfluß der beiden Flüsse, aber wir rutschten auf dem nassen Blätterteppich des Waldbodens hinab und waren nach ein paar Minuten dort. Das heißt, wir erreichten eine Stelle ungefähr 30 m darüber, denn der einzige Weg hinunter zum Fluß selbst führte durch eine steile Rinne. Von einem Felsen blickten wir hinunter auf den Wildbach, der aus der Schluchtöffnung stürzte. Das Wasser war offenbar sehr viel höher als normalerweise und führte große Mengen Schlamm. Auf dem kurzen Stück zwischen der Schluchtöffnung und dem eigentlichen Zusammenfluß gab es nur eine Stelle, die geringe Aussichten für den Bau einer Brücke bot. Dort ragten zwei Felsen deutlich aus dem tosenden Wasser, jeweils in der Nähe der beiden Ufer. Wenn wir einen Baumstamm über diese beiden Felsen legen konnten, so daß er den Wildbach überspannte, konnten wir andere Stämme diagonal darüberlegen und ein einigermaßen stabiles Gerüst bauen, das uns ein Überqueren ermöglichte. Von oben schienen die beiden Felsen dazu jedoch viel zu weit auseinander zu liegen.

Wir kletterten durch die Rinne hinab zum Wasser und kamen, nachdem wir die Strecke hinüber grob mit Hilfe eines Seils gemessen hatten, zu dem Schluß, daß es einen Versuch wert war. Dann stiegen wir zurück in die Rinne und suchten einige geeignete Kiefern aus, von denen dort glücklicherweise einige wuchsen.

Da es schon dunkelte, stiegen wir den steilen Hang zurück zum Lager, wobei Pasang ein Tempo vorlegte, daß uns Hören und Sehen verging. Und so lagerten wir an genau derselben Stelle wie am Vorabend, aber mit deutlich weniger zu essen, entschieden weniger Zutrauen zu unserer Fähigkeit, den Fluß zu überqueren, und mit nasseren Schlafsäcken denn je. Als wir daher unser vegetarisches Essen zu uns nahmen, fehlte uns viel von der Zufriedenheit, die wir noch 24 Stunden zuvor empfunden hatten.

In der Morgendämmerung des 14. August rutschten wir erneut die glitschigen Hänge hinunter, allerdings wegen der schweren Rucksäcke mit mehr Vorsicht als zuvor. Wir warfen unsere Lasten am Wasser ab, stellten erleichtert fest, daß der Fluß nicht weiter angestiegen war als gestern, kletterten zurück durch die Rinne und rückten den Bäumen zu Leibe, die wir am Vorabend markiert hatten.

Pasang lieferte uns eine Demonstration seines nepalesischen Kukri-Messers, und nach ein paar Minuten krachte der erste Baum zu Boden. Wir befreiten ihn von den Ästen, zogen ihn zur Kante, richteten ihn auf und kippten ihn in die Rinne, durch die er bis an den Rand des Wassers rutschte. Angtharkay und ich stiegen die Rinne hinunter, um die notwendigen Vorkehrungen zu treffen, während die anderen oben weiterarbeiteten.

In erstaunlich kurzer Zeit lagen drei weitere Bäume am Flußufer, und Tilman sowie die anderen Sherpas kamen die Rinne heruntergestiegen. Ich war mit Angtharkay dabei, am Rand des Wassers eine Plattform aus Steinen zu bauen, als es plötzlich krachte und ich beim Blick nach oben einen riesigen Felsbrocken herabstürzen sah. Die anderen befanden sich offenbar am Rand der Rinne, und ich machte mich wieder an die Arbeit. Ich dachte noch, was für ein Glück es war, daß sie sich nicht weiter unten aufgehalten hatten, wo die Sturzbahn mitten durch die Rinne führte.

Als ich kurz darauf zufällig nach oben blickte, sah ich Pasang etwas über mir an einer der Wände der Rinne lehnen. Sein Gesicht war kreidebleich, und er zitterte. Ich kletterte zu ihm hoch und bemerkte, daß der Felsbrocken ihn am linken Arm und Fuß gestreift hatte. Er hatte ihm sogar die Schnürsenkel vom Schuh gerissen.

Ich half ihm nach unten zum Fuß der Rinne und untersuchte die verletzten Gliedmaßen. Der Arm war zwar vorübergehend nicht zu gebrauchen, schien aber nur stark geprellt zu sein. Der Fuß war sehr stark geschwollen, und Pasang konnte die Zehen nicht bewegen. Es sah so aus, als ob einer der kleinen Knochen auf dem Fußrücken gebrochen gewesen wäre.

Es war für uns alle ein herber Schlag, wenngleich ich zutiefst dankbar für Pasangs glückliche Rettung sein mußte, denn hätte er einen halben Meter weiter in der Mitte gestanden, hätte der Brocken ihm den Kopf wie ein Ei zerschmettert, denn der Stein wog bestimmt zwei Zentner.

Nachdem wir Pasangs Verletzungen bestmöglich verarztet hatten, machten wir uns wieder an unsere Arbeit, eine Brücke über den Fluß zu schlagen. Wir banden das Ende eines Kletterseils um die Spitze des längsten Stammes, setzten das dicke Ende auf die Steinplattform, die wir vorbereitet hatten, und zogen den Stamm hoch, so daß er senkrecht stand. Dann nahmen wir genau Maß und ließen ihn über den Fluß fallen. Das obere Stammende schlug auf den Felsen auf der anderen Seite, federte zurück ins Wasser, und der Stamm wurde von der Strömung weggetrieben. Wir hielten das Seil mit aller Macht und konnten den Stamm schließlich ans Ufer ziehen.

Wir verstärkten die Steinplattform und wiederholten den Vorgang mit einem ähnlichen Ergebnis, aber beim dritten Versuch blieb die Spitze des Stammes, wenn auch in bedenklicher Lage, auf dem glitschigen Rand des Felsens gegenüber liegen. Dann legten wir einen zweiten, kürzeren Stamm diagonal über den ersten. Dieser reichte gerade noch bis zu den Felsen auf der anderen Seite.

Auf dieser unsicheren Konstruktion balancierte Tilman, mit einem Seil um die Taille gesichert, über das tosende Wasser. Wir beobachteten ihn mit angehaltenem Atem, wie er sich zentimeterweise über die schwankenden Stämme schob. Es war klar, daß er weder ausrutschen noch die Stämme aus dem Gleichgewicht bringen durfte, und je weiter er kam, desto schwieriger wurde es für ihn, weil die Stämme zur Spitze hin dünner wurden und entsprechend weiter durchsackten. Aber mit einer Mischung aus Sprung und Sturz landete er schließlich auf der anderen Seite. Wir stießen einen Jubelschrei aus, der jedoch im Tosen des Flusses unterging.

Nach Tilmans Heldentat war der Rest einfach, und nachdem alle vier Stämme über dem Fluß lagen, mit Rindenstreifen zusammengebunden waren und ein Seil als Geländer gespannt war, hatten wir eine Brücke, über die wir das Gepäck ohne größere Schwierigkeiten transportieren konnten. Es war inzwischen halb elf, und wir machten auf der anderen Seite des Flusses etwa eine halbe Stunde Pause, zum einen um Pasang etwas Zeit zur Erholung zu geben, zum anderen um seine Last unter uns aufzuteilen. Kusang und Angtharkay bestanden selbstverständlich darauf, den Löwenanteil zu übernehmen, so daß ihre durchnäßten Rucksäcke gewaltige Ausmaße annahmen.

Wir folgten dem Ufer des Hauptflusses mehrere hundert Meter flußabwärts und wurden dann durch Felsen gezwungen, hoch in den Wald zu steigen. Dort war das Vorwärtskommen wirklich sehr beschwerlich. Der Talhang war außergewöhnlich steil, und wir mußten uns an den Sträuchern darüber festhalten, um nicht in das Dickicht darunter abzurutschen, während wir uns gleichzeitig den Weg frei schlugen. Manchmal brauchten wir für 25 m eine ganze Stunde.

Ich ging zunächst mit dem Kukri voraus, um einen Durchgang frei zu hacken. Es war eine zermürbende Arbeit, und die ohnehin schon schwerbeladenen Schultern fingen an heftig zu schmerzen. Wir fanden bald heraus, daß wir bis auf wenige Stellen ohne Hacken schneller vorankamen.

Es regnete in Strömen, was aber (zumindest beim Gehen) die Unannehmlichkeiten nicht mehr steigern konnte, außer daß die Rucksäcke noch schwerer wurden.

Gegen drei Uhr nachmittags bereitete uns ein kleiner Zufluß einige Mühe, der sich tief in die Talseite geschnitten hatte. Um halb fünf, an einer kleinen Quelle, waren wir der Meinung, daß es für heute reichte, und begannen alles für die Nacht herzurichten.

Das war keine einfache Aufgabe. Es gab keine ebene Fläche, auf der man ein Zelt hätte aufstellen können, und wir mußten lange mit den Eispickeln den Hang bearbeiten, bis wir eine geeignete Plattform geschaffen hatten. Bei dem strömenden Regen kam ein Feuer im Freien nicht in Frage. Und wieder waren die Sherpas der Aufgabe gewachsen. Sie fällten große Mengen Bambus und bauten daraus ein Schutzdach, unter dem man ein Feuer machen konnte.

All diese Arbeiten hielten uns bis zur Dämmerung in Trab und warm. Der bedauernswerte Pasang saß derweil zitternd vor Kälte im Windschatten eines Baumstumpfes – ein Bild des Jammers. Kein Wunder, denn er mußte wohl schrecklich mit dem Dickicht auf dem steilen Hang gekämpft haben und war jetzt nicht mehr imstande, uns zur Hand zu gehen.

Als das Dach schließlich fertig war, drängten wir uns unter seinem dürftigen Schutz zusammen. Mit klammen Fingern (wir waren schließlich immer noch auf 2850 m Höhe) zündeten wir Streichholz um Streichholz an. (Zum Glück hatten wir einen guten Vorrat davon in Schaffellhandschuhen verstaut.) Auf diese Weise hatten wir bereits zwei Schachteln verbraucht und gerade die dritte in Angriff genommen, als es uns endlich gelang, ein Stück paraffingetränkten Lappen anzuzünden. Danach brannte bald ein Feuer. Wir stellten fest, daß abgestorbener Bambus, auch wenn er noch so naß ist, sehr leicht Feuer fängt und ideal zum Feuermachen ist. Ohne ihn wäre es bei solch einem Regen unmöglich gewesen, überhaupt ein Feuer in Gang zu bekommen. Der Bambus lieferte uns somit ein Dach über dem Kopf, Feuer und Nahrung; ohne ihn wäre unser Los wirklich sehr traurig gewesen.

Wir zogen die nassen Sachen aus und lagen nackt am Feuer, auf dem ein Topf mit Sprößlingen kochte. Mit etwas Büffelmilchbutter, die nach dem Abgießen des Wassers dazugegeben wurde, wurden sie serviert und wie Spargel gegessen. Tilman mit seinem feinen Gaumen entdeckte tatsächlich eine leichte Ähnlichkeit mit dieser Delikatesse. Leider fanden wir keine Pilze mehr, und die Mahlzeit konnte wirklich nur den allergrößten Hunger stillen.

Es war der geschäftigste Tag einer aufregenden Woche gewesen, und ich schlief ohne große Schwierigkeiten ein, nur um von Tilman nach, wie mir schien, wenigen Augenblicken schon wieder geweckt zu werden und festzustellen, daß es erneut Tag geworden war.

Aus: Der Aufstieg auf den Nanda Devi

von H. W. Tilman

1936, zwei Jahre nachdem H. W. Tilman (geb. 1898; gest. 1977) und Eric Shipton mit Erfolg das Nanda-Devi-Becken erkundet hatten, kam Tilman mit einer britisch-amerikanischen Expedition wieder, um den 7816 m hohen Nanda Devi zu besteigen. Tilman war, wie Shipton, ein Forscher. Ich habe seine Berggeschichten mehr wegen der witzigen, lakonischen Schilderungen des Alltagslebens auf einer Expedition als wegen des Nervenkitzels gelesen – auch wenn letzterer nicht fehlt. Wir begleiten Tilman und Noel Odell in einem zu kleinen Zelt an den Flanken des Berges.

Ich habe die genauen Ausmaße unseres Zeltes vergessen, aber es war sehr lang und schmal, und die beiden Insassen lagen buchstäblich Wange an Backe – das heißt, falls das menschliche Gesicht Backen hat, oder haben das nicht nur die Schweine? Es war Odell wie auf den Leib geschneidert, der ebenfalls lang und ziemlich schmal ist, und dies war, glaube ich, die erste Nacht, seit er Ranikhet verlassen hatte, in der er sich richtig ausstrecken konnte. Auf dieser Expedition machten wir Versuche mit Luftmatratzen als Isolierung beim Liegen auf Schnee anstelle der üblichen Gummimatten, die gut einen Zentimeter dick und 90 mal 120 Zentimeter groß sind. Der Platz, den sie zusätzlich einnahmen, schlug in einem kleinen Zelt sehr zu Buche, und darüber hinaus waren sie völlig unbrauchbar. Sie hatten häufig Löcher, und wenn diese nicht aufrissen, was sie gelegentlich taten, waren sie nicht leicht zu entdecken; in unserer Situation war die Methode, die Matratzen in eine Badewanne zu legen und nach Luftblasen Ausschau zu halten, nur selten anwendbar. Wenn die Matratze platt war, wurde es ernst, denn dann bot sie überhaupt keinen Schutz mehr, und die Folge war eine kalte und schlaflose Nacht. Wenn man sie zu straff aufblies, rollte man herunter, und wenn sie zu weich waren, bekam man Kontakt mit dem Boden und fror. Die Sherpas bliesen sie gewöhnlich so auf, als bliesen sie ein erlöschendes Feuer an, mit dem Ergebnis, daß man wie eine Erbse auf einer Trommel hüpfte, und wenn sich in diesem Zustand zwei Personen darauf setzten, explodierte die ganze Geschichte. Pasang hatte beim Aufblasen und Ablassen der Luftmatratzen eine Menge Spaß, denn er entlockte ihnen schräge Töne wie einem verstimmten Dudelsack. Jetzt, da nur noch zwei Sherpas da waren und die beiden nicht einmal ein laues Lüftchen zustande brachten, mußten wir unsere Matratzen selbst aufblasen, was ein weiteres Beispiel für die Vollkommenheit der Naturgesetzte lieferte, welche sogar den entfernten Zusammenhang zwischen einem Bergsteiger und einer Luftmatratze regelten; als wir an Höhe gewannen und an Atem verloren, brauchten die Matratzen aufgrund des geringeren Luftdrucks weniger Luft.

In der Nacht stürmte es, aber so verpackt, wie wir waren, war es leicht, sich warm zu halten, und schwer, gelassen zu bleiben. Pasang war immer noch schneeblind und bedauerte sich selbst sehr, aber Nima war munterer und erbot sich, mit uns zum Lager III zu gehen. Odell und ich nahmen ein Zelt und Paraffin und Nima 40 Pfund Zucker. Auf einer kurzen Passage oberhalb des Lagers war Vorsicht geboten, und eine aufsteigende Querung über ziemlich verharschten Schnee brachte uns zum Grat. Wir verließen ihn dort, wo er plötzlich endete, und bekamen Schwierigkeiten in den Felsen, aus denen wir oberhalb des steilen Stückes herauskämen, das uns einen solchen Schrecken eingejagt hatte. Odell führte einen steilen, vereisten Quergang, mit dem Nima und ich, wie wir für uns beschlossen, nichts zu tun haben wollten, und als er sicheren Stand hatte, hatten wir uns schon in einer direkten Linie mehr oder weniger hinaufgekämpft.

Wir befanden uns jetzt am Fuß des steilen Schneegrates, der von unten so markant aussah, und machten uns daran, ganz langsam und gleichmäßig Stufen zu treten, da die Stufen unserer Vorgänger verschwunden waren. Es war ein schmaler Grat, doch wir konnten uns am Kamm oder leicht auf der Rishi-Seite halten, die hier nicht so steil wie die Ostseite war, wenngleich beide jäh in die Tiefe stürzten und die Neigung 40 oder 45 Grad betrug; es ist vielleicht noch in Erinnerung, daß die Route vom Lager I zum Lager II immer durch die Ostflanke führte und die Rishi-Seite abgrundtief steil ist. Wie nach den anhaltenden Schneefällen der letzten Woche erwartet werden konnte, lag viel Neuschnee, in den man einsank, bis fester Grund erreicht war, und als wir am Zelt vom Lager III ankamen, erzählte Graham Brown uns ganz genau, wie viele dieser Stufen wir getreten hatten, denn er hatte sie gezählt. Soweit ich mich erinnere, war die Zahl enttäuschend klein, während wir meinten, daß sie astronomisch sein müßte, aber nüchtern betrachtet hatte der Schneegrat nur gut 200 Höhenmeter. Das Gelände wurde flacher, als wir uns dem Zelt näherten, und wir fanden es schön im Schutz einer steilen Schneeverwehung aufgestellt.

Mittag war schon vorbei, aber Graham Brown und Houston waren noch immer im Bett und beabsichtigten offensichtlich, nach der gestrigen Anstrengung gar nicht mehr aufzustehen. Hinunter rasten wir in einer Stunde und machten es diesmal anders als beim Aufstieg, indem wir über das sehr steile Schneestück abstiegen, um die Felsen zu umgehen. Von unten war niemand hochgekommen, Pasang war immer noch schneeblind, wir beide hatten leichte Kopfschmerzen, es schneite wieder, und die Sonne hatte einen großen Hof; doch all das ging im warmen Glanz der Selbstgerechtigkeit unter, die eine Folge unserer grandiosen Tat war.

Nachdem wir uns fürs erste genügend Verdienste erworben

hatten, weil wir gearbeitet hatten, während andere schliefen, saßen wir am nächsten Morgen herum, bis Graham Brown und Houston vom Lager III herunterkamen, um weitere Lasten zu holen. Wir fanden diese Beschäftigung so angenehm, daß wir noch eine Weile herumhockten, bis die anderen drei aus Lager I hochkamen. Sobald der Kopf des ersten hinter dem Vorsprung unter uns auftauchte, erscholl ein Ruf, damit wir erfuhren, ob sie den Tee gefunden hätten. Tee hatten sie nicht, aber sie brachten das Zinksulfat mit, und wir hofften, daß sich Pasangs Erholung beschleunigte; im Moment waren seine Augen so fest geschlossen wie immer. Auch Nima war wieder in seinen alten trübsinnigen Zustand verfallen, aber noch hofften wir, eine nützliche Arbeit aus den beiden herauszuholen. Aus Lager I war noch eine Ladung hochzubringen, und so wurde vereinbart, daß Carter und Nima sie morgen holen sollten und dazu noch soviel Proviant, wie sie tragen konnten.

Um drei Uhr brachen vier von uns wieder zum Lager III auf, Odell und Houston an einem Seil, Graham Brown und ich am anderen. Wir hatten den Vorteil, die Stufen nutzen zu können, die sie beim Abstieg getreten hatten, und waren trotz der schweren Lasten in zwei Stunden oben. Die Plattform für unser Zelt war fertig, die anderen waren gestern also offenbar doch nicht so untätig gewesen, wie wir gemeint hatten, und es war schön, wieder etwas Platz zu haben, Platz sowohl innen als auch außen. Ich bedauerte, daß wir keinen Liegestuhl mitgenommen hatten.

Als Odell und ich in dieser Nacht, Wange und Backe in angemessenem Abstand, im Zelt lagen, hätten wir gern gewußt, ob die drei unten in ihrem Biwakzelt wegen Luftmangel umkamen oder dem strengen Duft der Sherpas erlagen.

Wir redeten uns ein, daß dieses Lager etwa 6550 m hoch lag, aber wenn es so war, schien es doch höchst unwahrscheinlich, von hier ein Biwak in Reichweite des Gipfels einrichten zu können. Das erforderte einen Transport über mindestens 600 Höhenmeter, besser noch über 750, und bei den schwierigen

Verhältnissen unten hatten wir Transporte über höchstens 450 m geschafft. Das Klettern würde wahrscheinlich schwieriger werden, nicht leichter, und natürlich würden wir in der größeren Höhe immer langsamer werden. Wiederholte Versuche mit dem Hypsometer ließen die Lage noch unerfreulicher erscheinen, denn sie ergaben für das Lager III eine Höhe von nur 6460 m, und auch wenn wir inzwischen wußten, daß das Gerät, vorsichtig ausgedrückt, fehleranfällig war, mußten wir für unsere Pläne wohl oder übel die niedrigere Zahl ansetzen.

Die Frage der Höhe unserer Lager beschäftigte uns sehr, und das Hypsometer war schon sehr früh mit einem Spottnamen belegt worden, der nicht druckreif ist. Wir hatten aus irgendeinem Grund versäumt, ein Aneroidbarometer mitzunehmen, das mit einer Einteilung zum Ablesen der Höhe versehen war. Wahrscheinlich verachteten viele unserer Wissenschaftler ein Instrument, das sogar die Volltrottel der Mannschaft ablesen konnten. Ich weiß noch, wie Shipton und ich 1934, ohne eine wissenschaftliche Ausbildung zu haben, ein Aneroidbarometer aus einem Flugzeug mitnahmen. Es kostete, glaube ich, zehn Shilling in einem der Trödelläden von Holborn. Unsere Sherpas faßten eine große Zuneigung zu dem Instrument und nannten es »Shaitan«, wahrscheinlich weil wir es so oft benutzten. Es funktionierte ausgezeichnet, bis wir es fallen ließen. Aber dieses Hypsometer oder Siedebarometer lieferte zwar keine sehr präzisen Angaben, dafür aber allen eine Menge Spaß und den Wissenschaftlern Stoff zum Nachdenken. Die Ergebnisse, die es anzeigte, waren immer interessant, manchmal belustigend und selten genau. So belehrte es uns zum Beispiel nach mehrstündigem, anstrengendem Aufstieg in, wie wir törichterweise meinten, Richtung Gipfel, daß wir in Wirklichkeit vom Ausgangspunkt 30 m abgestiegen seien. Die ausgebildeten Wissenschaftler erklärten mit kühler Dreistigkeit, daß man mit solchen Unwägbarkeiten rechnen müsse, die ganz einfach durch das Vorhandensein einer »kalten Luftsäule« zu erklären seien. Die unwissenden Flegel meinten dagegen, es müsse etwas mit »heißer Luft« zu tun haben, und zwar sehr viel davon.

Aber es findet sich im allgemeinen selbst für die unmöglichsten Dinge irgendeine Verwendung, und so war es auch beim Hypsometer. Zu seiner Ausstattung gehörte ein Fläschchen mit Methylalkohol, und wenn uns der Festbrennstoff für die Kocher ausging, kam der Alkohol recht gelegen. Einen Kocher mit Paraffin zu betreiben ist ungesund und auch mühsam.

Am 19. stiegen Graham Brown und Houston wieder ins Lager II ab, um Nachschub zu holen, während Odell und ich die Gegend weiter oben erkundeten. An der Stelle, bis zu der wir gekommen waren, weitete sich unser Grat zu einem breiten Rücken, so breit, daß er sich schließlich als die Südwand entpuppte, wenngleich bis zur Mitte der Wand noch ein Grat erkennbar war, und 300 m weiter oben ragte er wieder markant hervor. Wir stiegen mitten durch die Wand über den »Schneesattel«, wie wir ihn nannten, umgingen den Steilhang über dem Lager mit einer kurzen Querung nach links. Die Schneeverhältnisse waren gut, der Hang auf den ersten 200 m etwa 30 Grad steil, dann wurde er steiler. Darüber befand sich eine Art Abdachung aus schneebedecktem Fels, etwa 45 bis 50 Grad steil. In den steilen Passagen ragte der Fels aus dem Schnee. Diese breite Abdachung zog sich offenbar etwa 300 m hinauf, bis sie sich wieder zu einem scharfen Grat verengte. Direkt rechts von uns war eine schaurige Rinne, eine Falle für herabstürzende Steine und Eis, und dahinter die gewaltige Kulisse, gebildet durch den Verbindungsgrat zwischen dem Nanda Devi East und dem Nanda Devi selbst. Etwa 60 oder 80 m links von uns befand sich eine weite, flache Senke, keine eigentliche Rinne, weit dahinter wurde der Horizont von einem sehr kühnen und steilen Grat begrenzt, wahrscheinlich derselbe Grat, den wir von Pisgah aus gesehen hatten.

Wir gingen die Abdachung in der Mitte an und arbeiteten uns hoch und dann nach links, hielten auf einen, wie es schien, kleinen Grat zu, der die flache Rinne überragte. Der Hang wurde, während wir stiegen, steiler und das Klettern schwieriger. Anfangs lag noch eine gute Schneedecke auf dem Fels, doch jetzt wurde sie zusehends dünner, und immer mehr Felsen ragten heraus. Sowohl aus bergsteigerischen als auch geologischen Gründen war uns sehr daran gelegen, den ersten dieser Felsen zu erreichen, denn die Route, die wir aufsteigen wollten, und auch unser Vorankommen hingen entscheidend von seiner Qualität ab. Wir hofften, daß der Fels in dieser Höhe etwas verläßlicher war als das trügerische Gestein am Grat unten und daß die Schichten in einer günstigeren Richtung lagen. Von der Beschaffenheit her mochte er sich verändert haben, doch für einen Bergsteiger war es das gleiche bröckelige gelbe Zeug, auf das man sich nicht verlassen konnte, und auch wenn die Schichtung uns mehr behagte, war das bei einem derart morschen Fels ein nur geringer Trost.

Nachdem wir etwa 150 m vom Fuß der Abdachung aufgestiegen waren, zeigte sich, daß der vermeintliche Grat, auf den wir zuhielten, gar kein Grat war. Es war zwar noch möglich, direkt hochzusteigen, aber mit Gepäck würde es schwierig und gefährlich werden, denn nirgendwo gab es genügend Schnee, um den Pickel zu verankern, oder einen Felsen, um den man ein Seil zum Sichern hätte legen können. Wir beschlossen, nach links zu queren zu der flachen Rinne, die für mindestens 300 m eine anscheinend sichere Route auf Schnee bot. Doch kaum hatten wir diesen Entschluß in die Tat umgesetzt, schafften wir es, uns an der vereisten Flanke eines Felsens derart in Schwierigkeiten zu bringen, daß sich unsere ganze Aufmerksamkeit nur noch darauf richtete, wieder herauszukommen, und statt weiter nach links zu queren, waren wir gezwungen, uns auf eine lange und heikle Querung in die entgegengesetzte Richtung einzulassen. Wir hielten uns, wo immer möglich, an den Schnee, mieden jeden Felsen wie die Pest und arbeiteten uns die Abdachung hinunter zurück, bis wir auf unsere alte Spur stießen.

Eine tiefere Route war für die Rinne offensichtlich die beste

Linie, aber es war inzwischen zu spät für weitere Erkundungen, und so eilten wir zum Lager zurück, wo wir rechtzeitig ankamen, um gerade noch einem einsetzenden Schneesturm zu entgehen. Zwei Tage waren seit der Vorwarnung durch den Hof um die Sonne vergangen.

Lloyd und Loomis waren nach nur einer Nacht im Lager II heraufgekommen, unter Mißachtung unserer selbstauferlegten Regel, in jedem Lager zwei Nächte zu bleiben. Niemand, der das Quartier erlebt hatte, konnte jedoch die Richtigkeit ihrer Entscheidung anzweifeln, bei diesem Lager eine Ausnahme von der Regel zu machen.

Die Ergebnisse unserer Erkundungstour waren überwiegend negativ, aber keineswegs wertlos. Es war klar, daß eine Route direkt über die Abdachung nur als letzter Ausweg in Frage kam, und auch, daß es, egal welchen Weg wir einschlugen, eine lange und beschwerliche Schlepperei werden würde, bis ein Platz gefunden wäre, um ein Zelt aufzustellen. Das ließ uns zu dem Schluß kommen, daß weitere Erkundungen erforderlich waren, daß die aussichtsreichste Route jene durch die breite Rinne war und daß es auf jeden Fall von Vorteil wäre, das jetzige Lager an eine neue Stelle am Fuß der Abdachung zu verlegen.

Die Nacht war kalt und stürmisch, und vor neun Uhr zeigte sich niemand. Lloyd und Loomis machten sich auf, um sich den Weg zur Rinne anzusehen, wir übrigen gingen hinunter zum Lager II, um Sachen hochzuholen. Nach dem Schneesturm mußte alles neu gespurt werden, und wir hatten längst aufgehört, damit zu rechnen, daß eine Spur 24 Stunden hielt. Um es gleich vorwegzunehmen, sie hielt auch heute nicht so lange, und als wir am Nachmittag zurückgingen, war alles wieder verblasen.

Pasang war immer noch schneeblind, und Nima ging es immer noch schlecht, und es war ziemlich klar, daß beide keine Hilfe für uns sein würden. Nimas einziger Aufstieg zum Lager

III, dem höchstgelegenen Lager, das einer der Träger erreichte, war nichts als ein letztes Aufbäumen. Der beinahe völlige Ausfall der Sherpas läßt sich leicht erklären, denn wie ich schon erwähnt habe, mußten wir die Restposten mehrerer anderer Expeditionen übernehmen. Die beiden einzigen, von denen ich erwartet hatte, daß sie weit hinaufgehen würden, waren Pasang und Kitar. Von den anderen hatten drei ihre besten Tage hinter sich, und einer war zu jung und unerfahren. Pasang war natürlich unglücklich, wegen Schneeblindheit ausgeschieden zu sein, aber daran war er selbst schuld. Kitar war das Opfer einer Erkrankung.

Das Medikament hatte offenbar kaum eine Wirkung auf Pasangs Augen, und auch Nimas vergnügtes Grinsen gehörte der Vergangenheit an. Es war jetzt für beide am besten abzusteigen, doch das war nicht möglich, bevor Pasang wieder etwas sehen konnte. Abgesehen von ihren ziemlich erbärmlichen Lebensbedingungen in unserem Quartier, lag mir daran, daß sie sicher ins Basislager kamen, bevor wir weiter aufstiegen und den Kontakt zu ihnen völlig verloren. Jetzt ließen wir sie allein in dem großen Zelt mit der Versicherung, daß zwei von uns morgen wieder herunterkommen würden, und wir brachen wieder auf, mit Carter, der das kleine Biwakzelt mitnahm. Carter hatte in Lager I eine Nachricht erhalten, daß Emmons das Basislager an den Fuß des Geröllhangs verlegt habe und mit dem Meßtisch beschäftigt sei, aber nur Kalu ihm beim Tragen der Lasten helfen könne.

Es war kalt und stürmisch, als wir Lager III im Schneegestöber erreichten. Die Sonne und zwei Nebensonnen hatten einen Hof – ich habe selten einen unheilvolleren Himmel gesehen. Der Bericht der Erkundungstrupps war erfreulicher als das Wetter. Sie hatten eine Linie unterhalb und links der unseren gewählt und eine Stelle erreicht, von der man in die Rinne und hinaufsehen konnte. Sie waren nicht hineingegangen, berichteten jedoch, daß die Rinne auf einer Route zu erreichen sei, die fast ausschließlich über Schnee führte, und daß der Aufstieg an der nahe gelegenen Seite einigermaßen gangbar aussähe. Wie wir hatten auch sie keine Möglichkeit für einen Lagerplatz weiter oben gesehen, und wir einigten uns darauf, dieses Lager oben auf den Schneesattel zu verlegen und den Aufstieg durch die Rinne zu versuchen.

Es war trotz all der Anzeichen eines heraufziehenden Sturms eine ruhige Nacht, doch der Morgen des 21. war trüb, nebelig und verschneit. Wir frühstückten spät und verbrachten den Vormittag zusammen in einem Zelt, wo wir über Wege und Mittel sprachen. Jetzt, da es zur Sache gehen sollte, waren einige schwerwiegende Entscheidungen zu treffen, und das Fazit des Gespräches war, daß die Verantwortung für diese Entscheidungen dem Autor übertragen wurde. Dem Leser wird der übermäßige Gebrauch des Wortes »ich« in dieser Geschichte nicht entgangen sein. Der Grund dafür ist der, daß ich vielleicht bis jetzt am meisten zu unserem Vorhaben hatte sagen müssen; aber das lag allein daran, daß ich als einziger das Land der Träger kannte. Wir hatten keinen offiziellen Führer und kamen sehr gut ohne aus, bis wir in dieser Krisensituation die Notwendigkeit einer Art Führungsfigur empfanden.

Nach einem zusätzlichen Becher Kakao zu unserer Mahlzeit, die im übrigen wie üblich aus einer Tafel Schokolade und sonst nichts bestand, stiegen Lloyd, Carter und ich zum Lager I ab, um weitere Sachen zu holen, und die anderen brachten eine erste Ladung dorthin, wo das künftige Lager IV stehen sollte.

Pasang und Nima waren offenbar immer noch nicht transportfähig, aber ich sagte ihnen, daß morgen wieder zwei von uns herunterkommen und sie das schwierigste Stück des Weges zum Lager I führen würden. Solange sie nicht unten waren, waren sie nur eine Quelle der Besorgnis, und übermorgen hofften wir außer Reichweite zu sein. Wir stiegen in eineinviertel Stunden wieder auf und stellten zufrieden fest, daß unsere Zeit auf dem Schneegrat besser wurde, was darauf schließen ließ, daß wir uns noch immer akklimatisierten und nicht abbauten. Die anderen hatten einen guten Lagerplatz auf dem Schneesattel am Fuß der Abdachung gefunden und eine Plattform für das Zelt ausgegraben.

Der Sonnenuntergang wirkte erneut bedrohlich, mit schmutzig aussehenden, zigarrenförmigen Wolken, die tief über dem Nanda Devi East hingen, einem grünlich-wässerigen Dunst im Westen und schwarzen, kupferrot getönten Haufenwolken im Süden.

Wir erwachten und merkten, daß das Zelt sich unter den Stößen eines heftigen Schneesturms schüttelte und flatterte. Der Wind kam aus Südost, es fiel etwas Schnee, aber es war unmöglich festzustellen, was neuer und was aufgewirbelter Schnee war, denn draußen war nichts als Schneetreiben zu sehen. Die drei Zelte standen dicht beieinander und waren zur gegenseitigen Sicherung miteinander verbunden. Sechs Mann waren in den zwei großen Zelten, Carter war allein (unter diesen Bedingungen ein zweifelhaftes Privileg) in dem kleinen Biwakzelt, das auf der Wetterseite stand. Odell, Lloyd und ich waren die Dummen, weil wir den Primus-Kocher hatten, aber es war denkbar, daß die Unannehmlichkeit, Eis zu holen und Paraffindämpfe einzuatmen, durch den Vorteil aufgewogen wurde, das Essen in heißem Zustand zu bekommen und es nicht holen zu müssen. Aus der relativen Wärme des Schlafsacks und des Zeltes hinaus in den Schneesturm zu gehen war ein atemberaubendes Erlebnis. Das Atmen war aufgrund des Sturms fast unmöglich, und nichts konnte ohne Fäustlinge erledigt werden, während das Betreten oder Verlassen des Zeltes durch den kleinen Eingang die rasche Zusammenarbeit aller verlangte, damit kein Schnee in das Innere kam.

Wir konnten nichts tun als in unseren Schlafsäcken liegen, ein Auge auf ein Buch gerichtet, das andere auf die wild schlagende Plane und die bebende Zeltstange. Die Stange war aus sehr leichtem Aluminium, und wir waren ziemlich besorgt um sie, doch sie überstand die Belastung gut, wie auch die Zelte, wofür wir ihnen allen Verdruß der Vergangenheit nachsahen. Um fünf Uhr, als wir unseren abendlichen Pemmikan kochten, waren die Bedingungen unverändert. Der Wind brüllte nach wie vor ununterbrochen mit gelegentlichen Böen in Orkanstärke, und wir sprachen darüber, ob es ratsam wäre, im Anorak zu schlafen, für den Fall, daß das Zelt in der Nacht davonflog. Wir setzten jedoch unser Vertrauen in die Planen und griffen nicht zu diesem äußersten Mittel.

Der Morgen brachte keine Änderung der unfreundlichen Bedingungen, und wir fragten uns, ob es beim unteren Lager genauso wild blies und was die Sherpas machten. Solange der Wind aus der jetzigen Richtung kam, würde die Felswand jedenfalls verhindern, daß sie von ihrem Band geblasen wurden.

Der Schnee wurde in dem Moment weggeblasen, in dem er fiel, und um unser Zelt lag er nicht sehr hoch. Dem anderen großen Zelt war es nicht so gut ergangen, denn es war am Morgen von einem hohen Schneewall umgeben. Der Druck des Schnees hatte den Raum im Innern halbiert, so daß die unglücklichen Bewohner fast übereinander schliefen. Sie hatten allerdings den Trost zu wissen, daß ihr Zelt jetzt gut verankert war. Auch Carter im Biwakzelt hatte Mühe, sich die schneebeladenen Wände aus dem Gesicht zu halten.

Ein weiterer langweiliger Tag der Untätigkeit und Apathie verging, doch gegen Abend ließ der Wind allmählich nach, und wir konnten hinausgehen, den vor den Eingängen angesammelten Schnee entfernen und nach den Verspannungen sehen. Es schneite noch immer leicht, und ein bleiernes Tuch bedeckte alles außer dem Schnee vor unseren Füßen und den drei einsamen Zelten.

Es folgte eine weitere kalte und stürmische Nacht, doch am Montag, dem 24., begann der Tag schön, ruhig und sonnig. Wäre er schwarz gewesen wie die Nacht, hätten wir uns nicht beklagt, denn nach dem Toben der letzten zwei Tage verlangten wir nach nichts als Stille. Der Verlust dieser wertvollen Zeit war beunruhigend, und auch wenn es vielleicht komisch klingt, daß zwei Tage im Bett alles andere als wohltuend sein können, stand außer Frage, daß die Anspannung und das Nichtstun uns körperlich geschadet hatten. Außerdem wußten wir nicht, wie sich der Schneesturm auf den Schnee in den oberen Hängen ausgewirkt hatte. Es war jetzt unumgänglich, so schnell wie möglich loszukommen, und sicher konnten wir nach einem solchen Mordssturm mit ein paar schönen Tagen rechnen.

Diese Schneestürme, die wir erlebten und von denen drei 36, 12 beziehungsweise 48 Stunden dauerten, kamen alle aus Ost bis Südost. Der Monsun kommt in den Bergen im allgemeinen aus Süd bis West, doch diese Stürme wurden vielleicht durch den Berg abgelenkt. Mit solchen Schneestürmen ist eigentlich eher vor dem Ausbruch des Monsuns zu rechnen; und in zwei früheren Monsunperioden im Himalaja, eine in Gharwal, die andere im Everestgebiet, habe ich keinen Schneesturm von solcher Heftigkeit erlebt. In diesem Jahr kam der Monsun früh und ging spät und war in Uttar Pradesh und Gharwal ungewöhnlich heftig.

Um neun Uhr stieg ich mit Lloyd zum Lager II ab, gemäß unserem Versprechen an die Sherpas, dessen Erfüllung wir durch den Schneesturm hatten verschieben müssen. Wir überließen den anderen die kalte Arbeit, die Zelte von ihrer gefrorenen Auflage zu befreien und die verschneiten Vorräte auszugraben, bevor sie ein großes Zelt und das Biwakzelt zum Standort des neuen Lagers IV brachten. Fünf von uns sollten heute dort übernachten, um bereit zu sein, ein Biwak für die erste Gipfelgruppe am nächsten Tag hinaufzubringen.

Der viele Pulverschnee verschlechterte die Bedingungen auf dem Grat, und wir fühlten uns beim Abstieg beide matt und wurden mit jedem Schritt nach unten immer matter. Als wir beim Lager ankamen, stellten wir erstaunt fest, daß es leer war; gewiß waren die Sherpas es leid gewesen, auf uns zu warten, und waren früh aufgebrochen. Es war beruhigend zu wissen, daß das Zelt den Sturm überstanden hatte, daß es Pasangs Augen offenbar besserging und wir nicht weiter absteigen mußten. Wir befanden uns inzwischen in einem derart schläfrigen Zustand, daß unsere Hauptsorge darin bestand, wie um alles in der Welt wir wieder hinaufkommen sollten. Wir lümmelten auf dem Band herum, überwältigt von einem heftigen Durst, und fühlten uns geistig und körperlich wie Wracks; es war offensichtlich, daß zwei Tage und Nächte im Schlafsack mehr an uns gezehrt hatten als ein Tag mit harter Arbeit.

Die Sherpas hatten Kocher und Topf mitgenommen, aber es war noch etwas zu essen da, und wir öffneten eine Dose mit dem Pickel – nicht wegen des Inhalts, sondern wegen der Dose, um darin die schwer zu fassenden Tropfen aus der Felswand einzufangen. Wir mußten in dieser Nacht im höheren Lager schlafen, boten deshalb gegen Mittag all unsere Entschlußkraft auf, nahmen den gesamten verbliebenen Proviant mit und schlichen uns erschöpft davon.

Eigentlich müßte ich mich schämen, wenn ich sage, wie lange wir für den Rückweg zum Lager III brauchten, doch als wir schließlich ankamen, fühlten wir uns schon besser, und die Kraft kehrte allmählich zurück. Graham Brown und Carter, die die Nacht hier verbringen wollten, kamen gerade vom Lager IV herunter, als wir eintrafen, und berichteten uns, daß es da oben mörderisch kalt sei. Carter meinte, leichte Erfrierungen an den Zehen erlitten zu haben.

Wir packten noch etwas Proviant in unsere Rucksäcke, dann gingen Lloyd und ich wieder los; eine einstündige, gleichmäßige Schinderei brachte uns zum neuen Lager. Wegen der eingeschneiten Zelte hatten sie an diesem Morgen offenbar erst spät angefangen; als wir hochkamen, wurde das zweite Zelt gerade aufgestellt. Es blies ein schneidender Wind, und Loomis hockte im Zelt und kümmerte sich um seine Füße, die ebenfalls etwas von der Kälte abbekommen hatten.

Trotz der Kälte fiel es schwer, sich von dem erstaunlichen Bild abzuwenden, das die schnell sinkende Sonne malte. Der Nanda Kot strahlte noch in betörender Reinheit wie ein Opal, und dahinter im Osten reihte sich Kette an Kette der schneebedeckten Gipfel Nepals, wie Wellenkämme, die sich weiß schäumend auf dem sonnigen Meer brechen. Vom Schneehang, der vor unseren Füßen ins Nichts abfiel, schweifte der Blick über eine große Leere, bis er von der burgartigen Elfenbeinwand des Sanctuary aufgehalten wurde, beherrscht vom Trisul, an dem die Schatten bereits hochkrochen. Und im Westen waren der dunkle Einschnitt der Rishi-Schlucht, die klare Silhouette des Curtain und das blaugrüne Wogen der Vorberge.

Die Höhe von Lager IV wurde auf 6640 m Höhe geschätzt, und da wir zu fünft waren und Proviant für fast zwei Wochen hatten, befanden wir uns in einer starken Position. Wenn wir noch 600 m weiter oben ein Biwak einrichten konnten, würde der Gipfel in Reichweite liegen, und so groß dieses »Wenn« war, die Zeit war reif, ihn in Angriff zu nehmen. Es war nicht schwer zu entscheiden, wer von uns fünfen das Vorrecht auf den ersten Versuch haben sollte. Odell kletterte sehr gut, und seine Erfahrung zusammen mit Houstons Stärke würden eine gute Kombination ergeben. Vorausgesetzt, wir konnten das Biwak morgen hoch genug einrichten, würden die beiden zwei Tage für ihren Vorstoß haben, und am dritten Tag würde das zweite Paar folgen, ob sie Erfolg gehabt hatten oder nicht. Die morgige Tagesform sollte darüber bestimmen, welche beiden die zweite Chance bekamen, und wenn das Wetter hielt, konnten wir vielleicht noch ein drittes Paar hochschicken.

Der Morgen des 25. war schön, doch es war zehn Uhr, bis jeder seine 15 Pfund gepackt hatte, zu denen auch Proviant für zwei Mann und sechs Tage gehörte. Während des Schneesturms hatte sich eigentlich nicht sehr viel Schnee angesammelt, und der hatte seitdem genug Zeit gehabt, sich zu setzen. Wir fanden gute Schneeverhältnisse vor. Stufentretend gewannen wir etwas Höhe und näherten uns der Rinne in einer langen Querung, während der wir Stufen schlagen und große Vorsicht walten lassen mußten. Die Schneeauflage wurde dünner, und wir hatten einen ungemütlichen Aufenthalt an dem steilen Wulst einer kleineren Vertiefung, die uns von der Hauptrinne abschnitt. Dies war der höchste Punkt, den Lloyd und Loomis erreicht hatten, und sie hatten erkannt, daß diese schwierige kleine Rinne an ihrem oberen Ende 60 m höher umgangen werden konnte.

Wir saßen hier ein wenig, doch ohne selbsthaftende Hosen war es kein Ort für einen längeren Aufenthalt. Es gab nicht genug Schnee für eine Stufe, geschweige denn einen Sitzplatz, und der Fels war so steil, daß die Reibung allein nicht reichte – Schuhe, Hände, Pickel, alles wurde benötigt, um den Beginn einer langen Rutschpartie zu vermeiden, die erst auf dem Gletscher 1800 m weiter unten geendet hätte. Die nächsten Meter den Hang hinauf waren genauso heikel wie das, was Odell und ich auf der Abdachung erlebt hatten, aber dies war bis jetzt das einzige Stück der Route, wo wir den sicheren Schnee zugunsten des unsicheren Felsen verlassen mußten. Nachdem wir diese Passage überwunden hatten, begann eine lange, stetige Schinderei, wir traten und hackten Stufen in den sehr steilen Schnee, und als wir den oberen Teil dieser kleinen Einkerbung umgangen hatten, wählten wir eine Route am linken Wall der breiten Rinne.

Wir kletterten mit zwei Seilen, und da wir uns mit der führenden Seilschaft und auch beim Führen am jeweiligen Seil abwechselten, verteilte sich die Arbeit auf alle vier. Es war ein herrlicher Tag, aber wir in unserer verdrehten Art waren unzufrieden und undankbar genug, uns Wolken vor die Sonne zu wünschen, damit wir es beim Aufstieg angenehmer hätten. Der Nanda Kot, 6858 m, blieb unter uns zurück, und wir warfen neidische Blicke auf den Trisul, der mit seinen 7132 m immer noch majestätisch auf uns heruntersah. Inzwischen suchten wir den Schnee über uns nach der kleinsten Stufe im unbarmherzig steilen Hang ab, die eventuell Platz für ein Zelt bot. Wir waren kurz versucht, zum gezackten Begrenzungsgrat auf der anderen Seite der Rinne zu wechseln, fanden dann aber doch, daß er zu weit abseits lag und der Zugang zu steil war.

Während wir Höhe gewannen, wurde die Krümmung der

Wand rechts von uns runder und enger, und der Hauptgrat trat wieder wie der Rücken einer römischen Nase hervor. Wir schoben uns hinüber in der Hoffnung, daß es in den Felsen leichter zu gehen wäre als im Schnee, und hielten auf den Fuß eines Felsturms zu, wo es vielleicht eine Plattform gab. Da wir inzwischen wußten, mit welcher Art von Fels wir rechnen konnten, war es seltsam, so zu denken, aber das waren die verzerrenden Auswirkungen von fünf Stunden mühsamer Stufentreterei auf unseren Verstand. Natürlich wurde es noch schlechter, und wir erlebten einige unangenehme Momente, bis wir uns schließlich zum Fuß des Turms gemogelt hatten, um festzustellen, daß es dort genauso steil hinabging wie am übrigen Berg.

Es war inzwischen drei Uhr, und wir waren gut 7000 m hoch, praktisch auf einer Höhe mit dem Trisul. Loomis bekam einen Krampf, aber nachdem er sich erholt hatte, wandten wir unsere Aufmerksamkeit dem Felsturm hinter uns zu, auf dessen Spitze wir bessere Bedingungen vorzufinden hofften. Lloyd führte mit Rucksack und souverän durch einen steilen Felskamin und konnte uns übrigen etwas von der dringend notwendigen moralischen Unterstützung geben und speziell mir tatkräftige Unterstützung mit dem Seil. Das dauerte einige Zeit, und es war vier Uhr, als wir schließlich alle oben auf dem Turm standen, wo kaum Platz für fünf Mann zum Stehen war und noch weniger, um ein Zelt aufzustellen. Beim Blick den Grat hinauf war unmöglich zu sagen, wo ein solcher Platz zu finden sein mochte, aber der Grat war so stark gegliedert, daß einige Hoffnung bestand. Unterdessen mußten drei von uns zurück zum Lager IV gehen, und um diese Zeit am Nachmittag eines strahlend sonnigen Tages war der Schnee am schlechtesten. Mit der Zustimmung aller wurde beschlossen, die Rucksäcke hier abzuladen und Odell und Houston sich selbst zu überlassen. Die Entscheidung schien damals egoistisch, und scheint es auch heute noch; zweifelsohne hätten wir es etwas eleganter lösen und trotzdem noch vor Einbruch der Dunkelheit nach unten kommen können, aber sie würden möglicherweise nicht weit gehen müssen, um einen Biwakplatz zu finden, und mit Schlafsäcken und warmer Kleidung konnte ihnen ohnehin nicht viel passieren.

Wir erfuhren später, daß sie einen ungewöhnlich arbeitsreichen Abend hatten. Sie mußten noch 50 m aufsteigen, bevor jemand selbst bei bestem Willen das Aushauen einer Plattform hätte in Erwägung ziehen können, und dann mußten sie zweimal mit dem Gepäck aufsteigen. Als sie sich schließlich eingerichtet hatten, war es dunkel.

Wir ahnten nichts von dieser Tätigkeit und den eigentlich ungerechtfertigten Verwünschungen, die wegen unseres verfrühten Aufbruchs gegen uns ausgestoßen wurden, stiegen schnell, aber vorsichtig ab und erreichten das Lager bei Sonnenuntergang. Von Graham Brown und Carter war nichts zu sehen, und so vermuteten wir, daß sie sich einen freien Tag in Lager III gönnten.

Bei der Besprechung der Bilanz dieses Arbeitstages kamen wir zu dem Schluß, daß das Biwak auf etwa 7150 m lag, wahrscheinlich zu niedrig für einen Vorstoß zum Gipfel, aber höher war es uns an diesem Tag nicht möglich gewesen. Wir vermuteten, daß sie es morgen nach oben verlegen und am Tag darauf ihren Versuch starten würden. Der genauere Blick auf den oberen Bereich des Berges, den wir erlangt hatten, ließ ihn nicht leichter erscheinen, und es war schwierig festzustellen, wo genau der Gipfel war. Ich befürchtete schon, ihnen nicht genug Zeit gelassen zu haben, aber jetzt war es zu spät, die Pläne noch zu ändern.

Der nächste Tag war schön, doch Nebelschwaden verbargen den oberen Teil des Berges vor unseren besorgten Blicken. Wir fühlten uns schlapp und ließen uns bis zum Mittag Zeit, bevor wir ins Lager III abstiegen, um Graham Brown und Carter beim Tragen zu helfen. Da ihr Zelt bei dem Schneesturm halb begraben worden war, brauchten sie lange, um es frei zu schaufeln, und deshalb waren wir vor ihnen zurück und bereiteten eine Plattform vor.

Der 27. sollte für uns ein weiterer Tag der Untätigkeit im Lager IV sein. Zumindest war das so geplant, aber es kam anders, und für einige von uns war es ein Tag der größten körperlichen und geistigen Anspannung, die sie je erlebt hatten.

Ich hatte mich die ganze Nacht über die Vergeudung dieses einen Tages geärgert und versucht, mir einen Plan auszudenken, nach dem das zweite Paar sofort zum Biwak aufsteigen könnte. Das Problem war, daß man dazu ein zweites Zelt brauchte, und da ich einiges von den außergewöhnlichen Schwierigkeiten mitbekommen hatte, einen Platz selbst für das kleine Zelt zu finden, riskierten wir beim Aufstieg auf die geringe Chance hin, auch einen Platz für das große Zelt zu finden, daß die Seilschaft sich umsonst verausgabte. Während wir frühstückten, über dieses verzwickte Problem sprachen und uns fragten, wie weit die Gipfelgruppe wohl gekommen sein mochte, eröffnete Loomis uns, daß es seinen Füßen nicht gutgehe, die Zehen leichte Erfrierungen erlitten hätten und wir deshalb von nun an nicht mit ihm rechnen sollten. Der Verlust einer Tragekraft versetzte dem Plan mit dem zweiten Zelt den Todesstoß, aber einige Augenblicke später hatten wir über etwas anderes nachzudenken.

Wir waren gerade zu dem Schluß gekommen, daß sie auf dem Weg zum Gipfel sein müßten, als uns Odells vertrautes Jodeln aufschreckte, das eher dem Schreien eines Esels glich. Es klang so nah, daß ich sie auf dem Abstieg wähnte und sie also schon am Tag zuvor auf dem Gipfel gewesen sein mußten, doch dann dämmerte uns mit einemmal, daß er uns offenbar ein Notsignal zu übermitteln versuchte. Carter, der die lauteste Stimme hatte, ging hinaus, um Kontakt aufzunehmen, und kam ein paar Minuten später zurück ins Zelt, um uns mitzuteilen, »Charlie ist tot« – Charlie, das war Houston. Es war unmöglich, jemanden am Berg zu sehen, aber er war sicher, richtig gehört zu haben. Sobald wir uns gefangen hatten, stopfte ich einige Kleidungsstücke und Verbandszeug in einen Rucksack und brach mit Lloyd so schnell es ging auf; Graham Brown und Carter sollten mit einer Subkutanspritze folgen.

Es war ein Aufstieg, den man nicht so schnell vergißt – wir versuchten, schnell zu gehen, und wußten, daß es in dieser Höhe unmöglich war zu hetzen, fragten uns, was wir vorfinden würden, und vor allem, was wir würden tun können. Die natürliche Annahme war, daß es einen Sturz gegeben hatte und Odell, da sie sicher angeseilt gewesen waren, verletzt war, und die Chance, einen Hilflosen vom Berg zu holen, war so gering, daß man überhaupt nicht darüber nachzudenken brauchte. Als sollte sich diese Annahme bestätigen, erhielten wir auf dem Weg nach oben auf wiederholte Rufe keine Antwort.

Angesichts der Mühe, die wir gestern auf dem Grat und im Kamin gehabt hatten, wählten wir eine andere Route und gingen ein paar steile Felsen zwischen der Rinne und dem Grat direkt über uns an. Es war viel übler, als es ausgesehen hatte, und nachdem wir uns keuchend auf dessen Schneekappe gezogen hatten, schworen wir uns, beim nächsten Mal in der Rinne zu bleiben, die sich hier verengte und durch eine Art Spalte im Felsband führte.

Es war mittlerweile etwa zwei Uhr, und als wir nach rechts über Schnee in Richtung Grat hinaufquerten, kam das kleine Zelt keine 30 m entfernt in Sicht. Instinktiv versuchten wir fast zu rennen, aber es war sinnlos, und wir näherten uns Schritt für Schritt, in einem wahnwitzigen Tempo, nicht wissend, was wir im Zelt vorfinden würden, wenn überhaupt etwas. Der Anblick eines Eispickels war eine ungeheure Erleichterung; offensichtlich war es Odell gelungen zurückzukriechen. Doch als wir einen zweiten sahen, stand es schlecht um diese Vermutung. Dann hörten wir leise Stimmen und wurden im nächsten Augenblick mit »Hallo, Jungs, trinkt einen Tee mit« begrüßt. »Charlie ist in Not«, lautete die Botschaft, die Odell uns hatte übermitteln wollen.

Lloyd und ich durchlebten die ganze Skala der Gefühle, zuerst und natürlich tiefe Erleichterung, dann, und das ist wohl nicht unnatürlich, Ärger darüber, derart unnötige seelische Qualen und selbstverständlich tiefe Sorge um Houston durchlitten zu haben. Während wir Tee schlürften, Tee, der nach Pemmikan roch, an den ich mich aber immer noch mit Dankbarkeit erinnere, hörten wir, was sie unternommen hatten, und sprachen über das, was wir tun sollten.

Den gestrigen Tag hatten sie mit Erkundungen verbracht. Sie waren dem Grat hinaufgefolgt und hatten etwa 150 m oberhalb des Biwaks einen flachen Schneeabsatz entdeckt, auf dem bequem zwei Zelte Platz hatten. Danach wurde der Aufstieg interessant und schwierig, aber sie hatten den Fuß eines langen und leichten Schneehangs erreicht, der zur letzten Felswand hinaufführte. Dort waren sie umgekehrt und hatten beschlossen, das Biwak am nächsten Tag zum höheren Standort zu verlegen. Beiden ging es gut, doch früh am Abend war Houston ernsthaft erkrankt, und beide hatten in der Enge des Zeltes, das auf einem unsicheren Platz an einem Steilhang stand, eine schlaflose, schreckliche Nacht verbracht. Houston schrieb seine Probleme dem Pökelfleisch zu, das beide gegessen hatten; Odell hatte es nichts ausgemacht, aber möglicherweise war ein kleines Stück verdorben gewesen; auf jeden Fall wiesen die Symptome auf irgendeine Vergiftung hin.

Houston fühlte sich noch immer sehr krank und schwach, aber er war es, der anregte, was unternommen werden sollte, und uns zeigte, wie man aus der Not eine Tugend macht. Hier oben konnten nur zwei Mann bleiben, und sein Plan sah vor, daß er am Nachmittag absteigen und ich mit Odell oben bleiben würde, damit wir keine Zeit verlören. Wir äußerten Bedenken mit der Begründung, daß er nicht fit für den Abstieg sei, aber er beteuerte immer wieder, wie wichtig es sei, keinen Tag zu verlieren, und daß er in der Lage sei abzusteigen, so daß wir schließlich einwilligten.

Wir seilten uns alle vier ein, Houston in der Mitte, und stiegen langsam ab, wobei wir viele Pausen einlegten. Wir gingen halb rechts über den Schnee und stießen über der Felswand auf die Rinne, so wie wir es uns vorher vorgenommen hatten, und dort sicherten zwei die Absteiger, während Lloyd Stufen die enge Spalte hinunter schlug, die stark vereist war. Houston war trotz seines Schwächezustands standhaft, und nachdem er dieses kritische Stück sicher bewältigt hatte, stiegen wir langsam nach links hinunter, wo wir auf unsere Aufstiegsspuren stießen. Bald kamen Graham Brown und Carter in Sicht, und ich denke, sie waren beim Anblick von vier Mann genauso überrascht, wie wir es beim Anblick der beiden Eispickel gewesen waren. Als wir beieinander waren, banden sich Lloyd und Houston in ihr Seil und setzten den Abstieg fort, während Odell und ich langsam zum Biwak zurückstiegen.

Houstons Erkrankung war ein schlimmer Schicksalsschlag für ihn, der ihn um den Gipfel brachte. So schlecht es ihm ging, sein großherziger Entschluß abzusteigen paßte zu seinem übrigen Handeln.

Landschaftlich lag das Biwak wunderschön, aber von der Bewohnbarkeit her war es abscheulich. Auf zwei Seiten war es durch Felsen geschützt, aber auf den beiden anderen fiel der Schneehang steil ab, und die aus dem Schnee gekratzte Plattform war so schmal, daß der äußere Rand des Zeltes einen viertel Meter überhing, was sowohl den Lebensraum beträchtlich reduzierte als auch jedes Gefühl, das man von Sicherheit hatte. Die Not macht den Menschen kühn, und ich kam zu dem Schluß, daß die Not sehr groß gewesen sein muß an jenem Abend, als die beiden diese Stelle für ihr Biwak wählten. Odell, der in der letzten Nacht keinen Schlaf gehabt hatte, hätte auf einer Kirchturmspitze schlafen können, und da ich Houstons Schlafsack und die zusätzlichen Sachen zum Anziehen bei mir hatte, die ich glücklicherweise mitgenommen hatte, erlebten wir beide eine angenehme Nacht. Odell, welcher der Ältere und in der Position des Gastgebers war, überließ mir großzügig die Außenkante, die ins Leere ragte.

Das Wetter war am 28. immer noch beständig, und wir packten ohne Bedauern unsere Sachen zusammen und unternahmen unseren ersten Ausflug zum oberen Biwak. Der Schneehang war steiler als alles, was wir bisher erlebt hatten, doch zu der frühen Stunde, in der wir aufbrachen, war der Schnee gut, und nach einer Stunde erreichten wir den geräumigen Schneeabsatz, den sie markiert hatten. Er war etwa 6 mal 6 m groß, so daß Platz war, sich zu bewegen, aber auf beiden Seiten des Grates, auf dem er sich befand, fiel das Gelände jäh ab. Nach einer kurzen Verschnaufpause trieb uns die zunehmende Wärme der Sonne weiter, und wir eilten nach unten, um die restliche Ausrüstung zu holen. Der Schnee wurde unter der heißen Sonne rasch weich, aber diese Verschlechterung war keineswegs auf den Schnee begrenzt. Wir wußten bereits, und sollten es eindrucksvoll erneut erfahren, daß die sengende Sonne in dieser Höhe eine Behinderung ist, die nicht unterschätzt werden durfte.

Wir schätzten die Höhe dieses Lagers, ohne die Hilfe des Hypsometers, auf etwa 7300 m. Der Trisul lag deutlich unter uns, und selbst die Spitze des Nanda Devi East (7431 m) wirkte nicht mehr ganz so fern. Die Bedingungen auf dem breiten Schneegürtel, den wir überqueren mußten, die Schwierigkeiten der letzten Wand und das Wetter warfen viele große Fragezeichen auf, doch wir legten uns an diesem Abend hoffnungsvoll aufs Ohr, entschlossen, alle Chancen durch einen frühen Aufbruch zu nutzen.

Um fünf waren wir auf den Beinen, um das harte Geschäft des Kochens und die unangenehmeren Pflichten des Frühstückens und Anziehens anzugehen. Daß wir auf den Beinen waren, ist übertrieben, wir waren lediglich wach, denn all diese anstrengenden Tätigkeiten werden aus dem Schlafsack heraus erledigt, bis sich das Anziehen der Schuhe nicht länger hinauszögern läßt. Ein Vorteil, den ein enges Zelt hat und der in geringerer Höhe übersehen wird, ist jener, daß die beiden Schlafsäcke derart nahe beieinanderliegen, daß Schuhe, die in die nicht vorhandene Lücke dazwischen gezwängt werden, die Nacht normalerweise überstehen, ohne am nächsten Morgen steif gefroren zu sein. Diesmal funktionierte es phantastisch, so daß uns die stechenden Schmerzen beim Kampf der kalten Finger mit gefrorenen Schuhen erspart blieben. Gefrorene Schuhe sind eine ernstzunehmende Angelegenheit und können zu großen Verzögerungen führen, und um diesem Ärger vorzubeugen, hatten wir seit dem Start peinlich vermieden, unsere Schuhe einzufetten. Diese Taktik war am Everest vielleicht unter Vormonsunbedingungen angebracht, wenn der Schnee trocken ist, aber wir gerieten zwischen zwei Stühle, erfreuten uns an nassen Füßen in tieferen Lagen und gefrorenen Schuhen weiter oben.

Um sechs Uhr waren wir fertig und krochen kurz darauf nach draußen, seilten uns an und gingen los. Es war bitterkalt, denn die Sonne blickte noch nicht über die Schulter des Nanda Devi East, und von Westen kam ein feiner Wind. Was waren wir doch für Idioten, so früh am Morgen auf diesem höllischen Grat herumzuturnen! Und was sollte dieses lächerliche Seilknäuel bewirken, das so steif wie eine Stahltrosse war und mich auf Gedeih und Verderb mit diesem schmuddeligen Rüpel da vorne verband! Das waren in Wirklichkeit die Überlegungen zumindest von einem von uns, als wir auf einen Schneebuckel hinter dem Zelt stiegen und im kalten Licht der Dämmerung die Ausgesetztheit des Grates vor uns offenkundig wurde. Es war ein tröstlicher Gedanke, daß mein Begleiter in der Not diesen Weg schon einmal gegangen war, und als dann das Klettern deutlich schwieriger wurde, erschienen Beschwerden nicht mehr so real, und daß das Leben dennoch lebenswert war, war ein Gedanke, mit dem man sich durchaus anfreunden konnte.

Der schwierige Grat war ungefähr 300 m lang, und obwohl die Steigung im allgemeinen mäßig erschien, stieg er doch in mehreren abrupten Schnee- und Felsstufen an. Links ging es fast senkrecht in eine große Schlucht hinunter, die auf der anderen Seite von den schrecklichen grauen Wänden begrenzt wurde, welche den breiten Schneehang stützten, zu dem wir unterwegs waren. Auch die rechte Seite brach steil ab, als Teil der großen Felskulisse, die sich zum Nanda Devi East herumzog. Der schmale Grat, auf dem wir uns befanden, bildete eine Art Damm zwischen der tieferen Südwand und dem höheren Schneehang.

Ein sehr wichtiger Umstand, der mehr als alles andere zu einer glücklicheren Gemütsverfassung beitrug, war der, daß der weiche, brüchige Fels endlich einem harten, rauhen Quarzit Platz gemacht hatte, an dem zu klettern eine Freude war, eine Veränderung, die uns als Bergsteigern einfach gefallen mußte und zweifellos auch meinen Begleiter als Geologen interessierte. Dieser miserable Fels – Schiefer ist, glaube ich, die offizielle Bezeichnung – hatte vom Fuß der Geröllhalde bis zum letzten Biwak unsere Köpfe gefährdet und unseren Füßen den Halt verwehrt. Es war ein Wunder, daß er unter unseren feurigen Verwünschungen nicht auf der Stelle eine geologische Verwandlung erlebte – sozusagen eine Metamorphose in vulkanisches Gestein. Aber wie schon andere festgestellt haben, hat alles sein Gutes, und gerade diese Eintönigkeit hatte, bei einigem Nachdenken, einen nützlichen Aspekt, denn sie bedeutete, daß es uns erspart blieb, in jedem Lager Gesteinsproben zu sammeln. Ein Sack mit einem Gesteinssortiment lag bereits im Gletscherlager, und mir schaudert bei dem Gedanken, welche Lasten wir hätten den Berg hinunterschleppen müssen, wenn das Gestein so abwechslungsreich gewesen wäre, wie es sich unser Geologe, und natürlich jeder rechtschaffene andere Geologe auch, gewünscht hätte.

Dank der früheren Erkundungen durch ihn und Houston führte Odell diesen Grat in einem ordentlichen Tempo, und nach eineinhalb Stunden standen wir auf dem Schneewall, der den höchsten Punkt markierte, den sie erreicht hatten. Es war ein Grat, über den wir einzeln gingen.

Vor uns lag ein etwa 30 Grad steiler Schneehang, der direkt

zum Fuß der Felswand führte, vielleicht 180 bis 200 m über uns. Nach Westen erstreckte sich diese Schneeterrasse fast 400 m weit, bis sie unter demselben Grat am Horizont endete, der unten die westliche Begrenzung der breiten Rinne gebildet hatte. Rechts von uns steilte sich der Sockel rasch auf und ging in die steile Felswand des Grates zwischen Nanda Devi East und unserem Berg über. Wir befanden uns so dicht unter dem Gipfel, daß wir nicht sehen konnten, wo er lag, aber es gab kaum einen Zweifel über die einzuschlagende Route, denn nach kurzer Begutachtung schien es nur eine Stelle zu geben, wo man ein Depot an der letzten Wand einrichten konnte. Das war ein gutes Stück westlich von unserem jetzigen Standort, wo eine Schneerippe die Terrasse im rechten Winkel kreuzte und sich beim Zusammentreffen mit der Wand zu einer Rampe formte.

Wir begannen den langen, mühseligen Schneemarsch um acht Uhr, doch selbst zu dieser frühen Stunde und nach einer kalten Nacht war der Schnee nicht gut und wurde bald katastrophal. Die Sonne stand inzwischen voll am Himmel. Nachdem sie sich eine Weile betätigt hatte, sanken wir bei jedem Schritt bis über die Knie ein, und dort, wo der Hang steiler war, kamen wir fast überhaupt nicht vorwärts. Man hob einen Fuß und setzte ihn fest in den Schnee, und dann, bei dem Versuch, sich auf ihm hochzustemmen, sank man einfach durch den Schnee zurück auf das alte Niveau. Es war, als wollte man Baumwolle hinaufklettern, nur um einiges anstrengender. Doch wie der Mann, der durch Irland wanderte und auf seine wiederholten Fragen, wie weit es noch bis zum Ziel sei, den ganzen Tag nur »noch 20 Meilen« zur Antwort bekam, konnten wir wenigstens sagen, »Gott sei Dank, wir blieben dran«.

Es war eine Strapaze, und jeder Schritt, der uns weiterbrachte, kostete sechs bis acht schwere Atemzüge. Unsere Hoffnung auf den Gipfel schwand, aber es gab keine andere Möglichkeit, als sich weiterzuplagen und zu schauen, wie weit wir kommen konnten. Das taten wir denn auch, dachten nur an den nächsten Schritt, ließen uns Zeit und ruhten häufig aus. Es war zumindest ein kleiner Trost, daß die Spur, die wir pflügten, einer zweiten Gruppe zugute kommen würde. Zu der Schinderei und den Auswirkungen der Höhe kam noch die Mattigkeit, die von einer Sonne hervorgerufen wurde, die mitleidlos auf den gleißenden Schnee niederbrannte, unsere Lippen aufspringen ließ und die Kraft aus Geist und Körper saugte. Als ein Beispiel dafür, wie weit diese Entkräftung ging, brauche ich nur zu erwähnen, daß ernsthaft vorgeschlagen wurde, den Schatten eines geeigneten Felsens aufzusuchen, in dessen Nähe wir gerade waren, dort bis zum Abend zu lagern und in der Dunkelheit weiterzugehen!

Es sollte erwähnt werden, daß die Vorgebirge im Süden und Westen des Beckens verheerende Überschwemmungen erlebten, während wir diese ungewöhnliche Sonnenperiode genossen oder, besser gesagt, erduldeten. Genau an diesem Tag trat der Pindar über die Ufer und riß im Dorf Tharali mehrere Häuser fort, und am selben Tag fielen an der Bergstation von Mussoorie westlich von Ranikhet 483 mm Regen.

Wir schöpften etwas Ermutigung daraus, daß wir den Nanda Devi East unter uns zurückbleiben sahen, und um ein Uhr waren wir zu unserer Überraschung auf der Schneerippe und schlichen im Schneckentempo zum Fuß der Felsen. Dort legten wir eine lange Pause ein und versuchten, etwas Schokolade die ausgetrocknete Kehle hinunterzuwürgen, indem wir gleichzeitig Schnee aßen. Auch wenn es keiner von uns sagte, glaube ich, fühlten wir jetzt beide, daß uns kaum noch etwas würde aufhalten können. Es war ein schwieriges Stück Fels zu durchsteigen; Odell führte und fand es offenbar anregend, doch mich veranlaßte es, laut darüber zu lamentieren, wie »mies« es sei. Nachdem wir es überwunden hatten, landeten wir genau auf dem letzten Hang; mit dem Gipfelgrat nur noch 180 m über uns.

Jetzt standen wir vor der Wahl, eine kurze, aber sehr steile Schneerinne zu durchsteigen oder eine längere, aber nicht so dramatische Route weiter links zu gehen. Wir entschieden uns für erstere und empfanden den Schnee für die Steilheit des Geländes als recht fest. Nach einem harten Kampf gelangte ich schließlich auf eine lange, sanft ansteigende Rampe, die direkt unterhalb und parallel zum Gipfelgrat lag. Ich setzte mich hin und rammte den Pickel tief ein, um Odell durch das letzte Stück der Rinne zu sichern. Er kam hoch und auf mich zu, und ich hatte die Rampe gerade als eine vielversprechende Route vorgeschlagen, als plötzlich ein Zischen zu hören war und blitzschnell ein etwa 40 m langes Schneebrett über die Rampe rauschte, in der Rinne verschwand und auf seinem Weg 30 Zentimeter Schnee mitnahm. Am unteren Rand der Lawine, also dort, wo wir saßen, brach sie rund um meinen Pickel, an dem ich mich festhielt, etwa 30 Zentimeter tief weg. Am oberen Rand, 40 m weiter oben auf der Rampe, war die Abbruchkante gut einen Meter hoch.

Die Route über die Rampe hatte irgendwie an Reiz verloren, und wir beendeten den Aufstieg über den Grat ohne weitere Abenteuer.

Der Gipfel ist nicht die exponierte, gefährliche Spitze, wie sie so viele Himalaja-Berge krönt, sondern ein fast 200 m langer und 20 m breiter solider Schneerücken. Die Bedingungen auf einem hohen Gipfel lassen dem Bergsteiger selten die Zeit oder Gelegenheit, die direkten Früchte des Sieges zu genießen. Zu oft richtet sich der Bergsteiger, nachdem er zuerst sorgfältig den Schnee geprüft hat, um sicher zu sein, daß er nicht auf einer Wächte steht, auf, um die Situation voll auszukosten, und wird von einem widerlichen Wind sowie dem interessanten Anblick einer nahen Wolke empfangen, macht, einen Fluch murmelnd, in der Spur kehrt und beginnt mit dem Abstieg. Diesmal war es ganz anders. Es gab keine Wächten, auf die man achten mußte, dafür Platz, sich auszuseilen und herumzulaufen. Die Luft war ruhig, die Sonne schien, und die Aussicht war gut, wenn auch nicht so berauschend, wie wir gehofft hatten.

Odell hatte ein Thermometer mitgenommen und weinte ganz bestimmt dem Hypsometer nach. Ihm entnahmen wir, daß die Temperatur –6° C betrug, aber in der Abwesenheit von Wind konnten wir uns wohlig in den freundlichen Strahlen unseres ehemaligen Feindes, der Sonne, aalen. Es war schwer zu erkennen, daß wir wirklich auf genau jenem Gipfel standen, den wir vor zwei Monaten von Ranikhet aus gesehen hatten und der damals unglaublich weit entfernt und unerreichbar erschienen war, und es erfüllte uns mit einem seltsamen Gefühl der Euphorie zu wissen, daß wir uns höher als alle Gipfel im Umkreis von mehreren hundert Kilometern befanden. Der Dhaulagiri, 300 m höher und 320 Kilometer entfernt in Nepal, war unser nächstgelegener Rivale. Ich glaube, wir waren derart selbstvergessen, daß wir uns nicht einmal die Hände schüttelten.

Nach dem ersten Siegestaumel stellte sich ein Gefühl der Traurigkeit ein, daß der Berg unterlegen, das stolze Haupt der Göttin gebeugt war.

Zu dieser späten Tageszeit verhinderten zu viele Wolken eine gute Fernsicht. Die nepalesischen Gipfel waren verborgen und auch alle Spitzen rundum, ausgenommen einzig der Trisul, dessen Erhabenheit selbst unser luftiger Standort nicht mindern konnte. Fern im Norden, zwischen weißen Wolken, färbte die Sonne das nackte, karge Hochplateau Tibets in einem warmen Braun.

Nach einer Dreiviertelstunde auf diesem prächtigen Gipfel, 45 kurzen Minuten, in denen sich der Wert vieler wunderbarer gelebter Stunden zusammendrängte, rissen wir uns widerwillig los und nahmen eine Erinnerung mit, die nie verblassen kann und Gedanken hinterläßt, die über das hinausgehen, was unsere Seele faßt.

Falls wir in Gedanken noch über den Wolken schwebten, holte uns die kurze Steilrinne, die von der Lawine glattgebügelt war, schnell auf die Erde zurück. Langsam stiegen wir Stufen tretend ab, das Gesicht zum Berg, die Arme tief im Schnee, um uns abzustützen. Es folgte eine weitere Wühlerei durch den Schnee, während der die tiefen Löcher, die wir beim Aufstieg gebohrt hatten, eher hinderlich als hilfreich waren, und dann verbrachten wir eine kalte Stunde damit, vorsichtig und einzeln über das Eis und die uns auskühlenden Felsen des langen Grates über dem Biwak abzusteigen. Wir blieben stehen, um einen Vogel, eine Schneetaube, zu beobachten, die unseren Grat querte und eilig über die grauen Wände der Schlucht unter der Schneeterrasse hinwegflog, wie der Geist der Berggöttin, die den Zufluchtsort verließ, der nicht mehr der ihre war.

Um sechs Uhr kamen wir zum Zelt und kochten die ersten von vielen Portionen Tee. Nach einem solchen Tag hätte nichts besser schmecken können, und der Genuß wurde durch die lange Abstinenz noch gesteigert. Es blieb kein Tropfen übrig, wir verschwendeten ihn unbekümmert und hoben nur die Blätter für den Morgen auf. Von Essen wurde nicht einmal gesprochen.

Wir bezahlten für diese Ausschweifung mit einer schlaflosen Nacht, zu der aber fraglos auch die Erschöpfung und eine immer noch aufgewühlte Phantasie beitrugen. Jede Phase der Besteigung wurde wieder und wieder durchgekaut, und ich erinnere mich, daß in den wenigen Stunden, als der Lebensfunke am schwächsten glühte, das alles beherrschende Gefühl das Bedauern über den Sturz eines Giganten war. Es ist die gleiche Art von Reue, die man empfindet, wenn man einen Elefanten geschossen hat, denn wie aufregend und anstrengend auch immer die Jagd war, wie groß die Anforderungen an das Können, die Ausdauer und Beharrlichkeit und wie erfreulich das Gewicht des Elfenbeins, wenn der Koloß zu Boden stürzt, scheint das Erreichte zum zu hohen Preis eines Frevels erkauft worden zu sein.

Es war sehr kalt, als wir am nächsten Morgen zusammenpackten und abstiegen. Im unteren Teil der Rinne stießen wir auf Lloyd und Loomis, die heraufkamen, um uns beim Abstieg zu helfen, und die überglücklich waren, als sie hörten, daß die Bemühungen der ganzen Gruppe von Erfolg gekrönt worden waren. Houston und Graham Brown waren bereits abgestiegen, und wir beschlossen, die Nacht im Lager IV zu verbringen. Es war noch Proviant für drei oder vier Tage da, doch Loomis und Carter machten sich Sorgen wegen ihrer Füße, die an dem Tag, als Lager IV bezogen wurde, Frost abbekommen haben mußten. Lloyd fühlte sich besser denn je, und es war jammerschade, daß wir keine zweite Seilschaft mehr zusammenstellen konnten.

Das Wetter, das in der entscheidenden Phase so freundlich gewesen war, verschlechterte sich, und am Morgen des 31. tobte bei klarem Himmel ein mittlerer Orkan. Lloyd, Loomis und ich brachen einige Zeit vor den beiden anderen auf, alle schwer bepackt, weil wir nur die beiden großen Zelte, einige Schneeschuhe und zwei Paar Steigeisen oder Grödeln zurückließen. Die Schneeschuhe waren als Hilfe auf weichem Schnee mitgenommen worden, die Grödeln für den Einatz auf hartem Schnee, aber die Hänge waren selbstverständlich viel zu steil für Schneeschuhe gewesen, und die Grödeln hätten wir nur jetzt benutzen können, wo wir sie zurückließen.

Es war bitterkalt, und der Schnee auf dem schmalen Grat war hart und gefährlich – der Berg war mit uns noch nicht fertig. Wir begannen den Abstieg in der üblichen Art, stießen die Absätze bei jedem Schritt mit gestrecktem Bein in den Schnee. Der Schnee war für solche Methoden nicht geeignet, doch wir waren alle ziemlich erschöpft und wollten schnell nach unten, und unter solchen Umständen wird die Sorgfalt vernachlässigt, und die Gruppe kommt zu Schaden. Zum Glück erhielten wir, bevor es soweit kam, eine Warnung, die nicht so ohne weiteres zu ignorieren war. Die Absätze des Seilersten rutschten unter ihm weg, er schlitterte den Hang hinunter und riß den zweiten mit, bis der vom Seil gebremst wurde, das über den Eispickel des letzten Mannes gesichert war. Wir alle schämten uns ziemlich dieser Darbietung und gaben die Methode zugunsten des langsameren, aber sicheren Stufenschlagens auf und gingen außerdem einzeln, was wir von Anfang an hätten tun sollen.

Noch einmal kam es zu einem Ausrutscher, der jedoch rasch aufgehalten wurde, als eine der Schneestufen über dem Lager nachgab, und wir erreichten dieses in gedämpfter Stimmung und hofften, daß der Berg damit seine Bosheiten erschöpft hatte. Nach einer kurzen Erholungspause gingen wir weiter, seilten uns endlich aus, als wir den Schnee hinter uns hatten, und suchten uns mit großer Vorsicht einen Weg hinab über den labilen Fels zum Lager I. Unterwegs bemerkten wir besorgt, daß Odell und Carter noch weit oben waren und sehr langsam vorankamen.

Hier trafen wir auf Graham Brown und Pasang. Ersterer hatte Probleme mit dem Bein und deshalb die Nacht hier verbracht, wo es noch zwei Zelte gab, und Pasang war von unten heraufgekommen, um ihm beim Tragen zu helfen. Wir erfuhren, daß auch Graham Brown und Houston am Vortag nur knapp einem Unglück entgangen waren, als eine Stufe oberhalb des höheren Lagers weggebrochen war. Pasang hatte seine Sehkraft völlig wiedergewonnen, aber noch nicht wieder seine alte Heiterkeit, denn er litt, glaube ich, sehr darunter, daß er wegen seiner Behinderung seinen Sahibs oben am Berg nicht hatte helfen können.

Es war inzwischen Mittag, und nach einem Kakaotrunk, der nur dazu diente, den Verlust an Kraft auszugleichen, den wir erlitten hatten, setzten wir den Abstieg fort. Der Kakao hatte eine solche Wirkung auf Lloyd, daß der sich mit einer aus dem Durst geborenen Verzweiflung abwandte, um noch einmal ohne Erfolg nach dem Tee zu suchen. Auf dem Coxcomb-Grat kam mir Phuta entgegen, der aufstieg, um Pasang zu helfen, und ich erfuhr mit Entsetzen, daß Kitar in der letzten Nacht gestorben war. Wir kamen um zwei Uhr unten im neuen Basislager am Fuß der Geröllhalde an, und bis auf die traurige Nachricht vom Tod Kitars trübte nichts unsere Zufriedenheit. Einundzwanzig Tage waren seit unserem Aufbruch vergangen.

Aus: **635 Tage im Eis: Die Shackleton-Expedition**

von Alfred Lansing

Die Erzählung von Alfred Lansing (geboren 1921, gestorben 1975) über die Imperial Trans-Antarctic Expedition im Jahre 1915 ist großartige Abenteuerliteratur. Nachdem die »Endurance« im Packeis zerquetscht worden war, überquerten der Expeditionsleiter Ernest Shackleton und siebenundzwanzig hungernde Männer Eisschollen und das sturmgepeitschte Meer auf Schlitten und in kleinen Booten. Schließlich führte Shackleton eine fünfköpfige Crew in einem Boot 1200 Kilometer weit zurück nach Südgeorgien, die Insel, von der aus sie im Dezember 1914 gestartet waren. In diesem Ausschnitt sind seit dem Verlust des Expeditionsschiffs sechs Monate vergangen, und die erschöpften Männer stehen vor einer letzten Hürde: das Gebirge im Inneren der Insel.

Als Shackleton auf dem Felsen saß und auf den Morgen wartete, beschloß er, nicht nach Leith Harbor zu segeln, sondern auf der Südseite der Insel zu bleiben und mit zwei Männern über Land zu gehen, um Hilfe zu holen.

Auf dem Wasser wäre es eine Fahrt von über 130 Meilen um die Westspitze der Insel herum und dann die Nordküste entlang gewesen. Über Land mußten sie nur neunundzwanzig Meilen in gerader Linie hinter sich bringen. Der einzige Unterschied bestand darin, daß in dem dreiviertel Jahrhundert, seit Menschen nach Südgeorgien gekommen waren, niemand jemals die Insel zu Fuß durchquert hatte – aus dem einfachen Grund, daß es nicht möglich war.

Die höchsten Gipfel Südgeorgiens ragen kaum mehr als 3000 Meter auf, was für Bergsteiger gewiß keine große Höhe ist. Aber ein Experte beschrieb das Innere der Insel einmal als »ein

Sägeblatt, das sich in die Erhebungen der Berge und Gletscher geschlagen hat, die dann jäh in die nördliche See hinabfallen«. Mit anderen Worten: Über Land war die Insel unpassierbar.

Shackleton wußte es – aber er hatte keine andere Wahl. Nach dem Frühstück teilte er den Männern seine Entscheidung mit. Alle akzeptierten sie gewohnheitsgemäß und ohne Fragen zu stellen. Shackleton sagte, er wolle so bald wie möglich aufbrechen, zusammen mit Worsley und Crean.

Aber vorher mußte noch einiges erledigt werden. McNeish und McCarthy entfernten die Abdeckung und die zusätzlichen Planken der *Caird*, während Shackleton, Crean und Worsley den Boden der Höhle mit Steinen und trockenem Bültgras auslegten. Vincent blieb in seinem Schlafsack, denn er litt unter starkem Rheuma.

Am Mittag hatte McNeish das Oberwerk der *Caird* so weit entfernt, daß sie wesentlich leichter war und die Männer versuchen konnten, sie an Land zu ziehen. Und diesmal gelang es ihnen – wenn auch nur unter größten Mühen. Sie schoben sie Zentimeter um Zentimeter den Strand hinauf, denn alle paar Minuten mußten sie eine Pause einlegen, um sich auszuruhen. Um13 Uhr befand sich das Boot sicher über der Hochwasserlinie.

Später am Nachmittag kletterten Shackleton und Crean auf einen Hang an der Spitze der Bucht hinauf und entdeckten dort zahlreiche weiße Flecken zwischen den Felsen. Es waren junge Albatrosse in ihren Nestern. Shackleton ging zurück, holte ein Gewehr, und sie erschossen einen erwachsenen Vogel und ein Junges. Sie aßen sie zum Abendessen; Worsley schrieb über den älteren Vogel: »Gutes Essen, aber etwas zäh.« McNeish notierte einfach: »Es war ein Festmahl.«

Danach krochen sie in die Schlafsäcke und schliefen zwölf Stunden ohne Unterbrechung. Am Morgen fühlten sich alle unendlich viel besser. Später am Tag notierte McNeish begeistert: »Seit fünf Wochen haben wir es nicht mehr so angenehm gehabt. Wir aßen 3 junge & 1 alten Albatros zum Lunch, zusammen mit einem halben Liter Sauce, & es war besser als jede Hühnersuppe, die ich je bekommen habe. Ich habe gerade daran gedacht, was die Kameraden (auf Elephant Island) sagen würden, wenn sie so etwas zu essen hätten.«

Shackleton und Worsley hatten inzwischen die Umgebung erkundet und sich davon überzeugt, daß die Insel fast undurchdringlich war. Außer in der Bucht, in der sie kampierten, ragten die Felsenkämme und Gletscher überall fast senkrecht nach oben.

Daher beschloß Shackleton, mit der *Caird* zur Spitze der King Haakon Bay zu segeln, eine Entfernung von etwa sechs Meilen. Der Seekarte entnahmen sie, daß das Gelände dort ein wenig gastlicher sein mußte; zudem wären sie dort auch sechs Meilen näher an Stromness Bay auf der gegenüberliegenden Seite der Insel, wo sich die Walfangstationen befanden.

Zwar handelte es sich nur um eine kurze Strecke, aber Shackleton erkannte, daß die Männer noch nicht dazu imstande waren. Also erholten sie sich zwei weitere Tage und aßen, soviel sie konnten. Je mehr ihre Kräfte zurückkehrten und die nervliche Anspannung wich, desto stärker erfüllte sie ein wunderbares Gefühl der Sicherheit, einzig überschattet von dem Wissen um die Verantwortung, die sie für die Schiffbrüchigen auf Elephant Island trugen.

Der 14. Mai war der für die Fahrt zur Spitze der Bucht vorgesehene Tag; aber am Morgen war es windig und regnerisch, so daß das Unternehmen auf den nächsten Tag verschoben werden mußte. Am Nachmittag gab es ermutigende Anzeichen dafür, daß das Wetter aufklarte. McNeish schrieb: »Ich stieg den Hügel hinauf & legte mich ins Gras, & das erinnerte mich an alte Zeiten *zu Hause*, als ich am Hang saß & aufs Meer hinaussah.«

Am nächsten Morgen standen sie bei Anbruch der Dämmerung auf. Die *Caird* wurde beladen und ohne Mühe den Strand hinunter ins Wasser geschoben. Um 8 Uhr löste sie sich von der Küste und fuhr in die offene Bucht hinein. Es wehte ein kräftiger Nordwestwind, und schon bald schien die Sonne durch die Wolken.

Es war eine beinahe sorglose Fahrt, bei der die *Caird* elegant über das glitzernde Wasser dahinsegelte. Nach einer Weile begannen die Männer sogar zu singen. Shackleton dachte, man hätte sie ohne weiteres für eine Picknickgesellschaft halten können, die einen Ausflug machte – wenn man einmal von ihrem verwahrlosten Aussehen absah.

Kurz nach Mittag umrundeten sie eine hohe Klippe, hinter der ein geschützter, sanft abfallender Strand aus Sand und Kieselsteinen lag. Er war von Hunderten von See-Elefanten bevölkert – genug, um sie auf unabsehbare Zeit mit Essen und Brennstoff zu versorgen. Um 12.30 Uhr waren sie an Land.

Die *Caird* wurde außer Reichweite des Wassers gezogen und dann umgedreht. McCarthy stützte sie an einer Seite mit Steinen ab, und als er fertig war, legten sie ihre Schlafsäcke hinein. Sie beschlossen, den Ort »Peggotty Camp« zu nennen, nach der armen, aber ehrlichen Familie aus Dickens' *David Copperfield*.

Shackleton konnte es kaum abwarten aufzubrechen, denn der Winter nahte und das Wetter würde über kurz oder lang schlechter werden. Zudem hatten sie Vollmond, und sie brauchten unbedingt Licht, wenn sie nachts durch die Berge marschieren wollten. Aber der Morgen des 16. Mai war bewölkt und regnerisch, so daß sie fast den ganzen Tag unter der *Caird* verbringen mußten. Sie verbrachten die Zeit damit, den Weg zu besprechen, und McNeish reparierte ihre Stiefel für die Bergtour. Er hatte vier Dutzend Nägel von der *Caird* entfernt und schlug acht davon in jeden Stiefel der Überlandmannschaft.

Am 17. Mai konnten sie noch immer nicht aufbrechen, weil es hagelte und ein scharfer Wind blies. Worsley ging zusammen mit Shackleton zum äußersten östlichen Ende der Bucht, um soviel wie möglich vom Hinterland der Insel auszukundschaften. Aufgrund der schlechten Sicht war es keine sehr erfolgreiche Mission, obwohl Shackleton sich davon überzeugen konnte, daß es offenbar einen Schneehang gab, der vom Rand der Bucht hinauf ins Innere der Insel führte.

Sie hatten ihre Ausrüstung zuerst auf einem kleinen Schlitten hinter sich herziehen wollen und McNeish aus Treibholzstücken ein provisorisches Gefährt zurechtzimmern lassen. Aber als sie es ausprobierten, erwies es sich als völlig ungeeignet, und der Plan wurde wieder verworfen.

Der 18. Mai brachte erneut schlechtes Wetter, und Shackleton verlor fast die Geduld darüber, daß sie noch immer nicht fortkamen. Sie verbrachten einen Tag voller Anspannung, an dem sie ein weiteres Mal ihre Ausrüstung überprüften und auf einen Wetterumschwung warteten.

Sie hatten beschlossen, mit leichtem Gepäck zu wandern, sogar ohne Schlafsäcke. Jeder aus der Überlandmannschaft mußte seine eigene Zuteilung an Schlittenration und Zwieback für drei Tage tragen. Dazu nahmen sie einen Primus-Kocher und genügend Brennstoff für sechs warme Mahlzeiten sowie einen kleinen Kochtopf und eine halbvolle Schachtel Zündhölzer mit, zwei Kompasse, ein Fernglas, ein etwa 15 Meter langes, zusammengeknotetes Seil sowie ein Zimmermannsbeil zum Abschlagen von Eis.

Der einzige nicht überlebensnotwendige Gegenstand, den Shackleton erlaubte, war Worsleys Tagebuch.

Als der Abend hereinbrach, schlug das Wetter um, und der Himmel klarte allmählich auf. Shackleton ging zu McNeish, dem er die Verantwortung für die zurückbleibenden drei Männer übertrug. Er gab ihm letzte Anweisungen und schrieb folgenden Brief in sein Tagebuch:

18. Mai 1916
Südgeorgien

Sir,

ich stehe kurz vor dem Versuch, Husvik an der Ostküste dieser Insel zu erreichen, um Hilfe für unsere Gruppe herbeizuholen. Ich übergebe Ihnen die Verantwortung für die restliche

Gruppe, für Vincent, McCarthy und Sie selbst. Sie werden hier bleiben, bis Hilfe eintrifft. Sie haben reichlich Seehundfleisch, das Sie nach Maßgabe Ihrer Tüchtigkeit mit Vögeln & Fisch ergänzen können. Ihnen bleibt eine doppelläufige Flinte, fünfzig Patronen (und andere Rationen)… in Ihrem Besitz befindet sich auch die notwendige Ausrüstung, um sich auf unbegrenzte Zeit am Leben zu erhalten. Falls ich nicht zurückkehren sollte, rate ich Ihnen, den Winter abzuwarten und zur Ostküste zu segeln. Die Route, die ich nach Husvik einschlage, ist nach der Kompaßnadel *östlich*.

Ich gehe davon aus, Ihnen in ein paar Tagen Hilfe zu bringen.

Hochachtungsvoll,
E. H. Shackleton

Die anderen krochen in die Schlafsäcke, aber Shackleton konnte nicht schlafen und ging immer wieder hinaus, um nach dem Wetter zu sehen. Es klarte auf, wenn auch nur sehr langsam. Auch Worsley stand gegen Mitternacht auf, um zu sehen, welche Bedingungen herrschten.

Um 2 Uhr schien der Mond hell auf sie herab, und die Luft war klar. Shackleton sagte, daß der Zeitpunkt jetzt gekommen sei.

Ein letzter Eintopf wurde zubereitet, und sie aßen ihn, so schnell sie konnten. Shackleton wollte um ihren Aufbruch möglichst wenig Aufhebens machen, um die Tragweite ihrer Trennung für die Zurückbleibenden nicht zu unterstreichen. In ein paar Minuten hatten sie ihre spärliche Ausrüstung zusammengetragen. Dann schüttelten sich alle zum Abschied die Hände, und Shackleton, Worsley und Crean krochen unter der *Caird* hervor. McNeish begleitete sie etwa 200 Meter, schüttelte noch einmal jedem von ihnen die Hand und wünschte ihnen Glück. Dann ging er langsam ins Peggotty Camp zurück.

Es war 3.10 Uhr. Die letzte Reise hatte begonnen. Die drei

Männer gingen die Küste entlang zum Rand der Bucht und begannen dann den Aufstieg über einen recht steilen, schneebedeckten Hang.

Shackleton übernahm die Spitze und legte ein rasches Tempo vor. Die erste Stunde stapften sie ohne Pause bergan. Aber der Schnee unter ihren Füßen war weich, so daß sie bis zu den Knöcheln einsanken und schon bald die Anstrengung in ihren Beinen spürten. Als sie eine Höhe von etwa 750 Metern erreicht hatten, flachte der Hang jedoch ab.

Auf der Seekarte, die sie mit sich führten, war nur die Küstenlinie von Südgeorgien eingezeichnet – wobei ein großes Stück davon fehlte. Das Landesinnere war leer. Daher konnten sie sich nur an dem orientieren, was sie sahen, und Shackleton wollte unbedingt herausfinden, was vor ihnen lag. Aber gegen 5 Uhr zog dichter Nebel auf und hüllte alles in ein so diffuses Licht, daß selbst der Schnee unter ihren Füßen erst dann Wirklichkeit wurde, wenn sie ihn berührten. Shackleton meinte, es sei das beste, wenn sie sich anseilten.

Bei Tagesanbruch schätzte Worsley, daß sie etwa fünf Meilen zurückgelegt hatten, und als die Sonne höher stieg, begann der Nebel sich zu lichten. Vor sich sahen sie einen riesigen, schneebedeckten See, der nur wenig nach links von ihrem östlichen Marschkurs abwich. Der See war ein Glücksfall, denn er verhieß die Möglichkeit einer ebenen Route an seinen Ufern entlang.

Eine Stunde marschierten sie mühelos bergab auf den See zu, als immer mehr Spalten den Boden durchzogen. Zuerst waren sie dünn und seicht, aber schon bald wurden sie breiter und tiefer, und die Männer erkannten, daß sie dabei waren, einen Gletscher hinabzusteigen. Dies war sehr ungewöhnlich, denn Gletscher ergießen sich nur selten in Seen – und doch lag der See einladend zu ihren Füßen.

Um 7 Uhr stand die Sonne bereits hoch genug, um die letzten Spuren des Nebels verschwinden zu lassen, und plötzlich erkannten sie, daß ihr »See« sich bis zum Horizont erstreckte.

Sie waren auf Possession Bay zugewandert, auf das offene Meer an der Nordküste von Südgeorgien.

Sie hatten etwa sieben Meilen zurückgelegt und die Insel auf einem schmalen Kamm beinahe überquert. Aber es nutzte ihnen überhaupt nichts. Selbst wenn ein Abstieg über die steilen Felskämme unter ihnen möglich gewesen wäre, gab es keine Küstenlinie, an der sie ihren Weg fortsetzen konnten. Es blieb ihnen also nichts anderes übrig, als in ihren eigenen Fußstapfen zurückzukehren.

Das schlimmste daran war, daß sie dabei kostbare Zeit verloren. Mit genügend Zeit hätten sie die beste Route auskundschaften können, hätten Ruhepausen einlegen können, wenn es nötig war, und wären nur bei gutem Wetter und genügend ausgeruht weitergegangen. Aber sie hatten alles riskiert, um schnell voranzukommen, und dafür auf Schlafsäcke und Zelte verzichtet. Und wenn sie in diesen Bergen von einem Wetterumschwung überrascht wurden, waren sie verloren. Die Schneestürme von Südgeorgien gehören zu den schlimmsten der Welt.

Es dauerte zwei qualvolle Stunden, um den verlorenen Boden wiedergutzumachen und erneut den Weg in Richtung Osten einschlagen zu können. Um 8.30 Uhr sahen sie eine kleine Bergkette vor sich, eine Reihe von vier Kämmen und Ausläufern, die aussahen wie die Knöchel einer geballten Faust. Worsley schätzte, daß ihre Route zwischen dem ersten und zweiten Berg hindurchführte, und sie wandten sich in diese Richtung.

Um 9 Uhr machten sie Rast, um die erste Mahlzeit zu sich zu nehmen. Sie gruben ein Loch in den Schnee und stellten den Primus-Kocher hinein. Eine Mischung aus Schlittenration und Zwieback wurde zusammengerührt, die sie noch glühendheiß aßen. Um 9.30 waren sie bereits wieder unterwegs.

Der Aufstieg wurde jetzt immer steiler. Mit Shackleton an der Spitze kämpften sie sich mühsam den Berg hinauf. Als sie einen scheinbar annähernd senkrechten Hang erklimmen mußten, schlugen sie mit dem Beil Stufen ins Eis.

Gegen 11.30 Uhr erreichten sie schließlich den Gipfel. Shackleton war der erste, der hinunterschaute. Unter sich sah er einen steil abfallenden Felsen, der in einem 450 Meter tiefen Abgrund endete. Der Fels war mit Eisbrocken bestreut, die von seinem Aussichtspunkt aus abgebrochen und heruntergefallen waren. Er rief den anderen zu, sie sollten sich selbst ein Bild machen. Es führte kein Weg hinab. Zur Rechten lag außerdem eine chaotische Ansammlung von Steilhängen und Gletscherspalten – unpassierbares Gelände. Zur Linken sahen sie eine steil abfallende Linie von Gletschern, die sich zum Meer hinzogen. Aber direkt vor ihnen, in Richtung ihrer Route, lag ein sanft ansteigender Schneehang, der sich über etwa acht Meilen erstreckte. Diesen Hang mußten sie unbedingt erreichen, irgendwie zu ihm hinunterkommen.

Es hatte über drei Stunden unglaublicher Anstrengung bedurft, den Gipfel zu erreichen, aber jetzt blieb ihnen nur die Möglichkeit umzukehren, erneut in ihren eigenen Fußstapfen abzusteigen und einen anderen Weg zu suchen, vielleicht um den zweiten Gipfel herum.

Sie gestatteten sich fünf Minuten Pause und begannen dann den Abstieg über den Weg, den sie gekommen waren. Körperlich ließ sich der Abstieg relativ einfach bewältigen, er dauerte nur eine Stunde; aber es war ein entmutigendes Unterfangen. Als sie den Fuß des Berges erreicht hatten, gingen sie zwischen überhängenden Eisklippen und der wahrhaft gigantischen Randspalte eines Gletschers hindurch um ihn herum – eine halbmondförmige, tief eingeschnittene Rinne von 300 Metern Tiefe und eineinhalb Meilen Länge, die der Wind ins Eis geschnitten hatte.

Um 12.30 Uhr machten sie Rast und aßen eine Portion Eintopf, bevor sie sich wieder auf den Weg machten. Es war ein qualvoller Anstieg, viel steiler als der erste, und auf halber Höhe des Hangs mußten sie mit dem Zimmermannsbeil Stufen ins Eis schlagen. Die Höhe und die Anstrengung bedeuteten eine furchtbare Qual, es war ihnen nicht möglich, zügig weiterzuklettern. Alle zwanzig Minuten legten sie sich mit ausgestreckten Armen und Beinen auf den Rücken und atmeten tief die dünne Luft ein.

Gegen 15 Uhr hatten sie endlich die Kammlinie erreicht – eine Kuppe aus blauweißem Eis.

Vom Kamm aus stellten sie fest, daß ein Abstieg hier ebenso unmöglich war wie vorhin. Aber diesmal wartete eine zusätzliche Gefahr auf sie. Der Nachmittag ging zu Ende, und weiter unten im Tal zogen dichte Nebelbänke auf. Als sie zurückblickten, sahen sie, daß auch von Westen her Nebel herankam.

Über ihre Situation gab es keine Zweifel: Wenn es ihnen nicht gelänge, den Berg hinabzusteigen, würden sie erfrieren. Shackleton schätzte ihre Höhe auf knapp 1400 Meter. In einer solchen Höhe kann die Temperatur in der Nacht bis minus zwanzig Grad fallen. Sie trugen nichts bei sich, was ihnen Schutz hätte bieten können, und ihre Kleider waren verschlissen und dünn.

Shackleton drehte sich hastig um und begann mit dem Abstieg; die anderen folgten ihm. Diesmal tat er sein Bestes, so hoch wie möglich zu bleiben, schlug Stufen in den Eishang, arbeitete sich von der Seite um den dritten Gipfel herum – und dann ein weiteres Mal nach oben.

Sie bewegten sich, so schnell sie konnten, aber sie besaßen kaum noch Kraft. Ihre Beine waren wacklig und gehorchten ihnen nicht mehr.

Weit nach 16 Uhr erreichten sie endlich den Gipfel. Der Kamm lief so spitz zu, daß Shackleton sich rittlings darauf setzen konnte. Das Licht wurde immer schwächer, aber als er nach unten schaute, sah er, daß der Abstieg zwar steil, aber nicht so gefährlich wie die anderen war. Der Fuß des Berges schien sanft in ebenen Boden überzugehen. Aber dies ließ sich nicht mit Sicherheit sagen, denn das Tal war jetzt völlig in Nebel gehüllt, und das Licht wurde immer schwächer.

Außerdem näherte sich der Nebel, der hinter ihnen herankroch, sehr schnell und drohte alles unkenntlich zu machen und sie blind auf dieser scharfen Kante gefangenzuhalten.

Sie durften keinen Augenblick zögern – Shackleton schwang sich sofort wieder zur Seite. Fieberhaft schlug er Stufen in die Eiswand und stieg dann langsam ab. Die Luft war inzwischen schneidend kalt, und die Sonne versank bereits am Horizont. Allmählich gelangten sie tiefer, allerdings in quälend langsamem Tempo.

Nach einer halben Stunde wurde die vereiste Oberfläche des Schnees weicher, was darauf hindeutete, daß das Gefälle nicht mehr ganz so stark war. Shackleton hielt inne; plötzlich schien er die Sinnlosigkeit ihres Tuns zu erkennen. In dem Tempo, in dem sie vorankamen, würde der Abstieg Stunden dauern. Außerdem war es vermutlich schon zu spät, um noch umzukehren.

Er hackte mit dem Beil eine kleine Plattform aus und rief die anderen dann zu sich.

Er mußte ihnen die Situation nicht erklären. Shackleton sprach schnell und sagte nur, daß sie keine andere Wahl hatten: Wenn sie blieben, wo sie waren, würden sie erfrieren – in einer Stunde, in zwei, vielleicht später. Sie mußten tiefer kommen, und zwar so schnell wie mögich.

Also schlug er vor, daß sie rutschen sollten.

Worsley und Crean waren verblüfft – besonders darüber, daß ein so verrückter Vorschlag gerade von Shackleton kam. Aber er machte keine Witze ... er lächelte nicht einmal. Er meinte es ernst, und sie wußten es.

Aber was, wenn sie auf einen Fels stießen, wollte Crean wissen.

Konnten sie denn bleiben, wo sie waren, fragte Shackleton in scharfem Ton.

Der Hang, warf Worsley ein. Was, wenn er nicht abflachte? Was, wenn sich ein neuer Abgrund auftat?

Shackleton verlor langsam die Geduld. Wieder fragte er, ob sie es riskieren konnten, zu bleiben, wo sie waren.

Natürlich konnten sie es nicht, wie Worsley und Crean widerstrebend zugeben mußten. Da es zudem keinen anderen Weg hinunter gab, war die Entscheidung gefallen. Shackleton sagte, sie würden gemeinsam rutschen und sich aneinander festhalten. Sie setzten sich hin und lösten das Seil, das sie miteinander verband. Jeder von ihnen rollte sein Stück zusammen, um eine Matte daraus zu bilden. Worsley setzte sich mit gespreizten Beinen und Armen hinter Shackleton, und Crean bildete den Schluß. Sie sahen aus wie Rodler ohne Schlitten.

Insgesamt dauerten diese Vorbereitungen etwas mehr als eine Minute, und Shackleton ließ den anderen keine Zeit zum Nachdenken. Als sie bereit waren, stieß er sie ab. Im nächsten Moment hörte ihr Herz auf zu schlagen. Für den Bruchteil einer Sekunde schienen sie in der Luft zu schweben, bis plötzlich der Wind in ihren Ohren heulte und ein weißer, verschwommener Schneeschleier vorbeirauschte. Hinab … hinab … Sie schrien – aber nicht aus Angst, sondern weil sie einfach nicht anders konnten. Die Schreie wurden durch den schnell zunehmenden Druck in ihren Ohren und ihrer Brust herausgepreßt. Schneller und schneller – hinab … hinab … hinab!

Dann schossen sie vorwärts auf eine ebene Fläche und wurden langsamer. Einen Augenblick später landeten sie in einer Schneewehe und kamen abrupt zum Stehen.

Die drei Männer standen benommen auf. Sie waren völlig außer Atem, und ihr Herz schlug wie wild, aber sie mußten unwillkürlich lachen. Was hundert Sekunden zuvor noch eine erschreckende Vorstellung gewesen war, hatte sich als atemberaubender Triumph erwiesen.

Sie schauten hinauf in den sich verdunkelnden Himmel und sahen, wie sich etwa 600 Meter über ihnen der Nebel um die Kammlinie legte – und empfanden den besonderen Stolz eines Menschen, der in einem Augenblick der Verrücktheit eine unmögliche Herausforderung annimmt und sie zu seiner eigenen Verblüffung besteht.

Nach einer Mahlzeit aus Zwieback und Schlittenration stiegen sie den schneebedeckten Hang in Richtung Osten hinauf. Es war gefährlich, in der Dunkelheit weiterzugehen – sie mußten äußerst vorsichtig sein und auf Gletscherspalten achten.

Aber im Südwesten hüllte ein dunstiges Licht die Silhouette der Berggipfel ein. Und nachdem sie eine Stunde voller Angst gegangen waren, erhob sich das Licht über die Bergkette – der Vollmond, der ihren Weg beleuchtete.

Den Männern bot sich ein einzigartiger Anblick. Im Licht des Mondes waren die Kanten der Gletscherspalten jetzt deutlich zu erkennen, und jede Kammlinie warf ihren Schatten auf den Schnee. Geleitet vom freundlichen Mond, wanderten sie bis nach Mitternacht weiter. Von Zeit zu Zeit machten sie Rast, denn ihre Müdigkeit war jetzt zu einer wirklichen Last geworden – nur gelindert durch das Wissen, daß sie allmählich vorwärts kamen.

Gegen 0.30 Uhr hatten sie eine Höhe von etwa 1200 Metern erreicht, und der Hang lief aus; dann fiel er langsam ab und schlängelte sich leicht nach Nordost – genau in Richtung von Stromness Bay. Voller Erwartung marschierten sie weiter. Aber die Kälte nahm immer mehr zu – oder vielleicht spürten sie sie nur deutlicher? Um 1 Uhr gestattete Shackleton eine kurze Rast, um etwas zu essen. Eine halbe Stunde später waren sie schon wieder auf den Beinen.

Über eine Stunde gingen sie bergab, bis sie wieder das Wasser sahen. Dort im Mondlicht lag Mutton Island, in der Mitte von Stromness Bay. Als sie weitergingen, erkannten sie in der Landschaft andere vertraute Orientierungspunkte, auf die sie einander aufgeregt hinwiesen. In ein oder zwei Stunden würden sie ihr Ziel erreicht haben.

Dann sah Crean rechts eine Gletscherspalte; als sie genauer hinschauten, entdeckten sie andere Spalten, die auf ihrem Weg lagen. Verwirrt hielten sie an. Sie befanden sich auf einem Gletscher – aber sie wußten, daß es rund um Stromness Bay keine Gletscher gab.

Dann erkannten sie, daß ihr eigener Eifer sie grausam hinters Licht geführt hatte. Die Insel vor ihnen war nicht Mutton Island, und die vertrauten Merkmale der Landschaft, die sie gesehen hatten, waren Schöpfungen ihrer Phantasie.

Worsley nahm die Karte heraus, die anderen versammelten

sich im Mondlicht um ihn. Offensichtlich befanden sie sich auf dem Weg hinunter nach Fortuna Bay, einem der vielen Küsteneinschnitte in Südgeorgien, die westlich von Stromness Bay zu finden sind. Dies bedeutete, daß sie ein weiteres Mal ihre eigenen Fußstapfen zurückverfolgen mußten. Bitter enttäuscht drehten sie sich um und trotteten wieder bergauf.

Zwei schrecklich lange Stunden gingen sie am Rand von Fortuna Bay entlang und kämpften darum, den verlorenen Boden wiedergutzumachen. Um 5 Uhr morgens hatten sie den größten Teil der Strecke zurückgelegt und gelangten an eine neue Kammlinie, ähnlich der, die ihnen am vorangegangenen Nachmittag den Weg versperrt hatte. Aber dieses Mal schien es einen schmalen Paß zu geben.

Ihre Müdigkeit war inzwischen so groß, daß sie kurz vor der völligen Erschöpfung standen. Hinter einem Felsen fanden sie eine kleine geschützte Stelle, setzten sich hin und klammerten sich aneinander, um sich zu wärmen. Worsley und Crean schliefen fast augenblicklich ein, und auch Shackleton ertappte sich dabei, wie er einnickte. Plötzlich riß er seinen Kopf nach oben. All die Jahre der Erfahrung in der Antarktis sagten ihm, daß dies das gefährlichste Anzeichen war – der fatale Schlaf, der zum Tod durch Erfrieren führt. Er kämpfte darum, wach zu bleiben, und nach fünf langen Minuten weckte er die anderen und sagte ihnen, sie hätten eine halbe Stunde geschlafen.

Selbst nach einer so kurzen Rast waren ihre Beine so steif, daß den Männern das Ausstrecken Schmerzen bereitete und sie nur mühsam weiterstolpern konnten. Der Spalt zwischen den Kämmen lag etwa 300 Meter über ihnen, und sie trotteten in schweigender Erwartung dessen, was sie auf der anderen Seite vorfinden würden, darauf zu.

Als sie den Kamm überquerten, war es gerade 6 Uhr, und das erste Tageslicht enthüllte, daß keine Felsen und kein Abgrund ihnen den Weg versperrten – nur ein bequemes Gefälle, so weit sie sehen konnten. Am anderen Ende des Tales erkannten sie in der Ferne die hohen Berge westlich von Stromness.

»Es ist zu schön, um wahr zu sein«, sagte Worsley.

Sie machten sich an den Abstieg. Als sie auf einer Höhe von etwa 750 Metern angekommen waren, legten sie eine Pause ein und frühstückten. Worsley und Crean gruben ein Loch für den Primus-Kocher, während Shackleton umherging, um zu sehen, was vor ihnen lag. Er schlug Stufen in das Eis und kletterte einen schmalen Kamm hinauf. Die Aussicht von der Spitze war nicht besonders ermutigend. Der Hang schien in einem neuen Abgrund zu enden, aber er konnte es nicht mit Sicherheit sagen.

Als Shackleton hinabstieg, hörte er plötzlich ein Geräusch. Es war zwar schwach und undeutlich, aber es hätte von einer Dampfpfeife stammen können. Shackleton wußte, daß es etwa 6.30 Uhr war … die Zeit, um die die Männer in der Walfangstation geweckt wurden.

Er eilte vom Kamm hinab, um Worsley und Crean die aufregende Neuigkeit mitzuteilen. Sie schlangen das Frühstück herunter, und Worsley nahm den Chronometer von seinem Hals. Die anderen beiden drängten sich um ihn und starrten wie gebannt auf seine Hände. Wenn Shackleton wirklich die Dampfpfeife von Stromness gehört hatte, mußte sie um 7 Uhr noch einmal ertönen, um die Männer zur Arbeit zu rufen.

Es wurde 6.50 Uhr … 6.55 Uhr. Sie wagten kaum zu atmen, aus Angst, ein Geräusch zu machen. Noch zwei Minuten … noch eine Minute … Genau auf die Sekunde drang die Sirene durch die dünne Morgenluft.

Sie sahen einander an und lächelten. Dann schüttelten sie einander die Hände.

Es ist kaum zu glauben, daß eine Fabriksirene, die man von einem Berghang aus hört, einen Menschen so in Erregung bringen kann. Aber für sie war es das erste Geräusch der zivilisierten Welt, das sie seit Dezember 1914 hörten – unglaubliche siebzehn Monate zuvor. In diesem Moment empfanden sie ein überwältigendes Gefühl von Stolz auf eine erzielte Leistung. Obwohl sie kläglich gescheitert und nicht einmal in die Nähe des ursprünglichen Expeditionsziels gekommen waren, wußten sie, daß sie viel vollbracht hatten – mehr, als sie je beabsichtigt hatten.

Shackleton wollte jetzt unbedingt so schnell wie möglich nach unten gelangen, und obwohl es zur Linken eine eindeutig sicherere, aber längere Route gab, beschloß er, auf diesem Weg zu bleiben und das Risiko einzugehen, auf einen steilen Abhang zu stoßen. Sie sammelten ihre Sachen ein, ließen jedoch den Primus-Kocher zurück, der jetzt leer war und nicht mehr gebraucht wurde. Jeder von ihnen trug noch eine letzte Schlittenration und einen einzigen Zwieback bei sich. Und so gingen sie eilends durch den tiefen Schnee hinab ins Tal.

Aber nach 150 Metern mußten sie feststellen, daß Shackleton wirklich einen Abgrund am Ende des Hangs gesehen hatte. Und er war erschreckend steil, fast wie ein Kirchturm. Aber keiner der drei dachte daran, jetzt wieder umzukehren. Shackleton wurde über den Rand hinuntergelassen und schlug Stufen in die vereiste Felswand. Als er das Ende des 15 Meter langen Seils erreicht hatte, seilten sich die anderen zu ihm ab, und das Ganze wurde wiederholt. So kamen sie langsam und unter großer Gefahr voran.

Der Abstieg dauerte drei volle Stunden, aber gegen 10 Uhr erreichten sie endlich die Sohle. Von hier aus führte nur noch ein leicht abfallender Hang hinunter ins Tal.

Allerdings stieg der Hang auf der anderen Seite des Tals etwa 900 Meter an. Sie waren völlig übermüdet, aber sie mußten nur noch diesen einen Kamm überwinden und trieben ihre erschöpften Körper weiter. Gegen Mittag hatten sie die Hälfte des Weges hinter sich, und um 12.30 Uhr gelangten sie auf ein kleines Plateau. Dann endlich, genau um 13.30 Uhr, erreichten sie den letzten Kamm und blickten hinab.

Etwa 750 Meter unter ihnen lag die Walfangstation von Stromness. Ein Segelschiff war in einer der Werften festgemacht, und ein kleines Walfangboot lief gerade in die Bucht ein. Sie sahen die winzigen Figuren der Männer, die zwischen den Docks und den Schuppen umherliefen.

Einen sehr langen Augenblick standen sie wortlos da und schauten hinab. Es gab nicht viel zu sagen, oder zumindest mußte nichts gesagt werden.

»Laßt uns hinuntergehen«, sagte Shackleton schließlich leise.

Jetzt, da er dem Ziel so nahe gekommen war, kehrte seine alte Vorsicht zurück; jetzt durfte nichts mehr schiefgehen. Das Gelände unter ihnen verlangte äußerste Umsicht. Ein steiler, eisbedeckter Hang, so glatt wie die Wände einer Schüssel, zog sich in alle Richtungen hinunter zum Hafen. Wenn ein Mann hier ausrutschte, würde er den ganzen Hang hinabstürzen, denn es gab so gut wie nichts, woran man sich festhalten konnte.

Sie tasteten sich über die Spitze des Kamms, bis sie eine kleine Rinne fanden, die Halt zu bieten schien, und stiegen hinab. Nach etwa einer Stunde wurden die Seiten der Rinne steiler, und ein kleiner Fluß strömte hindurch. Er schien mit jedem Schritt tiefer zu werden, bis sie schließlich durch knietiefes, eiskaltes Schmelzwasser aus dem schneebedeckten Hochland wateten.

Gegen 15 Uhr erkannten sie, daß der Fluß vor ihnen abrupt in einem Wasserfall endete.

Sie erreichten die Kante und beugten sich darüber. Er fiel etwa 7,50 Meter in die Tiefe. Aber es war der einzige Weg. Die Rinne hatte sich zu einer Schlucht verbreitert, und ihre fast senkrecht aufsteigenden Seiten boten keine Möglichkeit, nach unten zu gelangen.

Es blieb ihnen nichts anderes übrig, als über den Wasserfall abzusteigen. Mit einiger Mühe fanden sie einen Felsbrocken, der groß genug war, um ihr Gewicht zu halten, und befestigten das Ende des Seils daran. Alle drei zogen ihre Burberrys aus, wickelten das Zimmermannsbeil, den Kochtopf und Worsleys Tagebuch hinein und warfen sie dann hinunter.

Crean war der erste. Shackleton und Worsley ließen ihn durch das Wasser hinab, und er erreichte tropfnaß und keuchend den Boden. Dann folgten Shackleton und Worsley.

Sie waren durch eine eiskalte Dusche nach unten gelangt,

aber von hier aus war der Boden fast eben. Das Seil konnte nicht geborgen werden, aber sie hoben die drei Sachen auf, die sie hinuntergeworfen hatten, und machten sich auf zur Station, die jetzt nur noch etwa eine Meile entfernt war.

Fast gleichzeitig dachten die drei Männer daran, wie sie wohl aussehen mußten. Ihre Haare fielen ihnen fast bis auf die Schultern, ihre Kleidung war schmutzig und zerschlissen und ihre langen Bärte verfilzt von Salz und Tran.

Worsley griff unter seinen Pullover und nahm vorsichtig vier verrostete Sicherheitsnadeln heraus, die er fast zwei Jahre aufbewahrt hatte. Damit versuchte er so gut wie möglich die größten Risse in seiner Hose zusammenzuheften.

Mathias Andersen war der Vorarbeiter von Stromness. Er war Shackleton nie begegnet, aber wie alle in Südgeorgien wußte auch er, daß die *Endurance* 1914 von hier aus losgesegelt… und zweifellos mit Mann und Maus im Weddellmeer untergegangen war.

Im Augenblick dachte er nicht an Shackleton und die unglückselige Imperial Trans-Antarctic Expedition. Er war seit 7 Uhr auf den Beinen und müde von einem langen Arbeitstag. Es war 16 Uhr, als er am Dock stand und ein paar seiner Männer beim Entladen eines Bootes beaufsichtigte.

In diesem Augenblick hörte er einen Aufschrei und blickte auf. Zwei kleine Jungen von etwa elf Jahren rannten erschreckt davon. Hinter ihnen sah Andersen drei Gestalten, die langsam und müde auf ihn zukamen.

Er war verblüfft. Es waren Fremde, gewiß, aber dies war genauso ungewöhnlich wie die Tatsache, daß sie nicht von den Docks kamen, wo ein Schiff einläuft, sondern aus Richtung der Berge, dem Inneren der Insel.

Als sie näher kamen, sah er, daß sie lange Bärte trugen und ihre Gesichter bis auf die Augen fast schwarz waren. Ihre Haare waren so lang wie die einer Frau und hingen steif und strähnig herab. Auch ihre Kleidung war seltsam. Sie trugen nicht die

Pullover und Stiefel von Seemännern, sondern schienen Parkas anzuhaben – was sich allerdings nur schwer sagen ließ, da die Kleidungsstücke so zerfetzt waren.

Inzwischen hatten die Arbeiter ihre Tätigkeit unterbrochen und starrten die drei herannahenden Männer an. Der Vorarbeiter ging auf sie zu. Der Mann in der Mitte sagte etwas auf englisch zu ihm.

»Würden Sie uns bitte zu Anton Andersen bringen?« fragte er leise.

Der Vorsteher schüttelte den Kopf. Anton Andersen war nicht mehr in Stromness, erklärte er. Er war durch den Fabrikleiter Thoralf Sørlle ersetzt worden.

Der Engländer schien erfreut. »Gut«, sagte er. »Ich kenne Sørlle.«

Der Vorarbeiter führte sie zu Sørlles Haus, das etwa 100 Meter weiter lag. Fast alle Männer am Pier hatten ihre Arbeit niedergelegt, um sich die Fremden anzusehen, die am Dock aufgetaucht waren. Jetzt säumten sie den Weg und schauten neugierig dem Vorarbeiter und seinen drei Begleitern nach.

Andersen klopfte an die Tür des Stationsleiters, der nach einem kurzen Augenblick öffnete. Sørlle war in Hemdsärmeln und trug noch immer seinen großen Schnauzbart.

Als er die drei Männer sah, trat er einen Schritt zurück und musterte sie ungläubig. Er stand lange schockiert und schweigend da, bevor er sprach.

»Wer zum Teufel sind Sie?« fragte er endlich.

Der Mann in der Mitte trat vor.

»Mein Name ist Shackleton«, antwortete er mit ruhiger Stimme.

Wieder herrschte Stille. Einige Männer erzählten später, Sørlle habe sich abgewandt und geweint.

Glossar

Abseilen. Methode, sich an einem Hang oder einer Wand mit Hilfe eines Seiles hinabzulassen, wobei durch die Reibung des Seiles oder mittels einer Seilbremse das Hinablassen verlangsamt wird.

Alpinstil. Besteigungsmethode, deren Ideal es ist, mit möglichst wenig Gewicht und Aufwand einen Gipfel zu erreichen. In den letzten Jahren wurde dieser Stil selbst bei Bergen und Routen selbstverständlich, die früher nur durch Expeditionen (Expeditionsstil) und mit dem Einsatz von mehreren Lagern, Fixseilen und großen Trägermannschaften angegangen wurden.

Bergschrund. Kluft zwischen dem Gletscher und einer darüber aufragenden Felswand – oder eine Spalte im Gletscher selbst, dort, wo sich dieser zu einer Eiswand aufsteilt.

Biwak. Improvisiertes Lager zum Übernachten mit leichtem oder minimalem Schutz – zum Beispiel in einer Schneehöhle oder im Biwaksack.

Büßereis. Von der Sonne ausgeschmolzene Eiszacken.

Chill-Faktor. Auskühlung durch Windzirkulation.

Col. Paß oder Sattel in einem Kamm oder Grat.

Couloir. Offene Rinne in einem Hang.

Gletscherspalte. Durch die Bewegung des Gletschers aufgerissene Spalte im Eis. Gletscherspalten sind besonders gefährlich, wenn sie mit Schnee zugeweht sind.

Fixseile. Seile, welche zur Erleichterung von Auf- und Abstieg fest in einem Hang oder einer Wand verankert werden.

Jümarbügel. Klemmbügel, welche der auf- oder absteigende Bergsteiger zu seiner Sicherung am Fixseil einklinkt und mitschiebt.

Karabiner. Länglicher Metallbügel mit Schnappverschluß zum Einklinken – zum Verbinden von Seil, Schlingen und Haken.

Moränen. Durch die Gletscherbewegung aufgeworfene Wälle aus Geröll, Sand und Felsbrocken.

Seillänge. Kletterdistanz zwischen zwei Sicherungspunkten.

Serac. Durch die Bewegung des Gletschers (vor allem wenn sich dieser über einen Abbruch schiebt) und durch Aufreißen des Eises entstandene Eisblöcke, Spitzen und Türme aus Eis.

Wächte. Vom Wind angewehte, über eine Kante oder einen Grat hängende Schneemasse.

Danksagung

Viele Personen haben zu dieser Anthologie beigetragen. Bei Balliett & Fitzgerald suchte Sue Canavan die Bergsteigerwelt nach Fotos ab und war zusammen mit Tom Dyja bei der Titelformulierung behilflich; Rachel Florman, Margaret Hanscom, Aram Song, Ben Welch und Paige Wilder halfen bei der Anordnung der Auszüge, während Maria Fernandez bei der Produktion zur Hand ging. Bei Thunder's Mouth Press gefiel dem Verleger Neil Ortenberg der Text gut genug, daß er das Risiko mit uns einging. Bei der Writing Company arbeitete April Boyle an den Genehmigungen und am Text.

Greg Child, Jon Climaco, Jon Krakauer und Stephen Venables lieferten Fotos, ebenso Arlene Blum, Scott Darsney, Harish Kapadia, Mick Fowler, Dan Mazur und Beth Wald.

Das vorliegende Buch gehört diesen Autoren, den lebenden wie den toten: Robert Bates, dem verstorbenen Peter Boardman, Greg Child, Art Davidson, Maurice Herzog, Thomas Hornbein, Charles Houston, Jon Krakauer, dem verstorbenen Alfred Lansing, Peter Matthiessen, David Roberts, dem verstorbenen Eric Shipton, dem verstorbenen Joe Tasker, dem verstorbenen H. W. Tilman sowie Stephen Venables.

Danken möchte ich meinen Freunden Vincent Hanley aus New York, Susan Kohaut aus Cape Elizabeth, Maine, Mike Jewell von der Mountain Guides Alliance in Intervale, New Hampshire, sowie dem verstorbenen Harold Brodkey.

Ein weiterer Freund, Will Balliett von Balliett & Fitzgerald, verdient mehr Anerkennung als irgend jemand sonst dafür, daß dieses Buch erschienen ist und die Arbeit daran ein Vergnügen war.

Clint Willis

Quellennachweis

Jon Krakauer: Der Devils Thumb. Aus: *Auf den Gipfeln der Welt. Die Eiger-Nordwand und andere Träume.* München 1999. © 1990 by Jon Krakauer. Reprinted with permission of The Lyon Press. © d. dt. Übers. Piper Verlag 1999.

Greg Child: *Thin Air: Encounters in the Himalayas.* New York: Dell Publishing, 1993. © 1988 by Gred Child.

Stephen Venables: *Everest: Alone at the Summit.* Bath: Odyssey Books, 1996. © 1989 by Stephen Venables.

John Climaco: Dangerous Liaisons. In: *Climbing Magazine,* März–Mai 1997. © 1996 by John Climaco.

Joe Tasker: Savage Arena. In: *The Boardman Tasker Omnibus.* London: Baton Wicks Publications, 1995. © 1982 by Joe Tasker.

Peter Boardman: The Shining Mountain. In: *The Boardman Tasker Omnibus.* London: Baton Wicks Publications, 1995. © 1978 by Peter Boardman sowie Joe Taskers Beiträge © 1978 by Joe Tasker.

Peter Matthiessen: *Auf der Spur des Schneeleoparden.* München 1997. © 1978 by Peter Matthiessen. Used by permission of Viking Penguin, a division of Penguin Books USA Inc. © d. dt. Übers. Wilhelm Goldmann Verlag 1997.

Art Davidson: *Minus 148°: The Winter Ascent of Mt. McKinley.* Seattle: Cloudcap, 1986. © 1969, 1986 by Art Davidson. All rights reserved. Published with the permission of Cloudcap, Box 27344, Seattle, Washington 98125.

Abbildungen

Gebetsfahnen in Westnepal. (Frontispiz) © 1997 Beth Wald
Devils Thumb aus der Sicht des Baird-Gletschers, Alaska: © Jon Krakauer
Broad Peak, Pakistan: © Greg Child
Kangshung-Flanke des Mount Everest, Tibet: © Stephen Venables
Chogolisa, Pakistan: © John Climaco
Westgrad des K2, Pakistan: © Scott Darsney
Changabang, Indien: © Mick Fowler
Buddhistische Pilger an einem Schrein am Humla, Nepal: © 1997 Beth Wald
Mount McKinley, Alaska: © Greg Child
Mount Huntington, Alaska: © Greg Child
Westgrat des Mount Everest, Nepal: © Scott Darsney
Abruzzen-Sporn des K2, Pakistan: © Scott Darsney
Annapurna, Nepal: © Arlene Blum
Rishi-Schlucht, Indien: © Harish Kapadia
Nanda Devi, Indien: © Harish Kapadia
Südgeorgien, Antarktis: © Stephen Venables

MALIK

Bertrand Piccard / Brian Jones

Mit dem Wind um die Welt

Aus dem Englischen von Anja Hansen-Schmidt und Thomas Pfeiffer. 397 Seiten mit 60 Abbildungen. Geb.

Es galt als eine der letzten Herausforderungen, die die Welt zu bieten hat: Nonstop um die Erde, nur mit dem Wind als Helfer. Die besten Ballonfahrer haben es versucht – Bertrand Piccard und Brian Jones ist es gelungen.

Fast gleichzeitig mit ihren schärfsten Konkurrenten nahmen sie die Weltumrundung in Angriff. Fasziniert verfolgte die Welt das dramatische Wettrennen. Im Kampf gegen schlechtes Wetter, widrige Winde, Hitze und Kälte arbeiten Piccard und Jones sich voran. Im fairen Wettstreit mit ihren Konkurrenten und im Bund mit der Natur gelingt ihnen ihr ehrgeiziges Vorhaben. In Form eines Tagebuches schildern die Autoren ihre dramatischen Erlebnisse. Zahlreiche exklusive Fotos lassen den Leser teilhaben an der einzigartigen Fahrt.

MALIK

Lieve Joris

Mali Blues

Ein afrikanisches Tagebuch. Aus dem Niederländischen von Ira Wilhelm und Jaap Grave. 313 Seiten. Geb.

Was ist es, das Lieve Joris' Erzählungen über fremde Länder so anders, so besonders berührend macht? Sie lebt mit den Menschen, an den Orten, bevor sie über sie schreibt. Die Afrikaner, die sie auf ihren Reisen trifft, sind Überlebenskünstler, die Zauberei, Tradition und Moderne zu vereinbaren wissen. Der politischen Unfähigkeit ihrer Regierungen bewußt, nehmen sie mit Mut und viel Humor ihr Leben selbst in die Hand.
Lieve Joris schreibt aus tiefer persönlicher Kenntnis heraus über dieses riesige, heterogene Land, über diesen Kontinent mit seinen enormen Ressourcen und seinen enormen Mängeln; sie schildert dessen Würde, Hoffnung und Poesie.

»Joris schreibt so, daß man beim Lesen glaubt, einer Kamera zu folgen. Bunt wie ein Film baut sich das Leben eines Dorfes, einer Stadt, eines Landes auf. Man wird beim Lesen schnell nach dieser Kamera süchtig, denn sie zeigt ein menschliches Afrika.«
Sybille Mulot

Lieve Joris
Die Tore von Damaskus

Aus dem Niederländischen von Barbara Heller.
301 Seiten. Geb.

Spannend wie ein Roman liest sich die Geschichte der syrischen Soziologin Hala, die mit ihrer Tochter Asma allein in Damaskus lebt. Vor zwölf Jahren, als Asma gerade vier Wochen alt war, hatte die syrische Geheimpolizei bei einer Razzia Halas Wohnung gestürmt und Achmed, ihren Mann, verhaftet: Er war Marxist. Halas Leben wird nun bestimmt von der Übermacht der konservativen Familie ihres Mannes, der wechselhaften Tagespolitik und gleichzeitig Halas Wunsch, ein selbständiges Leben zu führen.
Lieve Joris begleitet sie auf ihren Fahrten kreuz und quer durchs Land, wo sich karge Wüstenlandschaften und üppige Oasen abwechseln, moderne Großstädte und alte syrische Dörfer. Durch Halas persönliches Schicksal wird uns die ganze Tragik des Nahen Ostens verständlich.

»Besseren Reisejournalismus gibt es nicht.«
New York Times Book Review

MALIK

Pam Houston
Die Wildnis im Herzen

Aus dem Amerikanischen von Ulrike Wasel und Klaus Timmermann. 284 Seiten. Geb.

»Vier Meilen in der Stunde, das ist die richtige Geschwindigkeit, eine Landschaft kennenzulernen.« Die Rocky Mountains, ein Gletscher in Alaska, das Okawango-Delta von Botswana, die Anden oder der Himalaja – Pam Houstons Zuhause ist die Natur, die Wildnis, und die erlebt sie am liebsten zu Fuß. Dort, wo nur Steinböcke, Bären oder Kojoten leben, zieht es sie hin, denn in der Gesellschaft von Tieren – und verwegenen Männern – fühlt sie sich am wohlsten. Der größte Liebesbeweis des Städters David ist in ihren Augen seine Bereitwilligkeit, mit ihr eine Nacht im Freien zu verbringen – bei Minusgraden, die ihm die Wimpern gefrieren lassen. Lebendig, farbenfroh, selbstironisch und voller Sprachwitz schildert Pam Houston ihre Sucht nach den extremen Seiten des Lebens – immer die Wildnis im Herzen.

PIPER

Hans Kammerlander

Bergsüchtig

Unter Mitarbeit von Walther Lücker. 347 Seiten
mit 141 Abbildungen, davon 85 in Farbe. Geb.

Hans Kammerlander, der hier von seinem spektakulären Alleingang auf den Mount Everest erzählt, ist einer der erfolgreichsten Extrembergsteiger der Welt. Er war der erste, der vom Nanga Parbat mit Skiern abfuhr. Und er ist noch immer der einzige Mensch, der die Skiabfahrt vom Everest gewagt hat. Wer ist dieser Mann, der kein Risiko scheut, der am Berg fast Übermenschliches leistet? Packend erzählt er von seinem Leben zwischen Fels und Eis, von dem Abenteuer und davon, warum er immer wieder seine eigenen Grenzen überwinden muß, um das Unmögliche möglich zu machen. Der Umgang mit dem Risiko, der Angst und dem Tod, der Unsinn des Achttausender-Tourismus, die Sucht nach dem Berg – Hans Kammerlander läßt die Leser miterleben, warum es ihn seit früher Jugend immer wieder in die steilsten Wände und auf die höchsten Gipfel treibt.